e-fellows.net
wissen

inkl. E-Book

Perspektive Unternehmensberatung 2018
kostenlos als E-Book herunterladen
– so geht's!

Noch nicht bei e-fellows.net registriert?

1. Kostenlos anmelden unter www.community.e-fellows.net/cv/register
2. Registrierung aktivieren durch Klick auf Link in E-Mail
3. Link unten freirubbeln und aufrufen
4. Bei e-fellows.net einloggen
5. Format wählen (EPUB, MOBI)
6. Download startet automatisch

Bereits bei e-fellows.net registriert?

1. Link unten freirubbeln und aufrufen
2. Bei e-fellows.net einloggen
3. Format wählen (EPUB, MOBI)
4. Download startet automatisch

Auf welchen Geräten kann man das E-Book lesen?

- iPad/iPhone: EPUB-Datei mit iBooks öffnen und lesen
- Laptop/Notebook/PC/Tablet: EPUB z. B. mit Adobe Digital Editions lesen, kostenloser Download unter: www.adobe.com/products/digital-editions/download.html
- E-Reader (außer Kindle): EPUB-Datei öffnen und lesen
- Kindle: MOBI-Datei öffnen und lesen. Auch EPUBs kann man z. B. mit dem Freeware-Tool Calibre in eine MOBI-Datei umwandeln.

Wichtige rechtliche Hinweise

Perspektive Unternehmensberatung 2018

Fallstudien, Branchenüberblick
und Erfahrungsberichte zum Einstieg
ins Consulting

e-fellows.net
wissen

Stand: August 2017

Verlag: e-fellows.net GmbH & Co. KG

Reihenherausgeber: Dr. Michael Hies

Bandherausgeber: Anna Heinen, anna.heinen@e-fellows.net

Redaktion und Koordination: Laura Treml,
perspektive-unternehmensberatung@e-fellows.net

Layout: Punkt 8 | Braunwald + Walter GbR,
www.punkt8-berlin.de

Satz und Illustration: Lesotre® / Conceptual Brand
Creation, www.lesotre.de

Druck und Bindung: Neografia, 03655 Martin, Slowakei

Printed in Slovakia
September 2017

Bildnachweis: Titelbild: Bildkonzept und -montage durch Yvonne Hagenbach (Lesotre® / Conceptual Brand Creation) auf Grundlage von © UBER IMAGES – fotolia.com; S. 9: Manfred Dilling; S. 17: Coloures-Pic – Fotolia.com; S. 35: Rido – Fotolia.com; S. 61: VRD – Fotolia.com; S. 117: raywoo – Fotolia.com; S. 210 und 211: e-fellows.net; S. 213: alphaspirit – Fotolia.com; S. 239: .shock – Fotolia.com; Fotos auf den Seiten 11–16 sowie 214–236 stammen von den jeweiligen Autoren; Fotos und Anzeigen ab S. 240 stammen von den entsprechenden Unternehmen; sämtliche Grafiken und Illustrationen wurden umgesetzt von Yvonne Hagenbach (Lesotre® / Conceptual Brand Creation).

ISBN-13: 978-3-946706-01-4

Sattlerstraße 1, 80331 München
Telefon: +49 89 23232-300, Fax: +49 89 23232-222
www.e-fellows.net, info@e-fellows.net

Inhalt

e-fellows.net
Das Online-Stipendium und Karrierenetzwerk

Seit mehr als 15 Jahren unterstützt e-fellows.net Studierende und Doktoranden mit einem Stipendium und bringt sie ihrem Traumjob näher. Mentorenprogramme, Karriereveranstaltungen sowie Angebote für Praktika und Einstiegsjobs bieten einen direkten Draht in die Wirtschaft und garantieren den mühelosen Karrierestart. Zudem sind e-fellows.net-Stipendiaten dank kostenfreier Abos von Zeitungen und Zeitschriften, Zugriff auf fachspezifische Datenbanken und Fachbücher frei Haus immer einen Schritt voraus. In der exklusiven Online-Community und bei regelmäßigen Treffen in zahlreichen Uni-Städten tauschen sich Studierende untereinander aus. Jetzt informieren: www.e-fellows.net/Stipendiat-werden

e-fellows.net wissen
Die Buchreihe von e-fellows.net

Mit dieser Buchreihe informiert e-fellows.net über attraktive Berufsbilder und interessante Weiterbildungen, darunter das LL.M.-Studium, Berufsperspektiven für Juristen, Trainee-Programme sowie die Tätigkeit in einer Unternehmensberatung, im Investment Banking oder im Asset Management. Die Bücher bieten wertvolle Expertentipps und einen fundierten Überblick über die jeweilige Branche. Persönliche Erfahrungsberichte und ausführliche Unternehmensporträts potenzieller Arbeitgeber helfen bei der eigenen Entscheidungsfindung.

Um die Lesbarkeit zu verbessern, wird in diesem Buch auf geschlechtsspezifische Personenbezeichnungen verzichtet. Alle Angaben beziehen sich jedoch immer auf Frauen und Männer gleichermaßen.

Vorwort

Mit diesem Buch sind Sie gut beraten!
Unser Ratgeber ist für alle Consulting-Interessierten gemacht: Für alle, die mit einem Praktikum oder dem Berufseinstieg in der Beratung liebäugeln. Für alle, die sich nicht sicher sind, ob sie bei einer Strategieberatung, einer spezialisierten Boutique-Beratung oder doch im Inhouse Consulting einsteigen wollen. Und für alle, die sich gerade auf ein Bewerbungsgespräch vorbereiten.

Viele Hochschulabsolventen fasziniert die Vorstellung, als Unternehmensberater Einblick in verschiedene Branchen und Projekte zu bekommen, in kurzer Zeit unglaublich viel zu lernen, mit klugen Leuten zusammenzuarbeiten und jeden Monat eine nette Summe aufs Konto überwiesen zu bekommen. Allerdings hört man immer wieder, dass Berater nie zu Hause sind, Tag und Nacht arbeiten müssen und irgendwann „up or out" sind.

Aber wie ist es wirklich? Dieser Frage gehen wir in *Perspektive Unternehmensberatung* nach und lassen über 50 Consulting-Praktikanten, Berater und andere Experten zu Wort kommen.

Viele von ihnen haben als Teil des e-fellows.net-Karrierenetzwerks von unserem direkten Draht zu vielen Beratungen profitiert und sich gegenüber anderen Interessenten einen Wissensvorsprung verschafft. Mehr zu e-fellows.net, unserem Stipendium und Ihren Vorteilen als Mitglied erfahren Sie auf den Seiten 210 und 211.

Besonders möchte ich Ihnen die Case Studies im vierten Kapitel ans Herz legen. Sie zeigen ganz praktisch, mit welchen Fragestellungen Sie als Berater konfrontiert sind – und sie sind natürlich eine gute Übung für jedes Case-Interview.

Lieber Leser, ich freue mich, wenn Ihnen unser Ratgeber dabei hilft, Ihren Weg zu finden und den Einstieg in die Beratung zu schaffen. Vielleicht ist bei den ab Seite 239 vorgestellten Arbeitgebern ja auch Ihr zukünftiger dabei.

Viel Spaß bei der Lektüre!

Anna Heinen
e-fellows.net

Case Study Training

Das Arbeitsbuch „Case Study Training" erschien in der Reihe **e-fellows.net wissen**. Das Buch hilft Consulting-Interessenten, sich mithilfe von 40 Fallstudien inkl. Lösung auf ihre Case-Interviews bei den verschiedensten Unternehmensberatungen optimal vorzubereiten.

Download für e-fellows.net-Stipendiaten:
www.e-fellows.net/Wissen

Download für alle anderen Studenten:
www.e-fellows.net/CST

Die Autoren

Stephanie Behnke, Associate bei KPMG Consulting. Sie studierte International Business in Köln, Buenos Aires und San Diego und absolvierte Praktika in Start-ups und Großkonzernen. Als Beraterin bei KPMG liegt ihr Fokus auf der Erstellung von Target Operating Models sowie der Implementierung von ERP-nahen Lösungen im Rahmen von Business-Transformationen.

Karen Brandt, Head of Talent Management, Europe, Middle East and Russia bei Oliver Wyman. Nach ihrem Studium an der European Business School arbeitete sie sieben Jahre als Beraterin bei Oliver Wyman, bevor sie das Talent Management übernahm.

Christian Dreher, M.Sc., Jahrgang 1989, Senior Consultant Financial Services bei syracom Consulting AG. Er berät Banken bei der Konzeption und Umsetzung von Digitalisierungs- und Regulatorik-Projekten. Zuvor sammelte er Berufserfahrung im Corporate und Private Banking und studierte Information Management in Darmstadt sowie BWL-Banking an der Dualen Hochschule Baden-Württemberg.

Fabian Gleisner, Dr. rer. pol., Dipl-Kfm., Jahrgang 1979, Senior Cooperation Manager im Partnership Banking der Commerzbank AG. Nach mehreren Jahren in der externen Managementberatung sowie in der internen Beratung der Commerzbank liegt sein Schwerpunkt nun auf dem Thema Vertrieb über Kooperationspartner.

Ali Aslan Gümüsay, Dr., Diplôme, M.Sc., Jahrgang 1985, DAAD Prime Fellow an der Wirtschaftsuniversität Wien und der Universität Hamburg. Zuvor war er Doktorand an der Saïd Business School und Dozent am Magdalen College der University of Oxford und arbeitete als Unternehmensberater bei der Boston Consulting Group.

Moritz Hahn, M.Sc., Jahrgang 1987, Assistant Manager bei KPMG Deal Advisory | Strategy. Er studierte Wirtschaftsingenieurwesen in Hamburg und Internationales Management in Sydney und Kopenhagen. Seine Beratungsschwerpunkte sind Carve-out-Projekte und Post-Merger-Integrationen in der verarbeitenden Industrie sowie im Energiesektor.

Isabell Häfner, M.A., Jahrgang 1988, Simon-Kucher & Partners Marketing & Strategy Consultants. Sie studierte Business Management in Heilbronn, Greensboro und Maskat. Ihre Beratungsschwerpunkte liegen in den Bereichen Preis- und Produktoptimierung im Retail und Corporate Banking. Zuvor war sie für eine mittelständische Privatbank tätig.

Axel Hüttmann, Dr. rer. pol., Jahrgang 1973, Managing Partner bei undconsorten. Nach seinem Studium der BWL und Wirtschaftsinformatik in Passau und Toulouse promovierte er an der Universität Kassel. Vor seinem Einstieg bei undconsorten war er Engagement Manager bei McKinsey mit den Schwerpunkten Logistik, Automobil und HR.

Bastian Imhof, M.Sc., Jahrgang 1987, Senior Consultant bei Kemény Boehme & Company (KBC). Nach seinem wirtschaftswissenschaftlichen Master-Studium und Stationen in Beratung, Automobilindustrie, Yachtbau sowie Luft- und Raumfahrt stieg er 2014 bei KBC ein. Als Projektleiter verantwortet er strategische Kundenprojekte, insbesondere im Bereich Einkauf und Produktion.

Maximilian Kern, B.Sc., Jahrgang 1994, Consultant bei Kemény Boehme & Company. Bereits während seines Studiums des Maschinenwesens stieg er als Werkstudent in die Beratung ein. Seine Schwerpunkte Einkauf & Produktion wird er im Rahmen seines Master-Studiums an der University of Cambridge ab Herbst 2017 weiter vertiefen.

Wilfried Kessler, Jahrgang 1953, Managing Consultant bei der ICT-Managementberatung Detecon International. Er berät Unternehmen in den Bereichen Business-/IT-Alignment und BPM sowie bei globalen Template-basierten ERP-Einführungen.

Dieter Kiesenbauer, Dr. rer. pol., Aktuar DAV, Jahrgang 1980, Chief Underwriting Officer bei FRIDAY. Nach dem Studium der Wirtschaftsmathematik war er für die Unternehmensberatungen zeb und McKinsey & Company tätig. Vor dem Wechsel zu FRIDAY leitete er bei der Allianz das Produkt- und Portfoliomanagement im Ressort Global Automotive.

Timo Klees, Dipl.-Volksw., Dipl.-Betriebsw. (FH), Jahrgang 1979, KPMG. Nach seinem Studium in Worms, London und Frankfurt am Main stieg er 2005 bei KPMG ein und leitet mittlerweile als Partner die insolvenznahen Beratungsaktivitäten von KPMG in Deutschland. Sein Schwerpunkt sind Unternehmenstransaktionen in Sanierungs- und Insolvenzsituationen (Distressed M&A).

Dominik Klimmek, Jahrgang 1982, CFO bei Dorsey Pictures LLC (USA). Während seines Studiums war er Vorstand für Unternehmenskontakte im Bundesverband Deutscher Studentischer Unternehmensberatungen (BDSU). Nach mehrjähriger Tätigkeit in der externen/internen Unternehmensberatung verantwortet er aktuell den Finanzbereich von Dorsey Pictures und leitet den Aufbau neuer Geschäftsfelder.

Christian Kolodziejczak, Senior Consultant Advisory Services bei EY. Er hat seinen M.Sc. als Jahrgangsbester in Berlin, Bloomington, Seoul und Tokio absolviert und promoviert an der ESCP Europe über Digital Pricing Strategies. Seine fachlichen Schwerpunkte liegen auf Pricing sowie Markteintritts-Strategien im E-Commerce und in der Mobilitätsbranche.

Leopold A. Köstner, M.A. Er studierte Betriebswirtschaft in Nürnberg sowie in Salzburg. Während seines Studiums absolvierte er diverse Praktika im Finanzbereich in Europa und im asiatisch-pazifischen Raum. Nach seinem Trainee-Programm in einer paneuropäischen Bank hat er eine Position im Credit Risk Management aufgenommen und ist seitdem unter anderem für die Kreditportfoliosteuerung mitverantwortlich.

Anne-Kathrin Kuhlemann, Jahrgang 1979, geschäftsführende Gesellschafterin der BE Solutions & Blue Systems Design GmbH. Nach ihrem Studium sammelte sie Praxiserfahrung bei Bain & Company, der Weltbank und der Deutschen Botschaft in Brasilien. Sie promoviert an der Europa Universität Viadrina zu Social Finance und begleitet Unternehmen bei der Umsetzung von nachhaltigen Investitionen.

Bernd Leppla, Dipl.-Ing., Consultant bei der Managementberatung Horn & Company im Segment Industrie & Handel. Zuvor arbeitete er bei BMW Brilliance Automotive in China als Manager für Werksprojekte und bei der Beteiligungsgesellschaft mutares als Portfolio Manager für M&A und Restrukturierung. Bernd Leppla studierte Maschinenwesen an der Techischen Universität München.

David Liebig, M.A., Jahrgang 1983, Vorstand der MAGNA Immobilien AG. Nach seinem BWL-Studium in Greifswald, Wien und Bangalore stieg er als Berater bei A.T. Kearney in Wien ein. Im Anschluss war er als Vice President Finance für die Deutsche Bank in Frankfurt am Main, New York und London tätig.

Jiaqing Lu, CFA, Dipl.-Wiwi., KPMG AG WPG, Bereich Deal Advisory. Sie studierte Wirtschaftswissenschaften mit Schwerpunkt Finanzwirtschaft an der Universität Ulm sowie Business Administration an der Shanghai Jiao Tong Universität. Schwerpunkt ihrer Beratungstätigkeit ist die Unternehmensbewertung, insbesondere bei Transaktionen sowie für Accounting- und steuerliche Zwecke.

Johanna Moebus, Prof. Dr. rer. physiol., Jahrgang 1981, Professorin für Medizinische Biochemie an der Hochschule Hamm-Lippstadt. Als ehemalige McKinsey-Beraterin und promovierte Humanbiologin lehrt sie seit 2011 an der Hochschule Hamm-Lippstadt. Zu ihren Schwerpunkten zählen auch Soft Skills und Bewerbungscoaching.

Fedon Moog, Master of Philosophie, Jahrgang 1976, Strategieberater und Gründer eines Smart-Data-Start-ups. Als Ex-Journalist und Roland-Berger-Berater zählen Interviews zu seinen Spezialgebieten. Er ist davon überzeugt, dass zehn Minuten Gespräch mehr über einen Bewerber aussagen als 100 Seiten Papierberwerbung.

Jens Müller-Oerlinghausen, Dr. rer. pol., Jahrgang 1966, Managing Partner bei undconsorten. Er studierte und promovierte an der Universität St. Gallen. Vor der Gründung von undconsorten war er Trainee und Projektleiter bei Bertelsmann sowie Partner und Leiter der HR Practice bei McKinsey mit den Branchenschwerpunkten Medien und Telekommunikation.

Andre Munzinger, M.Sc., Jahrgang 1987, Analyst im Center for Strategic Projects bei der Deutschen Telekom AG. Er hat Wirtschaftsinformatik an der Technischen Universität Darmstadt, in Finnland und Südkorea studiert. Bevor er zur Telekom wechselte, war er unter anderem bei IBM Global Business Services als IT-Projektmanager und Consultant tätig.

Andreas Odenkirchen, Jahrgang 1991, Senior Consultant bei PwC. Er studierte dual Wirtschaftsinformatik in Mannheim und begann seine Berufslaufbahn bei IBM im Global Center of Competence for Advanced Analytics. Bei PwC betreut er insbesondere Data-&-Analytics-Projekte für Automobil- und Industrieunternehmen.

Nadja Peters, Director of Recruiting bei McKinsey & Company. Nach ihrem geisteswissenschaftlichen Studium, unter anderem in Cambridge und Peking, begann sie bei McKinsey. Im Rahmen des Fellow-Programms absolvierte sie einen MBA an der Harvard University. Als Projektleiterin beriet sie Klienten zu Organisations- und Personalentwicklungsthemen.

Maximilian Pfadenhauer, M.Sc., Jahrgang 1985, Manager bei KPMG Deal Advisory | Strategy. Er studierte Staatswissenschaften in Passau und Betriebswirtschaftslehre in Ingolstadt, Rio de Janeiro und Toulouse. Seine Beratungsschwerpunkte sind die Effizienzsteigerung, Reorganisation und Neuausrichtung von Unternehmen in der Energie-, Öl- und Gas- sowie Telekommunikationsbranche.

Rolf Pfeiffer, Jahrgang 1967, Mitgründer und Managing Partner der Leadership Choices GmbH und Resident Mentor der Contagi GmbH. Er war mehrere Jahre HR Director von Arthur D. Little und Accenture, arbeitet heute als Executive Coach mit Führungskräften und Leadership-Teams und hat umfangreiche Erfahrung mit Beratern.

Thiemo Purkart, Dipl.-Wirtsch.-Informatiker, Leiter Group Reporting & Controlling bei der Bilfinger SE. Seine aktuellen Schwerpunkte liegen im Management Reporting, dem Financial Controlling sowie der Steuerung der Unternehmensplanung. Davor war er mehr als zwölf Jahre als Berater tätig. Er ist zertifizierter Projektmanager und Lehrbeauftragter an der Universität Mannheim.

Tim Ruhoff, Dipl. Kfm. und B.A. (Hons.) European Business, Jahrgang 1984, Barkawi Management Consultants. Seit 2008 ist er im Bereich Mobility tätig. Nach seiner Beraterzeit hat er 2010 die Firma Next Generation Mobility gegründet und entwickelt seither die Corporate-CarSharing-Software fleetster.

Aydin Sahin, Dipl. rer. tech. pol., Volkswirt, Jahrgang 1986, Abteilungsleiter Partnership Banking der Commerzbank AG. Nach dem Einstieg als Produktmanager Debitkarten und einigen Jahren als Projektleiter für Payment-Innovationen, verantwortet er nun das Kooperationsmanagement im Retail-Segment der Commerzbank.

Birte Schreitter von Schwarzenfeld, Dipl. Phys., MBA, VP und Head of Corporate Strategy at Flex. Sie studierte Physik an der TU Berlin und Duke University und absolvierte einen MBA an der Harvard Business School. Es folgten mehrere Jahre bei BCG, bevor sie zur Strategieabteilung des Technologiekonzerns Flex wechselte.

Gustav von der Schulenburg, Jahrgang 1989, Associate im Center for Strategic Projects bei der Deutschen Telekom. Er hat Physik an der University of Edinburgh und International Management an der ESCP Europe in Paris und Berlin studiert und sammelte praktische Erfahrung bei SolarWorld, E.ON und Roland Berger Strategy Consultants.

Michaela Schütt, Dr., Projektleiterin bei Siemens Management Consulting. Sie studierte Informatik an der TU München und promovierte in Betriebswirtschaftslehre an der LMU München.

Sebastian Serfas, Professor für Finance & Accounting und stellvertretender Gesamtstudienleiter der FOM Hochschule in Nürnberg. Zuvor war er über sieben Jahre als Berater bei McKinsey & Company. Er ist Mitgründer des KompetenzCentrums für Entrepreneurship & Mittelstand und berät Unternehmen bei strategischen und operativen Fragestellungen.

Johann F. Thieme, Dr. sc. pol., Dipl.-Volksw., CFA, Jahrgang 1983, Simon-Kucher & Partners Strategy & Marketing Consultants. Er wurde an der Christian-Albrechts-Universität zu Kiel promoviert. Als Berater liegt sein Fokus auf der Optimierung von Preis- und Produktangeboten für Banken. Zuvor arbeitete er als Investment Analyst für ein Single Family Office.

Simone Totino, M.Sc., Jahrgang 1989, Senior Associate bei KPMG Deal Advisory | Strategy. Er studierte Umwelttechnik in Bremen und Energieingenieurwesen in Stockholm und Barcelona. Nach ersten Erfahrungen in der internationalen Zusammenarbeit wechselte er in die Beratung. Er unterstützt Unternehmen der Versorgungsbranche bei Themen wie Benchmarking, Effizienzsteigerung sowie Wachstumsstrategie.

Jens-Christoph Uhr, Dr., Dipl.-Kfm., Jahrgang 1983, Projektmanager bei Roland Berger. Er führt regelmäßig Bewerbungsgespräche mit potenziellen Mitarbeitern. Seine Cases stützt er häufig auf Nachrichten aus der aktuellen Presse.

Igor Ullrich, Dr. rer. oec., Dipl.-Wirtsch.-Ing., CFA, PMP, Manager bei Deloitte. Er studierte und promovierte an der TU Berlin. Anschließend arbeitete er für Ärzte ohne Grenzen in Kenia und im Südsudan. Seine Schwerpunkte liegen im Management von Projekten für die Themengebiete strategische Investments, Finance, Prozessoptimierung und Change Management.

Carl Walinski, Manager, Willis Towers Watson. Carl Walinski ist bei der Unternehmensberatung in Frankfurt als Manager und Vergütungsexperte tätig. Seine Schwerpunkte liegen in der Entwicklung von marktorientierten Vergütungssystemen und im Vergütungsbenchmarking für Vorstände und weitere Führungskräfte.

Iris Weyer-Menkhoff, Apothekerin und Doktorandin an der Goethe-Universität Frankfurt. Nach dem Pharmaziestudium in Marburg und Paris arbeitete sie bei einem internationalem Arzneimittel-Großhändler. Danach war sie bei der Unternehmensberatung Consileon Business Consultancy für Kunden aus der Pharmaindustrie und der Labordiagnostik zuständig. Sie promoviert im Bereich der Schmerzforschung.

Sarina Wittchen, Senior Manager bei Intero Consulting. Nach ihrem Studium der Mathematik an der TU und LMU München startete sie direkt bei Intero Consulting, einer auf Business Operations fokussierten Unternehmensberatung. Schwerpunktmäßig berät sie Banken und Versicherungen zum IT Cost Management.

Lukas Woltery, CFA, Jahrgang 1989, NS+P Dr. Neumann Schmeer und Partner. Er studierte International Business an der Universität Maastricht und der Bocconi Universität in Mailand und hat seinen M.Sc. mit Auszeichnung abgeschlossen. Seine Beratungsschwerpunkte liegen in den Bereichen Corporate Finance, Valutation und Unternehmenstransaktionen.

Dagmar Zippel, Leiterin Recruiting in Deutschland, Österreich und der Schweiz bei Accenture. Sie arbeitet seit 2004 in verschiedenen Positionen für das Beratungsunternehmen. Zuvor war sie in den Personalbereichen von HeidelbergCement und SAP tätig. Dagmar Zippel hat BWL mit Schwerpunkt Personal und Organisation in Ludwigshafen studiert.

1. Branchenüberblick – Orientierungshilfe in einem Markt mit vielen Gesichtern

Der Markt für Unternehmensberatung in Deutschland

Für das Jahr 2016 verzeichnete die Beratungsbranche in Deutschland ein Marktvolumen von 29 Milliarden Euro, so die Schätzungen des Bundesverbandes Deutscher Unternehmensberater, kurz BDU. Im Jahr davor waren es noch 27 Milliarden Euro – das macht ein beachtliches Wachstum von 7,4 Prozent.

Der Gesamtumsatz inklusive Auslandsgeschäft teilt sich laut BDU wie folgt auf die vier großen Beratungsbereiche auf.

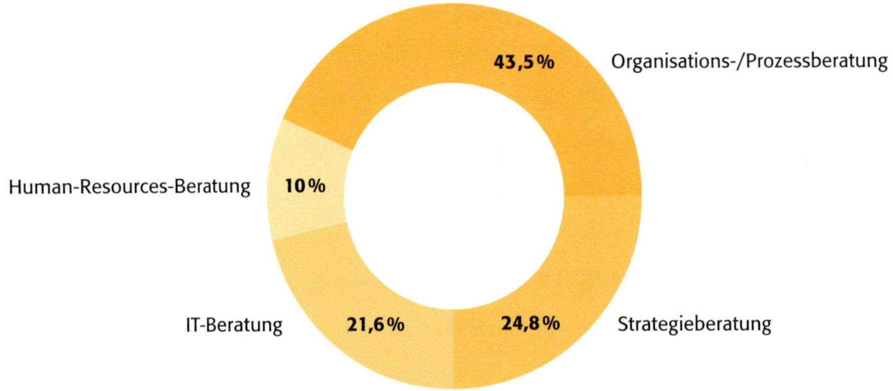

Managementberatungen in Deutschland

Der BDU schätzt die Zahl der Anbieter auf dem deutschen Beratungsmarkt auf rund 15.400. Die Lünendonk GmbH hat im Mai 2017 ihre Lünendonk®-Liste veröffentlicht – mit den zehn umsatzstärksten deutschen Beratungen sowie einer Auflistung von internationalen Managementberatungen und deren Umsätzen und Mitarbeitern in Deutschland (Unternehmen, die nicht ihren Hauptsitz sowie die Mehrheit des Grund- und Stammkapitals in Deutschland haben und im Jahr 2016 signifikante Umsätze mit Managementberatungsleistungen in Deutschland erzielten). Die Liste im Detail ist auf der nächsten Seite abgebildet.

Top 10 der deutschen Managementberatungen (Unternehmen, die ihren Hauptsitz sowie die Mehrheit des Grund- und Stammkapitals in Deutschland haben)		**Gesamtumsatz in Mio. Euro**		**Mitarbeiterzahl insgesamt**	
		2016	**2015**	**2016**	**2015**
1	Roland Berger Holding GmbH, München*, 1	> 500,0	> 500,0	2.400	2.300
2	Simon-Kucher & Partners Strategy Consultants GmbH, Bonn	240,0	208,0	935	820
3	zeb.rolfes.schierenbeck.associates GmbH, Münster	190,0	180,0	860	841
4	Horváth AG (Horváth & Partners-Gruppe), Stuttgart	152,0	132,0	634	570
5	KPS AG, München	144,9	122,9	417	354
6	Q_Perior AG, München	131,0	104,0	459	438
7	d-fine GmbH, Frankfurt am Main	125,7	115,2	669	610
8	Porsche Consulting Gruppe, Bietigheim-Bissingen	116,5	103,6	407	385
9	Kienbaum Consultants International GmbH, Köln	108,0	110,0	630	650
10	goetzpartners Group, München	100,7	90,0	309	280

Internationale Managementberatungen in Deutschland (alphabetische Reihenfolge)	**weltweite Beratungsumsätze 2016 in Mrd. Euro**	**weltweite Mitarbeiterzahl 2016**
A.T. Kearney	1,1	3.900
Accenture*	16,1	74.000
AlixPartners[2]	k.A.	1.500
Aon Hewitt	3,8	28.000
Bain & Company*	2,5	7.000
BearingPoint	0,6	3.819
Capgemini Consulting*	2,7	10.750
Deloitte*, 3, 4	14,8	77.000
EY[3]	7,1	48.104
KPMG[3]	8,8	54.450
IBM*, 5	6,6	35.000
McKinsey & Company*	8,2	25.500
Mercer	3,9	21.000
Oliver Wyman	1,6	4.400
PricewaterhouseCoopers[3, 6]	10,4	54.372
The Boston Consulting Group*	5,1	14.000
The Capital Markets Company[2]	k. A.	3.950
Willis Towers Watson[7]	7,1	40.000

* Umsatz- und/oder Mitarbeiterzahlen teilweise geschätzt/ k. A. = keine Angabe
1 Gesamtumsatz > 500 Mio. Euro: Umsatzschätzungen in „Größer-als-Darstellung" aus jeweils aktueller Sicht.
2 Für die Unternehmen AlixPartners und The Capital Markets Company sind keine internationalen Zahlen verfügbar. Beide Unternehmen erzielen jedoch in Deutschland signifikante Umsätze mit Managementberatungsleistungen.
3 Hierbei handelt es sich um die internationalen Consulting- und Advisory-Umsätze der Wirtschaftsprüfungs-Gesellschaften.
4 Deloitte erbringt darüber hinaus Advisory Services in anderen Bereichen, inkl. Tax & Legal, Risk Advisory und Audit.
5 Bei IBM handelt es sich ausschließlich um die Consulting-Umsätze, die als Teil der Organisationseinheit Global Business Services erzielt werden.
6 Inklusive der Umsätze von strategy&
7 Zum 1.1.2016 haben sich die Unternehmen Willis und Towers Watson zusammengeschlossen.
Hinweis zu Wechselkursen: Euro-Referenzkurs der Europäischen Zentralbank 1 Euro = 1,1069 US-$ (2016) und 1,1095 US-$ (2015), jeweils im Jahresdurchschnitt. Quelle: Lünendonk GmbH, Mindelheim 2017 – Aktualisierter Stand 24.05.2017 (keine Gewähr für Firmenangaben), abrufbar unter http://luenendonk-shop.de/Luenendonk-Listen

Vorstellung einzelner Beratungsbereiche

Wie im vorhergehenden Beitrag beschrieben, kann man den Markt für Unternehmensberatung in Deutschland in vier Beratungsbereiche unterteilen: Strategieberatung, Organisations- und Prozessberatung, IT-Beratung und Human-Resources-Beratung. Was genau sich hinter den einzelnen Beratungsfeldern verbirgt, wird im Folgenden näher beleuchtet.

Strategieberatung

von Dr. Axel Hüttmann und Dr. Jens Müller-Oerlinghausen

Die Strategieberatung gilt gemeinhin als die Königsklasse der Beratung: Sie beschäftigt sich mit der Unternehmensstrategie und somit dem Verantwortungsbereich des Topmanagements. Insbesondere die großen Unternehmensberatungen wie McKinsey, Bain oder Roland Berger bezeichnen sich gerne als Topmanagement- oder Strategieberatungen. Aber auch kleine Beratungsunternehmen – häufig Spin-offs der großen Beratungen wie z. B. undconsorten – unterstützen ihre Klienten bei der Entwicklung ihrer Strategie.

Ein Beratungsfeld so breit wie der Begriff Strategie selbst
Das Feld der Strategieberatung ist genauso breit und leider auch genauso schwer abgrenzbar wie der Begriff Strategie selbst. Als Unternehmensstrategie wird gemeinhin der langfristige Plan zur Erreichung unternehmerischer Ziele verstanden. Daraus leiten sich die Aktivitätsfelder des Unternehmens ab. Die Strategie legt fest, welchen Zielkunden welche Leistungsversprechen gemacht und mit welchem Geschäftsmodell sie erfüllt werden.

In der Regel wird die Unternehmensstrategie anschließend in Teilstrategien aufgeschlüsselt: Markt- und Produktstrategien legen fest, welche Marktsegmente mit welchen Angeboten bedient werden. Entwicklungsstrategien geben vor, auf welche Bereiche ein Unternehmen seine Forschungsaktivitäten fokussiert. Und Finanzstrategien klären, woher das Unternehmen sein Kapital erhält – und in welchen Bereichen es dieses wertbringend einsetzt.

Die Strategie eines Unternehmens ist zukunftsorientiert und agiert damit mit unsicheren Vorgaben. Sie wird gleichermaßen vom externen wie vom internen Umfeld beeinflusst. Es gilt, Märkte und Rahmenbedingungen zu verstehen und ihre Veränderungen zu antizipieren. Dabei muss das Unternehmen stets die eigenen Fähigkeiten und Ressourcen berücksichtigen.

Die Bewertung, Entwicklung und Umsetzung von Strategien als Kerntätigkeitsfelder

Die aufgezählten strategischen Fragestellungen sind komplex. Unternehmen greifen daher oft auf externe Berater zurück. Abhängig von der Zielsetzung der Unterstützung lassen sich drei Kerntätigkeitsfelder der strategischen Beratung unterscheiden:

- **Strategiebewertung oder Strategic Review:** Das Unternehmen bittet einen externen Experten, die intern entwickelte Strategie zu prüfen und kritisch zu hinterfragen: Ist der formulierte Plan geeignet, die Unternehmensziele zu erreichen? Sind die Annahmen plausibel und realistisch?
- **Strategieentwicklung:** Veränderungen der Rahmenbedingungen – z. B. eine neue Technologie – oder neue strategische Ziele machen eine Überarbeitung des langfristigen Plans erforderlich. Der Strategieberater hilft dem Management bei der Entwicklung oder Anpassung der Strategie durch Analysen, durch seine externe Perspektive und als erfahrener Sparringspartner.
- **Strategieumsetzung:** Ein guter Plan macht noch keine gute Strategie. Vielmehr gilt es, den Plan in Stoßrichtungen für einzelne Unternehmensbereiche zu übersetzen und mit konkreten Maßnahmen zu hinterlegen. Erst dadurch werden Strategien für Mitarbeiter richtungsweisend und umsetzbar. Strategieberatungen helfen nicht nur, die richtigen Maßnahmen auszuwählen und zu initiieren, um damit die gesetzten Ziele zu erreichen, sondern auch, deren Kommunikation an alle Mitarbeiter vorzubereiten und umzusetzen.

Typische Beratungsaufgaben in einem Strategieprojekt

Ein Strategieprojekt aus der Praxis einer kleinen Beratung verdeutlicht die typischen Aufgaben eines Strategieberaters.

Aufgabenstellung: Aufsichtsrat und Vorstand setzen ein ambitioniertes Wachstumsziel für die verschiedenen Sparten eines internationalen Konsumgüterherstellers. Das Management einer Sparte erhält daraufhin die Aufgabe, eine Strategie für das Erreichen des Wachstumsziels in seinem Markt zu entwickeln. Die Strategieberatung erarbeitet gemeinsam mit dem Klienten eine umsetzungsorientierte Strategie und durchläuft dabei folgende Phasen:

- **Bestandsaufnahme:** Gemeinsam mit Mitarbeitern aus Marketing, Vertrieb und Entwicklung wird die Ist-Situation analysiert, und erste Aussagen zu Trends werden erarbeitet. Welche Märkte wachsen in Zukunft besonders schnell? Über welche Marktanteile verfügen wir bereits? Wo können wir dem Wettbewerb Marktanteile abnehmen? Mit welchen Produkten können wir neue Kundensegmente erschließen? Wichtig bereits in dieser Phase: Die Bestandsaufnahme muss mit dem Klienten abgestimmt werden, damit sichergestellt ist, dass von der gleichen Faktenbasis ausgegangen wird.
- **Problemstrukturierung:** Aufbauend auf dieser Faktenbasis geht es darum, mögliche Wachstumshebel zu identifizieren und zu strukturieren – z. B. Wachstum in bestehenden versus Wachstum in neuen Märkten; mit bewährten oder neuen Produkten; über existierende oder über neu aufzubauende Vertriebskanäle.
- **Hypothesen-Entwicklung:** Erfahrungen der Klienten- und Beraterseite sowie gemeinsame Diskussionen ermöglichen die Formulierung erster Hypothesen zu den verschiedenen Wachstumshebeln, beispielsweise: „Ein Prozent Umsatzwachstum kann durch den Verkauf von Produkten mit erweiterten Funktionalitäten in den Märkten Mexiko und China erreicht werden.“ Die Hypothesenentwicklung ist eine bewährte Technik, um schnell und systematisch das Vorgehen im Projekt zu fokus-

sieren und die gesetzten Projektziele zu erreichen. Die Klientenorganisation sollte frühzeitig einbezogen sein, indem zum Beispiel erste Hypothesen des engeren Projektteams mit wichtigen Stakeholdern im Unternehmen in Interviews diskutiert und verfeinert werden.

- **Analyse und Bewertung:** Gezielte Untersuchungen von Marktforschungsdaten, Interviews mit lokalen Experten oder Tests werden genutzt, um die erarbeiteten Hypothesen zu testen und ein deutlicheres Bild von den erfolgversprechenden Wachstumshebeln zu gewinnen. Um beim vorherigen Beispiel zu bleiben: Wie groß ist das Marktvolumen aktuell für Basisprodukte in Mexiko und China? Welche zusätzlichen Kundengruppen können über die erweiterten Produktfunktionalitäten erreicht werden? Wie entwickelt sich der Markt in Zukunft? Sind die erforderlichen Vertriebskanäle verfügbar? Welchen Marktanteil hat der Klient beim Markteintritt in vergleichbaren lateinamerikanischen bzw. asiatischen Märkten im ersten/zweiten Jahr gewonnen? Mit diesen Informationen lässt sich letztlich abschätzen, ob ein Markteintritt wirklich ein Prozent Umsatzwachstum generieren kann oder nicht.
- **Szenarioentwicklung:** In einem Excel-Modell wird die Umsatzentwicklung bei verschiedenen Annahmen zu den Wachstumshebeln und ihren Kombinationen simuliert, um anschließend über geeignete Szenarien zu einer Abschätzung von Chancen und Risiken zu gelangen und zu prüfen, ob das Wachstumsziel des Topmanagements durch die entwickelte Strategie erreichbar ist. Genauso wichtig wie die unbedingte Sorgfalt bei der Erstellung der Szenariorechnung ist eine Dokumentation der Annahmen und der Vorgehensweise. Nur so kann das Kliententeam die Berechnungen des externen Beraters nachvollziehen und das Modell nach Abschluss des Projekts eigenständig weiterverwenden.
- **Entscheidungsvorbereitung:** Die gesammelten Erkenntnisse müssen für die finale Entscheidung für das Management konsolidiert und aufbereitet werden – angesichts der Komplexität der Materie eine wirkliche Herausforderung.
- **Umsetzungsplanung:** Ohne Umsetzung bleibt selbst ein sehr detaillierter Plan nur ein Stück Papier. Es gilt, die nächsten Schritte genau festzulegen: Wer macht was bis wann? Welcher Markt wird wann erschlossen? Wann kommen welche Produkte? Welche Werbekampagne ist wann erforderlich? Dies ist einer der kritischsten Schritte des Projekts, denn ohne die erfolgreiche Umsetzung der Strategie war alle vorangegangene Mühe umsonst. Erneut geht es darum, die wichtigen Stakeholder im Unternehmen einzubeziehen und für den Umsetzungsplan zu gewinnen. Um das Umsetzungsteam optimal für die neuen Aufgaben vorzubereiten, kann der externe Berater ein breites Spektrum von detaillierten Umsetzungsplänen mit Controlling-Logik von Individualgesprächen bis hin zu Teamtrainings anbieten.
- **Strategieimplementierung:** In einer zunehmend volatilen Welt müssen alle Mitarbeiter die Eckpunkte der Strategie kennen, damit sie für ihre Entscheidungen handlungsleitend sein kann. Führungskräfte müssen ihren Mitarbeitern die Strategie für den jeweiligen Verantwortungsbereich operationalisieren und erläutern, wie kritische Geschäftsentscheidungen zu treffen sind. Hier unterscheidet sich die Produktion oder Logistik wesentlich vom Marketing oder Vertrieb. Strategieberatungen helfen Führungskräften bei der Übersetzungsleistung in bereichsspezifische Maßnahmen.

IT-/Technologieberatung

von Dagmar Zippel

Gemeinsamkeiten mit und Abgrenzung zur Managementberatung

Informationstechnologie ist eine Querschnittsfunktion mit Berührungspunkten zu allen Branchen und Unternehmensbereichen. Wer hier als Berater tätig ist, beschäftigt sich nicht automatisch nur mit Bits und Bytes. Vielmehr handelt es sich um eine Aufgabe, in der Theorie und Praxis, Strategie und Umsetzung besonders eng verwoben sind.

Die IT- und Technologieberatung erfordert natürlich technisches Verständnis und eine hohe Affinität zu IT-Themen. Zur Planung und Implementierung gehört das Wissen um die Möglichkeiten und Grenzen verschiedener Technologien und Produkte. Dies ist wichtig, um Geschäftsprozesse in den richtigen Systemen abzubilden. Die Kunden erwarten jedoch auch Impulse, die sich durch technische Innovationen ergeben. Neue Geschäftsmöglichkeiten durch den Einsatz neuer Technologien rechtzeitig zu erkennen und für Unternehmen nutzbar zu machen ist eine wesentliche Anforderung an die Technologieberatung.

Je nach Größe und Fokus der Beratungsgesellschaft finden Spezialisten aus verschiedenen Fachbereichen hier ein spannendes Aufgabenfeld. Die Palette reicht von der Spezialberatung in klar umrissenen Themenfeldern wie IT-Sicherheit, Dokumentenmanagement oder Netzwerkplanung bis hin zur Strategieberatung. Bei Letzterer geht es stärker um die technologischen Konsequenzen und Möglichkeiten für strategische Entscheidungen sowie um die Frage nach dem Wertschöpfungsbeitrag von IT.

Abgrenzung zu anderen Beratungsfeldern

Die Grenzen zwischen der reinen Management- und Organisationsberatung und der Technologieberatung sind fließend. Da die Informationstechnologie das Nervensystem einer Organisation darstellt und Prozesse fast immer in Software abgebildet werden, spielen technologische Fragen bei vielen Projekten eine Rolle.

Letztlich ist die Unterscheidung vor allem eine Frage des Blickwinkels: Während Managementberater unternehmerische Fragestellungen behandeln, also beispielsweise Konzepte für den Aufbau eines neuen Händlernetzes entwickeln, sind die IT-Berater eher auf der prozessualen und technologischen Ebene zu finden. Im Falle des Händlernetzes würden sie also die Kommunikationsstruktur und die Anbindung der Händler an die Unternehmensprozesse entwickeln.

Mit anderen Worten: IT-Berater müssen noch stärker als Managementberater in der Lage sein, Strategien und Konzepte in konkrete Prozesse zu überführen. Auf Basis dieser Übersetzungsleistung wird dann die für den jeweiligen Bedarf beste IT-Lösung entwickelt. Ausgeprägtes Prozessdenken und hohe technische Affinität sind entscheidend für den Erfolg des IT-Beraters.

Typische Tätigkeitsfelder und Beratungsaufgaben

Bei der Entwicklung und Umsetzung von IT-Strategien und -Lösungen müssen verschiedene Fragen beantwortet werden. Sie reichen von der Auswahl der richtigen Systeme über die Zuverlässigkeit und Langfristigkeit von Investitionen bis hin zur Wirtschaftlichkeit einzelner Maßnahmen.

In den seltensten Fällen beginnen Technologieberater mit einem leeren Blatt Papier. In der Regel ist der Ausgangspunkt eine strategische Zielsetzung, die an anderer Stelle formuliert wurde. IT-Berater übersetzen die Strategie in ein IT-Konzept und definieren im Anschluss einen Migrationspfad von der Ausgangssituation hin zum Zielszenario. Häufig geht es um die Harmonisierung von IT-Landschaften im Anschluss an eine Unternehmensübernahme. Die Ziele, die mit der Übernahme verbunden waren, haben auch maßgeblichen Einfluss darauf, wie die IT-Landschaften zusammengeführt werden oder ob neue Infrastrukturen aufgebaut werden.

IT-Berater sind darüber hinaus gefordert, sich kontinuierlich über neue Entwicklungen auf dem Laufenden zu halten und sinnvolle Anwendungsmöglichkeiten für spezifische Kundenszenarien zu bestimmen. IT-Verantwortliche in Unternehmen haben nur begrenzte Möglichkeiten, Neuerungen zu bewerten. Sie sind daher auf Empfehlungen und Urteile der IT-Berater angewiesen. Im Kern geht es immer um die Frage nach dem Nutzen einer Lösung: Wie kann man daraus zusätzlichen Mehrwert für sein Geschäft generieren?

Von den Beratern wird deshalb erwartet, dass sie ihr technisches Know-how konstant weiterentwickeln. Damit die Kunden das bestmögliche Ergebnis erhalten, müssen sich die Berater sowohl in den modernsten Technologien als auch bei den Standardanwendungen auskennen.

Trends in der Technologieberatung

Es gibt auch Bereiche, die man üblicherweise kaum mit IT-Beratung in Verbindung bringt. So spielen beispielsweise IT-Infrastrukturen eine zunehmend wichtigere Rolle für die Rekrutierung von Nachwuchskräften. Die Generation „Millennials“ oder „Digital Natives“ drängt mittlerweile auf den Arbeitsmarkt. Und mit „Gen Z“ steht auch schon die nächste bereits in den Startlöchern. Sie alle sind mit elektronischen Medien aufgewachsen und haben einen selbstverständlichen Umgang damit. Sie verlangen von ihren Arbeitgebern moderne IT-Ausstattung und einen freien Zugang zu ihren sozialen Netzwerken, die längst nicht mehr nur privaten Zwecken dienen, sondern auch in der beruflichen Vernetzung eine entscheidende Rolle spielen. Die Digitalisierung des privaten wie des professionellen Alltags führt zu immer stärkeren Wechselwirkungen zwischen diesen Lebenswelten. Hier können IT-Berater Unternehmen dabei helfen, sich von den Wettbewerbern auf dem Arbeitsmarkt abzuheben und optimale Arbeitsbedingungen für Digital Natives zu schaffen.

Aber nicht nur die Mitarbeiter drängen auf eine Öffnung der Unternehmensgrenzen. Auch die Arbeit wird in zunehmendem Maße mit Partnern und Kunden außerhalb der vier Unternehmenswände organisiert. Mit der Anzahl der Übergabepunkte für Informationen steigen auch die Anforderungen an die Sicherheit, um erwünschten Datentransfer nicht zu behindern, unerwünschten jedoch effektiv zu unterbinden.

Ganz zu schweigen von der zunehmenden Online-Kriminalität, die immer neue Wege sucht, um illegal an sensible Daten heranzukommen und diese zu missbrauchen. IT-Security ist ein extrem schnell wachsender und beratungsintensiver Bereich mit hohem Innovationstempo.

Neben Sicherheit ist vor allem die globale Orientierung der Wirtschaft eine der zentralen Herausforderungen für die IT. Die Technologieberatung arbeitet deshalb sowohl global wie auch lokal: Management- und Technologieberater benötigen eine globale Präsenz, um die Anbindung einer Niederlassung in Indien oder die Zusammenarbeit mit einem Lieferanten in Brasilien nicht nur theoretisch sicherzustellen. Erst das Know-how vor Ort garantiert, dass der Kunde die geplanten Vorteile auch erzielen kann.

Berater arbeiten oft in Teams zusammen, deren Mitglieder verschiedene kulturelle Hintergründe haben. Die Fähigkeit, sich auf unterschiedliche Denk- und Herangehensweisen einzustellen, ist essenziell. In einer vernetzten Welt müssen auch Berater vernetzt denken und arbeiten.

Effizienz in der Informationsverarbeitung wird dabei neu definiert. Feedback und Anregungen von Kunden aufzunehmen und in die internen Entscheidungsprozesse einfließen zu lassen ist ungleich schwieriger als die Steuerung des Datenflusses im Unternehmen. Neben rein technischen Fragen ist es entscheidend, wie die Kommunikation mit dem Kunden für diesen angenehm und einfach wird. Mithilfe der richtigen Technologie kann ein produktiver Dialog geführt werden. Technologieberatung bedeutet in diesem Fall nicht nur, die richtigen Plattformen zur Verfügung zu stellen, sondern die optimale Verknüpfung der Kommunikationskanäle zu finden.

Einstiegsvoraussetzungen

Abgesehen von den gängigen Anforderungen in der Beraterbranche müssen Kandidaten für die Technologieberatung über eine ausgeprägte IT-Affinität verfügen. Für Positionen mit Umsetzungskompetenz sind zudem spezifische Software- oder Programmier-Kenntnisse gefragt, wie zum Beispiel SAP, Java, JavaScript, C oder C++. Häufig bieten die Unternehmensberatungen Einstiegsprogramme an, um Berufsanfänger an die Arbeit in den technologieorientierten Projekten heranzuführen. Berater in großen Consulting-Firmen gehen interdisziplinär vor, wenn für ein bestimmtes Projekt in den verschiedenen Phasen unterschiedliche Qualifikationen benötigt werden. Und die Technologieberatung hat zwar traditionell den Ruf einer Männerdomäne, mittlerweile entscheiden sich aber immer mehr Frauen für eine Laufbahn in der IT-Beratung. Spätestens mit der Digitalisierung ergeben sich neue Berufsfelder, die durch ihre kreative Komponente besonders für Frauen interessant werden. Vorbildliche Firmen haben begonnen, ihre Mitarbeiterinnen mit speziellen Förderprogrammen zu unterstützen. Dies ist eine wichtige Entwicklung. Je mehr weibliche Vorbilder von ihren Karrieren berichten, umso selbstverständlicher werden erfolgreiche MINT-Laufbahnen für Frauen. Dafür braucht es auch Möglichkeiten für Frauen und Männer, Familie und berufliche Karriere zu verbinden.

Organisations- und Prozessberatung

von Wilfried Kessler

Prozesswissen und -strategien erhalten in global agierenden Unternehmen mit weltweit vernetzten Mitarbeitern eine zunehmende Bedeutung für die Sicherung der Wettbewerbsfähigkeit. Im Mittelpunkt der Arbeit von Organisations- und Prozessberatung steht daher die Optimierung der Ablauf- und Aufbauorganisation in Unternehmen. Den Prozessen kommt hierbei die Rolle einer zentralen Schnittstelle zwischen Strategie und Struktur zu: Prozesse folgen der Strategie, und Strukturen folgen Prozessen.

Unterschiede zu anderen Beratungsfeldern

Ein Schwerpunkt der Organisations- und Prozessberatung liegt in der Verbesserung von Operations und Performance. Im Unterschied zur Strategieberatung bewegt sie sich innerhalb gegebener Potenziale und konzentriert sich darauf, definierte Dienst- oder Sachleistungen effizienter oder flexibler produzieren zu lassen. Gleichwohl bildet die Strategie in der Regel den Ausgangspunkt für jede Organisations- und Prozessberatung.

Während die IT-Beratung mit der Gestaltung von Architekturen, Systemen und Applikationen beschäftigt ist, definiert die Organisations- und Prozessberatung die Geschäftsanforderungen an die IT. In der Unternehmenspraxis hat der IT-Bereich meist mehr Gewicht, was auf seine Verankerung auf Vorstandsebene in Person des CIO und sein Budget für Investitionen zurückzuführen ist.

Von der Human-Resources-Beratung, deren Fokus auf Soft Factors wie Personalbedarfsplanung und Personalentwicklung liegt, unterscheidet sich die Organisations- und Prozessberatung in ihrer Ausrichtung auf die Hard Factors, indem sie Anforderungen an Mitarbeiter wie an HR-Konzepte definiert. Aller Automatisierung zum Trotz gilt dabei auch für Organisations- und Prozessberater der Leitsatz: „People make it happen."

Typische Zugangswege

Neben einer Spezialisierung auf Organisations- und Prozessthemen im Studium sind auch IT-Kenntnisse, die über die klassische Arbeitsplatz-Software hinausreichen, von Vorteil. Noch stärker im Vordergrund stehen jedoch Faktoren der persönlichen Entwicklung, wie die Bereitschaft zu verantwortungsvoller Teamarbeit, analytische Fähigkeiten, Projektkompetenz sowie Mobilität und Flexibilität – erworben etwa in Form studienbegleitender Praktika und durch Auslandssemester. Als Einstieg bietet sich auch eine praxisbezogene Diplomarbeit in einer Organisations- und Prozessberatung an.

Spezifische Fragestellungen und Herausforderungen

Organisations- und Prozessberater müssen konzeptionell und praktisch Antworten auf grundlegende Fragen finden, die Unternehmen weltweit bewegen:

- Welche Prozesse sind erfolgskritisch, und welche Anforderungen müssen sie hinsichtlich Effizienz, Effektivität, Flexibilität etc. erfüllen?
- Welche Vorteile lassen sich kurz-, mittel- und langfristig mit Prozessautomatisierung erzielen?

- Ist es infolge der Konvergenz von Technologien und Produkten noch sinnvoll, spartenspezifische oder produktspezifische Prozesse zu designen?
- Läuft der Trend zur Modularisierung von Produkten und Produktionselementen auch auf eine Modularisierung von Prozessen hinaus, die im Bedarfsfall aktiviert werden?
- Welche Konsequenzen ergeben sich so für Reorganisation, Transformation und Change?
- Die Planung und das große Ganze sind dabei ebenso wichtig wie die Realisierung in konkreten Abläufen und Zuständigkeiten. Hier gilt es, stets ein ausgewogenes Verhältnis zwischen konzeptionellem Leitbild und tatsächlicher Implementierbarkeit zu finden. Zudem wird von Prozess- und Organisationsberatung immer häufiger erwartet, dass der Nutzen ihrer Arbeit nicht nur qualitativ, sondern hinsichtlich finanzieller Kennzahlen wie CAPEX, OPEX, EBIT etc. auch quantitativ dokumentiert werden kann.

Ein Beispiel für eine Methodik: S-BPM

Subjektorientiertes Business Process Management (S-BPM) ist eine Methode, um Geschäftsprozesse zu beschreiben und auszuführen. Sie berücksichtigt den gelebten Prozess inklusive der Kommunikation zwischen den Beteiligten. S-BPM verkürzt sowohl die Analyse als auch die Entwicklungs- und Implementierungszeit von Prozessen, wodurch sich Kostenvorteile realisieren lassen. Entscheidend ist dabei die Komplexitätsreduktion: Im Gegensatz zur klassischen prädikatorientierten Prozessmodellierung begrenzt S-BPM die Zahl der Elemente auf fünf:

- **Fokussierung auf die Beteiligten:** S-BPM stellt die am Prozess beteiligten Personen, Organisationseinheiten oder Computer in den Mittelpunkt des Geschehens.
- **Einfachheit durch Reduzierung:** Die Interaktion zwischen den Subjekten erfolgt durch den Austausch von Nachrichten. Für jedes Subjekt wird definiert, welche Funktionen es ausführen muss, um die Kommunikation mit den anderen Subjekten des Prozesses zu ermöglichen. Dadurch lässt sich die Anzahl der für eine vollständige und eindeutige Prozessbeschreibung erforderlichen Elemente drastisch reduzieren.
- **Top feature bottom up:** Die Prozessmodellierung kann praktisch mit der Definition der Handlungen eines beliebigen Subjektes beginnen. Durch Definition weiterer Subjekte und der Kommunikation zwischen ihnen kann der Prozess stufenweise „bottom up“ beziehungsweise von der Peripherie zur Zentrale erweitert werden.
- **S-BPM kultiviert:** Globale Unternehmen stehen zunehmend vor der Herausforderung, in einer grundsätzlich einheitlichen unternehmensweiten Prozessarchitektur regionale und kulturelle Unterschiede zu berücksichtigen. Solche Spezifika können mithilfe der S-BPM-Methodik einfach erfasst und prozessual beschrieben werden.
- **Empathie in Prozessdesign und Adaption:** Die subjektorientierte Prozesssicht gestattet jedem Prozessbeteiligten, sich nur mit den für ihn relevanten Schritten zu beschäftigen. Diese einfache Struktur mit nur wenigen Elementen erlaubt es – auch ohne tiefe Kenntnisse in Prozessdesign –, den Prozess in kurzer Zeit zu verstehen und damit auch praktisch zu arbeiten.

Human-Resources-Beratung

von Dr. Axel Hüttmann und Dr. Jens Müller-Oerlinghausen

Die beste Strategie ist wertlos ohne geeignete Mitarbeiter und Führungskräfte. Der Faktor Personal gewinnt durch den Strukturwandel zur Dienstleistungsgesellschaft und Wissensökonomie dramatisch an Bedeutung. Eine erfolgreich umgesetzte Geschäftsstrategie beruht vor allem auf exzellenter Personalarbeit.

Für die Verbesserung der Personalarbeit bieten spezialisierte HR-Beratungen ihre Unterstützung an, die oft ihren Fokus auf Themenfelder wie Vergütung, Altersvorsorge oder Führungskräftevermittlung (Executive Search) legen. Viele Strategieberatungen haben ebenfalls spezialisierte HR Practices, die zusätzlich zum HR-Spezialwissen ihre strategische Beratungsexpertise einbringen. Auftraggeber ist meist der Personalbereich, aber immer öfter auch die Unternehmensleitung. Denn ihre Führung beeinflusst die Leistung der Mitarbeiter erheblich. Mit der HR-Beratung verwandt, aber zumindest vom Bundesverband Deutscher Unternehmensberater (BDU) dieser nicht zugerechnet, ist der Bereich der Personalberatung. Headhunter unterstützen Unternehmen gezielt darin, die Anforderungen an Kandidaten für offene Stellen zu definieren und geeignete Bewerber zu finden.

Herausforderungen und Aufgabenbereiche

Den richtigen Mitarbeiter zur richtigen Zeit am richtigen Ort einsetzen, und das zu möglichst wettbewerbsfähigen Kosten – so lässt sich die Aufgabe der Personalarbeit auf den Punkt bringen. Das verdeutlicht, dass Personalarbeit eine der anspruchsvollsten und komplexesten Aufgaben im Unternehmen ist. Entweder es gibt nicht genügend fähige Mitarbeiter, oder es sind zu viele an Bord. Veränderungen beim Personal haben lange Vorlaufzeiten: Menschen brauchen Zeit, um Neues zu erlernen. Rechtliche und vertragliche Regelungen setzen zudem enge Vorgaben.

Folgende drei Aufgabenbereiche sind innerhalb des HR-Bereichs zentral:

- das **strategische Personalmanagement,** das die quantitative und qualitative Personalplanung mit einer langfristigen Personalstrategie verbindet und durch dynamisches Personalmanagement über entsprechende Flexibilisierungs-, Qualifizierungs- oder Personalanpassungsmaßnahmen für deren Umsetzung sorgt
- das **Talentmanagement,** das sich um die Gewinnung, Bindung, Motivation, Vergütung, Bewertung und Weiterentwicklung der Mitarbeiter kümmert – von der Führungskraft bis zum Azubi
- die **exzellente Personalfunktion,** die in ihrer Organisation, ihren Prozessen, Instrumenten und IT-Systemen sowie in ihren Fähigkeiten die richtige Balance zwischen effizienter Erbringung von Verwaltungstätigkeiten wie der Lohnzahlung und kompetenter Beratung der Führungskräfte in Personalfragen findet

Typische Beratungsfelder

Die Entwicklung der Personalstrategie im Kontext der allgemeinen Unternehmensstrategie ist eines der Tätigkeitsfelder der HR-Beratung, das direkte Anknüpfungspunkte an die Strategieberatung bietet. Auch bei der Festlegung der strategischen Stoßrichtungen im Personalbereich sowie der Gestaltung der zur Umsetzung am besten geeigneten Aufbau- und Ablauforganisation finden sich Parallelen zur Strategieberatung. In diesem Feld trifft man sowohl große Beratungshäuser als auch spezialisierte Beratungen an.

Einer der Schwerpunkte der HR-Beratung ist die Konzeption von Personalsystemen: Wie plane ich meine Personalressourcen? Über welche Controlling-Zahlen steuere ich sie? Wie positioniere ich mich als Arbeitgeber, um die richtigen Talente zu gewinnen? Und über welche Systematik entwickle ich ihre Fähigkeiten und identifiziere ich meine Leistungsträger? Welche Vergütungssysteme binden die richtigen Talente und senden die richtigen Leistungsanreize? Oft gibt es hier auf Einzelaspekte spezialisierte Beratungshäuser, aber auch breiter aufgestellte HR-Spezialisten. Da in großen Unternehmen die Systeme nur selten ohne IT-Unterstützung auskommen, ist dieser Bereich ein Anknüpfungspunkt für die IT-Beratung, meist durch spezialisierte Software-Anbieter.

Auch Prozessoptimierung ist ein Tätigkeitsfeld der HR-Berater. Denn nicht erst seit der zunehmenden Verbreitung von sogenannten Shared Service Centers (sozusagen unternehmensweit genutzten Prozessfabriken) gibt es Bedarf an Automatisierung und Spezialisierung, um Prozesse effizienter und effektiver zu gestalten. Auf diesem Feld sind vor allem IT- und Outsourcing-Anbieter aktiv.

Diese Tätigkeiten gewinnen mit zunehmender Unternehmensgröße und -vielfalt an Komplexität. Wenn beispielsweise für ein internationales Telekommunikationsunternehmen mit deutlich über 100.000 Mitarbeitern eine neue Personalentwicklungssystematik konzipiert und eingeführt wird, sind vielfältige Schnittstellen mit den Bereichen Personalmarketing, Vergütung sowie Führungskräfteentwicklung zu berücksichtigen. Darüber hinaus können bereits unterschiedliche Modelle existieren, die es in das neue Konzept zu integrieren gilt. Hier muss besonders große Sorgfalt auf die interne Kommunikation und die Umsetzungsbegleitung gelegt werden.

Besondere Anforderungen an HR-Berater

Mitarbeiter im HR-Bereich zeichnen sich häufig durch große Begeisterung für ihre Aufgabe und hohe soziale Verantwortung aus, der sie entgegen allem wirtschaftlichen Druck gerecht werden wollen. Der HR-Berater wird oft in diesem Spannungsfeld aktiv. Ohne Empathie kommt er hier selten weiter. Gleichzeitig braucht er Hartnäckigkeit und Kreativität bei der Versachlichung und Bewertung eines schwer messbaren Themenfeldes. Darüber hinaus sind HR-Themen oft sensibel – nicht zuletzt auch vor dem Hintergrund der unterschiedlichen Interessen von Eigentümern, Führungskräften, Mitarbeitern und Betriebsräten. Der HR-Berater benötigt hier das richtige Fingerspitzengefühl, um in der Organisation Vertrauen aufzubauen. Zudem sollte er natürlich wie der Strategieberater sehr gute analytische Fähigkeiten und Projektmanagement-Kompetenzen für die strategischen HR-Themen mitbringen.

Unternehmensberatung bei Wirtschaftsprüfungsgesellschaften

von Timo Klees

Das Leistungsspektrum der Wirtschaftsprüfungsgesellschaften befindet sich seit einiger Zeit im Wandel: Ausgehend von ihren originären Aktivitäten in der Wirtschaftsprüfung (Audit) und Steuerberatung (Tax) bauen insbesondere die sogenannten Big Four bestehend aus PwC, KPMG, EY und Deloitte, ihre Beratungsaktivitäten kontinuierlich aus. Dies eröffnet Absolventen und Quereinsteigern attraktive Entwicklungsmöglichkeiten im Beratungsumfeld.

Wirtschaftsprüfung und prüfungsnahe Beratung

Bereits in den vergangenen Jahren trugen (prüfungsnahe) Beratungsaktivitäten überdurchschnittlich zum Wachstum der Wirtschaftsprüfungsgesellschaften bei. Insbesondere bei Mandanten, bei denen keine Prüfungsleistungen erbracht werden und somit grundsätzlich eine höhere Beratungsfreiheit besteht, wird ein kontinuierlicher Ausbau der Beratungsleistungen angestrebt. Dies erfolgt zunehmend auch durch die gezielte Übernahme von etablierten Unternehmensberatungen und verändert die Landschaft des Beratungsmarktes. Von besonderem Interesse für die Wirtschaftsprüfungsgesellschaften sind Unternehmensberatungen mit einem spezifischen Fokus, z. B. in bestimmten Fachgebieten oder Sektoren. Sowohl für die Wirtschaftsprüfer als auch für die übernommenen Berater kann sich eine Win-win-Situation ergeben. Vor allem für kleinere Beratungen kann es vorteilhaft sein, unter das Dach einer großen Wirtschaftsprüfungsgesellschaft zu schlüpfen, um von deren globalem Netzwerk zu profitieren.

Steigende Bedeutung der Beratungsaktivitäten

Es wird erwartet, dass sich dieser Trend in den nächsten Jahren weiter verstärkt. Grund dafür sind auch neue Regularien, nach denen kapitalmarktorientierte Unternehmen, Banken und Versicherungen nun regelmäßig ihren Abschlussprüfer wechseln müssen. Um die Unabhängigkeit der Abschlussprüfer zu wahren, dürfen die Wirtschaftsprüfungsgesellschaften bei Unternehmen nicht gleichzeitig den Jahresabschluss prüfen und umfassende Beratungsleistungen anbieten. Die Pflichtrotation in der Abschlussprüfung eröffnet den Wirtschaftsprüfungsgesellschaften neue Beratungsmöglichkeiten bei Unternehmen, deren Abschlüsse sie bisher geprüft haben und zukünftig nicht mehr prüfen dürfen. Schließlich verfügen die bisherigen Abschlussprüfer über beste Kenntnisse der Unternehmen und etablierte Kontakte zum Management.

Die einzelnen Wirtschaftsprüfungsgesellschaften verwenden für ihre Beratungsaktivitäten zwar unterschiedliche Bezeichnungen, z. B. Advisory oder Consulting, setzen jedoch ähnliche inhaltliche Schwerpunkte. Sie bündeln hier das fachliche Know-how zu transaktions-, risiko- und prozessorientieren, strategischen sowie regulatorischen Fragestellungen. Dabei zeichnen sie sich vor allem durch eine hohe finanzwirtschaftliche Kompetenz aus und ermöglichen es ihren Mandanten dadurch, den Fokus auf das eigentliche Kerngeschäft zu richten. So werden Unternehmen in Krisensituationen beispielsweise bei der finanziellen, operativen und strategischen Neupositionierung bzw. Restrukturierung unterstützt, um Kosten zu senken, eine tragfähige und nachhaltige Geschäftsplanung zu erarbeiten oder die Finanzierung zu optimieren. Im Aufschwung werden eher Wachstums- und Expansionsstrategien definiert und umgesetzt.

Ausgewählte Beratungsaktivitäten der Wirtschaftsprüfungen

Transaktionsorientierte Fragestellungen

- Mergers & Acquisitions (M&A): Beratung bei der Durchführung von Unternehmenskäufen, -verkäufen und -fusionen sowie Börsengängen (IPOs)
- Durchführung von Unternehmensbewertungen und Kaufpreisallokationen
- Due Diligence: Analyse und Bewertung insbesondere finanzieller, steuerlicher, operativer und ökologischer Chancen und Risiken bei Unternehmenskäufen
- Finanzierungsberatung (Debt Advisory): Unterstützung bei der Identifikation und Realisierung von optimalen Finanzierungsstrategien und -strukturen
- Restrukturierung: Erarbeitung und Umsetzung von Sanierungskonzepten sowie Begleitung der umzusetzenden Maßnahmen

Strategische Fragestellungen

- Wettbewerbsanalyse und Identifikation strategischer Handlungsalternativen
- Erarbeitung von Expansionsstrategien in neue Regionen und/oder neue Produkte
- Optimierung und Neuausrichtung von Vertriebsaktivitäten
- strategische und integrative Beratung im Bereich Human Resources

Regulatorische Fragestellungen

- Implementierung von IFRS oder US-GAAP: Begleitung bei der Umstellung von HGB auf internationale Rechnungslegungssysteme (sogenannte Conversion)
- Unterstützung bei der Entwicklung, Implementierung und Qualitätssicherung von Rating- und Risikomanagement-Systemen
- Corporate Governance: Beratung zur Erfüllung von Compliance-Anforderungen, z. B. in den Bereichen Rechnungslegung, interne Kontrollsysteme und Informationstechnologie
- Unterstützung bei der Umsetzung der Aufsichtsfunktionen im Finanzsystem: Risikobewertung und Qualitätsprüfung von Assets, Stresstests

Prozessorientierte Fragestellungen

- Performance & Controlling: Konzeption und Realisierung von Planungs-, Informations-, Steuerungs- und Controlling-Instrumentarien
- Forensic: Prävention und Aufklärung von Wirtschaftskriminalität
- Treasury & Working Capital Management: Finanzierungs-, Verbriefungs- und Ratingberatung, Unterstützung bei Liquiditäts- und Working-Capital-Management

Unterschiede zu den klassischen Strategieberatungen

Die großen Wirtschaftsprüfungsgesellschaften profitieren bei ihren Beratungsaktivitäten stark von ihrer Größe. Die Mitarbeiter bringen fachliches Know-how aus unterschiedlichsten Disziplinen mit. Darüber hinaus gewährleistet die weltweite Organisationsstruktur eine dauerhafte Vor-Ort-Präsenz rund um den Globus und damit auch in Kundennähe. Die Berater folgen also der internationalen Expansion ihrer Kunden. Dies bietet Berufseinsteigern die Chance, bereits frühzeitig in internationalen Beratungsprojekten wertvolle Erfahrungen zu sammeln. Mit zunehmender Komplexität der Themenstellungen werden verstärkt auch spezielle fach- und geschäftsbereichsübergreifende Branchenkenntnisse erforderlich. Daher arbeiten die Berater der Big Four in der Regel in spezialisierten Branchenteams, die die spezifischen Anforderungen einer Industrie kennen (z. B. Automotive, Financial Services etc.). Dieser interdisziplinäre Ansatz aus Fachwissen, lokaler Expertise und Branchenexpertise zeichnet die Beratungsaktivitäten der Big Four aus. So können sie in einem internationalen Umfeld Lösungen für die wichtigsten Herausforderungen erarbeiten, denen sich Unternehmen heutzutage stellen müssen.

Die Wirtschaftsprüfungsgesellschaften zeichnen sich zudem durch meist langjährige Beziehungen zu ihren Mandanten aus. Dies verschafft ihnen einen strategischen Vorteil, wenn es darum geht, die Geschäftsmodelle der Kunden zu verstehen und weiterzuentwickeln. Während sich klassische Strategieberatungen vor allem auf Konzerne und große Unternehmen konzentrieren, werden für die Beratungsaktivitäten der Big Four auch mittelständische Unternehmen immer wichtiger. Zu den Mandanten gehören nicht nur Industrieunternehmen unterschiedlichster Branchen, sondern auch Finanz- und Dienstleistungsunternehmen, Unternehmen der öffentlichen Hand sowie Non-Profit-Organisationen.

Fazit

Das Beratungsangebot der großen Wirtschaftsprüfungsgesellschaften geht heute weit über ihre ursprünglichen Kernaktivitäten der Wirtschaftsprüfung und Steuerberatung hinaus. Dabei verfolgen sie einen eher analytischen bzw. zahlengetriebenen Beratungsansatz, der aber zunehmend um strategische Komponenten ergänzt wird.

Durch ihre wachsenden Beratungsaktivitäten bieten die Big Four für Absolventen und Quereinsteiger viele attraktive Einstiegsmöglichkeiten, insbesondere auch für solche mit Bachelor-Abschluss. Dazu gehören spezielle Einstiegs- und Trainee-Programme, die während ihrer Laufzeit (meist ein bis zwei Jahre) einen Einblick in unterschiedliche Beratungsfelder und Industrien ermöglichen. Außerdem fördern die Wirtschaftsprüfungsgesellschaften bestimmte Berufsexamina wie Steuerberater, Wirtschaftsprüfer, CFA, die Teilnahme an Master-Studiengängen sowie Promotionsvorhaben und bieten berufsbegleitende Weiterbildungsmöglichkeiten an.

Ein weiterer Vorteil zu vielen „reinen" Unternehmensberatungen ist die Erfassung der geleisteten Arbeitszeit auf Arbeitszeitkonten. Eventuell anfallende Mehrarbeit wird entweder am Jahresende gesondert vergütet oder kann in Freizeit umgewandelt werden – ein enormer Vorteil, der den Mitarbeitern nicht nur eine ausgeglichenere Work-Life-Balance, sondern auch ein höheres Maß an Selbstbestimmung ermöglicht.

Inhouse Consulting

von Dr. Michaela Schütt

Beinahe jeder Großkonzern verfügt heute über eine Inhouse-Beratung. Neben Siemens Management Consulting zählen Volkswagen Consulting und Deutsche Post DHL Inhouse Consulting zu den führenden Akteuren in Europa.

Strategien aus dem Unternehmen für das Unternehmen

Wie kann der eigene Konzern gesellschaftliche Trends mitgestalten? Wie werden sich die relevanten Märkte entwickeln? Welche technologischen Entwicklungen sind erkennbar, und welche Wettbewerbssituationen werden entstehen? Als Vordenker setzen sich Inhouse-Beratungen intensiv mit solchen Fragen auseinander. Für das Topmanagement erarbeiten und bewerten sie Handlungsoptionen und Strategien, die die Wettbewerbsfähigkeit des Konzerns sichern und seine Position weiter ausbauen. Dabei gehen sie stets umsetzungsorientiert vor: Am Ende der Projekte stehen erprobte und praktikable Lösungen, die in gemeinschaftlicher Arbeit mit dem Kunden entwickelt wurden.

Diese Umsetzungsorientierung erwächst nicht zuletzt aus gemeinsamen Werten und Zielen. Denn Inhouse-Beratungen sind selbst Teil des Konzerns, den sie beraten. Die Zusammenarbeit mit den Unternehmenslenkern basiert auf einer gemeinsamen Kultur und ist geprägt von gegenseitigem Vertrauen, Verständnis und dem Ziel, nachhaltigen Nutzen zu schaffen. Zudem besitzen Inhouse-Berater fundierte Kenntnisse über das eigene Unternehmen. Mit diesem Wissen können sie realistisch bewerten, welche Strategien umsetzbar sind und wie sich Konzepte erfolgreich implementieren lassen. Gerade diese Praxisnähe verleiht ihnen hohe Glaubwürdigkeit und Akzeptanz im Topmanagement.

Sprungbrett ins Management

Die internen Consultants sind aber nicht nur dazu da, erstklassige Beratungsleistungen zu erbringen. Inhouse-Berater eignen sich im Laufe ihrer Tätigkeit umfangreiches Wissen über das Unternehmen an und sind mit allen gängigen Beratungsmethodiken und -tools vertraut. Die Erfahrungen, die sie während ihrer Projekte sammeln, sind zudem eine optimale Vorbereitung auf eine verantwortungsvolle Position im Konzern. Darüber hinaus knüpfen sie im Rahmen der Projektarbeit bereits wertvolle Kontakte zum Topmanagement.

Um diese wertvollen Ressourcen zu bewahren und auszubauen, fördern Unternehmen ihre Berater mit systematischen Entwicklungsplänen und in Trainings/Coachings. Mit anderen Worten: In den Inhouse-Beratungen wachsen die Manager von morgen heran.

Vorteile gegenüber der externen Beratung

Wer sich als Absolvent für einen Karrierestart in der Unternehmensberatung entschieden hat, steht als Nächstes vor der Frage, ob dieser Start in der internen oder in der externen Beratung stattfinden soll. Hierauf gibt es keine pauschale Antwort. Beide Alternativen haben Vorzüge – welcher Weg im Einzelfall sinnvoll ist, hängt von den eigenen Zielen und Präferenzen ab.

Für Bewerber, die noch keine klare Vorstellung von ihrer Wunschbranche haben, empfiehlt sich zur Orientierung der Einstieg in einer externen Beratung. Ist man sich seiner bevorzugten Branche aber bereits bewusst, bieten sich in der Inhouse-Beratung größere Entwicklungschancen: Einsteiger können sich hier früh inhaltlich spezialisieren und in kürzester Zeit ein fundiertes Branchenverständnis und Expertenwissen aufbauen. Zudem bekommen Inhouse-Berater bei ihren oft internationalen Projekten einen tiefen Einblick in den Konzern. Von dem Netzwerk, das sie während dieser Zeit aufbauen, profitieren sie nicht nur während ihrer Karriere als Consultants. Auch später, in einer Managementfunktion im Unternehmen, ist es von unschätzbarem Wert.

So abwechslungsreich die Projektarbeit ist, so vielfältig sind die Karrierewege. Wer in eine Inhouse-Beratung einsteigt, dem bieten sich auch nach seiner Beratungslaufbahn unterschiedliche und attraktive Möglichkeiten zur persönlichen und beruflichen Weiterentwicklung im Konzern.

2. Beruf(ung) Unternehmensberater

Einstiegsoptionen

von Nadja Peters

Unternehmensberater ist ein Beruf sowohl für Absolventen, die sich gerne als Generalisten bezeichnen, als auch für ausgewiesene Spezialisten in unterschiedlichen Feldern. Das Studienfach spielt eine ebenso untergeordnete Rolle wie der Abschluss. Einstiegsmöglichkeiten gibt es zu jedem Zeitpunkt – egal ob die Bewerber noch studieren, ob sie bereits graduiert oder promoviert sind oder schon Berufserfahrung mitbringen. Je nach Abschluss bieten die meisten Beratungen verschiedene Einstiegsmöglichkeiten an, die sich an den jeweiligen Voraussetzungen der Interessenten orientieren.

Während des Studiums: als Praktikant

Eine hervorragende Gelegenheit, das Berufsfeld Management Consulting kennenzulernen und den Berateralltag einmal live zu erleben, ist das Praktikum. Meist arbeiten Praktikanten in Beraterteams beim Klienten vor Ort Seite an Seite mit erfahrenen Beratern. Oft können sie sogar einen eigenen Aufgabenbereich betreuen. In der Regel dauern Praktika acht bis zwölf Wochen und bieten Karriere-Coaching durch einen persönlichen Betreuer, aber auch die Möglichkeit zur Teilnahme an Veranstaltungen und den Zugang zu diversen Recherche- und Informationsquellen.

Nach dem Bachelor-Studium

Speziell für Bachelor-Absolventen haben viele Unternehmensberatungen besondere Programme ins Leben gerufen. Näheres zu diesem Thema finden Sie auch ab Seite 49.

Nach dem Diplom-, Magister- oder Master-Studium

Der Einstieg nach einem Diplom-, Magister- oder Master-Studium ist der klassische Start in die Consulting-Laufbahn. Die Berater sind in Projektteams beim Klienten im Einsatz. Ihre Aufgaben können das gesamte Spektrum industrieller und institutioneller Bereiche sowie funktionaler Themen abdecken. In Teams arbeiten die Berater an der Lösung komplexer Probleme: Sie erstellen Analysen, entwickeln in enger Zusammenarbeit mit den Führungskräften des Klienten Empfehlungen und unterstützen deren Umsetzung. Dabei werden junge Berater fortlaufend von erfahrenen Kollegen gecoacht. Parallel zur Projektarbeit absolvieren Berater verschiedene Trainings und individuelle Coachings, die sie auf neue Aufgaben vorbereiten.

Weiterbildung und -entwicklung ist in der Beratung ein zentrales Element. So besteht zum Beispiel bei großen Beratungen oft die Möglichkeit, nach einer gewissen Arbeitsphase freigestellt zu werden, um einen weiteren akademischen Abschluss zu erlangen. In dieser Zeit können die Berater ihre Doktorarbeit schreiben oder einen MBA machen – dabei erhalten sie zudem häufig Unterstützung bei der Finanzierung des Studiums. Bei McKinsey gibt es auch die Alternative, sich während seines Leaves für eine soziale Einrichtung zu engagieren. In beiden Fällen beziehen Berater ein Jahr ihr volles Gehalt weiter. Nach der Auszeit steigen die Berater mit zusätzlicher Qualifikation und Expertise wieder in ihrem Beratungsunternehmen ein und übernehmen mehr Verantwortung in ihren Teams.

Nach der Promotion

Einsteiger mit einem zweiten akademischen Abschluss (meist Promotion oder MBA) starten als Berater, die direkt im Team das Topmanagement von Unternehmen oder öffentlichen Institutionen beraten. Bereits nach kurzer Zeit können sie meist schon selbst Führungsaufgaben übernehmen, was sich einige Zeit später in der Beförderung zum Projektleiter widerspiegeln kann.

Mit Berufserfahrung

Beratungen schätzen Bewerber, die durch relevante Berufserfahrung bereits gezielte Fachkenntnisse und Praxisexpertise mitbringen. Diese erlaubt ihnen oft den direkten Einstieg in die Beratertätigkeit spezieller Industriesektoren oder funktionaler Practices wie Marketing oder Operations. Viele Unternehmensberatungen bieten Quereinsteigern mit Berufserfahrung individuelle Vereinbarungen mit attraktiven Konditionen und Karrierechancen. Selbstverständlich erhalten auch sie maßgeschneiderte Trainingsprogramme und kontinuierliche Coachings.

What's in it for me? – Einstieg in die Unternehmensberatung als langfristiger Karriereschub

von Rolf Pfeiffer

Unternehmensberatungen erfreuen sich großer Beliebtheit als Arbeitgeber erstklassig ausgebildeter Absolventen. Dafür gibt es sehr offensichtliche Gründe wie anspruchsvolle Aufgaben, hoch qualifizierte Kollegen, spannende Projekte sowie eine steile Lernkurve. Die Betrachtung der Frage, welchem Beratungsunternehmen man den Vorzug geben soll, enthüllt aus einer Langzeit-Karriereperspektive noch ganz andere Gründe, die für die Entscheidung eines Absolventen relevant werden können.

Die Ausgangssituation

Wir gehen von e-fellows.net-Stipendiaten oder generell besonders leistungsstarken Studierenden aus, die gut ausgebildet, ambitioniert, praxiserfahren, leistungsbereit und anspruchsvoll sind. Sie haben viele Informationen gesammelt, die ihnen die Entscheidung über den Berufseinstieg ermöglichen bzw. erleichtern sollen. Sie haben mehr Möglichkeiten als andere Studenten, an die „weichen" Informationen zu gelangen, die von den Unternehmen nicht offiziell kommuniziert, sondern von den Mitarbeitern im persönlichen Gespräch weitergegeben werden. Sie haben sich bei mehreren Beratungen beworben und mehr als ein Vertragsangebot unterschriftsreif auf dem Tisch liegen. Wie können sie die Angebote bewerten und zu einer Entscheidung kommen?

Die Herausforderung

Die meisten Absolventen können für einen Zeitraum von ca. zwei bis fünf Jahren relativ genau sagen, was sie machen möchten. Fast jeder kann sagen, was er nicht machen möchte (aber das will in einem Einstellungsinterview keiner hören). Nur sind die erste und die zweite berufliche Entscheidung in der Regel von sehr viel größerer Tragweite, als das den meisten im Moment der Entscheidung bewusst ist. Denn es kommen Aspekte zum Tragen, von denen im Bewerbungsprozess kaum bis gar nicht gesprochen wird und die unterschiedliche Beratungsunternehmen auch höchst unterschiedlich bedienen.

Zur Strukturierung der Ausführungen dient eine erfahrungsbasierte Klassifizierung von Beratungsunternehmen. Wer sich damit vertieft befassen will, sei auf die einschlägige Lünendonk®-Liste verwiesen, in der seit vielen Jahren Beratungsunternehmen nach Umsätzen und Mitarbeiterzahlen aufgelistet werden. Sie finden sie auf Seite 19 dieses Buchs. Die nachfolgende Klassifizierung orientiert sich an der Ausrichtung/Größe der Beratung sowie an den typischen Projekten.

Ausrichtung/Größe der Beratung

Man kann Beratungen anhand von zwei wesentlichen Merkmalen unterscheiden: die eher strategische oder (erheblich) IT-lastig-implementierende Ausrichtung der Beratungsleistung einerseits und die auf eine/wenige oder viele Branchen bzw. Funktionen ausgerichtete Beratung andererseits. Diese beiden Merkmale führen in ihrer Kombination zu folgenden Profilen:

		Branchen/Funktionen	
		eine/wenige	**mehrere**
Ausrichtung	**Strategieberatung**	**c**	**a**
	implementierende/ realisierende Beratung	**d**	**b**

a. die auf mehrere Branchen und Funktionen ausgerichtete Strategieberatung (z. B. McKinsey, Boston Consulting Group, Bain & Company)
b. die auf mehrere Branchen und Funktionen ausgerichtete implementierende/realisierende Beratung (z. B. Accenture, IBM, Capgemini)
c. die auf eine/wenige Branchen oder Funktionen ausgerichtete, eher strategische Projekte bearbeitende Beratung (z. B. Simon-Kucher, Horváth)
d. die auf eine/wenige Branchen oder Funktionen ausgerichtete implementierende/ realisierende Beratung (z. B. Towers Watson, zeb.rolfes.schierenbeck.associates, Nagler & Company)

Hierin kann man die Grundstruktur einer bei Beratern so beliebten Vier-Felder-Matrix erkennen. Daraus lassen sich in gewisser Hinsicht die typischen Projekte ableiten, die man unterscheiden kann nach der Größe der Projektteams, der Dauer, der Intensität der Interaktion mit den Klienten bzw. deren Einbindung in die Projektstrukturen. Damit hängen auch die durchschnittlichen Tagessätze zusammen, die wiederum Aufschluss über die Verdienstmöglichkeiten geben können.

Einige Faustregeln dazu: je strategischer die Ausrichtung eines Projekts, desto kleiner das Projektteam und desto kürzer die Projektlaufzeit (Faustregel: klassisches Strategieprojekt = drei bis fünf Berater; drei Monate Projektdauer; meistens reine Beraterteams mit sehr vereinzelt integrierten Klientenmitarbeitern; typisches Endergebnis: Konzept und Präsentation), je operativer und umsetzender die Ausrichtung des Projekts, desto größer die Teams (Faustregel: klassisches Implementierungsprojekt = fünf bis fünfzig Berater, teilweise sogar noch mehr; Laufzeit: sechs bis zwölf Monate, teilweise auch länger; häufig gemischte Projektteams mit einem Verhältnis von Beratern zu Klientenmitarbeitern von 1 zu >1; teilweise temporäre Übernahme operativer Managementfunktionen beim Klienten durch Berater; typisches Endergebnis: ein funktionierender Prozess bzw. ein funktionierendes System).

Die Frage(n)

Welche Kriterien sind es nun, anhand derer man die Bedeutung der Tätigkeit in einer Beratung für die langfristige Karriereplanung bewerten kann? Wie kann ich das Vorhandensein dieser Kriterien erkennen bzw. erahnen? Woher bekomme ich Informationen über ihre Ausprägung? Welche Bewertungsmaßstäbe sollte ich ansetzen, um mir meine Meinung zu bilden? Wie fälle ich darauf basierend eine fundierte Entscheidung?

Die Antwort kann – mit Ausnahme der Einstiegsmöglichkeiten – zusammengefasst als persönliches Erfahrungsprofil, als Resultat der Tätigkeit in der Unternehmensberatung bezeichnet werden. Sie unterteilt sich in mehrere Elemente, die im Folgenden näher beschrieben werden. Um folgende Faktoren geht es hauptsächlich:

- Einstiegsmöglichkeiten
- fachliche/funktionale Erfahrungen
- methodische Erfahrungen
- Interaktionserfahrungen
- Ausstiegsmöglichkeiten und Netzwerk/Commercial Signalling

Es mag sein, dass der eine oder die andere noch weitere entscheidungsrelevante Kriterien für sich identifiziert – das ist der Nachweis, dass man sich intensiv mit der Fragestellung auseinandergesetzt hat. Die Reihenfolge der Beschreibung der Kriterien orientiert sich an dem normalen Tätigkeitszyklus eines Beraters. Mehr als 90 Prozent aller Absolventen, die in der Beratung starten, werden nicht Partner. Deshalb ist das Betrachten der Ausstiegsmöglichkeiten und -zeitpunkte eminent wichtig, auch wenn beim Berufseinstieg nur ungern daran gedacht wird.

Einstiegsmöglichkeiten

Die meisten Beratungen haben ein pyramidales Modell von Projekt- und Unternehmensstrukturen und damit zumindest theoretisch vielfältige Einstiegsmöglichkeiten. Einzelne Vertreter der zuvor aufgeführten Gruppen c und d tun sich mit Absolventen schwerer. Es gibt allerdings noch eine zweite, weit weniger transparente Einschränkung: Einige Vertreter der Gruppe a tun sich sehr schwer damit, Mitarbeiter einige Jahre nach Abschluss eines Studiums als Experienced Hire einzustellen. Der Grund dafür liegt darin, dass sie als einen wesentlichen Bestandteil ihrer USP auf eine Kultur setzen, in die hineinzufinden sehr schwer sein kann. Vor allem, wenn man die erste berufliche Sozialisation außerhalb der Beratung, des M&A-orientierten Investment Bankings oder der Private-Equity-Welt erfahren hat. Wer also in einer Beratung der Gruppe a einen Teil seiner Karriere sieht, sollte den Einstieg möglichst bald nach Abschluss des Studiums suchen. Wer als Experienced Hire in die Beratung einsteigen will, der sollte sich darauf gefasst machen, dass nur ein Teil der bisherigen Erfahrung – etwa bei der Gehaltsfindung – berücksichtigt wird. Das hängt mit den unterschiedlichen beruflichen Erfahrungen und der Steilheit der Lernkurve in der Beratung zusammen.

Fachliche/funktionale Erfahrungen

Die fachliche bzw. funktionale Erfahrung ist eines der wesentlichen Argumente für die Arbeit in Beratungen, denn hier ist in der Regel die Lernkurve viel steiler als in den meisten Nicht-Beratungspositionen. Wer seinen bevorzugten Tätigkeitsbereich (z. B. Finanzen, Marketing etc.) gefunden hat und sich dort rasant weiterentwickeln will, dem kann wahrscheinlich nichts Besseres passieren, als einige Jahre in einer einschlägig anerkannten Beratung zu arbeiten. Wer sich dann umentscheiden will, steht vor dem gleichen Dilemma wie der Mitarbeiter in einem Konzern, der bislang eine Schornsteinkarriere gemacht hat und nun feststellt, dass das Gras in einer anderen Funktion/Position grüner ist, er für diese aber nicht die passende Erfahrung hat.

Zwischenfazit

In den ersten vier, fünf Jahren nach Studienende ist die fachliche/funktionale Lernkurve in einer guten Beratung fast unschlagbar, aber bei den später erstrebenswert erscheinenden Positionen kommt es nur zum Teil auf die Tiefe und Breite dieser Erfahrung an. Der Vorteil der Beratungsunternehmen aus den Kategorien a und b liegt hier in der Breite der möglichen Erfahrungen. Die fachliche Einschränkung ist umgekehrt der Nachteil der Unternehmen in den Kategorien c und d. Wenn auch die Intensität der möglichen Expertise, gerade in diesen beiden letztgenannten Gruppen, sehr hoch sein kann, so ist sie doch auch sehr speziell und damit weniger breit verwertbar als in den Gruppen a und b (siehe auch Ausstiegsmöglichkeiten).

Methodische Erfahrungen

Bei der methodischen Erfahrung schlägt in der Regel die große Stunde der Beratungen. Wer über mehrere Jahre hinweg erfolgreich in einer guten Beratung gearbeitet hat, verfügt über einen persönlichen Methoden-Werkzeugkasten, der für die allermeisten anspruchsvollen Management- und Führungsaufgaben wappnet. Man lernt strukturiertes Arbeiten in unvergleichlicher Weise, und es kann passieren, dass man vor allem von nicht beratungserfahrenen Kollegen den ehrfürchtigen, nicht immer freundlich gemeinten Kommentar hört: „Der arbeitet ja immer so strukturiert." Einziger Nachteil: Es gibt schon ein paar Tausend Alumni der etablierten Beratungsunternehmen, man ist also nicht allein. Sinnvoll ist diese Erfahrung aber allemal. Tendenziell gilt hier: Die Methoden der Beratungsunternehmen aus der Kategorie a sind universeller einsetzbar, dafür aber weniger spezifisch auf die Lösung von Fragestellungen ausgerichtet, die eher eine „Tiefenbohrung" verlangen. Hier sind die Erfahrungen aus Beratungen der Gruppe c unter Umständen hilfreicher. Die Beratungsunternehmen der Gruppen b und d arbeiten selbstverständlich auch methodengestützt. Hier wird man ebenfalls sehr wertvolle Erfahrungen mitnehmen, die einem gute Dienste leisten können.

Interaktionserfahrungen

Die Interaktionserfahrungen sind ein sehr spannendes Gebiet, auf dem man viel lernen kann, das aber auch die Achillesferse vieler Beratungen ist. Interaktion meint in diesem Zusammenhang die Kommunikation mit anderen Menschen, individuell oder in Gruppen, um diese zu informieren, zu überzeugen, zu motivieren, zu führen. Strukturierte Kommunikation lernt man in den meisten Beratungen. Je etablierter die Beratung ist, desto eher gibt es ein formalisiertes Entwicklungsprogramm. Bei jungen Beratungen schaut man sich die Vorgehensweise eher bei den Kollegen ab. Mit dem Überzeugen, dem Motivieren und dem Führen hingegen ist das so eine Sache. Was das Überzeugen angeht, so fühlen sich Berater in aller Regel wohl, wenn sie auf Basis von Analysen und fachlich soliden Fakten argumentieren können. Die dafür nötigen Techniken lernen sie. Problematisch wird es, wenn nicht fachliche oder schwierig zu analysierende Fakten oder gar Emotionen hinzukommen. Das bringt viele Berater in Schwierigkeiten, weil es sich ihren Analysemethoden entzieht. Umgangssprachlich „menschelt" es, fachlich gesprochen gibt es „systemische Gründe", die plötzlich eine große Rolle spielen.

Beim Motivieren und Führen setzt sich das fort. Beratungsunternehmen unterscheiden sich u. a. in einem Punkt sehr deutlich von den meisten anderen Unternehmen: in der Homogenität der Motivstrukturen ihrer Mitarbeiter. Platt formuliert wollen fast alle schnell Karriere machen, sind hoch qualifiziert, liefern überdurchschnittlichen Einsatz und reagieren auf ähnliche Belohnungs- und Anreizsysteme. In den meisten anderen Unternehmen ist das grundlegend anders: Je größer und älter die Unternehmen, desto ausgeprägter sind in der Regel die Unterschiede. Je früher und je intensiver man mit diesen Umständen zu tun hatte, desto leichter fällt später der Wechsel in eine Linienführungsposition bei einem anderen Unternehmen. Das Problem wird noch verschärft durch die Tatsache, dass in immer mehr großen Unternehmen die Strukturen zunehmend unklarer werden. Das wiederum bedeutet, dass klassische „Command and Control"-Ansagen ausgedient haben und es immer häufiger gilt, Kollegen von Ideen oder Vorgehensweisen zu überzeugen, auch und gerade ohne hierarchisch begründete Machtposition. In diesem Umfeld sind die Mitarbeiter der Beratungsunternehmen der Kategorien b und d klar im Vorteil, denn sie haben die Situation des Führens, Überzeugens und Beeinflussens ohne formale hierarchische Machtposition schon häufig im Projektkontext erlebt.

Ausstiegsmöglichkeiten

Ausstiegszeitpunkte sind in den meisten großen Beratungsunternehmen einigermaßen standardisiert: nach zwei Jahren (das ist der Zeitraum, nach dem man wissen sollte, ob Beratung das Richtige ist); nach vier bis fünf Jahren, also kurz vor oder kurz nach der Übernahme von Projektleitungsfunktionen; nach sieben bis acht Jahren, also bei der Frage, ob man sich auch das Leiten großer Projekte oder die Akquise von Zusatzaufträgen innerhalb von Projekten bzw. Kundenbeziehungen zutraut und sich damit auf den Weg zum Partner machen möchte; oder dann im Falle einer Absage bei der Wahl zum Partner. Man kann natürlich auch als Partner aussteigen, weil andernorts interessante, herausfordernde oder lukrative Chancen winken. Der Ausstieg steht jedem jederzeit frei, wenn einem der Lebensstil nicht mehr zusagt - und sei es, weil Lebenspartner und Kinder plötzlich nicht mehr nur graue Theorie sind, sondern quicklebendige Wirklichkeit.

Grundlage des Erfolgs bei einem Wechsel aus der Beratung ist im Wesentlichen die Frage, wie gut man mit den Anforderungen der Position und der Vielfalt der erforderlichen Kompetenzen einerseits und der neuen Unternehmenskultur andererseits klarkommt. Der Erfolg ist umso wahrscheinlicher, je ähnlicher die Anforderungen der neuen Position und die neue Unternehmenskultur den bisherigen Erfahrungen sind. Besonders leicht wird also in der Regel der Wechsel von einer Analysten-Position in einer Beratung in eine fachlich orientierte Funktion, etwa im Corporate Development eines Unternehmens, sein. Gleiches gilt für den Wechsel aus einer Projektleiterfunktion in der Beratung in eine Projektleiterfunktion in einem klassisch organisierten Unternehmen. Wobei hier schon politische Dimensionen zum Tragen kommen können, die man aus der Zeit in der Beratung nicht kennt. Einfach sind auch Wechsel aus der Beratung in der Natur der Arbeit nach vergleichbare Positionen etwa in Investmentbanken oder Private-Equity-Firmen, deren Unternehmenskultur in der Regel der der Beratungen stark ähnelt. Richtig schwierig können Wechsel werden, wenn in der neuen Position etwa die regelmäßige Interaktion mit sehr heterogenen Mitarbeitergruppen eine Rolle spielt, mit denen man bislang wenig bis keine Erfahrungen hat (also z. B. aus der Strategieberatung in eine Rolle als Produktionsleiter mit vielen gewerblichen Mitarbeitern im unmittelbaren Umfeld). Ähnliches gilt für den Einstieg in eine

Position, bei der die eigenen fachlichen Qualifikationen weit in den Hintergrund und die Führungs- und Kommunikationsfähigkeiten in den Vordergrund rücken. Hierzu gehören z. B. Bereichsleiterfunktionen in sehr hierarchisch organisierten Unternehmen, in denen die wahrgenommene Qualität der eigenen Arbeit sehr stark vom Einsatz und der Arbeitsqualität vieler Mitarbeiter und Führungskräfte abhängt. Diese haben möglicherweise nicht darauf gewartet, dass ihnen jemand von außen „vor die Nase gesetzt" wird.

Zu all diesen Dimensionen liefern die Beratungsunternehmen der verschiedenen genannten Kategorien aufgrund der typischen Projekte sehr unterschiedliche Erfahrungen. Das sollte man bei der Wahl der Beratung berücksichtigen. Weiterhin gilt, dass etablierte Beratungen z. B. aufgrund des sehr engen Netzwerks, das sie durch viele Alumni haben, den Umstieg in eine neue Funktion außerhalb der Beratung ganz anders unterstützen können, als das bei jungen Beratungen der Fall ist.

Nicht zuletzt zählt das Renommee der Beratung, für die man tätig ist, möglicherweise sehr viel. Einem etablierten Beratungsunternehmen werden viele Eigenschaften zugeschrieben, anders als einem weniger bekannten. Das allerdings kann auch nach hinten losgehen, wenn manche dieser Eigenschaften zu negativen Klischees werden, gegen die man dann individuell antreten muss.

Fazit

Wer sich über diese Fragen Gedanken macht und sie im Auswahlprozess berücksichtigt, wird seinen Erfolg in der Beratung und in seiner Karriere absichern können.

Vergütung in der Unternehmensberatung

von Carl Walinski

In Deutschlands Wirtschaft und Verwaltung ist seit den 1950er-Jahren der Bedarf an externen Beratungsleistungen stetig gestiegen. Dabei spielen die Globalisierung und die immer weiter wachsende Komplexität der Geschäfts- und Verwaltungsprozesse sowie immer kürzere, dynamischere Veränderungsintervalle eine entscheidende Rolle. Ebenso wirken sich die Optimierung von Organisationsstrukturen und Hierarchieebenen und die damit verbundene Auslagerung von Know-how positiv auf die Entwicklung der Beraterbranche aus. Die gestiegene Nachfrage nach spezifischen Beratungsleistungen wie Strategie- oder Personalberatung spiegelt sich in der seit Jahren positiven Umsatzentwicklung der Gesamtbranche wider. Von wenigen Jahren abgesehen – wie etwa zu Zeiten der jüngsten Wirtschaftskrise – entwickeln sich die Wachstumsraten in der Beraterbranche positiv. Dementsprechend entwickelt sich auch die Vergütungen für Experten mit unterschiedlichsten Erfahrungen und Kenntnissen. Eine Karriere als Consultant ist keineswegs nur Wirtschaftswissenschaftlern vorbehalten, sondern auch für Ingenieure, Naturwissenschaftler, Psychologen und Soziologen eine attraktive und begehrte Berufswahl. Nicht selten stößt man auf Top-Berater, die aus einem geisteswissenschaftlichen Studium heraus eine erfolgreiche Consulting-Karriere gestartet haben.

Berufsbild und Karrierewege der Unternehmensberater

Volatile Arbeitsbelastung sowie häufig hoher Leistungs- und Termindruck gehören zum Beraterалltag. Andererseits ist die Abwechslung, die der Beraterjob mit sich bringt und die ihn deutlich von einer klassischen Industriekarriere unterscheidet, ein starkes Argument, mit dem die Beratungsgesellschaften gegenüber der klassischen Industriekarriere punkten können. Ebenso ist die Möglichkeit, bei wirtschaftlich bedeutenden Entscheidungen mitzuarbeiten und in deren Umsetzung involviert zu sein, ein wichtiges Argument der Beratungsgesellschaften bei der Rekrutierung neuer Mitarbeiter. Dies trifft insbesondere auf Hochschulabsolventen und Young Professionals zu.

Bei entsprechender Leistung können sich schon in jungen Jahren schnelle Aufstiegsmöglichkeiten ergeben. Generell werden die Arbeitsleistungen im Vergleich zu klassischen Industrieunternehmen in deutlich kürzeren Intervallen erfasst und bewertet. Erfüllt der Einsteiger das erwartete Leistungsniveau nicht, ziehen sowohl Mitarbeiter als auch die Unternehmensberatungen in der Regel sehr schnell ihre Konsequenzen.

Im Gegenzug zu der immensen Erwartungshaltung bezüglich Leistungsniveau und -bereitschaft bieten Unternehmensberatungen flexible Arbeitsmöglichkeiten wie u. a. Homeoffice sowie die dafür nötigen Utensilien wie Firmenlaptop und -handy und oft eine intensiv gelebte Unternehmenskultur, die ein Gemeinschaftsgefühl erzeugt und die Identifikation mit dem Unternehmen stärkt.

Anstieg der Vergütungen im Spiegel der wirtschaftlichen Entwicklungen

Mit Beginn der Wirtschafts- und Finanzkrise geriet auch die Vergütung für Unternehmensberater unter Druck. Es herrschte aufgrund des ungewissen Marktumfeldes eine große Zurückhaltung bezüglich Neueinstellungen, was sich auch auf das Vergütungsniveau unmittelbar auswirkte. Im Zuge der allgemeinen wirtschaftlichen Erholung stiegen allmählich auch wieder die Gehälter. Für 2016 ist das Grundgehalt über alle betrachteten Positionen um durchschnittlich 3,1 Prozent gestiegen, während die Gesamtzielvergütung um 6,1 Prozent gestiegen ist, was auf eine verbesserte Performance und höhere Bonuszahlungen hinweist.

Im Bereich der Junior Consultants und Consultants erhöhte sich die Grundvergütung für 2016 um 3,3 bis 3,8 Prozent und die Gesamtzielvergütung um 5,4 bis 6,9 Prozent. Demnach liegen die Gehaltssteigerungsraten auf den ersten Karrierestufen/-positionen in der Unternehmensberatung bereits leicht über der gesamtwirtschaftlichen Gehaltssteigerungsquote von 2,9 Prozent für Deutschland. Auf den höheren Karrierestufen, also im Bereich der Senior Consultants und Manager, ist die Grundvergütung um 3,8 bis 4,3 Prozent gestiegen, während die Ziel-Barvergütung sogar um 6,3 bis 8,8 Prozent gestiegen ist. Für einen Director fiel die Gehaltssteigerung im Jahr 2016 um 3,2 Prozent bzw. 3,1 Prozent höher aus als im Vorjahr.

Heterogene Vergütungslandschaft

Ein Blick auf die absoluten Zahlen der Ziel-Barvergütung belegt eine große Spreizung der Vergütungsniveaus über die Karrierestufen hinweg. Lag das Gesamtzielgehalt für einen Junior Consultant 2016 zwischen 41.200 Euro und 56.300 Euro, wurden auf der folgenden Karrierestufe im Durchschnitt bereits von 51.200 Euro bis zu 80.800 Euro gezahlt. Auch das Erreichen der nächsten Karrierestufen ist von deutlichen Vergütungssprüngen begleitet. Als Senior Consultant konnten Gehälter zwischen 72.200 Euro und 118.200 Euro verdient werden, für Manager bewegt sich die Ziel-Barvergütung zwischen 94.800 bis 156.000 Euro. Auf der Stufe des Directors fällt die Spanne am deutlichsten aus: Sie bewegte sich 2016 in einem Rahmen von 103.000 Euro bis zu über 207.700 Euro. Die teils deutlichen Erhöhungen sind mit dem Interesse der Beratungen zu erklären, die entwickelten Mitarbeiter einerseits als Experten im Unternehmen zu halten und andererseits Fach- und Branchenkenner mit ihrer Reputation am Markt für sich zu gewinnen. So fällt der Anstieg der Ziel-Barvergütung mit 46 Prozent von der Karrierestufe eines Consultant auf die des Senior Consultant am deutlichsten aus, eine Beförderung auf ein Manager- bzw. Director-Level wird mit ca. 32 Prozent mehr entlohnt.

Karrierestufe	Grundvergütungsspanne im deutschen Markt in Euro	Veränderung 2015 zu 2016 in %
Junior Consultant	40.000–56.000	3,3 %
Consultant	46.900–75.000	3,8 %
Senior Consultant	61.200–97.700	3,8 %
Manager	84.800–124.200	4,3 %
Director	95.000–161.300	3,2 %

Karrierestufe	Ziel-Barvergütungsspanne im deutschen Markt in Euro	Veränderung 2015 zu 2016 in %
Junior Consultant	41.200–56.300	5,4 %
Consultant	51.200–80.800	6,9 %
Senior Consultant	72.200–118.200	8,8 %
Manager	94.800–156.400	6,3 %
Director	103.300–207.700	3,1 %

Entwicklung der Grund- und Zielbarvergütung im Bereich Business Consulting
Quelle: Willis Towers Watson

In der Regel verdient ein Strategieberater dabei in den großen, namhaften Unternehmen der Branche am besten. Dies wird insbesondere bei den Einstiegsgehältern deutlich, die über denen der kleineren Beratungsgesellschaften liegen: Die kleineren Beratungen findet man eher am unteren Ende der Spanne, die großen Beratungen am oberen Ende.

Spezialisierte Beratungen gewinnen an Bedeutung

Darüber hinaus zeigt sich, dass neben den traditionellen Strategieberatungen spezialisierte Beratungsgesellschaften (auf Teilbereiche fokussierte Beratungsunternehmen) gesucht sind. So fragen Unternehmen gezielt nach Spezialisten, zum Beispiel für die Bereiche Human Resources, Engineering oder IT. Durch den Abbau interner Funktionen in diesen Bereichen haben die Unternehmen Know-how und Ressourcen für die Aufgaben in diesen Bereichen verloren. Durch den Zukauf externer Beratungsleistung können die Unternehmen nun im Bedarfsfall reagieren. Vor allem für die spezialisierten Beratungen besteht hier die Möglichkeit, Berater auf lukrativen On-Site-Projekten beim Kunden zu platzieren – für den Berater selbst ergibt sich hierdurch die Möglichkeit, in seinem Fachbereich ein enges Verhältnis zum Kunden aufzubauen und sich Karrieremöglichkeiten in der Industrie zu eröffnen.

Variable Vergütungsbestandteile machen den Unterschied

Bei der Diskussion über die Vergütung von Consulting-Spezialisten ist auch zu berücksichtigen, dass die Grundvergütung wichtig ist, ihr mit zunehmender Karrierestufe aber in der Gesamtbetrachtung abnehmende Bedeutung zukommt. Erhöhungen in diesem Bereich haben sich in der Vergangenheit stets in überschaubaren Dimensionen bewegt.

Es ist vor allem der jährliche Bonus als variables Element, der als entscheidender Hebel bei der Differenzierung der Vergütung von Beratern wirkt. Die im vorliegenden Vergleich ausgewiesenen Werte für die Gesamtvergütung wie auch die variablen Bezüge sind Zielwerte, das heißt Vergütungen, die bei einer hundertprozentigen Zielerfüllung zur Auszahlung kommen. Die Projekterfahrung zeigt aber, dass gerade in Consulting-Unternehmen individuelle Jahresgehälter durch ausgezeichnete Mitarbeiter- und Unternehmenserfolge außerordentlich ansteigen können.

Ein wichtiges Detail ist ebenfalls zu berücksichtigen: Während viele Industrieunternehmen die variablen Bezüge ihrer Mitarbeiter ab einem gewissen Vergütungsniveau deckeln, tun dies Beratungen selten. Das Chancenpotenzial für den einzelnen Mitarbeiter ist damit höher. Dem entgegen steht das Risiko, in schlechten Zeiten mit der eigenen Vergütung auch einmal unter dem Zielwert für Boni und somit der Gesamtvergütung zu liegen.

Die Gesamtvergütung im Blick

Neben den monetären Elementen der Vergütung nutzen immer mehr Unternehmensberatungen einen ganzheitlichen Ansatz (Employee Value Proposition – kurz: EVP), um Vergütung, Nebenleistungen, Unternehmenskultur und Karriereperspektiven für den Ausbau der Attraktivität als Arbeitgeber, die Steigerung der Motivation und die Mitarbeiterbindung einzusetzen. Mit der EVP beschreiben Unternehmen die eigenen Leistungen, die an die Mitarbeiter gerichtet sind (inklusive Vergütung und nichtmonetären Aspekten) und die damit verbundenen Erwartungen an den Mitarbeiter in Bezug auf seine Leistungen bzw. sein Engagement. Dabei greifen Unternehmen für die Gewinnung und vor allem stärkere Bindung von Mitarbeitern zunehmend auf Investitionen in die Verbesserung der Vereinbarkeit von persönlichen und familiären Interessen mit beruflichen Anforderungen zurück. Diese Work-Life-Balance-Leistungen fußen auf zwei grundlegenden Ideen:

- dem Konzept der Total Rewards, nach dem Vergütung weitaus mehr als nur der Betrag auf dem Kontoauszug ist, und
- den wichtigsten Anreiztheorien, nach denen Geld wichtig, aber bei Weitem nicht allein und hauptsächlich entscheidend ist für Mitarbeiterbindung und -motivation.

Zu den wichtigsten Work-Life-Balance-Leistungen zählt die Flexibilisierung von Arbeitszeit und -ort. Diese kommt gerade Mitarbeitern entgegen, die in Arbeitsverhältnissen stehen, die keine oder nur eine begrenzte zeitliche wie örtliche Kernpräsenz erfordern, darüber hinaus aber die individuelle Bewältigung des Arbeitspensums gestatten. Vor allem für Eltern können hier flexible Lösungen angeboten werden, um Familie und Beruf besser zu vereinen und die Verbindungen in das Unternehmen zu erhalten. Andererseits bleibt dem Unternehmen das Know-how der Mitarbeiter als Ressource erhalten. Zudem ist in den vergangenen Jahren das Angebot an arbeitsfreien Zeiten (Sabbaticals) und familienfördernden Angeboten wie Krippenplätze gewachsen.

Fazit

Angesichts der hohen Anforderungen an Persönlichkeit, Qualifikation, Erfahrung und insbesondere die individuelle Leistungsfähigkeit gilt die Beraterbranche zu Recht als eines der herausforderndsten Berufsfelder. Allerdings werden Berater, die dem hohen Anforderungsprofil entsprechen, je nach Branche, Unternehmen und Aufgabenbereich auch sehr gut vergütet. Das gilt sowohl für Einsteiger als auch für Mitarbeiter mit langjähriger Berufserfahrung. Angesichts eines engen Mitarbeitermarkts folgen Unternehmen in ihrer Vergütungsphilosophie immer stärker dem Total-Rewards-Ansatz, der einen ausgewogenen, für Mitarbeiter wie Unternehmen attraktiven Deal ermöglicht. Vergütung ist demnach mehr als nur „hard money". Unter den Stichwörtern „Millenials" oder auch „Demokratisierung der Arbeitswelt" lässt sich dabei festhalten, dass seitens der Absolventen und jungen Mitarbeiter immer mehr Erwartungen an den Arbeitgeber gestellt werden, die über eine angemessene Entlohnung hinausreichen. Das Spektrum der Möglichkeiten reicht von Subventionen bzgl. der Anreise zur Arbeit (z. B. Jobtickets), über Unterstützung berufsfremder Aufwendungen (z. B. Fitnessstudio) und flexiblen Arbeitsmodellen bis hin zu größerer Mitbestimmung bei der eigenen Karriereplanung (z. B. 360°- und Upward-Feedback, Entwicklungsgespräche). Dieses unternehmens- und mitarbeiterspezifisch ausgerichtete Gesamtpaket aus sogenannten harten und weichen Vergütungsbestandteilen macht am Ende den Unterschied. Am Geld allein lässt sich die Attraktivität eines Arbeitgebers immer weniger festmachen, auch – und vielleicht erst recht – in einer Branche mit einem grundsätzlich hohen monetären Vergütungsniveau.

Mit Bachelor in die Unternehmensberatung

von Karen Brandt

Durch das Bologna-Abkommen von 1999 gibt es immer mehr Bachelors auf dem Arbeitsmarkt. Doch nach wie vor stellen viele Unternehmen Bachelor-Absolventen entweder nur unter Vorbehalt oder überhaupt nicht ein. Die Haltung gegenüber Bachelors ist von Branche zu Branche unterschiedlich. Unternehmensberatungen reagierten bereits frühzeitig: Fast alle großen Strategieberatungen bieten mittlerweile Einstiegsmöglichkeiten speziell für Bachelor-Absolventen an. Von Trainee-Programmen über befristete Verträge bis hin zu einer unbefristeten Anstellung als Berater wurden verschiedene Varianten durch die Beratungshäuser entwickelt. Dennoch hegen viele Topabsolventen die Befürchtung, dass man insbesondere bei einer Managementberatung eher „Edelpraktikant" als vollwertiger Consultant ist.

Große Unsicherheit unter den Absolventen

Viele Absolventen entscheiden sich unmittelbar nach dem Bachelor-Abschluss für einen konsekutiven Master. Dies hängt oft mit der großen Unsicherheit unter den Bachelor-Absolventen bezüglich eines Berufseinstiegs zusammen: „Hat meine Ausbildung mich umfassend genug auf den Beruf vorbereitet? Welche Aufgaben werde ich übernehmen können? Wird mein Alter eine Rolle spielen? Akzeptiert mich der Kunde?" Die Zweifel sind groß. Doch gerade die Managementberatung bietet eine der besten Einstiegsmöglichkeiten für diese Gruppe.

Mittlerweile haben Beratungen genügend Erfahrung mit Bachelor-Absolventen gesammelt – und diese waren größtenteils positiv. Universitätsabgänger mit Bachelor-Abschluss sind heute eine wichtige Säule der Einstellungsstrategie. Bei Oliver Wyman gehören Neueinsteiger mit diesem Abschluss zum festen Bestandteil des Beraterteams. Bachelors starten als Consultant, werden sofort beim Kunden vor Ort eingesetzt und übernehmen direkt Verantwortung im Projekt. Durch umfassende Förderung und Trainings sowie gezielt geplante Projekteinsätze wird sichergestellt, dass der Neueinsteiger sein Potenzial bestmöglich entfalten kann. Die Erfahrungen sind bisher sehr positiv. Die Geschwindigkeit, mit der Bachelor-Absolventen innerhalb der Beratung Karriere machen, ließ anfängliche Zweifel sofort abklingen. Viele Bachelors der ersten Stunde sind mittlerweile in senioren Projektleiter-Rollen tätig, absolvieren im Rahmen von Förderprogrammen zurzeit einen MBA an einer der Topuniversitäten oder haben sogar den direkten Sprung in ein Doktorandenprogramm geschafft.

Das Alter ist kein Hindernis

Bachelor-Absolventen treten ein bis zwei Jahre früher in das Berufsleben ein als der durchschnittliche Universitäts-Abgänger, und insbesondere in den Topmanagement-Beratungen treffen sie auf Kunden, die deutlich älter sind als sie. Oft haben Bachelors daher Bedenken, ob sie sich beispielsweise während einer Präsentation vor dem Kundenvorstand durchsetzen können oder ernst genommen werden. Der Verunsicherung kann jedoch entgegengewirkt werden. So bestehen Projektteams häufig aus einer gesunden Mischung aus erfahrenen und jüngeren Beratern. Das ermöglicht eine hohe Akzeptanz beim Kunden und erlaubt es, die Fähigkeiten von „alten Hasen" mit den frischen, neuen Ideen von jungen Beratern zu kombinieren. Berater übernehmen bereits von Anfang an inhaltliche Verantwortung und können durch ihre Arbeit und die wachsende Kompetenz sukzessive Akzeptanz beim Kunden aufbauen. Das Alter spielt keine Rolle, da sich ein junger ebenso wie ein erfahrener Berater dem Kunden gegenüber immer durch gute inhaltliche Arbeit, analytische Fähigkeiten und soziale Kompetenz beweisen muss.

Seine soziale Kompetenz kann man bereits während des Studiums weiter ausbauen, etwa durch ehrenamtliches Engagement und die Übernahme von Verantwortung, beispielsweise in Hochschulgruppen oder Vereinen. Eine weitere gute Möglichkeit ist die Teilnahme an Veranstaltungen von Unternehmen, wo man in Fallstudien, Trainings oder Soft-Skill-Seminaren wichtige Fähigkeiten für das Berufs- und Beraterleben schulen kann. Die großen Beratungen bieten zudem häufig (auch mehrtägige) Workshops an, die ganz unterschiedliche inhaltliche Schwerpunkte haben und teilweise auch exklusiv für Bachelors angeboten werden. So erhält man als Bachelor-Student gemeinsam mit Studenten anderer Fachrichtungen aus ganz Europa die Möglichkeit, detaillierten Einblick in die Arbeit der Topmanagement-Beratung zu gewinnen und durch persönliche Gespräche mit Beratern das Unternehmen und seine Kultur intensiv kennenzulernen. Im Rahmen solcher Veranstaltungen besteht ausreichend Gelegenheit, Bedenken und Ängste hinsichtlich eines direkten Einstiegs in das Berufsleben anzusprechen und Informationen aus erster Hand zu bekommen.

Flexible Weiterentwicklung ist entscheidend

Neben den inhaltlichen Erwartungen an den Job spielen für Bachelor-Absolventen die Weiterentwicklungsmöglichkeiten im Unternehmen eine wichtige Rolle bei der Entscheidung für oder gegen den Direkteinstieg in die Beratung. Kaum ein Topabsolvent will sich heute mit dem Bachelor als alleinigem Abschluss zufriedengeben. Meist wird mittelfristig eine Weiterbildung angestrebt. Da sich die Angebote der Managementberatungen erheblich voneinander unterscheiden, sollte jeder Neueinsteiger genau prüfen, welche Möglichkeiten ein potenzieller Arbeitgeber bietet und ob diese zur persönlichen Planung passen.

Unternehmensberatungen müssen sich den Anforderungen der Absolventen stellen und ihre Personalpolitik langfristig auf die Bedürfnisse der Bachelors ausrichten. Daher haben viele Beratungen eigene Bachelor-Programme geschaffen, die ein Sprungbrett in die erfolgreiche Karriere darstellen können und gleichzeitig Raum für die persönliche Weiterentwicklung garantieren.

Zum Einstieg werden häufig Trainingsprogramme angeboten, die die Neulinge auf die herausfordernde Tätigkeit eines Beraters vorbereiten. Mit Unterstützung des Unternehmens steht Bachelor-Absolventen oft die Tür zum Master, MBA oder zur Promotion offen – zu einem möglichst flexiblen Zeitpunkt, der zu der persönlichen Karriere- und Lebensplanung passt. Auf diese Weise wird sichergestellt, dass der direkte Berufseinstieg als Bachelor die persönlichen Möglichkeiten nicht einschränkt, sondern erweitert.

Eine typische Beraterwoche

von Birte Schreitter von Schwarzenfeld

„Stefan, hast du irgendwo noch Druckerpapier gesehen?", ruft Tina. „Das Meeting mit dem Vorstand fängt in zehn Minuten an, und die Präsentation ist noch nicht fertig ausgedruckt. Die letzten Änderungen wurden ja noch vor ein paar Minuten gemacht. Und jetzt streikt der Drucker!"

Die Präsentation vor dem Kunden ist häufig das Highlight einer Beraterwoche, bis zur letzten Minute wird darauf hingearbeitet. Doch wie kommt die fertige Präsentation zustande, und was passiert drumherum? Im Folgenden wird am Beispiel von Tina beschrieben, wie die typische Woche eines Consultants aussehen kann.

Montag

Tinas Woche beginnt um 4:45 Uhr morgens. Das Taxi steht um 5:30 Uhr vor der Tür, um sie rechtzeitig zum 7-Uhr-Flieger zu bringen. Am Flughafen geht alles schnell und routiniert, und das Flugzeug hebt pünktlich ab. Das erste Meeting beim Kunden steht bereits um 10 Uhr auf der Agenda. Da bleibt zeitlich nicht viel Spielraum. Zum Glück bekommen Tina und ihre Teamkollegen ohne Probleme ein Taxi, sodass sie die Firmenzentrale des Kunden gegen 9 Uhr erreichen.

Als Erstes trifft Tina sich mit ihrem Projektleiter Stefan, um den Ablauf des heutigen Tages zu besprechen. Sie treffen sich im Teamroom, d.h. in einem Bereich, den der Kunde für sie vor Ort bereitgestellt hat und der eine Art „mobiles Büro" ist, komplett mit Drucker, Wireless-Router und sogar ein paar Snacks.

Im aktuellen Projekt hilft das Team dem Kunden, eine firmeninterne Kommunikation zu entwickeln, die die Vorteile der neuen IT-Strategie beschreibt. Hierfür befragt Tina Abteilungsleiter im Unternehmen, welche Bedenken sie bezüglich der neuen IT-Strategie haben. Für Montag ist eine Reihe von Interviews geplant und aufgesetzt. Den dafür nötigen Interview-Leitfaden hat Tina bereits in der letzten Woche erstellt und mit Stefan abgestimmt.

Die Interviews vergehen wie im Flug, gegen 17:30 Uhr ist Tina wieder im Teamroom. Nun macht sie sich daran, aus den Interview-Notizen die häufigsten Bedenken herauszuarbeiten. Um 19 Uhr setzt Tina sich mit Stefan zusammen, um die Ergebnisse und potenzielle Reaktionen zu besprechen. Außerdem zeigt Tina Stefan ein paar Entwürfe von PowerPoint-Folien, die sie für das sogenannte Case Team Meeting am nächsten Tag vorbereiten will – dort kommen alle Berater des Projekts, inklusive der Partner, zusammen, um vorliegende Inhalte zu präsentieren und zu diskutieren. Tina möchte dem Team am kommenden Tag die Hauptbedenken der Abteilungsleiter vorstellen und zusammen mit den Kollegen die möglichen Reaktionen weiter ausarbeiten. Stefan gibt ihr noch eine Reihe von Verbesserungsvorschlägen mit auf den Weg, um die Inhalte auf den Folien möglichst überzeugend darzustellen. Damit wird Tina an diesem Abend noch lange beschäftigt sein.

Um 20 Uhr bestellt das Team Essen in den Teamroom, es gibt Pizza. Gegen 23 Uhr nehmen sie ein Taxi zum Hotel. Einige Berater gehen noch auf einen Drink an die Hotelbar.

Dienstag

Das Case Team Meeting ist für 11 Uhr angesetzt. Die Diskussion ist lebhaft, jeder kann und soll seine Meinung frei äußern. Außer Tina präsentieren noch zwei weitere Kollegen ihre Inhalte. Die Folien werden für die große Vorstandspräsentation am Donnerstag zusammengefasst. Der Partner merkt an, dass Tinas Teil noch mit Best Practices angereichert werden sollte: Was hat bei ähnlichen Aufgabenstellungen am besten funktioniert? Tina und Stefan vereinbaren, wie sie das angehen wollen: Zuerst wird Tina das Wissensmanagement-Team kontaktieren, und dann werden sie Kollegen anrufen, die in diesem Bereich bereits Erfahrung haben.

Nachdem am Montag nur Zeit für ein schnelles Sandwich zum Mittagessen war, geht Tina heute mit Kollegen in die Kantine des Kunden. Am Nachmittag führt sie noch zwei weitere Interviews und integriert die Ergebnisse. Außerdem startet sie mit dem zweiten Arbeitsblock für diese Woche: dem Benchmarking. Das Beraterteam soll vergleichen, wie effizient die neue IT-Strategie des Kunden im Vergleich zu anderen Unternehmen ist. Nach kurzer Vorrecherche im Intranet der Beratung und im Internet überlegt Tina sich, welche Kennzahlen für den Vergleich sinnvoll wären und fragt Stefan nach seiner Einschätzung.

Da das Benchmarking bereits am Mittwochnachmittag für eine erste Durchsicht mit dem Projektleiter des Kunden benötigt wird, ist Eile geboten. Tina bereitet ein Template vor, in das ein Kollege aus dem Wissensmanagement-Team die nötigen Informationen direkt eintragen kann. Nach kurzer Rücksprache verspricht ihr der Kollege, die Daten bis Mittwochmittag zu liefern. Parallel überlegt Tina sich bereits, wie sie die Ergebnisse auf Folien grafisch darstellen kann. Zusammen mit ihren geänderten Folien sendet sie die Infos für weiteres Feedback an Stefan. Gegen 20 Uhr bricht das Team zu einem gemeinsamen Teamdinner auf.

Mittwoch

Das Wissensmanagement-Team hat Tina einige Kollegen genannt, die sie anruft, um Best Practices zu sammeln. Die besten arbeitet sie im Anschluss bereinigt in ihre Folien ein. Außerdem bekommt sie wie versprochen die Benchmarking-Daten und analysiert sie in Excel.

Bis 16 Uhr arbeitet das Team mit Hochdruck daran, die Folien fertigzustellen. Der Projektleiter des Kunden möchte alle Inhalte sehen, bevor sie am nächsten Tag dem Vorstand präsentiert werden. Tina stellt dem Projektleiter die Folien selbst vor, am Donnerstag werden Stefan und der Partner dann dem Vorstand die Ergebnisse präsentieren.

Die Präsentation am Mittwoch läuft gut, der Projektleiter hat noch einige Änderungsvorschläge. Tina kontaktiert erneut das Wissensmanagement-Team, um kurzfristig zusätzliche Daten zu bekommen. Der Partner möchte am Donnerstag um 10 Uhr alle Folien durchgehen, bis dahin müssen alle Änderungen eingearbeitet sein. Es wird also ein langer Abend …

Donnerstag

Nach einer kurzen Nacht sind die Folien um 10 Uhr tatsächlich fertig, und der Partner ist zufrieden. Einige Folien sind allerdings noch nicht ausdrucksstark genug und werden noch ein letztes Mal geändert. Um 15 Uhr geht dann alles zum Vorstand, Tina druckt die Präsentation aus. Während Stefan und der Partner präsentieren, warten Tina und ihre Teamkollegen gespannt: Wie kommen die Folien an? Wird der Vorstand ihren Empfehlungen folgen?

Nach dem Meeting kommt Stefan mit guten Nachrichten zurück: Der Vorstand hat den Vorschlag abgesegnet, das heißt, es kann mit Volldampf in die nächste Phase gehen. Das Team diskutiert grob das weitere Vorgehen.

Um 17 Uhr fährt Tina mit ihren Teamkollegen im Taxi zum Flughafen. Gegen 21 Uhr ist Tina wieder zu Hause.

Freitag

Freitag ist Office Day. Im Heimatbüro erledigt Tina einige administrative Dinge wie die Reisekostenabrechnung und bereitet die nächste Woche vor, indem sie Meetings vereinbart und Analysen vorstrukturiert. Außerdem nutzt sie den Freitag zum Networking - beim Mittagessen kommt das gesamte Büro zusammen. Das ist eine gute Gelegenheit, neue Leute kennenzulernen und sich mit alten Bekannten auszutauschen.

Gegen 19 Uhr geht Tina nach Hause und freut sich auf ein ruhiges Wochenende, bevor am Montag wieder eine neue spannende Woche beginnt.

Work-Life-Balance: Mut zur Selbstentfaltung

von Tim Ruhoff

Balance ist eine Situation, in der unterschiedliche Elemente ausgewogen sind oder in der korrekten Proportion zueinander stehen. Das „Work" bei Work-Life-Balance ist leicht zu definieren – alles, was zum Job dazugehört: Reisen, Arbeit mit unterschiedlichen Kunden, in diversen Ländern, in vielen Sprachen und mit einer Fülle von spannenden Themen.

„Life" sollte dementsprechend der Gegenpol sein. Aber ist Arbeit nicht auch ein Teil des Lebens, der sogar Spaß machen kann? Wichtig ist letztlich, dass man außerhalb des Jobs den Kopf frei bekommt und Kraft tankt. Da Unternehmensberatungen eine Menge fordern, wissen sie, dass ihre Consultants diese Balance benötigen und sind für viele Wege offen – geschenkt wird einem allerdings auch in der Beraterbranche nichts!

Das richtige Unternehmen

Nicht ohne Grund ist der sogenannte Insel-Test für beide Seiten ein essenzieller Bestandteil in jedem Bewerbungsgespräch: Könnte ich mit meinem Gegenüber eine Woche auf einer einsamen Insel ausgesetzt werden und mit ihm dort auskommen? Kann man es sich nicht vorstellen, wird es schwer, die richtige Balance zu finden. Denn auf einem Beratungsprojekt verschwimmt die Grenze zwischen Work und Life oft wesentlich stärker als bei anderen Jobs. Lange Schichten im Project Office, gemeinsame Wochenenden im Ausland und eine sehr intensive Zusammenarbeit sollten weitestgehend harmonisch ablaufen. Bewerber haben nach einem erfolgreichen Gespräch daher oft die Chance, an einem Schnuppertag ihre zukünftigen Kollegen kennenzulernen. Häufig bekommt man aber schon durch die vielen Einzelinterviews im Bewerbungsprozess einen guten Eindruck von den Kollegen. Falls man hier ein schlechtes Gefühl hat, wird man auf lange Sicht in der Firma nicht glücklich.

Beratung und die Zeit mit den Kollegen müssen einem Spaß machen. Jedes Beratungsunternehmen bietet unterschiedliche Chancen und hat einen anderen Spirit. Während man in kleinen Beratungen oft noch familiäre Umgangsformen findet, kann es in großen Beratungen passieren, dass man über Jahre nie auf zwei Projekten mit den gleichen Kollegen arbeitet. Auch deshalb ist es entscheidend, sich vorher zu überlegen, was einem persönlich wichtig ist. Die Probezeit sollte daher immer sehr bewusst genutzt werden, um sich zu überlegen, ob die Beraterpraxis für den eigenen Lebensweg balancierbar ist.

Work-Life-Balance in der Unternehmensberatung

Bevor man sich für eine Karriere als Berater entscheidet, sollte man sich überlegen, welchen Stellenwert welche Freizeitaktivitäten im eigenen Leben haben sollen. Es ist schlicht falsch zu sagen, dass es in der Beratung keinen Raum für Freizeit und Selbstentfaltung gibt. In der Praxis muss man sich aber zwei Herausforderungen stellen:

Zum einen hat man meist nur einen kurzen Planungshorizont für seine Projekteinsätze und ist die Woche über oft stark eingespannt. Es gibt Kunden, bei denen man morgens um 6:30 Uhr startet und andere, bei denen der Berater erst ab 10 Uhr mit den Mitarbeitern sprechen kann. Das Arbeiten über unterschiedliche Zeitzonen hinweg verkompliziert die Situation häufig noch. Oft muss sich ein Berater kurzfristig auf den nächsten Kunden einstellen und seine Work-Life-Balance den Gegebenheiten anpassen.

Zum anderen ist man abends oft beim Kunden und damit lokal gebunden. Selbst wenn man rechtzeitig aus dem Büro käme, könnte man nicht am Fußballtraining des Heimvereins teilnehmen. Aber: Es gibt durchaus Teams, die einen flexibel mittrainieren lassen. Das gilt für Wien gleichermaßen wie für Kopenhagen.

Aktiver Umgang mit Freizeit im Alltag

Der Beraterallag ist fordernd: Wenn eine Vorstandspräsentation um Punkt 9 Uhr fertig sein muss, dann muss sie bis dahin auch wirklich fertig sein. Viele wichtige Aufgaben lassen sich langfristig planen und zeitgerecht umsetzen. Es gibt aber auch Kunden, die großzügig sagen: „Machen Sie sich keinen Stress, es reicht, wenn ich die (noch nicht existierende) Präsentation in einer Stunde habe." Dann ist Einsatz gefragt – und zwar reichlich.

Auf der anderen Seite sollte man auch den Mut haben, seine Freizeit aktiv in das Beraterleben zu integrieren. Eine Beratung, die viel verlangt, sollte auch bereit sein, ihren Beratern Raum zur Selbstentfaltung zu geben. Wenn man in den Sommermonaten z. B. abends Sport treiben will, ist es nicht unmöglich, ab und zu um 18 Uhr zu gehen. Wichtige E-Mails können auch noch danach oder frühmorgens beantwortet werden – Hauptsache, die Ergebnisse stimmen. Wenn man am Brückentag arbeitet, der Kunde aber keine Anwesenheit verlangt, lässt sich ein solcher Tag nach Absprache auch im Home Office verbringen.

Oft lassen sich Beratung und Freizeit durchaus gut miteinander kombinieren. Hat man den eingangs erwähnten Insel-Test bestanden, spricht viel für eine Freizeitgestaltung mit den Kollegen. Dies hilft nebenbei auch dabei, im Beruf besser zu werden, denn Beratung ist ein Teamsport, und man sieht seine Projektkollegen definitiv mehr als seinen Partner und die Familie. Wenn man die Arbeit gelegentlich mit etwas Freizeit kombiniert, kann das auch auf die Zusammenarbeit positive Auswirkungen haben.

Kommst du heut' nicht...

... wird es wohl erst am nächsten Wochenende gehen. Das Wochenende ist der Zeitraum, auf den ein Berater seine Freizeitaktivitäten fokussiert, und das sollte man gut planen. Am Donnerstag kommt man zurück und packt den Koffer aus, freitags sind viele Kollegen im Büro, man hat Meetings, Trainings und Workshops, anschließend ein Bier an der hauseigenen Bar, und schon ist es 19 Uhr und Wochenende. Am Sonntag muss der Koffer dann gepackt werden, damit es am Montag wieder losgehen kann. Die verbleibende Zeit sollte also sinnvoll genutzt werden.

Besonders wichtig ist die Erkenntnis, dass das persönliche Umfeld oft einen vollkommen anderen Rhythmus hat als ein Berater. Anfangs wird man noch zu Kinoabenden und Konzerten am Dienstag eingeladen, aber irgendwann verschwindet man aus dem Verteiler. Auch die besten Freunde gewöhnen sich an die Absagen und wollen einem dann auch nicht das Gefühl geben, etwas zu verpassen. Hier sollte man aktiv gegensteuern und sich frühzeitig an die Freizeitplanung für das Wochenende machen, um nicht vom Radar der Freunde und Bekannten zu verschwinden, und um verpasste Treffen nachzuholen.

Was Unternehmensberatungen bieten

Die Work-Life-Balance ist längst zum Buzzword avanciert und darf auf keiner Bewerberwebsite fehlen. Im Rahmen ihrer jeweiligen Möglichkeiten bieten große und kleine Unternehmensberatungen ähnliche Modelle. Längere kreative Pausen, wie beispielsweise ein Ausstieg auf Zeit für den Aufbau eines eigenen Unternehmens, eine Promotion, einen MBA oder Ähnliches sind denkbar. Die Frage ist nur: Wann?

Dabei gilt die Regel: Je kleiner die Beratung, desto flexibler die Programme. Auch Weiterbildungsmöglichkeiten werden oft an Bedingungen und festgelegte Zeiten geknüpft. Legt man auf diese Programme Wert, sollte man bereits im Bewerbungsgespräch die grundlegenden Details klären.

Neben den Möglichkeiten für längere Auszeiten bieten Unternehmensberatungen natürlich weitere Programme an, um Bewerber von sich zu überzeugen. Beispiele dafür sind Sommerfeste, Ski-Events mit der Firma, Abendveranstaltungen, exotische Weiterbildungsmaßnahmen und vieles mehr. Hier ist das Angebot in großen Unternehmensberatungen sicherlich breiter, es werden aber nicht zwangsläufig alle Kosten vom Unternehmen getragen. Wie so oft lohnt sich hier genaues Nachfragen.

Darauf sollte man achten

Bevor man sich für den Weg in die Unternehmensberatung entscheidet, sollte man wissen, ob man bereit ist für einen Lebensabschnitt auf der Überholspur. Das Plus an Erfahrung und der Einblick in die unterschiedlichsten Unternehmen, die spannenden Herausforderungen und die steile Lernkurve gehen ganz klar mit einem Minus an flexibler Freizeitgestaltung einher.

Nicht jede Unternehmensberatung ist gleich, und nicht überall gehören Nachtschichten zum täglich Brot. Oft lohnt es sich, genau nachzufragen und sich bewusst bei unterschiedlichen Beratungen zu bewerben. Alle Beratungen suchen den fleißigen, alleskönnenden Entrepreneur und generalistischen Multispezialisten. Nicht immer passt das Unternehmen aber zu den persönlichen Erwartungen, denn nicht alle Beratungen setzen die gleichen Schwerpunkte.

Unabhängig davon, für welche Beratung man sich entscheidet, steht fest, dass zur Regeneration ein Ausgleich nötig ist, der bei jedem Menschen anders gelagert ist. Ohne eine angemessene Work-Life-Balance ist die Profession und Passion eines Consultants auf Dauer nicht lebbar!

Karrieresprungbrett studentische Unternehmensberatung?

von Dominik Klimmek

Ob Erstsemester oder frischgebackener Absolvent – eine Karriere bei den großen Namen der Consulting-Branche ist bei Studenten verschiedenster Fachrichtungen heiß begehrt. Doch der Einstieg ist mit erheblichen Hürden verbunden: Exzellente Studienleistungen, analytischer Scharfsinn, Unternehmergeist und Projekterfahrung sind nur Auszüge aus der Wunschliste der Topunternehmen, an denen oftmals schon die Aussicht auf ein Praktikum scheitert. Die gute Nachricht: Zumindest in Bezug auf die letzten drei Bereiche können sich Consultants in spe durch die Tätigkeit bei einer studentischen Unternehmensberatung weiterentwickeln, wertvolle Erfahrung sammeln und somit ihren Marktwert erheblich steigern.

Historie

Die Idee, motivierten Studenten bereits während ihrer Ausbildung die Möglichkeit zu geben, ihre theoretischen Kenntnisse in die Praxis umzusetzen, wurde 1967 in Frankreich geboren und von dort aus in die ganze Welt getragen. 1988 schwappte die Welle nach Deutschland über und führte zur Gründung der ersten deutschen studentischen Unternehmensberatung in Darmstadt. Bis heute sind den Pionieren aus Darmstadt etwa 80 weitere Initiativen an Universitäten und Fachhochschulen im gesamten Bundesgebiet gefolgt, die zumeist in Form eines eingetragenen Vereins organisiert sind.

Um auch angesichts dieser großen Anzahl die Qualität der Beratungsleistungen zu sichern, haben sich 32 studentische Initiativen mit insgesamt 2.200 Mitgliedern zu dem 1992 gegründeten Bundesverband Deutscher Studentischer Unternehmensberatungen (BDSU) zusammengeschlossen. Der BDSU fördert den Wissens- und Erfahrungsaustausch zwischen den einzelnen Initiativen. Zudem müssen sich die Mitglieder des BDSU zu hohen Qualitätsstandards verpflichten, deren Einhaltung jährlich überprüft wird.

Beratungsbereiche und -leistungen studentischer Unternehmensberatungen

Studentische Unternehmensberatungen decken das gesamte Spektrum der klassischen Beratungsleistungen ab. Neben Marktstudien und Prozessanalysen bieten die studentischen Berater IT-, Personal- und Strategieberatung an, entwickeln Marketing- sowie Markteintrittsstrategien und erstellen Business-Pläne. Einige Initiativen haben sich dabei auf bestimmte Beratungsleistungen oder Branchen spezialisiert und verfügen in diesen Bereichen über eine Expertise, die der kommerzieller Spezialberatungen in nichts nachsteht. Aufgrund ihres engen Kontakts zu Hochschulen und Professoren werden studentische Unternehmensberatungen zudem gerne mit der Erstellung wissenschaftlicher Studien beauftragt.

Die Kundschaft der studentischen Berater reicht vom Familienbetrieb über den Mittelstand bis hin zum globalen Großkonzern. Auch Vereine im Profit- und Non-Profit-Sektor schätzen die maßgeschneiderten Lösungen der Studenten. Beispielsweise veranstaltete das Berliner Campus Projekt einen Marketingworkshop für den Fußballverein Union Berlin.

Aus Sicht der Kunden spricht eine ganze Reihe von Gründen für studentische Unternehmensberatungen: Ihre Mitglieder zeichnen sich aufgrund des interdisziplinären Ansatzes durch besonders innovative und kreative Lösungen aus und befinden sich durch engen Kontakt zu Hochschulen und Professoren stets auf dem neuesten Stand der Wissenschaft. Darüber hinaus legen die Studenten ein außerordentliches Maß an Motivation an den Tag, da eine gute Leistung einer Empfehlung für potenzielle Arbeitgeber gleichkommt. Im Gegensatz zu den „Großen" sind studentische Beratungen bereit, auch Projekte mit einem Umfang von nur wenigen Tagen zu übernehmen. In puncto Flexibilität bieten sie ihren Kunden ebenfalls einen herausragenden Service, da sie lediglich ein paar Tage Vorlaufzeit benötigen, um ein Projektteam zusammenzustellen und ein Angebot vorzubereiten.

Anforderungen an studentische Unternehmensberater

Um dieser Vielfalt an Beratungsprojekten und Kunden gerecht zu werden, setzen studentische Unternehmensberatungen auf interdisziplinäre Zusammenarbeit. Gesucht werden Generalisten wie auch Spezialisten aller Fachbereiche, die neben fundiertem Fachwissen aus dem Studium über eine schnelle Auffassungsgabe verfügen und jederzeit dazu bereit sind, sich in neue Sachverhalte und Aufgabenstellungen einzuarbeiten. Letzteres setzt vor allem Durchhaltevermögen und Begeisterungsfähigkeit voraus.

Beratungsprojekte erfolgreich und termingerecht abzuschließen, erfordert darüber hinaus Organisationsvermögen, ein gutes Zeitmanagement und die Fähigkeit, auch dann noch einen kühlen Kopf zu bewahren, wenn die Deadline bedrohlich nahe rückt. Da die Projekte stets im Team absolviert werden, ist außerdem ein hohes Maß an sozialer Kompetenz und Kommunikationsstärke ein absolutes Muss.

Wer über diese Schlüsselqualifikationen verfügt, hat gute Chancen, im Auswahlverfahren zu bestehen: Nach erfolgreicher schriftlicher Bewerbung werden die Kandidaten zu ausführlichen Einzelgesprächen eingeladen, in denen ihre Motivation für eine Tätigkeit als studentischer Berater sowie ihre fachliche und persönliche Kompetenz ergründet werden. In einigen studentischen Beratungen müssen sich Bewerber zusätzlich sogar einem kompletten Assessment-Center stellen. Darin können sie ihre Eignung bei der Bearbeitung und Präsentation einer Fallstudie unter Beweis stellen.

Wer diese Hürde genommen hat, erhält zunächst die Anwartschaft und wird mit Pflichtschulungen in den Bereichen Projektmanagement, Rhetorik, Präsentationstechnik und Angebotserstellung auf seine Tätigkeit als studentischer Berater vorbereitet. Erst nachdem der Anwärter alle Schulungen absolviert und ein vereinsinternes Projekt erfolgreich abgeschlossen hat, erhält er den vollen Mitgliedsstatus.

Wie kann man sich eine Tätigkeit als studentischer Unternehmensberater vorstellen?

Die Tätigkeit als studentischer Unternehmensberater umfasst zwei Bereiche: Das ehrenamtliche Engagement innerhalb des Vereins und die Durchführung vergüteter Beratungsprojekte für Kunden.

Wie in jedem Unternehmen besteht auch in studentischen Unternehmensberatungen die Möglichkeit, sich in den Bereichen Finanzen und Recht, Marketing, Qualitätsmanagement, Akquise, Personal oder IT einzubringen. Erst durch dieses vereinsinterne Engagement der Mitglieder können die notwendigen Voraussetzungen und Strukturen für ein funktionierendes Projektgeschäft geschaffen werden. So ist beispielsweise ein professioneller Marketingauftritt unerlässlich zur Steigerung des Bekanntheitsgrades bei potenziellen Kunden. Externe Beratungsprojekte bestehen in der Regel aus den Arbeitsschritten Angebotserstellung, Projektdurchführung und Projektdokumentation.

Potenzielle Kunden bitten meistens mehrere (studentische) Unternehmensberatungen um ein Angebot für die Durchführung eines bestimmten Projekts. Die Beratung mit dem besten Konzept erhält dann den Zuschlag. Das studentische Beraterteam erstellt daraufhin ein Angebot, das folgende Punkte umfasst:

- das genaue Ziel, das das Beraterteam nach Abschluss der Projektarbeit erreicht haben will,
- die geplante Vorgehensweise zur Erreichung dieses Projektziels (hierbei wird das Projekt in verschiedene Arbeitsschritte unterteilt),
- den genauen Zeitrahmen, in dem die einzelnen Arbeitsschritte und der Projektabschluss erfolgen,
- die Budgetplanung für die Durchführung des Projekts.

Überzeugt dieses Angebot, wird das studentische Beraterteam mit der Durchführung des Projekts beauftragt. Da die meisten Projekte beim Kunden vor Ort stattfinden, müssen sich studentische Berater in puncto Kleidungsstil und Auftreten entsprechend anpassen und tragen in der Regel Anzug.

Der wichtigste Aspekt der Projektarbeit ist die regelmäßige Rücksprache mit dem Kunden, damit dieser jederzeit intervenieren kann, wenn der Projektverlauf nicht seinen Vorstellungen entspricht. Zu diesem Zweck erfolgt nach dem Abschluss der wichtigsten Arbeitsschritte eine Zwischenpräsentation. Außerdem muss der tatsächliche Zeit- und Budgetaufwand ständig mit dem Projektplan verglichen werden, um bei Abweichungen rechtzeitig gegenzusteuern.

Nach dem Abschluss der Projektarbeit und der Erreichung des Projektziels hält das studentische Beraterteam eine Abschlusspräsentation, bei der oft auch der Vorstand des beratenen Unternehmens anwesend ist. In der abschließenden Projektdokumentation werden alle Informationen und Unterlagen zum Projektverlauf gesammelt, sodass bei der Durchführung späterer Projekte auf dieses Wissen zurückgegriffen werden kann.

Studentische Beratung als Sprungbrett für den Einstieg in die Unternehmensberatung?

Eine Tätigkeit bei einer studentischen Unternehmensberatung, die über die reine Mitgliedschaft hinausgeht, ist bei kommerziellen Unternehmensberatungen gerne gesehen. Je nach Art, Dauer und Intensität von Projekten, für die man als studentischer Unternehmensberater mitverantwortlich war, kann ein Engagement bei einer studentischen Beratung die Chancen im Bewerbungsprozess für eine kommerzielle Beratung erhöhen.

Zudem können studentische Berater durch die Angebotserstellung, Planung und Durchführung von Projekten ihr Organisationsvermögen schulen, ihr Zeitmanagement verbessern, sich eine analytische und strukturierte Arbeitsweise aneignen und ihre Teamfähigkeit unter Beweis stellen. Darüber hinaus verfügen studentische Berater über ein souveränes und professionelles Auftreten, da sie bereits eine Reihe von Präsentationen vor Kunden in Führungspositionen gehalten haben. Daher schlagen sich erfahrene studentische Unternehmensberater oft besser in den Auswahlverfahren großer Consulting-Unternehmen, insbesondere bei der Durchführung von Case Studies.

Doch auch durch ehrenamtliches Engagement innerhalb des Vereins ergeben sich hervorragende Perspektiven für die Consulting-Karriere. Somit können Studenten auch abseits des Studiums praktische Erfahrungen in bestimmten Fachgebieten erwerben. Wer als Vorstand oder Ressortleiter Verantwortung übernimmt, kann zudem seine Führungsqualitäten ausbauen und Unternehmergeist beweisen. Vor allem aber können sich studentische Berater durch vereinsinternes Engagement ein Netzwerk aus hoch qualifizierten Nachwuchskräften aufbauen, von dem sie auch im weiteren Verlauf ihrer Karriere profitieren.

Insbesondere für den Bereich Consulting stellt die Tätigkeit als studentischer Berater noch ein zusätzliches Karrieresprungbrett bereit: Renommierte Unternehmensberatungen bieten studentischen Unternehmensberatungen zu Recruiting-Zwecken Schulungen und Workshops an, bei denen die Mitglieder nicht nur vom Know-how der hauptberuflichen Consultants profitieren, sondern auch wertvolle Kontakte für den Einstieg in die Unternehmensberatung knüpfen können.

3. Tipps zu Bewerbung und Interview-Vorbereitung

Anforderungen an Bewerber

von Nadja Peters

Der Berufseinstieg in die Unternehmensberatung ist ein ideales Karrieresprungbrett. Kein anderes Umfeld bietet die Möglichkeit, so schnell Verantwortung zu übernehmen und einen umfassenden Einblick in die Welt der Wirtschaft oder auch des öffentlichen Sektors zu erhalten. Nur: Wie wird man Consultant? Welche Profile und Qualifikationen werden gesucht - und warum?

Worauf es nicht ankommt

Das Studienfach ist bei den meisten Unternehmensberatungen kein Auswahlkriterium. Im Consulting geht es vor allem darum, Probleme zu lösen - und diese Fähigkeit wird in jeder wissenschaftlichen Ausbildung entwickelt, unabhängig von der Fachrichtung. Die BWL-Grundbegriffe werden neuen Mitarbeitern ohne wirtschaftswissenschaftlichen Studienhintergrund jedoch gleich zu Beginn in speziellen Trainings vermittelt.

Was eine Unternehmensberatung stark macht, ist die Vielfalt ihrer Mitarbeiter, die Kombination aus wissenschaftlichem Arbeiten, interdisziplinärem Denken und Praxisorientierung. Diese Mischung führt zu optimalen Lösungen, die oft neu und überraschend sind. Aus diesem Grund suchen Beratungen Absolventen und Promovierte aller Disziplinen: Ingenieure, Naturwissenschaftler und Mathematiker ebenso wie Wirtschafts- und Geisteswissenschaftler, Mediziner oder Juristen. Bei McKinsey beispielsweise hat nur die Hälfte der Berater einen wirtschaftswissenschaftlichen Hintergrund.

Dieses breite Spektrum spiegelt sich in der Vielfalt der Projekte und Klienten wider. Von der Entwicklung einer Unternehmensstrategie oder Organisationsstruktur über funktionsbezogene Aufgaben in Forschung, Produktion und Logistik, Marketing, IT und Finanzen bis hin zu speziellen Programmen zur Effizienz-, Umsatz- oder Ertragssteigerung - das alles sind Aufgaben, mit denen Unternehmensberatungen beauftragt werden. Die Arbeit erfolgt stets direkt beim Klienten vor Ort, oft in internationalen Teams.

Auch ein bestimmter Notendurchschnitt ist keine zwingende Voraussetzung, um sich bei einer Beratung zu bewerben. Die Mitarbeiter gehören zwar in der Regel zu den Jahrgangsbesten führender Universitäten und Business Schools, und die akademischen Leistungen sind wichtig - aber eine Einladung zum Kennenlernen ist nicht ausschließlich daran geknüpft.

Worauf es wirklich ankommt

Relevante Auswahlkriterien sind neben den akademischen Leistungen insbesondere analytische Fähigkeiten, praktische Erfahrungen und Engagement, das über das Curriculum hinausgeht. Betätigungsfelder können hier im sozialen, kulturellen, sportlichen oder auch politischen Bereich liegen. Entscheidend ist zu sehen, dass sich ein Bewerber für verschiedene Themen begeistern kann und bereit ist, Verantwortung zu übernehmen.

Wichtig ist auch die soziale Kompetenz – sie ist eine Grundvoraussetzung für die konstruktive Arbeit im Team und mit dem Klienten. Hierzu zählen insbesondere Kommunikations- und Kooperationsfähigkeit, Teamgeist und Einfühlungsvermögen. Da Unternehmensberater immer wieder neu mit den unterschiedlichsten Aufgaben und Fragen konfrontiert werden, ist große Flexibilität im Denken und Handeln ebenfalls unverzichtbar.

Wie man sich bewirbt

Der Einstellungsprozess bei Unternehmensberatungen umfasst in der Regel zwei Schritte: die schriftliche Bewerbung und den Auswahltag mit Interviews. Für die schriftliche Bewerbung, die jederzeit eingereicht werden kann, sind folgende Unterlagen erforderlich:

- **Motivationsschreiben:** Darin erläutern die Bewerber, warum sie sich für das Berufsfeld Unternehmensberatung interessieren.
- **Lebenslauf:** Er enthält Angaben zum akademischen Werdegang (mit Abschlussnoten), zu Praktika, Berufserfahrung und Auslandsaufenthalten sowie zu Interessen und Engagements außerhalb der Ausbildung.
- **Zeugnisse:** Alle Schul- bzw. Hochschulzeugnisse ab dem Abitur sowie Praktikumszeugnisse und Zertifikate sollten dem Schreiben beigefügt sein.

Wenn die schriftlichen Unterlagen überzeugen, werden die Bewerber zu Interviews eingeladen. Dabei erwarten die Interessenten mehrere etwa einstündige Gespräche mit meist je einem Consultant. Teil dieser Gespräche ist die Diskussion einer Fallstudie. Dafür muss man keinen Mathe-Leistungskurs belegt haben; allerdings sollte man auch einmal ohne Taschenrechner zurechtkommen können.

Die Bewerber erhalten oft noch am selben Tag ein persönliches Feedback. Falls sich die Berater nach den Interviews in ihrem Urteil einig und die Eindrücke positiv sind sowie das Interesse auf beiden Seiten fortbesteht, folgt abschließend ein Interview mit einem Senior-Partner. Geeigneten Bewerbern wird dann meist direkt ein Angebot gemacht.

Das Auswahlgespräch – mehr als eine Case Study

von Tim Ruhoff

„Sehr geehrter Bewerber, wir haben Ihre Bewerbung mit Interesse gelesen und möchten Sie zum Bewerbungsgespräch einladen." – Wer ein solches Schreiben von einer Beratung erhält, sollte sich geehrt fühlen. Der Pflichtteil ist somit geschafft; nun folgt die Kür.

Warum es „Bewerbungsgespräch" heißt

Viele Bewerber glauben, dass die Vorbereitung auf ein Bewerbungsgespräch hauptsächlich im Trainieren von Case Studies besteht. Ja – in jedem Interview gibt es eine oder mehrere Case Studies. Ja – mit etwas Übung gelingen diese schneller und sicherer. Das ist jedoch bei Weitem nicht alles! Ein Bewerbungsgespräch ist in erster Linie ein Gespräch, sonst hieße es „Bewerbungs-Case-Study". Genau hier liegt der häufigste Fehler von Bewerbern. Auswendig gelernte Antworten, zurechtgelegte Floskeln und das krampfhafte Anwenden von Analyse-Tools sind schlicht unerwünscht. Stellen Sie sich den Kunden vor, der Sie als Berater für viel Geld einkauft. Will der Dinge hören, die er selbst nachlesen kann? Darüber hinaus sind erlernte Beispiele oft nicht übertragbar, und bei jedem Interviewer hagelt es Minuspunkte, wenn der Eindruck entsteht, dass ein Bewerber nicht mitdenkt.

Jedes Beratungsprojekt verlangt, dass man sich in die Probleme des Kunden einfindet und nach Lösungen sucht. Ob das Problem mit oder ohne Porters Five Forces zu lösen ist, interessiert den Kunden nur marginal. Die Hauptsache ist, es wird gelöst. Es ist noch nie ein Bewerber gescheitert, weil er kein Analyse-Tool genutzt hat. Viele Bewerber haben aber dadurch geglänzt, dass sie sich davon gelöst und unkonventionelle Wege gefunden haben.

Der Bewerbertag

Sie bekommen vor einem Interview immer Infos zum Tagesablauf. In den meisten Fällen sollten diese Informationen vollkommen ausreichend sein. Seien Sie sich bewusst, dass dem Interviewer Ihre Korrespondenzen mit den Personalern, insbesondere E-Mails, zur Verfügung gestellt werden. Schreiben Sie also formal korrekte E-Mails und führen Sie höfliche Telefonate – egal mit wem. Lesen Sie auf jeden Fall vorher alle Unterlagen sorgfältig durch, und werfen Sie zur Sicherheit noch einen Blick auf die Website. Sollte sich bei der Vorbereitung zeigen, dass Sie nicht sorgfältig vorgehen, wird jede Beratung das vermerken.

Angemessen gekleidet, fit, ausgeschlafen und pünktlich

Berater kleiden sich schlicht und elegant. Mit einem schwarzen bzw. dunkelgrauen Anzug oder Kostüm liegt man nie falsch. Das äußere Erscheinungsbild ist wichtig, denn Kleider machen bekanntlich Leute. Deshalb sollten Sie auch Tattoos, Piercings oder auffälligen Schmuck nur so zeigen, wie es im Business passend ist. Der Berater wird sich sonst immer fragen: Was würde der Kunde jetzt denken? Lassen Sie es nicht so weit kommen.

Was brauchen Sie, um richtig fit zu werden? Literweise Kaffee? Eine Runde Joggen im Park? Musik Ihrer Lieblingsband? Organisieren Sie es! Man sollte für sein Interview so fit wie möglich sein. Das Auswendiglernen von Kennzahlen oder Formeln gehört unter keinen Umständen an den Frühstückstisch. Sie müssen nicht alles wissen, sondern sich gut verkaufen. Im Interview können Ihnen die Bücher nicht mehr helfen. Ein erholter Geist kann allerdings einiges bewirken.

Seien Sie pünktlich. Am besten stehen Sie mit einem Puffer von 20 Minuten am Empfang der Beratung, bekommen ein Namenskärtchen und setzen sich zu den anderen Bewerbern. Das ist die erste Schlüsselszene. Sicherlich können nicht alle genommen werden, aber die meisten Beratungen haben keine Quote für einen Bewerbungstag. Das bedeutet, die Mitbewerber sind mögliche Verbündete, denn einige Beratungen machen Team-Stresstests, bei denen analysiert wird, wie Sie sich in ein Team einfinden können. Wenn man von Anfang an den Eindruck erweckt, dass man nur sein eigenes Weiterkommen im Sinn hat, werden einem die übrigen Bewerber diese Einstellung nicht danken. Selbiges gilt übrigens für die Berater, die sich im Interview überlegen, ob sie sich ein Projekt mit Ihnen vorstellen können. Außerdem: Man sieht sich immer zweimal im Leben.

Der persönliche Eindruck

Könnte ich mir vorstellen, mit meinem Gegenüber auf einer einsamen Insel ausgesetzt zu sein und mich mit ihm dort durchzuschlagen? Nicht jeder Kollege muss ein Freund werden, aber man sollte schon auf einer Wellenlänge liegen, denn Projekteinsätze sind immer strapaziös. Enge Deadlines, Vorstandspräsentationen, lange Flüge und Wochenenden im Ausland lassen sich nur schwer ertragen, wenn man sich persönlich nicht leiden kann. Daher sollten Sie sich die Interview-Partner genau ansehen und überlegen, ob Sie sich eine intensive Zusammenarbeit vorstellen können.

Ausschlaggebend für ein erfolgreiches Gespräch ist daher die richtige Einstellung: Bewerber und Unternehmen befinden sich an einem Bewerbertag in einer gleichgewichtigen Situation. Schon aus dieser Erkenntnis heraus sollte ein Bewerber offen, ehrlich, aber auch selbstbewusst und durchaus entspannt in solche Bewerbertage starten. Unternehmen suchen nicht den perfekten Bewerber mit dem perfekten Lebenslauf und perfekten Fähigkeiten. Sie suchen den perfekten Match. Nutzen Sie dieses Wissen!

100 Prozent bis zum Ende

Sollte es letztlich nicht klappen, unterschätzen Sie nicht den Wert des abschließenden Gesprächs. Aus Fehlern kann man lernen, aber vielleicht gibt es auch Hinweise, warum Sie zu genau dieser Beratung nicht gepasst haben. Die Erkenntnisse können sowohl für die Vorbereitung weiterer Interviews als auch für die Auswahl der Beratungen sehr wichtig sein.

Bewerbungscheckliste und Partnertraining

von Tim Ruhoff

In einem Interview soll möglichst naturgetreu simuliert werden, was den Kandidaten beim Kunden erwartet. Auch vor einem Beratungsprojekt müssen eine Menge Dinge vorbereitet und erledigt werden – genauso ist es mit dem Bewerbertag. Nutzen Sie die folgende Checkliste, damit Sie nichts vergessen und sich auf das Wesentliche konzentrieren können.

Vier Wochen vor dem Interview – nicht alles geht von heut' auf morgen

Check 1: Partnerinterviews

Die beste Vorbereitung auf ein Interview in der Beratung ist das Partnerinterview. Es geht darum, gemeinsam mit einem anderen Menschen einen Fall zu lösen. Zwar muss der Bewerber die Arbeit machen, aber die Kommunikation und das sinnvolle Fragenstellen sind essenziell. Nutzen Sie die Cases in diesem Buch, und planen Sie möglichst drei Partnerinterviews mit anderen Kandidaten. Die Anfrage für ein Partnerinterview sollte etwa mit dem Versand der Bewerbungsunterlagen beginnen.

Finden Sie Ihren Trainingspartner unter www.e-fellows.net/lernpartner

- Sie können in Lernangeboten suchen, oder Sie stellen selbst ein Lerngesuch ein.
- Das Formular sollte selbsterklärend sein. Wählen Sie unter „Suche Partner für“ die Option „Cases üben“; in den weiteren Feldern können Sie unter anderem die Region/Stadt, den Zeitraum sowie die Art der Zusammenarbeit (online oder „in echt“) angeben.
- Tragen Sie im Erläuterungsfeld ein, was Sie trainieren möchten (Case Studies, Bewerbungsgespräch inkl. Case Study, inhaltliche Schwerpunkte oder Branchen).
- Meist bekommen Sie schon nach wenigen Tagen die ersten Rückmeldungen.

Es ist sinnvoll, sich vor dem Training über den Ablauf und den Übungsmodus zu verständigen. Ein persönliches Treffen ist sicherlich die beste Vorbereitungsform, allerdings auch die zeitaufwendigste. Für die Interviews sollte Folgendes vorbereitet werden:

- Austausch der Bewerbungsunterlagen vorab
- zwei Fragen zum Tagesgeschehen
- mindestens zwei kritische Fragen zum CV des Partners
- ein Brainteaser und eine Case Study

Was den Ablauf und gewisse Grundregeln betrifft, noch einige Tipps: Erst stellt ein Partner die Fragen. Wenn das Interview nach 45 bis 60 Minuten abgeschlossen ist, tauscht man die Rollen. Der Brainteaser sollte ungefähr fünf bis zehn Minuten der Zeit in Anspruch nehmen, die Case Study maximal 25 Minuten. Damit bleiben mindestens 35 Minuten für das Gespräch. Wer seinen Partner hier ins Schwitzen bringt, bereitet ihn am besten auf das reale Interview vor und verhilft ihm zu einem strategischen Vorteil – oft weiß ein Bewerber nämlich selbst nicht, worüber ein Fremder beim

Lesen des CV stolpert. Im Nachgang kann man sich nun gut auf mögliche Fragen vorbereiten. Das Partnertraining hat den großen Vorteil, dass die Interviewsituation greifbarer wird und man sich schneller auf das Wesentliche konzentrieren kann. Das Selbstvertrauen wächst ebenfalls, was für das Bewerbungsgespräch sehr wichtig ist. Das Partnerinterview ist nicht dazu da, sich gegenseitig fertigzumachen, sondern um den anderen auf Stresssituationen vorzubereiten. Das ist zweifellos ein schmaler Grat für zwei Menschen, die sich nicht kennen. Daher ist es wichtig, sachlich, professionell und eher eine Spur gutmütiger zu sein, als man es im Interview erwartet - schließlich tut man sich gegenseitig einen großen Gefallen.

Check 2: Zeitungen

Zeitunglesen ist gut für den Background. Sie sollten up to date sein, denn manche Interviewer werden Ihnen Fragen zum aktuellen Geschehen stellen. Außerdem ist es immer gut, wenn man bei einer Case Study den Bogen zu aktuellen Themen schlagen kann.

Check 3: Kopfrechnen

Kopfrechnen ist nicht bei allen Beratungen in gleichem Maße Pflicht, aber an einem souveränen Umgang mit Zahlen wird jeder Bewerber gemessen. Das Schöne daran ist: Man kann es sehr gut üben und beim Interview beispielsweise durch sehr gute Kopfrechen-Fähigkeiten glänzen.

Check 4: Interviewpartner

Meistens sind die Interviewpartner auf der Website des Unternehmens oder auf Plattformen wie Xing zu finden. Wenn Sie herausfinden, wo sich die Interviewer engagieren, ist das sicherlich ein guter Aufhänger für das Gespräch.

Check 5: Beratungen

Beratungen unterscheiden sich nicht nur in ihren Themenschwerpunkten, sondern auch in den Umgangsformen und Erwartungen an die Bewerber. Die Branchenrubrik „Beratung" auf der e-fellows.net-Website und dieses Buch zeigen Ihnen in den Beratungsprofilen, wen die Firmen suchen.

Check 6: The Case Study State of Mind

„The Case Study State of Mind" soll bedeuten, dass man bewusst quer und kritisch denken soll, wenn man Informationen aus der Presse erhält oder Dinge im Alltag wahrnimmt.

- Deutschland hat die Energiewende beschlossen und im folgenden Jahr die Subventionen für alternative Energien reduziert - welche Folgen hat das?
- In vielen europäischen Ländern wird die Anschaffung von Elektroautos durch Zuschüsse vom Staat gefördert. Warum geschieht das bislang nicht in Deutschland?
- Im Zuge der Euro-Krise zeigte sich, dass Griechenland bei der Aufnahme in die Euro-Zone falsche Wirtschaftsdaten angegeben hat. Warum waren diese Daten so wichtig, und warum wäre es für Griechenland in der Krise gut gewesen, keinen Euro zu haben?
- Wie viel kostet eigentlich ein Döner in der Herstellung, und wann ist ein Schnellimbiss profitabel?
- Wie kann es sein, dass es günstiger ist, Krabben aus England in Thailand pulen zu lassen, um sie dann zum Verkauf wieder nach England zu schicken?

Wenn Sie solche Fragen mit Ihren Freunden diskutieren oder selbst eine Antwort suchen, bereiten Sie sich bestens auf ein Interview in der Beratung vor. Dinge hinterfragen und sehend durch das Leben gehen sind Eigenschaften, die man trainieren kann.

Zwei Wochen vor dem Interview – letzte Vorbereitungen

- Kennen Sie Ihre Unterlagen?
- Kennen Sie das Unternehmen und möglichst Ihren Interviewer?
- Wissen Sie, warum Sie genau in dieser Beratung anfangen möchten?
- Kennen Sie den Ablauf und das Timing des Interviews?
- Kennen Sie Ihre Stärken, und wissen Sie, wie Sie sie anschaulich belegen können?
- Kennen Sie die Schwachpunkte Ihres CV und wissen Sie, sie zu rechtfertigen?
- Kennen Sie Ablauf und Timing von Brainteasern und Case Studies?
- Haben Sie einige schlaue Fragen an den Interviewer vorbereitet?

Eine Woche vor dem Interview – Finetuning

- Die Reiseplanung steht an.
- Erhöhen Sie Ihren Nachrichtenkonsum.
- Suchen Sie nach realen aktuellen Erfahrungsberichten.

Zu diesem Zeitpunkt sollten Sie wissen, was auf Sie zukommt. Case Studies sollten kein Fremdwort mehr sein, 12 × 19 rechnen Sie in wenigen Sekunden im Kopf. Warum Sie das Wartesemester gut genutzt haben, auch wenn Sie kein Praktikum vorweisen können, legen Sie in drei kompakten Sätzen dar, und was in der Welt der Wirtschaft gerade passiert, wissen Sie auch. Greifen Sie auch auf Erfahrungsberichte anderer Bewerber zurück, die Sie in diesem Buch, unter www.e-fellows.net/consultingerfahrungsberichte, in der e-fellows.net community und in weiteren Online-Foren finden.

Wenn Sie alle genannten Punkte berücksichtigt haben, sind Sie bestens auf das Interview vorbereitet.

Mit Stress im Bewerbungsgespräch souverän umgehen

von Prof. Dr. Johanna Moebus

Sie haben den Termin Ihres Bewerbungstags rot im Kalender markiert. Sie üben fleißig Case Studies, lesen regelmäßig Zeitung und können Dreisatz und Prozentrechnung ohne Taschenrechner sicher bewältigen. Gratulation, Ihre Vorbereitung läuft auf Hochtouren! Dennoch bekommen Sie schweißnasse Hände, wenn Sie nur an den Bewerbungstag denken? Keine Panik - diese Stressreaktion ist vollkommen normal. Mit der richtigen Vorbereitung und Einstellung können Sie sie sogar zu Ihrem Vorteil nutzen.

Jedes Bewerbungsgespräch ist eine Stresssituation – akzeptieren und nutzen Sie das!

Herzklopfen, kalte schweißnasse Hände und ein flaues Gefühl im Magen - diese Symptome kennen Sie sicher aus anderen Prüfungs- oder Stresssituationen. Mithilfe des vegetativen Nervensystems und des Botenstoffs Adrenalin reagiert Ihr Körper auf einen Stressor. Der Körper will damit die Energie freisetzen, die für eine angemessene Reaktion auf die „Gefahrensituation" nötig ist. Körperfunktionen, die für das unmittelbare Überleben nicht notwendig sind, werden dabei unterdrückt.

Während unsere Vorfahren gut beraten waren, beim Auftauchen eines Säbelzahntigers vor der Höhle entweder zu kämpfen oder möglichst schnell zu fliehen, sollten Sie dies natürlich im Bewerbungsgespräch nicht tun. Nutzen Sie stattdessen die körperliche Stressreaktion als Ihren Bewerbungsturbo - sie ermöglicht Ihnen nämlich, genau im richtigen Augenblick Energie zu mobilisieren und sie Ihrem Gehirn und damit Ihrer Konzentration auf das Bewerbungsgespräch zur Verfügung zu stellen. Auch wenn Sie in der Nacht vor dem großen Tag noch so schlecht geschlafen haben - Sie werden im entscheidenden Moment nicht müde sein. Genauso wenig müssen Sie sich sorgen, während des Gesprächs zur Toilette laufen zu müssen.

Stress wird erst dann zum Problem, wenn die Stressdosis zu groß wird und die Stressreaktion Ihre Leistungsfähigkeit im Bewerbungsgespräch bremst. Dies geht typischerweise damit einher, dass die anregende Wirkung der Stresssituation in Angst oder Panik umschlägt. Sie können sich dann nicht mehr gut konzentrieren und empfinden vielleicht den Drang, das Gespräch abzubrechen. Damit Sie im Bewerbungsprozess Ihr Bestes geben können, ist es daher wichtig, sowohl die Stressdosis als auch Ihre Reaktion darauf zu kontrollieren.

Typische Stresssituationen am Bewerbungstag

Stress entsteht am Bewerbungstag bei einer Unternehmensberatung nicht nur durch das eigentliche Bewerbungsgespräch, sondern auch durch äußere Faktoren und andere Elemente des Bewerbungstags (z.B. schriftliche Tests). Minimieren Sie möglichen Stress durch äußere Faktoren, wo immer dies in Ihrem Einflussbereich liegt. Planen Sie die Anfahrt sorgfältig, informieren Sie sich genau darüber, wo Sie erwartet werden, und kalkulieren Sie einen ausreichenden zeitlichen Puffer ein. Wer bereits in der Bahn den ersten Schweißausbruch erlebt, wird im Bewerbungsgespräch weniger souverän und konzentriert agieren können.

Schriftliche Tests, vor allem Mathematik- oder Logiktests, werden neben den eigentlichen Bewerbungsgesprächen von den Bewerbern als starke Stressoren empfunden. Problematisch ist hierbei häufig nicht der Schwierigkeitsgrad der Aufgaben, sondern eher der Gesamtumfang und das Gefühl des Bewerbers, nicht alles schaffen zu können. Machen Sie sich klar, dass es in der Regel kaum möglich ist, alle Aufgaben eines Tests in der gestellten Zeit zu beantworten. Genauso unwahrscheinlich ist, dass Sie - oder Ihre Mitbewerber - alles fehlerlos bearbeiten können. Schriftliche Tests überprüfen neben Ihrer intellektuellen Leistung immer auch Ihre Souveränität und gegebenenfalls Ihre Fähigkeit, mit einer suboptimalen Leistung umzugehen. Versuchen Sie daher, einen geschriebenen Test für den restlichen Bewerbungstag mental zur Seite zu legen. Sollten Sie später auf die Ergebnisse angesprochen werden, ist es immer noch früh genug, Ihre Leistung selbstkritisch zu diskutieren.

Das eigentliche Bewerbungsgespräch ist in der Regel zweigeteilt. Häufig beginnt das Gespräch mit Fragen zur Person und zum Werdegang, bevor der Berater zur Case Study übergeht. Sogenannte Stressfragen, die den Bewerber gezielt aus der Fassung bringen oder provozieren sollen, sind im Gespräch mit Beratern eher unüblich. Stress entsteht in dieser Phase des Gesprächs vielmehr durch Fragen, auf die der Bewerber nicht ausreichend vorbereitet ist: zum Beispiel nach persönlichen Schwächen. Viele Bewerber empfinden auch die persönliche Note des Gesprächs insgesamt als Stressfaktor. Der Druck, als potenzieller neuer Kollege möglichst sympathisch zu wirken, kann zum Stressor werden. Während der zweiten Phase des Case Interviews kommt typischerweise die Angst, den Case nicht richtig oder schnell genug lösen zu können, als Stressfaktor hinzu.

Drei Elemente für mehr Souveränität: Vorbereitung, Kommunikation, Authentizität

Vorbereitung ist nicht nur für die erfolgreiche Bearbeitung von Case Studies notwendig. Auch im persönlichen Teil des Bewerbungsgesprächs kann mit der richtigen Vorbereitung die Stressdosis deutlich reduziert werden. Viele Bewerber stellen sich zwar auf gängige Fragen ein, geraten aber ins Schwitzen, wenn der Interviewer konkrete Beispielsituationen wissen will und detailliert nachfragt.

Wenn es dann so weit ist und Sie im Bewerbungsgespräch sitzen, helfen Ihnen richtige Kommunikation und Authentizität, die Stressbelastung zu kontrollieren und mit Sympathie und Souveränität zu punkten.

Vorbereitung: Ihre USP, überzeugende Stärken und glaubhafte Schwächen

„Inwiefern machen Sie uns besser - nicht nur größer?" „Warum sollten wir gerade Sie einstellen?" Wenn Sie auf diese Fragen eine überzeugende Antwort parat haben, haben Sie bereits einen wesentlichen Aspekt der Vorbereitung geleistet: Sie kennen Ihr Alleinstellungsmerkmal, Ihre Unique Selling Proposition (USP). Der Begriff der USP kommt aus dem klassischen Marketing und passt genauso gut auf Ihr Selbstmarketing im Bewerbungsprozess. Ihre USP beschreibt, welchen Nutzen Sie der Unternehmensberatung durch die spezielle Kombination Ihrer Eigenschaften und Fähigkeiten bringen. Ihre USP sollte Sie nicht nur von anderen Bewerbern unterscheiden, sondern auch einen eindeutigen Nutzen für die Beratung haben. Dabei geht es eher selten um rein fachliche Qualifikationen. Natürlich ist beispielsweise ein sehr gutes BWL-Studium beim Einstieg in die Unternehmensberatung von Nutzen - es ist aber noch lange kein hinreichendes Einstellungskriterium.

„Was schätzen Ihre Kommilitonen/Kollegen an Ihnen?“ Dass die Frage nach persönlichen Stärken zum typischen Repertoire eines Bewerbungsgesprächs gehört, ist mittlerweile Allgemeinwissen. Dennoch wird dieses scheinbar harmlose Thema leicht zur Stressfalle. Bedenken Sie, dass Berater berufsbedingt Experten in kritischen Fragen sind. Wenn Sie Ihre Teamfähigkeit als Stärke präsentieren, müssen Sie sich darauf einstellen, diese mit überzeugenden Beispielsituationen belegen zu können. Was genau haben Sie und Ihr Team bereits erreicht? Wie können Sie belegen, dass es sich dabei um eine herausragende Leistung und nicht nur um einen Durchschnittserfolg handelt? Inwieweit ist diese Stärke für die Firma von Nutzen? Beschäftigen Sie sich daher im Vorfeld der Bewerbung strukturiert mit Ihren Stärken. Versuchen Sie, mindestens zwei relevante Stärken fachlicher Art (Hard Skills) und zwei persönlicher Art (Soft Skills) zu finden, die Sie jeweils mit konkreten Beispielen oder Anekdoten belegen können. Üben Sie, Ihre Stärken einer anderen Person zu erklären, und lassen Sie sich kritisch hinterfragen. Es kann hilfreich sein, sich die eigene Argumentation wie eine selbstgemauerte Wand vorzustellen - eine Wand, gegen die der Interviewer kräftig tritt. Bleibt Ihre Wand dabei stehen?

„Was können Sie gar nicht?“ Auch auf eine direkte Frage nach Schwächen sollten Sie sich einstellen. Widerstehen Sie der Versuchung, Perfektionismus und Selbstkritik als Schwächen zu verpacken, und überlegen Sie stattdessen: Wo sehen Sie bei sich noch Lernbedarf? Bei welchen Aufgaben sind Sie unsicher? Vielleicht gerade jetzt, im Bewerbungsgespräch, unter Leistungsdruck? Bei dieser Frage geht es primär darum, Ihre Fähigkeit zur Selbstreflexion und Lösungskompetenz zu überprüfen. Bereiten Sie sich darauf vor, zwei Schwächen - am besten je eine aus dem Bereich der Hard und Soft Skills - anhand von realen Beispielsituationen schildern zu können. Je konkreter Sie dies vorbereiten, desto souveräner können Sie mit der Stresssituation im Gespräch umgehen. Vermeiden Sie, Ihr Unvermögen breitzutreten, und konzentrieren Sie sich stattdessen darauf, wie Sie diese Schwäche im Berufsalltag durch Unterstützung und Kompetenzaufbau überwinden können.

Kommunikation: Schweigen ist Silber, Reden ist Gold

Auch bei optimaler Vorbereitung kann es vorkommen, dass Sie beim Bearbeiten der Case Study vor Nervosität den Faden verlieren. Berater sind es gewohnt, nicht alleine zu arbeiten, und das sogenannte Team Problem Solving - also die Problemlösung im Team - gehört zu ihrem Tagesgeschäft. Versuchen Sie, sich dies zunutze zu machen, indem Sie Ihren Interviewer aktiv in die Lösung der Case Study einbeziehen. Der Berater weiß, dass Sie sich in einer Stresssituation befinden und ist häufig bereit, Ihnen die ein oder andere Unterstützung zu geben. Dies setzt jedoch voraus, dass Sie ihn Anteil an Ihren Gedanken haben lassen. Kommunizieren Sie daher transparent und möglichst strukturiert, aber nehmen Sie sich Zeit zum Denken und vermeiden Sie Verzweiflung oder gar Panik. Bedenken Sie, dass Interviewer meist weniger Wert auf eine perfekte Lösung legen, sondern auf ein souveränes und strukturiertes Vorgehen. In der Praxis hat sich folgendes Kommunikationsmuster bewährt:

- Fassen Sie zunächst zusammen, was Sie bereits verstanden haben. Wenn wesentliche Informationen fehlen, wird Sie Ihr Interviewer höchstwahrscheinlich darauf hinweisen. Sie müssen hierbei keine intellektuelle Höchstleistung vollbringen! Die richtige Strukturierung der Ausgangslage ist bereits ein guter Schritt in Richtung Lösung.
- Stellen Sie sicher, dass Sie die Aufgabe verstanden haben, indem Sie sie paraphrasieren.

- Strukturieren Sie den Lösungsraum: Was benötigen Sie für die Lösung der Fragestellung? Welche alternativen Lösungswege sehen Sie? Ihr Gesprächspartner wird Ihnen an dieser Stelle vermutlich einen Hinweis geben, in welche Richtung Sie gehen sollen.
- Erarbeiten Sie den ausgewählten Lösungsweg mithilfe von lautem Denken und Fragen. Nutzen Sie Ihren Interviewer als Sparringspartner und Informationsquelle. Achten Sie auf seine Reaktion: Wenn Sie auf dem Holzweg sind, wird er Ihnen das sehr wahrscheinlich zu verstehen geben.

Vielen Bewerbern hilft es, diese Stresssituation leichter zu bewältigen, wenn sie Stift und Papier zur Hilfe nehmen. Schreiben Sie sich Zahlen, die Sie genannt bekommen, stets auf. Rechnen Sie ruhig schriftlich, und machen Sie sich Notizen zu Lösungsansätzen.

Authentizität: Bitten Sie um Hilfe, und bleiben Sie sich treu

Soweit die Theorie – was aber tun, wenn der Test eine gefühlte Katastrophe war, Sie es nicht geschafft haben, das Thema Ihrer Master-Arbeit allgemeinverständlich zu erklären, und Sie sich noch dazu bei der Case Study verrechnet haben? Erste Hilfe bei Stress und Panik leistet folgende Regel: Bitten Sie um Hilfe! Konkret bedeutet das: Sagen Sie Ihrem Gesprächspartner, dass Sie nervös sind, und nehmen Sie sich eine Minute zum Durchatmen. Allein das Ansprechen Ihrer Aufregung wird Ihnen etwas Erleichterung verschaffen. Bitten Sie um Hilfe, wenn Sie im Case partout nicht mehr ein noch aus wissen. Ein guter Berater kennt auch seine eigenen Grenzen und weiß, wann er sich Unterstützung holen muss. Ihr Interviewpartner wird Ihnen Ihre Nervosität in der Regel nicht negativ auslegen, wenn Sie in der Lage sind, sich aus der Panikfalle zu befreien und das Gespräch beziehungsweise den Case anschließend vernünftig abzuschließen.

Bleiben Sie sich dabei immer treu, und investieren Sie keine Energie darin, sich zu verstellen. In einem Berufsalltag, in dem Zwölfstundentage eher die Regel als die Ausnahme sind, sollten Sie sich auch am Ende eines Projekts noch im Teamraum wohlfühlen. Wenn Sie aber bereits im Verlauf des Bewerbungstags das Gefühl bekommen, dass Sie und die Unternehmensberatung, bei der Sie sich beworben haben, nicht gut zusammenpassen, sollten Sie sich die Freiheit nehmen, weiterzusuchen.

Wie Case-Interviewer ticken

von Fedon Moog

Zu einem erfolgreichen Bewerbungsgespräch gehört eine kleine Portion Magie. Sicherlich, Sie können sich inhaltlich blendend vorbereiten, Dutzende Ratgeber lesen, Cases üben, im Internet recherchieren - Ihr Interview kann trotzdem schiefgehen. Meistens hat das zwei Gründe. Erstens: Sie denken zu viel an sich und zu wenig an Ihren Gesprächspartner. Zweitens: Sie gehen (fälschlicherweise) davon aus, Interviews seien standardisierte, binäre Angelegenheiten, in denen es nur richtig oder falsch gibt. Das ist genau die Haltung, mit der Sie scheitern werden. Denn Berater sind auch nur Menschen, die man am besten auch wie Menschen behandelt. Überzeugen Sie Ihren Gesprächspartner, auch emotional.

Interviews werden meistens von Beratern durchgeführt. Das bedeutet, Ihnen sitzt kein psychologisch ausgebildeter Personalmensch gegenüber. Zwar haben die meisten Interviewer einige Seminare besucht, um gute Bewerberinterviews zu führen. Berater sind dennoch in der Regel keine Interviewprofis, sondern Beratungsprofis. Versetzen Sie sich also in die Lage eines Beraters: In welcher Situation befindet sich ein Berater, wenn er ein Interview führt? Und was würde Sie an einem Bewerber interessieren, wenn Sie auf der anderen Seite säßen?

Berater gehen davon aus, dass die Welt durch Vereinfachung besser zu verstehen ist. Helfen Sie Ihrem Berater: Sagen Sie einprägsame Dinge mit simplen Worten. Etwas, das im Gedächtnis haften bleibt. Natürlich waren Sie auf einer guten Uni, können beeindruckende Abschlüsse vorweisen und sich in endlosen Schachtelsätzen kompliziert ausdrücken. Wenn Sie das gern tun, dann gehen Sie am besten an die Uni, nicht in die Beratung. Präsentieren Sie sich also kompakt und klug!

Im Interview ist der Berater Ihr Kunde, den Sie überzeugen wollen. Bedenken Sie, dass er ein anstrengendes Leben führt (Hotels, Meetings, Präsentationen, Flüge, Telefonkonferenzen etc.) - unterhalten Sie ihn, und wecken Sie den Menschen im Berater. Vielleicht mit einer Anekdote, die ihn zum Lachen bringt. Ein seltsames Hobby oder ein skurriles Praktikum wird Ihnen mehr helfen als eine endlose Aufzählung beruflicher Stationen.

Sie brauchen diese emotionale Verbindung: Wenn Sie mindestens einen Ihrer Interviewer auf Ihrer Seite haben, erhöhen sich Ihre Erfolgschancen erheblich. Das liegt am Prozess der Interview-Bewertung. Im Regelfall werden Sie von mehreren Beratern separat befragt, im Anschluss ziehen sich die Interviewer zur Beratung zurück. Wenn sich alle einig sind, dann rutschen Sie problemlos durch. Aber gerade Wackelkandidaten benötigen einen aktiven Fürsprecher. Einen, der für sie kämpft. In einen solchen Kampf wird niemand ziehen, nur weil Sie den Case richtig gelöst haben (das haben vor Ihnen schon Hunderte geschafft).

Stellen Sie sich die meisten Berater wie Diven vor. Zu einer Diva gehört eine Menge Kompetenz und ein Schuss Eitelkeit. Senior-Berater - diejenigen, die Sie interviewen - sind meistens seit einigen Jahren in der Beratung und haben dafür sehr viel (auf)gegeben. Wenn Sie diese Opfer anerkennen, wird sich der Berater verstanden fühlen. Bedauern Sie Ihr Gegenüber nicht, weil er selten zu Hause ist und wenig Zeit für Freunde hat – fragen Sie lieber: „Wie gehen Sie damit um, dass ...?" Vergessen Sie nicht: Eitle Menschen reden gerne über sich. Sie möchten bewundert werden. Tun Sie Ihrem Berater den Gefallen. Lachen Sie mit ihm, streicheln Sie sein Ego, und geben Sie zu erkennen, dass sein Projekt total spannend klingt. Das gehört schlicht zum guten Ton.

Über unterschiedliche Firmen, Altersgruppen und soziale Prägungen hinweg kann man drei Gruppen von Berater-Typen beobachten: den Macher, den Analytiker und den Sozialen. Jede Gruppe legt in Gesprächen Wert auf unterschiedliche Aspekte. Wer im Interview Erfolg haben will, sollte sich diese Unterschiede bewusst machen. (Natürlich ist die Realität nicht ganz so einfach wie dieses Modell – aber Sie wollen ja in die Beratung!)

Der Macher: Ergebnisse sind alles

Der Macher unterbricht schnell, baut gerne (Zeit-)Druck auf und legt großen Wert auf Geschwindigkeit. Lassen Sie sich bloß nicht verunsichern, sondern legen Sie einen Zahn zu – auch wenn Sie damit höhere Risiken eingehen. Der Macher wird Ihnen den Rundungsfehler im Kommabereich nicht vorwerfen. Halten Sie sich nicht zu sehr mit der Diskussion von Varianten Ihrer Annahmen auf – damit nerven Sie den Macher-Berater, der Sie dann nur noch öfter unterbrechen wird. Also: Zack, zack Richtung Ergebnis – und die vielen Abers besser außen vor lassen. Wenn Sie am Ende des Cases ein falsches Ergebnis haben, wird Ihnen der Macher das verzeihen. Haben Sie gar keins, dann haben Sie ein Problem.

Der Analytiker: Stringenz zählt

Der Analytiker ist der Gegenpol des Machers. Schnell-schnell nimmt er als oberflächlich wahr, eine spontane Antwort empfindet er als „aus der Hüfte geschossen". Er schätzt einen guten Plan und das Abwägen von Varianten. Logik und Gründlichkeit gehen vor Zwischenergebnissen und „Nase". Sie erkennen den Analytiker daran, dass er grundsätzlich ruhig ist und eher langsam spricht. Er wird weniger, dafür aber durchdachtere Fragen stellen. Findet er eine Inkonsistenz in Ihrer Antwort oder im Lösungsvorgehen, wird er anfangen zu bohren, bis Sie entweder den Fehler einsehen oder das Gespräch beendet ist. Vermeiden Sie in jedem Fall Emotionalität; knicken Sie nicht zu schnell ein (der Analytiker weiß Sturheit zu schätzen). Gehen Sie lieber etwas langsamer und dafür genauer vor.

Der Soziale: Der Mensch zählt

Der scheinbar angenehmste Interviewer ist der Soziale. Er ist ein Menschenversteher, der oft flexibler, nahbarer, weniger penetrant als der Macher und weniger scharf als der Analytiker wirkt. Dumm nur, dass diese Sorte Interviewer auch am schwersten mit Fakten zu überzeugen ist. Hier hilft es, den Kopf kurz auf Stand-by-Modus zu schalten und sich auf das Gefühl zu verlassen. Der Soziale interessiert sich für die Schnittmenge an Chemie zwischen ihm, Ihnen und der Firma. Teilen Sie vielleicht Hobbys, Erfahrungen im Studium, haben Sie in derselben Stadt gewohnt? Sagen Sie es ihm. Behandeln Sie den Sozialen eher wie eine Kneipenbekanntschaft in Köln. Aber Vorsicht: Duzen Sie ihn nicht, und überschreiten Sie ebenso wenig die Respektgrenzen. Zeigen Sie sich so, wie Sie sind – alles andere wird er Ihnen wahrscheinlich sowieso nicht abnehmen.

Interview-Tipps für fachfremde Bewerber

von Fedon Moog

Unternehmensberatungen bezeichnen sich gerne als „offen für Bewerber aller Fachrichtungen". Das klingt gut und muntert den Kunsthistoriker mit überschaubaren Jobaussichten möglicherweise auf. Freuen Sie sich allerdings nicht zu früh. Denn gerade ein fachfremder Kandidat muss Hürden im Interview überwinden, bei denen der Exotenstatus im schlimmsten Fall auch hinderlich sein kann.

Der Regelfall: Interviewer mit Wirtschaftshintergrund befragen Exoten

Fachfremde Bewerber, also Bewerber ohne einschlägige Wirtschaftskenntnisse, werden oft als etwas Besonderes behandelt, weil die Interviewer nicht so recht wissen, was sie tatsächlich von dem vermeintlichen Paradiesvogel verlangen können. Denn die meisten Interviewer - Exotenquote hin oder her - sind eben doch BWLer und artverwandte Exemplare. Deswegen fragen sie sich, ob ihr Case „exotentauglich" ist. Ob vielleicht eine Modifikation erforderlich ist. Wie so ein Exot überhaupt an ein Problem herangeht. So viel Unsicherheit gegenüber unserem Kunsthistoriker kann dazu führen, dass er einen weichgespülten Case lösen darf, der nahezu keine BWL-Fachkenntnisse erfordert.

Aber auch dieser glückliche Regelfall bedeutet nicht, dass Keine-Ahnung-Haben eine Option ist. Natürlich müssen Sie auch - und vor allem als Fachfremder - die gängigen Frameworks beherrschen; das ist nicht zuletzt eine Frage des Respekts gegenüber Ihrem potenziellen künftigen Arbeitgeber. „Weichgespült" kann bedeuten, dass der Interviewer nicht die verschiedensten Bilanzpositionen nach unterschiedlichen Rechnungskonventionen erläutert haben will. Ein Fachfremder zu sein wird Sie aber nicht davon entbinden, die Grundrechenarten zu beherrschen und Geschäftssinn zu zeigen.

Abweichend vom Normalfall gibt es zwei Extreme. Die Variante: „Der soll als Exot erst recht zeigen, dass er etwas von BWL versteht." Und die Variante: „Der soll beweisen, dass er wenigstens in seinem Fachgebiet spitze ist."

Um sich auf den Extrem-BWL-Prüfer vorzubereiten, lesen Sie die einschlägigen Ratgeber, und lernen Sie vor allem die technischen Teile (Bilanzposten, GuV, Cashflow, buchhalterische Grundregeln etc.). Der BWL-Extrem-Interviewer wird nicht von Ihnen verlangen, dass Sie alles können. Wenn Sie aber mit dem einen oder anderen Fachterminus glänzen und im Großen und Ganzen eine akzeptable Figur machen, dann haben Sie ihn für sich gewonnen. Um hier zu bestehen, müssen Sie nur ein wenig büffeln, mehr nicht. Schließlich sind die Grundlagen der BWL keine Hexerei.

Selbst wenn Sie folgenden Hinweis für selbstverständlich halten: Seien Sie niemals - auch nicht gegenüber dem Extrem-BWLer - arrogant. Es mag ja durchaus sein, dass die BWL eine der vermutlich jüngsten Hilfswissenschaften ist (insbesondere im Vergleich zur Mathematik, Physik, Philosophie etc.). Es mag auch sein, dass Ihnen die vereinfachten Problemstellungen der klassischen BWL eher banal vorkommen. Aber es wird einen Grund geben, warum sich Ihr Interviewer dafür entschieden hat. Seien Sie also nett, freundlich und offen.

Der schwierigere Fall: Fachfremde Interviewer befragen fachfremde Bewerber
Schwieriger ist es, wenn fachfremde Bewerber von fachfremden Interviewern geprüft werden. Ein solcher Interviewer ist selbst als Exot eingestiegen, er weiß aus Erfahrung, was auf Sie zukommt – und genau deswegen werden Sie auch von ihm befragt. Jetzt müssen Sie aufpassen, denn es kann durchaus sein, dass der Interviewer das Gleiche studiert hat wie Sie.

Als erstes wird der Interviewer herausfinden wollen, ob Sie auf Ihrem Fachgebiet wirklich der Experte sind, für den Sie sich in der Papierbewerbung ausgegeben haben. Es ist (leider) keine Ausnahme, dass Interviewer Bewerber vor sich sitzen haben, die als Studienschwerpunkte Internationale Politik, Internationale Wirtschaftspolitik, Politische Theorie oder Philosophie angegeben haben und bei fachspezifischen Fragen maximale Ahnungslosigkeit beweisen. Grundbegriffe und Überblickswissen Fehlanzeige? So wird das nichts.

Machen Sie es besser. Wenn Sie schon wenig Ahnung von BWL haben, dann sollten Sie wenigsten Ihr Studiengebiet extrem gut beherrschen. Wenn Sie auch hier wenig zu bieten haben – dann tun Sie nicht so als ob. Lassen Sie alles, was Sie im Interview nicht mit fundiertem Wissen belegen können, in Ihrer Papierbewerbung weg. Es besteht die Gefahr, dass Sie als Blender dastehen – und Sie gerade deswegen nicht den Einstieg schaffen.

Neben Ihrem fachspezifischen Know-how wird der fachfremde Interviewer Ihre Beratungsfertigkeiten sehen wollen. Es geht darum zu zeigen, dass Sie in Ihrem Wissensgebiet das kleine Beratungseinmaleins anwenden können: Gehen Sie strukturiert an das Problem heran? Wenden Sie die 80/20-Regel an? Kommen Sie auf den Punkt? Konzentrieren Sie sich auf das Wesentliche, gerade dann, wenn Sie sehr viel Expertise auf einem Fachgebiet mitbringen?

Gerne werden Fachfremde mit komplizierten akademischen Abschlussarbeiten darum gebeten, ihr Werk in wenigen Sätzen für jedermann verständlich darzustellen. Bereiten Sie sich auf so eine Frage vor. Erklären Sie Ihrer Oma, was Sie in der Robotik eigentlich vier Jahre lang gemacht haben. Wenn Oma kapiert, wieso dieser Leiter, an dem Sie geforscht haben, die Menschheit weiterbringt, dann sollte es Ihr Interviewer auch verstehen.

Unterschiedliche Case-Typen erfolgreich meistern

von Dr. Jens-Christoph Uhr

Im Recruiting-Prozess von Unternehmensberatungen sind Case-Bearbeitungen an der Tagesordnung. Nach einer Begrüßung könnte Ihr Bewerbungsgespräch mit der Aufforderung starten: „Erstellen Sie bitte ein Marketingkonzept für ein Hotel!" Sie haben zwar Betriebswirtschaft studiert, das Wort „Marketing" jedoch zum letzten Mal im zweiten Semester gehört? Außerdem kennen Sie das Hotelgewerbe nur als Gast? Dennoch kein Grund, nervös zu werden! Selbst wenn Sie einschlägige Vorkenntnisse in der Branche besitzen, wird der Interviewer durch weitere Nachfragen einen wunden Punkt bei Ihnen finden.

Aber warum verwenden Unternehmensberatungen diese Fallstudien und Aufgaben, deren Lösung ein Bewerber nicht kennen kann? Cases sollen Bewerber in eine Situation versetzen, mit der Unternehmensberater jeden Tag konfrontiert sind: Sie müssen sich schnell in neue und ungewohnte Situationen hineindenken und zügig ein Lösungskonzept für eine definierte Aufgabenstellung erarbeiten. Mithilfe eines Cases können die Interviewer schnell erkennen, wie der Kandidat eine derartige Aufgabe bewältigen kann. Die Kriterien, die im Rahmen eines Cases abgeprüft werden können, sind vielfältig: Strukturiertheit, Stressresistenz, Kreativität, logisches sowie analytisches Denken sind im Interview immer gefragt. Man sollte sich jedoch nicht abschrecken lassen: Mit der richtigen Vorbereitung schaffen Sie die besten Voraussetzungen, um jeden Case zu lösen.

Der Abschätzungs-Case

Wie oft drückt ein Unternehmensberater täglich die Enter-Taste einer PC-Tastatur? Wie viele gebrauchte Autos wechseln in Deutschland jährlich ihren Besitzer? Wie viele Fußbälle gibt es in Europa? – Die Themenstellungen in Abschätzungs-Cases sind unerschöpflich und unberechenbar. Hier gilt es, strukturiert an die Lösung heranzugehen, damit Sie alle wesentlichen Aspekte in Ihren Überlegungen berücksichtigen. Ihnen fehlen wichtige Informationen? Fragen Sie nach – oft verrät Ihnen der Interviewer dann mehr Details. Wenn nicht, nehmen Sie die erhaltenen Informationen als Basis, und treffen Sie Annahmen. Bringen Sie dabei Ihre eigene Lebenserfahrung ein: Denken Sie an das Tippen Ihrer Abschlussarbeit, die Anzahl an Gebrauchtwagenverkäufen im Bekanntenkreis und die Fußballvereine aus Ihrer Stadt. Sicherlich helfen Ihnen diese Erfahrungen im Case weiter und geben Ihnen auch Ansatzpunkte, um sich selbst Abschätzungs-Cases zur Übung zu überlegen.

Der Business Case

Business Cases geben Unternehmensberatungen die Möglichkeit, die Fähigkeiten ihrer Bewerber unter praxisnahen Voraussetzungen zu beurteilen. Viele der Cases beruhen auf tatsächlichen, aber stark vereinfachten Projekterfahrungen der Berater und geben dem Bewerber einen guten Einblick in die Beratertätigkeit und eine typische Projektsituation: Nicht nur das Marketingkonzept für das Hotel, sondern auch Finanzierungsstrategien für eine Schiffswerft oder die Kostenreduktion einer Bank können im Business Case als Herausforderung auf Sie zukommen. Oft werden aber auch offene Fragen formuliert: Stellen Sie sich vor, Sie haben eine Million Euro zur Verfügung und möchten ein Unternehmen gründen. Welche Branche wählen Sie? Zeigen Sie die Profitabilität Ihres Unternehmens auf. Ein Grundverständnis der Wirtschaftswissenschaften ist ein absolutes Muss. Ein gutes Allgemeinwissen und Erfahrungen aus Praktika und Studium helfen, um den Interviewer mit realitätsnahen Grundannahmen zu beeindrucken. Von Bewerbern ohne wirtschaftswissenschaftlichen Hintergrund werden keine Expertenkenntnisse verlangt. Dennoch sollten Sie sich in jedem Fall wirtschaftliches Basiswissen angeeignet haben.

Wenn Sie in die Detailanalyse eines Business Case eintauchen, versetzen Sie sich in die Lage des Unternehmers. Welche Ziele und Interessen verfolgt er? In der Regel gilt es zu optimieren: Umsatz steigern, Produktportfolio anpassen, Kosten senken oder auch Prozesse verbessern. Um zu vermeiden, dass Sie sich in den zahlreichen potenziellen Problemstellungen verlieren, bieten Sie dem Interviewer früh eine Grundstruktur für Ihren Lösungsansatz an. So können Sie rasch in die Diskussion mit ihm einsteigen und eventuell einzelne Aspekte ausklammern.

Es kommt vor, dass Business Cases auch von einer Gruppe von Bewerbern gelöst werden sollen, um die Teamfähigkeit der Bewerber zu beobachten. Finden Sie Ihre Rolle im Team! Allerdings kann nicht jeder der Wortführer sein. Beteiligen Sie sich aktiv an Diskussionen und Analysen, und treiben Sie nicht nur stumm Ihre eigene Analyse voran. Reflektieren Sie im Vorfeld Teamerfahrungen aus Studium oder Praktika: Auf welche Stärken können Sie sich verlassen, und wobei benötigen Sie Unterstützung?

In der Vorbereitung auf den Business Case sollten Sie sich mit Grundzügen der Betriebswirtschaft, wie zum Beispiel einer Gewinn- und Verlustrechnung oder einer Bilanz, aber auch den einschlägigen Lösungsmodellen wie Porters Five Forces oder den 4 Ps des Marketing vertraut machen, die in diesem Ratgeber im Kapitel „Frameworks zur Bearbeitung von Cases“ (ab Seite 97) näher betrachtet werden. Der Interviewer kennt oft die angewendeten Modelle und wird deshalb nicht sonderlich beeindruckt sein. Sie sollten diese Modelle also nur als Starthilfe betrachten und eigene Ansätze entwickeln. Aber aufgepasst: Bei der Anwendung eines unpassenden Modells kann der Schuss nach hinten losgehen.

Der Brainteaser

Eineinhalb Hühner legen an eineinhalb Tagen genau eineinhalb Eier. Wie viele Eier legt ein Huhn an einem Tag? Falls Sie nicht das Glück hatten, bereits während Ihrer Vorbereitung über den gefragten Brainteaser gestolpert zu sein, gilt es Ruhe zu bewahren. Ihre Analysefähigkeit und Ihr Vorstellungsvermögen werden in dieser Situation auf die Probe gestellt. Oft landen Sie bei Ihrem Lösungsweg in einer Sackgasse und müssen nochmal von vorne anfangen. Dies bedeutet jedoch nicht, dass Sie gescheitert sind. Sie sollten Ihre Überlegungen aussprechen, eventuell gibt der Interviewer Ihnen zusätzliche Hinweise. Ändern Sie Ihren Blickwinkel, und überzeugen Sie ihn auch mit unkonventionellen Ansätzen. Vermutlich sind Sie so auch darauf gekommen, dass ein Huhn an einem Tag genau zwei Drittel Eier legt.

Neben den verschiedenen Fallstudien sollten Sie im Bewerbungsgespräch eines nicht vergessen: Überzeugen Sie durch Ihre Persönlichkeit. Der Interviewer sucht neben Ihrer fachlichen und analytischen Klasse auch einen zukünftigen Kollegen, mit dem er gerne zusammenarbeitet und auch das ein oder andere Feierabendbier trinkt.

Case Studies und Brainteaser zur Übung finden Sie im vierten Kapitel.

Tipps für Case-Interviews:

1. **Bleiben Sie ruhig!** Der Interviewer wird versuchen, Sie unter Druck zu setzen. Sollten Sie merken, dass Ihre Antwort nicht den Vorstellungen des Gesprächspartners entspricht, bewahren Sie Ruhe. Wichtig ist, dass Sie weiterhin konzentriert bleiben und nach Alternativen suchen. Übrigens: Man muss nicht alle Fragen richtig beantworten, um bei einer Bewerbung Erfolg zu haben.
2. **Strukturieren Sie!** Die Aufgabenstellungen eines Cases sind mitunter sehr komplex. Umso wichtiger ist eine strukturierte Herangehensweise. Geben Sie dem Interviewer das Gefühl, dass Sie durch Ihre eigene Ordnung der Themenbereiche die Problemstellung verstehen und im Griff haben. So wird es für Sie auch leichter, nach Detailausführungen zu den Kernpunkten im Case zurückzufinden.
3. **Arbeiten Sie ergebnisorientiert!** Verlieren Sie sich nicht im Detail, und beziehen Sie sich immer wieder auf die Ausgangsfrage. So gelingt es Ihnen, in der gesetzten Zeit die geforderte Lösung zu erarbeiten. Bedenken Sie: Die Dauer des Interviews ist begrenzt. Je schneller Sie zu einer Lösung kommen, desto mehr Zeit hat der Interviewer, Sie durch weitere Fragen als interessanten Gesprächspartner kennenzulernen.
4. **Teilen Sie Ihre Gedanken!** Ein richtiges Ergebnis im Case genügt nicht für den Interview-Erfolg. Der Lösungsansatz spielt eine entscheidende Rolle. Sie sollten also den Interviewer an Ihren Überlegungen teilhaben lassen, um ihm zu zeigen, dass Sie die Problemstellung erfasst und eine gute Lösung erarbeitet haben.
5. **Stellen Sie Fragen!** Aus Ihrer Sicht fehlen Informationen für ein erfolgreiches Lösen des Cases? Fragen Sie beim Interviewer nach! Dies gilt ebenso, wenn Ihnen Einzelheiten während des Cases unklar erscheinen. Auf diese Weise lassen sich Missverständnisse schnell aufklären.
6. **Begeistern Sie!** Unternehmensberater müssen Ihre Kunden überzeugen. Hierzu sollten Sie in der Lage sein, mit Ihren Ideen zu begeistern und Ihr Gegenüber mitzureißen. Das setzt neben der inhaltlichen Qualität Ihres Vortrags auch ein selbstbewusstes Auftreten und entsprechende kommunikative Fertigkeiten voraus. Sie könnten auch dazu aufgefordert werden, Ihren Vortrag am Flipchart zu präsentieren. Polieren Sie also noch einmal Ihr Soft-Skills-Repertoire auf.
7. **Seien Sie Sie selbst!** Zwar kommt es bei einer Fallstudie in erster Linie auf fachliche Kompetenz an. Dennoch wird sich der Interviewer fragen, wie die Zusammenarbeit mit Ihnen im Team wäre. Arroganz und Überheblichkeit können hier trotz sehr guter Fachkenntnisse zum Ausschlusskriterium werden.

Neun Stolpersteine beim Lösen von Cases

von Fedon Moog

Eine Menge Bewerbungsratgeber behaupten, Case-Interviews bei Unternehmensberatungen seien eine spezielle, maßgeschneiderte Angelegenheit. Das stimmt zwar in Bezug auf den Inhalt der Cases, aber nicht auf deren Beurteilung. Denn die Beurteilung der Bewerberleistung folgt ungeschriebenen, aber recht einheitlichen Standards. Firmenübergreifend sind die Kriterien für Erfolg, Mittelmaß und Scheitern ziemlich stereotyp. Welche Faktoren sind die wichtigsten, und welche Fehler führen mit hoher Sicherheit zur Ablehnung?

Cases sind zwar individuell – die Beurteilung ist aber einheitlicher, als man denkt

Unabhängig davon, bei welcher Unternehmensberatung Sie sich bewerben und wie selektiv das Unternehmen bei der Personalauswahl vorgeht – jeder Berater, der typischerweise ein Case-Interview mit Bewerbern durchführt, prüft vier Faktoren: Struktur, Wissen, Geschäftssinn und Ergebnis. Natürlich werden Sie keine Beratung finden, die explizit genau diese oder nur diese vier Faktoren prüft. Dennoch: Es sind die wichtigsten Aspekte, die in eine Vielzahl von Einzelprüfungskriterien einfließen:

- **Struktur:** Der Bewerber entwirft einen Plan, hat diesen logisch strukturiert, folgt dem Plan, und macht Annahmen während der Case-Bearbeitung transparent.
- **Verständnis:** Der Bewerber versteht den Case, und er kennt sich zumindest grob mit dem (Geschäfts-)Umfeld aus, in dem der Case angesiedelt ist.
- **Gespür:** Geschäftssinn ist beim Bewerber erkennbar. Er fokussiert sich auf die businessrelevanten Fragestellungen.
- **Ergebnis:** Der Case endet mit einem (Zwischen-)Ergebnis, das mindestens plausibel, idealerweise auch richtig ist.

Als Faustregel gilt: Erfüllen Bewerber alle vier Kriterien, haben sie den Case gemeistert. Drei von vier sind okay bzw. Mittelmaß. Weniger heißt: Die Bewerber haben den Case nicht bewältigt. Ob das nun bedeuten muss, dass sie als künftige Mitarbeiter nicht infrage kommen, hängt vom Unternehmen und dessen Auswahlstandards ab. Auch wenn es kaum ein Personaler zugeben würde – von der Laune des Interview-Partners hängt das Glück natürlich auch ab, vor allem bei Grenzfällen.

Was bedeuten die Bewertungskriterien nun in der Praxis? Am einfachsten ist es, einen exemplarischen Case durchzugehen, der einem auch im Interview begegnen könnte – mit dem Ziel, mögliche Stolpersteine zu (er)kennen und diesen geschickt auszuweichen.

Aufgabenstellung des exemplarischen Case

„Ein befreundeter Skilehrer möchte netto mehr verdienen. Ihm ist aufgefallen, dass es in seinem Skigebiet nur wenige Möglichkeiten gibt, Snacks und Getränke direkt auf der Piste zu kaufen. Er fragt Sie, ob es sich lohnen würde, wenn er mit einer Art mobilem Kiosk (im Sinne eines Bauchladens) im Skigebiet unterwegs wäre. Was raten Sie ihm?"

Auf den ersten Blick sieht dieser Case einfach aus. Es gibt wenige Zahlen und Fakten, der Case ist nicht kompliziert dargestellt. Zudem spielt er in einem Umfeld, das dem Bewerber möglicherweise bekannt ist (anders als vielleicht IT-Netzwerke, Backoffice-Prozesse einer Bank etc.). Doch hinter der Oberfläche stecken eine Reihe von Fallen, die sich auch in anderen Cases wiederfinden.

Struktur

Beratung lebt davon, unstrukturierten Kunden zu helfen, passende Lösungen zu finden. Meistens kennen die Kunden unendlich mehr Details ihrer Branche. Was vielen Kunden aber fehlt, sind die Methoden, um strategische Fragen zu beantworten. Hier können Berater wie Sie helfen.

Fehler 1: Zu breit denken
Das erste K.o.-Kriterium bei einem so breiten Case lauert darin, den Case nicht einzuschränken. Es ist zwar verlockend, die Frage des Skilehrers aus steuerlicher, rechtlicher, organisatorischer, logistischer, Marketing- und Pricing-Sicht zu beleuchten. Realistischerweise wird man das allerdings in 20 bis 35 Minuten nicht schaffen.

Eine mögliche Einschränkung könnte man vornehmen, indem man eines der vielen Frameworks anlegt. Wichtig ist, ein passendes Framework einzusetzen. Man könnte zum Beispiel Porters Five Forces einsetzen, alternativ auch eine Marketingbetrachtung (4 Ps) oder eine Gewinnabschätzung (Kosten/Umsätze im Vergleich zum aktuellen Netto-Einkommen des Skilehrers). Experimentieren Sie besser nicht zu viel – lieber ein bekanntes Framework als eine bunte Lösung, in der Sie (und Ihr Gesprächspartner) den Überblick verlieren.

Fehler 2: Keinen Plan skizzieren
Natürlich sind Sie intelligent und clever. Deswegen wollen Sie auch Berater werden. Vielleicht glauben Sie, dass nur Halbschlaue einen Plan auf Papier skizzieren. Falsch! Ohne Plan werden Sie sich verrennen. Auf jeden Fall aber werden Sie Ihren Interviewer irgendwo auf Ihrem hochgenialen, aber intransparenten Lösungsweg verlieren. Selbst wenn Sie begnadet sind – Ihr Interviewer wird davon ausgehen, dass Sie keinen Plan haben. Also: Skizzieren Sie Ihr Lösungsvorgehen, und sprechen Sie es mit Ihrem Interviewer durch. „Erstens schaue ich mir an ..., zweitens werde ich ..." Nutzen Sie die Gelegenheit, um klärende Fragen zu stellen.

Fehler 3: Einen Plan haben, ihn aber nicht einhalten
Häufig fangen Bewerber gut an: Sie denken nach, strukturieren das Problem und schreiben den Lösungsweg auf einen Zettel. Der Interviewer freut sich. Und dann passiert es leider, dass der Bewerber sich von seinem Plan löst. Manchmal liegt es am Bewerber, der vor Aufregung nicht mehr geradeaus denken kann und selbst vergessen hat, dass er ja einen Plan skizziert hat.

Manchmal aber liegt es auch am Interviewer, der Fragen stellt, um den Bewerber zu verunsichern, Druck aufzubauen oder einfach nur abzulenken. Ihr Gesprächspartner will sehen, wie Sie mit solchen Situationen umgehen. Das Beste ist, freundlich, aber bestimmt darauf hinzuweisen, dass Sie nun die Bearbeitung des Cases kurzzeitig unterbrechen, aber gleich zum Case zurückkehren werden. Wenn es zeitlich kritisch wird, weisen Sie darauf hin, dass die Beantwortung dieser Extra-Frage möglicherweise die finale Antwort auf die Frage des Skilehrers in Gefahr bringt. Damit zeigen Sie, dass Sie den Fokus auch unter Druck nicht verlieren.

Fehler 4: Intransparent vorgehen
Angenommen, Sie haben sich dafür entschieden, für den Skilehrer das Gewinnpotenzial zu ermitteln, und Sie haben dieses Ziel mit Ihrem Interviewer abgestimmt. Sie planen, zunächst die Umsatzseite zu analysieren, um besser zu verstehen, welche Produkte für welche Kunden und zu welchem Preis angeboten werden könnten. Viele Bewerber vergessen dabei jedoch, den Interviewer im detaillierten Denkprozess mitzunehmen.

Wenn Sie festlegen, nur Energy-Drinks anzubieten, von drei Euro pro Stück ausgehen und abschätzen, wie viele Skifahrer auf der Piste an solchen Drinks interessiert wären, müssen Sie dies Ihrem Interviewer erklären. Es reicht nicht, sich einfach an das Flipchart zu stellen und „500 Euro pro Tag“ hinzuschreiben. Stellen Sie sich vor, Ihr Interviewer ist blind, und Sie wollen ihm über den Gehweg helfen – auch in so einer Situation würden Sie erklären, was Sie nun genau machen und warum.

Verstehen

Oft heißt es, man brauche keinerlei Fachkenntnisse, um einen Bewerbungsprozess erfolgreich zu durchlaufen. Das mag in Ausnahmefällen stimmen. In der Regel müssen Sie aber zumindest sehr genau begreifen, um was es in einem Case eigentlich geht. Das setzt voraus, dass Sie den Case zu 100 Prozent durchdringen und das Umfeld des Case zumindest einschätzen können.

Fehler 5: Den Case nicht verstehen
Logisch, Sie müssen nachvollziehen können, um was es in diesem Case geht. Bei dem Skilehrer-Case sollte das kein Problem sein. Schwierigkeiten kann es aber bereiten, wenn Sie zu etwas Untypischem aufgefordert werden, z. B. einen Umsetzungsplan bzw. einen Netzplan zu erstellen oder eine Rede zu halten. Grundsätzlich gilt: Wenn Sie auch nur einen Hauch Unsicherheit verspüren, ob Sie den Case richtig verstanden haben und die an Sie gestellte Aufgabe: Fragen Sie nach! Es ist besser zu fragen, als auf Verdacht in die falsche Richtung zu starten. Das könnte Ihnen als Mangel an Struktur ausgelegt werden. Zudem gilt: Der Interviewer wird Ihnen Fragen fast immer nachsehen.

Um das richtige Framework für die Case-Lösung anzuwenden, müssen Sie das Umfeld verstehen, in dem der Case spielt. Sie müssen sich vorstellen können, wie das Geschäftsmodell in der Praxis aussieht. Sie müssen vernünftige Annahmen treffen können, etwa in Bezug darauf, was die meisten Skifahrer interessiert, wie ein Skigebiet funktioniert und was ein Bauchladen ist. Wenn Sie noch nie Skifahren waren, dann haben Sie ein Problem. Der größte Fehler, den Sie jetzt machen können, wäre zu bluffen. Fragen Sie nach! Sagen Sie, dass Sie noch nie Skifahren waren. Tun Sie nicht so, als sei alles klar, wenn Sie in Wahrheit Zweifel haben.

Gespür

Ärgerlicherweise kann man Gespür nicht auswendiglernen. Streber haben hier keine Chance. Den richtigen Riecher für ein gutes Geschäft, eine kreative Strategie oder einen vernünftigen Umsetzungsplan können Sie nicht üben. Interviewer prüfen dieses schwer zu fassende Gespür oft unbewusst ab. Schließlich würde ein Berater niemals zugeben, ein derartig schwammiges Kriterium heranzuziehen. Ein britischer Berater würde möglicherweise von „common sense" sprechen.

Fehler 6: Weltfremd denken

Bei unserem Skilehrer-Case haben Sie viele Möglichkeiten, mangelnden Geschäftssinn zu beweisen. Sie könnten beispielsweise auf die Idee kommen, warme Snacks anzubieten (das wird logistisch kaum funktionieren). Sie könnten auch vorschlagen, Skistöcke anzubieten (Skifahrer verlieren die Stöcke gelegentlich beim Liftfahren). Auch das ist keine sonderlich pragmatische Idee, weil Stöcke schwer sind und in sehr individuellen Größen angeboten werden. Beide Ideen sind hübsch, aber funktionieren wohl eher nicht.

Fehler 7: Zu theoretisch vorgehen

Einer der größten Fehler von Bewerbern ist, dass sie einen Case verkomplizieren, anstatt ihn zu vereinfachen. Beim Skilehrer könnte das bedeuten, dass der Bewerber nicht das Umsatzpotenzial (grob) überschlägt, sondern sich in vielfältigen Szenarien bezüglich der Produkt- und Kundenvarianten verirrt. Ein Theoretiker würde eine Matrix aufmalen, Kundensegmente nach Interesse und Alter aufzeigen, Einkaufskosten danebensetzen, sich vielleicht noch über Sourcing bestimmter Warengruppen Gedanken machen. Alles richtig, aber trotzdem nicht hilfreich. Eine so weitverzweigte Analyse lässt sich in der Kürze der Zeit kaum umsetzen.

Besser ist es, sich zunächst zu überlegen, wie vielen Skifahrern unser mobiler Bauchladen überhaupt pro Tag begegnen könnte. Die Kundengruppen spielen bei dieser Betrachtung zunächst einmal keine Rolle. Ist die Zahl klein, macht eine Segmentierung keinen Sinn, weil die Geschäftsidee unseres Skilehrers vermutlich nicht funktionieren wird (es sei denn, er bietet hochpreisige Produkte mit großer Marge an).

Ergebnis

Berater mögen geniale Strategen sein. Der Kunde wird in der Regel aber nicht am Gedankenprozess seines Beraters, sondern an einem Ergebnis interessiert sein. Dasselbe gilt für den Interviewer. Auch wenn es seltsam klingen mag: Ihr Interviewer ist Ihr Kunde. Er will von Ihnen beraten werden. Vor allem aber wünscht er sich eine Antwort auf seine Frage. Kein Ergebnis zu liefern ist daher keine Option.

Fehler 8: Gar kein Ergebnis liefern
Cases können eine eigenständige Dynamik entwickeln. Man startet mit dem Skilehrer, plaudert hier und da, schiebt noch einen Brainteaser dazwischen – und zack, die Zeit ist um. Das ist schlecht für den Interviewer, zeigt es doch, dass er den Prozess nicht sonderlich gut gemanagt hat. Es ist aber auch schlecht für den Bewerber – denn im Zweifel notiert der Interviewer, dass der Bewerber keine Lösung für den Case gefunden hat (auch wenn das ungerecht erscheinen mag).

Um sich abzusichern, sollten Sie Ihre (Zwischen-)Ergebnisse am Ende des Cases darstellen. Vier Punkte sind hierbei wichtig:
- Was war die Aufgabe?
- Wie sind Sie die Aufgabe angegangen?
- Was haben Sie herausgefunden?
- Was empfehlen Sie?

Auch wenn man zu keinem konkreten Ergebnis gekommen ist, lässt sich das als Ergebnis darstellen. Wenn Sie also festgestellt haben, dass die Geschäftsidee des Skilehrers stark von der Größe des Skigebiets und von rechtlichen Rahmenbedingungen abhängt (Lizenz für den Bauchladen), verkaufen Sie diese Erkenntnis als Ergebnis. Das ist zwar nicht sonderlich spannend, aber besser als gar nichts.

Fehler 9: Ein völlig unplausibles Ergebnis anbieten
Selbst wenn Sie einen tollen Plan herausgearbeitet haben, strukturiert vorgegangen sind, Zwischenfragen beantwortet haben – Sie sind am Case gescheitert, wenn Ihre Empfehlung komplett danebenliegt. Kommen Sie beim möglichen Umsatz auf 100.000 Euro pro Monat, dann sind Sie vielleicht ein bisschen zu optimistisch für einen Berater. Oder Sie haben tatsächlich eine geniale Geschäftsidee und sollten sich überlegen, ob Sie wirklich als Greenhorn in der Beratung anfangen wollen.

BWL-Basiswissen zur Case-Bewältigung

von Thiemo Purkart

Die Grundlagen der Betriebswirtschaftslehre (BWL) sowie deren Grundkonzepte sind eine wichtige Basis für die Arbeit in einer Unternehmensberatung. Zusammen mit den im nächsten Beitrag erläuterten Frameworks sind sie essenziell für die Bearbeitung von Case Studies. Die Modelle und Methoden der BWL basieren auf dem Grundsatz, dass Mittel und Waren in der Regel nicht unbegrenzt verfügbar sind. Die BWL umfasst den gesamten Prozess unternehmerischer Tätigkeiten von der Planung über die Organisation und die Steuerung bis hin zur Durchführung und Kontrolle. Grundlegend für die BWL ist das sogenannte ökonomische Prinzip. Es beschreibt die betriebswirtschaftliche Notwendigkeit, die nötigen Mittel zur Erreichung der Unternehmensziele möglichst ideal einzusetzen. Die Ziele (z. B. Nutzen- , Gewinn- oder Umsatzsteigerung) können auf verschiedene Art und Weise erreicht werden:

- **Minimalprinzip:** Bei vorgegebenem Ziel ist der Mitteleinsatz so gering wie möglich zu halten.
- **Maximalprinzip:** Bei vorgegebenem Mitteleinsatz ist das höchstmögliche Ziel zu erreichen.
- **Optimalprinzip:** Weder das zu erreichende Ziel noch die verfügbaren Mittel sind fest vorgegeben. Die Auswahl der besten Handlungsalternative erfolgt über eine Funktion, die die anfallenden Kosten dem erzielbaren Nutzen gegenüberstellt.

Grundlagen der Betriebswirtschaftslehre

Die Grundlagen der Betriebswirtschaftslehre bilden die einzelnen Funktionen innerhalb eines jeden Unternehmens. Alle hier genannten Funktionen spielen prinzipiell in jedem Unternehmen eine Rolle und sind lediglich je nach Branche oder Ausrichtung eines Unternehmens unterschiedlich stark ausgeprägt. Ein Dienstleistungsunternehmen beispielsweise hat in der Regel weniger stark ausgeprägte Logistik-Bereiche als ein Unternehmen aus dem produzierenden Gewerbe. Aber auch ein Dienstleistungsunternehmen greift auf „Lieferanten" (z. B. andere Dienstleister) zurück und betreibt eine „Produktion" (z. B. Wissensgenerierung, Wissensspeicherung), die gesteuert werden muss. Bei der Bearbeitung von Case Studies sind entweder einzelne Funktionen im Detail zu erläutern und ein spezifisches Problem zu lösen, oder es muss der übergreifende Zusammenhang der einzelnen Bereiche innerhalb und außerhalb des Unternehmens hergestellt werden.

Logistik

Die Logistik beschäftigt sich mit den Waren- und Informationsflüssen zwischen Lieferanten (Beschaffungsmarkt), Produktion, Lagern und Kunden (Absatzmarkt). Ebenso sind Abfallentsorgung und Recycling ein wichtiges Aufgabengebiet dieser Teildisziplin. Grosvenor Plowman hat mit der Formulierung der sogenannten Seven Rights eine bekannte Kurzdefinition der Logistik formuliert: Es gilt, das richtige Gut in der richtigen Menge, im richtigen Zustand, am richtigen Ort, zur richtigen Zeit, für den richtigen Kunden und zu den richtigen Kosten bereitzustellen.

Logistikkette nach Ihde

Produktionswirtschaft
Die Produktionswirtschaft behandelt die Planung und Steuerung von Produktionsprozessen sowie deren vor- und nachgelagerte Aufgaben, wie etwa die Bedarfsplanung oder Qualitätskontrolle. Im Allgemeinen unterscheidet diese spezielle Betriebswirtschaftslehre (SBWL) nach der Art der Produkterzeugung zwischen Fertigungs- und Prozessindustrie. In der Fertigungsindustrie werden Produkte in der Regel durch die Montage einzelner Bauteile hergestellt (z. B. Autoindustrie, Maschinenbau etc.). Die Prozessindustrie erzeugt Waren im Zuge durchgängiger Produktionsprozesse, die als Ergebnis stets eine bestimmte Menge, wie etwa Gewicht oder Volumen, eines Produkts haben (z. B. Chemie-, Stahl-, Pharmaindustrie etc.).

Marketing
Das Marketing setzt sich zum Ziel, betriebswirtschaftliche Entscheidungen optimal an den Anforderungen des Marktes auszurichten. Im sogenannten Marketingmix werden die langfristig geplanten Vorgaben in konkrete Aktivitäten betreffend Produkt (product), Preis (price), Kommunikation (promotion) und Distribution (placement) umgesetzt. Mit der steigenden Bedeutung des Dienstleistungssektors wurde der klassische Marketingmix um die Perspektiven Personal, Prozesse und physisches Umfeld erweitert, um die besonders in diesem Industriesektor relevanten Aspekte zu erfassen.

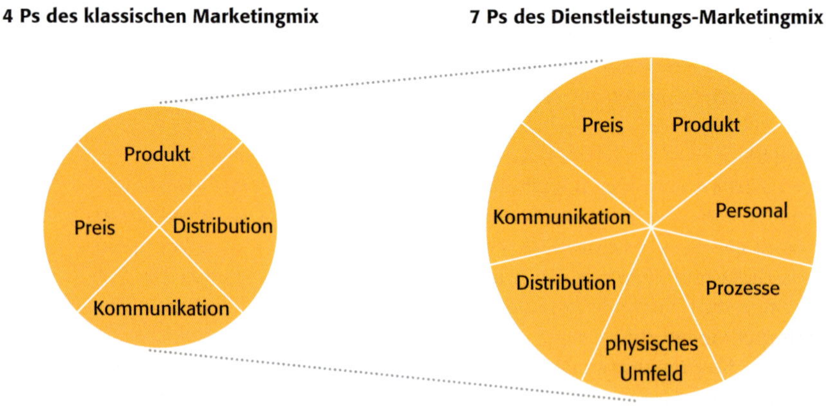

Marketingmix nach Homburg

Finanzwirtschaft
Die Finanzwirtschaft beschäftigt sich mit drei wichtigen Aufgaben unternehmerischen Handelns: Beschaffung von Kapital, Investition und Risikomanagement. Bei der Finanzierung von Unternehmenszielen kommen zum einen der Absatzmarkt für die eigenen Produkte, aber auch die Mittel des Kapitalmarktes zum Einsatz. Durch die finanzielle Bewertung von Investitionsalternativen werden Entscheidungshilfen gegeben, wie das Kapital des Unternehmens optimal eingesetzt werden kann. Im Rahmen des Risikomanagements erfasst und bewertet die Finanzwirtschaft die Risiken des unternehmerischen Handelns, wie etwa Kredit- und Anlagerisiken, Umweltrisiken oder auch Produkt- und Absatzrisiken. Nach nationalem und internationalem Gesetz (z.B. Aktiengesetz, Sarbanes-Oxley-Act - SOX etc.) sind zahlreiche Unternehmen gesetzlich verpflichtet, ihren Fortbestand durch gezieltes Risikomanagement abzusichern.

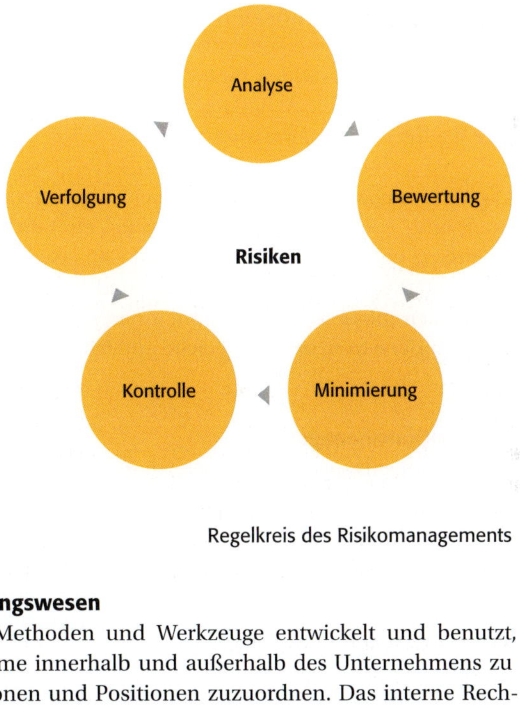

Regelkreis des Risikomanagements

Internes und externes Rechnungswesen
Im Rechnungswesen werden Methoden und Werkzeuge entwickelt und benutzt, die es ermöglichen, Finanzströme innerhalb und außerhalb des Unternehmens zu erfassen und einzelnen Situationen und Positionen zuzuordnen. Das interne Rechnungswesen bildet mit der Kosten- und Erlösrechnung die Grundlage zur Steuerung und Kontrolle unternehmensinterner Leistungserbringung durch das Unternehmenscontrolling. Das externe Rechnungswesen unterliegt meist handels- und steuerrechtlichen Anforderungen (z.B. Handelsgesetzbuch - HGB, International Financial Reporting Standards - IFRS etc.) und dokumentiert die Vermögens-, Finanz- und Ertragslage des Unternehmens für Außenstehende. Die wichtigsten Elemente des externen Rechnungswesens sind die Bilanz sowie die Gewinn- und Verlustrechnung.

Unternehmenspolitik
Mit der Unternehmenspolitik legt ein Unternehmen fest, auf welchen Gebieten es tätig ist und welche Verhaltensgrundsätze für diese Tätigkeiten gelten müssen. Die wichtigste Aufgabe der Unternehmenspolitik besteht darin, den verschiedenen Inte-

ressen von Eigentümern (shareholder) und anderen Anspruchstellern (stakeholder; z. B. Angestellte, Kunden, Lieferanten etc.) gerecht zu werden. In jüngster Vergangenheit sind die Aufgaben der Unternehmenspolitik unter dem Begriff „Corporate Governance“ in den Mittelpunkt des öffentlichen Interesses gerückt.

Organisation und Personalwesen

Das Organisationsmanagement beschäftigt sich mit der Aufbau- und Ablauforganisation eines Unternehmens, in neuerer Zeit auch mit der Systemkonfiguration. Die Aufbauorganisation, z. B. visualisiert durch ein Organigramm, legt fest, wie einzelne Arbeitsschritte im Unternehmen aufgeteilt werden. Die wichtigsten Bausteine der Aufbauorganisation sind dabei u. a. Betriebsstätten und Werke, aber auch kleinere Einheiten wie etwa Abteilungen, Stabsstellen oder Berichtslinien. Die Ablauforganisation bestimmt und optimiert die Koordination zwischen den Organisationseinheiten zur Erstellung der gesamtbetrieblichen Leistungen. Die resultierende Form von Aufbau- und Ablaufstruktur hat wiederum großen Einfluss auf die Gestaltung und Anpassung der Systemkonfiguration. Die Systemkonfiguration definiert, welche Arbeitsmittel den einzelnen Einheiten der Aufbauorganisation zur Verfügung stehen und legt fest, wie die Ablauforganisation dadurch unterstützt wird, z. B. durch Kommunikations- und Informationssysteme.

Die Hauptaufgaben des Personalwesens liegen in der Personalführung (Personalplanung und -entwicklung, Kommunikation etc.) und der Personalverwaltung (Personaleinsatz und -betreuung, Lohn- und Gehaltswesen etc.). Auch diese Disziplin der BWL unterliegt zahlreichen Gesetzen und Regelungen. International agierende Unternehmen müssen sich dabei mit einer Vielzahl unterschiedlicher Bestimmungen auseinandersetzen, um eine gleiche und faire Behandlung der Mitarbeiter zu gewährleisten.

Informationsmanagement

Informationsmanagement ist einer der am stärksten wachsenden Bereiche in heutigen Unternehmen. Das Informationsmanagement bekommt insbesondere dann großes Gewicht, wenn es darum geht, Informationen und Daten aus verschiedenen Bereichen und den dort genutzten Informations- und Anwendungssystemen innerhalb eines Unternehmens oder z. B. auch nach Fusionen allgemein zugänglich und auswertbar zu machen. Die drei Kerninformationstypen, die zur Steuerung eines Unternehmens benötigt werden, sind:

- Informationen, die eine Aussage über die Zielerreichung der Unternehmensstrategie ermöglichen
- Informationen, die zur Erfüllung rechtlicher und anderer Verpflichtungen dienen
- Informationen, die die Mitarbeiter des Unternehmens benötigen, um ihre täglichen Aufgaben optimal zu erfüllen

Das Informationsmanagement ist eine der wichtigsten Querschnittfunktionen im Unternehmen, da es insbesondere durch die Bereitstellung der Informations- und Systeminfrastruktur die Arbeitsgrundlage für die meisten anderen Unternehmensbereiche schafft. Mit dem Informationsmanagement wird unternehmensweit festgelegt, wie und wo Informationen gespeichert werden, wer Zugang zu diesen Informationen braucht und bekommt und welche Werkzeuge zur Analyse und Nutzung der Daten bereitgestellt werden.

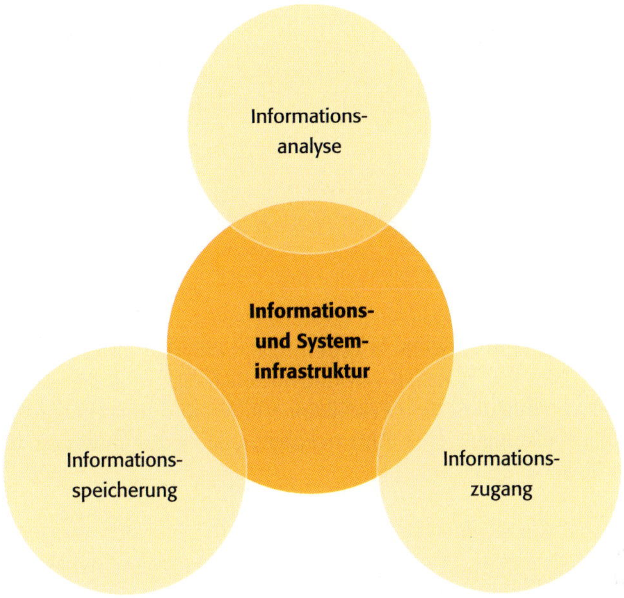

Kerngebiete des Informationsmanagements

Betriebswirtschaftliche Grundkonzepte

Die im Folgenden erläuterten betriebswirtschaftlichen Grundkonzepte bilden – gemeinsam mit den im nächsten Beitrag beschriebenen Frameworks – die Grundlage für die Bearbeitung von Case Studies. Häufig stehen diese Grundkonzepte im Kontext mit den oben aufgeführten Funktionen innerhalb jedes Unternehmens. Bei Fragestellungen aus dem Bereich Marketing spielen oftmals die Konzepte zur Preispolitik eine Rolle, in der Produktionswirtschaft dagegen Skalen-, Verbund- und Dichtevorteile sowie Erfahrungskurven und Produktlebenszyklen. Für Case Studies aus den Bereichen Finanzwirtschaft oder Rechnungswesen werden häufig die Gewinn- und Verlustrechnung, die Bilanz oder bestimmte Kennzahlen benutzt.

Preispolitik

Die Preispolitik beschäftigt sich maßgeblich mit den zwei wichtigsten Marktfaktoren eines Produkts: der Preisuntergrenze und der Preisobergrenze. Die Preisuntergrenze lässt sich aus den Material- und Produktionskosten der Herstellung berechnen und definiert somit die Gewinnschwelle. Die Preisobergrenze ist in der Regel marktorientiert und wird unter anderem von den Preisen konkurrierender Unternehmen oder auch dem Kaufverhalten der Kunden beeinflusst. Das Ziel der Preispolitik ist die Maximierung des Gewinns, der mit einzelnen Produkten oder Dienstleistungen erzielt werden kann. Die gängigsten Preisstrategien sind die Festpreisstrategie (Hochpreis- oder Niedrigpreisstrategie), die Wettbewerbspreisstrategie (Preisführer, -folger oder -kämpfer) und die Preisabfolgestrategie (mit der Zeit sinkende oder mit der Zeit steigende Preise; auch als Abschöpfungs- bzw. Penetrationsstrategie bekannt).

Skalen-, Verbund- und Dichtevorteile

In der BWL spricht man von Skalenvorteilen (economies of scale), wenn sich die produzierte Menge über die Zeit stärker vergrößert als die Menge der dafür eingesetzten Mittel. Die häufigsten Ursachen für das Auftreten von Skaleneffekten sind steigende Automatisierung, effizientere Arbeitsteilung und Produktionsstätten sowie die Erfahrungskurve. Skaleneffekte können ein entscheidender Faktor in der Preispolitik sein, ermöglichen sie es doch einem Unternehmen, ein Produkt mit der Zeit immer günstiger zu produzieren und somit entweder den Profit zu steigern oder den Preis zu senken.

Darüber hinaus lassen sich Kostenvorteile auch durch effektivere Produktionsmethoden oder eine sinnvolle Erweiterung der Produktpalette erreichen. Realisieren lassen sich diese sogenannten Verbundvorteile (economies of scope) beispielsweise durch die Nutzung derselben Produktionsstätten und -mittel für zusätzliche Produkte und Dienstleistungen. Dies führt zu einer Senkung des Anteils der fixen Kosten je Produkt oder Service-Leistung.

Eine dritte Möglichkeit, Kosten zu senken, ergibt sich, wenn die Nachfrage räumlich konzentriert ist. Diese Dichtevorteile (economies of density) lassen sich besonders bei Unternehmen realisieren, deren Produkte und Dienstleistungen im Transport von Gütern bestehen oder vom Anschluss an ein Versorgungsnetz abhängen, z. B. Post- und Paketdienste, Schienen- und Straßenverkehr, Wasser-, Strom- und Gasversorger etc.

Erfahrungskurve

Die Erfahrungskurve ergibt sich aus der Betrachtung der Auswirkungen von Skalen-, Verbund- und Dichtevorteilen. Anhand dieses Konzepts lässt sich aufzeigen, dass sich ein möglichst hoher Marktanteil zu Beginn eines Produktlebenszyklus vorteilhaft auf die langfristige Wettbewerbsfähigkeit auswirkt. Wichtig ist bei dieser Betrachtung, dass sich die Erfahrungskurve nicht auf die absolute Produktionsmenge bezieht, sondern auf die kumulierte. Vereinfacht ausgedrückt trägt dies der Tatsache Rechnung, dass man pro produzierter Einheit immer weniger dazulernen und somit optimieren kann. Die Erfahrungskurve ist branchenabhängig und lässt deshalb keine generellen Aussagen zu. Für das produzierende Gewerbe geht man davon aus, dass sich die Produktionsstückkosten bei einer Verdoppelung der kumulierten Produktionsmenge um 20 bis 30 Prozent senken lassen.

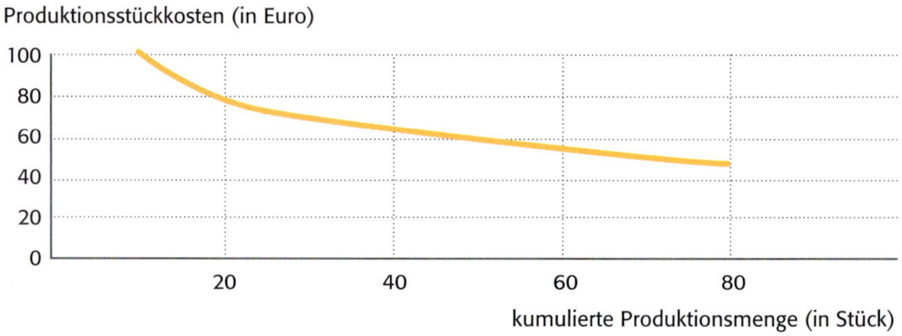

Erfahrungskurve (exemplarisch)

Produktlebenszyklus

Das Modell des Produktlebenszyklus beschreibt die typischen Phasen, die ein Produkt oder eine Dienstleistung durchläuft. Es beginnt mit der Entwicklung und endet mit der Ablösung des Produkts durch einen Nachfolger oder den vollständigen Rückzug aus dem Markt. Das Produktlebenszyklus-Management (kurz: Produktmanagement; engl. product lifecycle management) ist das Kerngebiet der Produktpolitik eines Unternehmens. Durch dieses wird entschieden, wie ein Unternehmen auf neue Anforderungen mittels Produktinnovation reagiert oder sich durch Produktvariation auf veränderte Bedingungen einstellt.

Eines der wichtigsten Ereignisse im Produktlebenszyklus ist der Durchbruch der Einnahmen-/Ausgabenkurve durch Null, der sogenannte Break-even. Ab diesem Punkt hat das Produkt genug Umsatz erwirtschaftet, um nicht nur die Produktions- und Vertriebskosten zu decken, sondern auch die bis dahin entstandenen Entwicklungskosten. Jedes Unternehmen ist bestrebt, die Phasen des Wachstums und der Reife so lange wie möglich auszudehnen, indem es beispielsweise durch die Preispolitik oder gezieltes Marketing seine Marktposition gegen andere Wettbewerber verteidigt.

Ein oft unterbewertetes Handlungsgebiet des Produktmanagements ist die Sättigungsphase. Gelingt es dem Unternehmen in dieser Phase nicht, durch Diversifikation oder Differenzierung den Rückgang der Verkäufe abzufangen, muss das Produkt konsequent und rechtzeitig aus der Produktion und vom Markt genommen werden, bevor Verluste entstehen. Besonders zu beachten ist dabei, dass sich die durch ein Produkt anfallenden Kosten nicht allein durch die Einstellung der Produktion auf Null reduzieren lassen. Vielmehr fallen die sogenannten Verkaufsfolgekosten, wie z. B. Service- und Garantieleistungen oder die Bereitstellung von Ersatzteilen, weiterhin an.

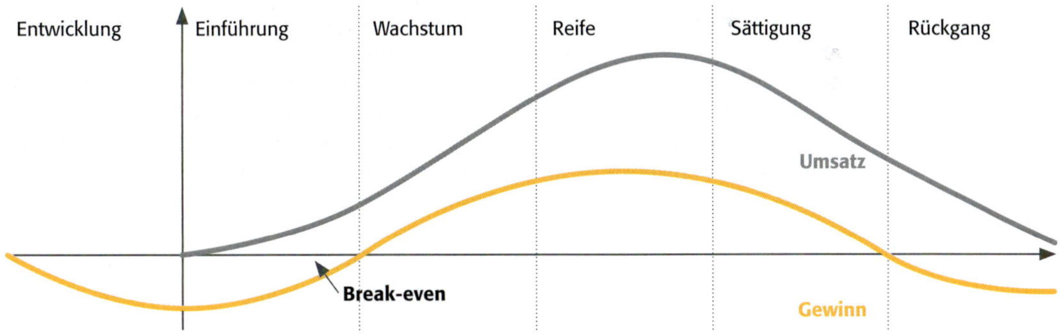

Produktlebenszyklus nach Vernon/Hirsch

Gewinn- und Verlustrechnung (GuV)

Die Gewinn- und Verlustrechnung (GuV) fällt unter das Aufgabengebiet des externen Rechnungswesens und ist neben der Bilanz ein Hauptbestandteil des Jahresabschlusses. Da sich die GuV primär an Empfänger außerhalb des Unternehmens richtet, z. B. Kapitalgeber, Kunden, Lieferanten, Arbeitnehmer etc., unterliegt sie zahlreichen nationalen und internationalen handels- und steuerrechtlichen Vorschriften, z. B. Handelsgesetzbuch (HGB), International Financial Reporting Standards (IFRS), International

Accounting Standards (IAS), United States Generally Accepted Accounting Principles (US-GAAP) etc. Die Rechengrößen der GuV sind die Aufwendungen und Erträge zur Ermittlung des Betriebsergebnisses oder Jahresüberschusses eines Geschäftsjahres. Obwohl diese Größen grundsätzlich periodengerecht erfasst werden müssen, gibt es Unterschiede in den einzelnen Vorschriften, wie das Betriebsergebnis daraus zu berechnen ist. Die US-GAAP schreiben das sogenannte Umsatzkostenverfahren (UKV) vor, während das HGB, aber auch die IAS zusätzlich das sogenannte Gesamtkostenverfahren (GKV) zulassen. Der wesentliche Unterschied zwischen den Berechnungsmethoden ist, dass das UKV nur die Umsätze und Kosten der in der Periode abgesetzten Produkte und Dienstleistungen berücksichtigt, während das GKV auch Bestandsveränderungen an fertigen und unfertigen Erzeugnissen einbezieht.

Gewinn- und Verlustrechnung

	Gesamtkostenverfahren (GKV)		**Umsatzkostenverfahren (UKV)**
	Periodenumsatz		Periodenumsatzerlöse
+/–	wertmäßige Bestandsveränderungen an fertigen und unfertigen Erzeugnissen	–	Periodengesamtkosten (Kosten des Umsatzes)
–	Periodengesamtkosten		
=	**Betriebsergebnis/Jahresüberschuss nach GKV**	**=**	**Betriebsergebnis/Jahresüberschuss nach UKV**

Neben der Erfüllung von rechtlichen Anforderungen hat das UKV zudem den Vorteil, dass sich mithilfe der Kostenstellen- und Kostenträgerrechnung die Ergebnisse über Absatzgebiete, Kundenbereiche oder Unternehmensteile aufgliedern lassen. Im GKV werden Aufwendungen und Erlöse lediglich auf einzelne Kostenarten, z. B. Material-, Personal-, Energiekosten etc. aufgeteilt.

Bilanz

Die Bilanz bildet zusammen mit der GuV den Jahresabschluss eines Unternehmens. Wie die GuV auch, richtet sich die Bilanz primär an Empfänger außerhalb des Unternehmens und erfüllt aufgrund ihrer Vergangenheitsorientierung in erster Linie eine Dokumentationsfunktion. Im Gegensatz zur GuV bezieht sich die Bilanz immer auf einen bestimmten Zeitpunkt, den sogenannten Bilanzstichtag, und weist die Vermögens-, Finanz- und Ertragslage eines Unternehmens zu diesem Zeitpunkt aus. Die Bilanz gliedert sich in Vermögen (sogenannte Aktiva) zur Auskunft über die Mittelverwendung und Verpflichtungen (sogenannte Passiva) zum Ausweis der Mittelentstehung und der Finanzierung des Unternehmens.

Innerhalb der Aktiva wird das Vermögen in zwei Gruppen aufgeteilt: zum einen das sogenannte Anlagevermögen, das im Unternehmen langfristig verwendet wird, zum anderen das sogenannte Umlaufvermögen, das dem Unternehmen nur kurzfristig zur Verfügung steht. Die Passiva werden in drei Gruppen untergliedert: das Eigenkapital, das das von den Anteilseignern eingebrachte Stamm- bzw. Grundkapital zuzüglich der erwirtschafteten Rücklagen und Gewinne umfasst; die Rückstellungen, die beispielsweise für Pensionen oder Steuerzahlungen gebildet werden; außerdem das Fremdkapital, das die von Dritten zur Verfügung gestellten Mittel ausweist.

Analog zur GuV müssen Aufwendungen und Erträge auch bei der Bilanz periodengerecht erfasst werden. Zu diesem Zweck können auf beiden Seiten der Bilanz zusätzlich sogenannte Rechnungsabgrenzungsposten gebildet werden, die es ermöglichen, Vermögen und Verpflichtungen der richtigen Bilanzperiode zuzuordnen, z. B. wenn der Zeitpunkt der Lieferung und Rechnungsstellung in eine andere Abrechnungsperiode fällt als der Zahlungseingang.

Bilanz

Aktiva	**Passiva**
A. Anlagevermögen	**A. Eigenkapital**
I. Sachanlagen	I. Gezeichnetes Kapital
II. Immaterielle Vermögensgegenstände	II. Kapitalrücklagen
III. Finanzanlagen	III. Gewinnrücklagen
B. Umlaufvermögen	IV. Gewinnvortrag/Verlustvortrag
I. Vorräte	V. Jahresüberschuss/Jahresfehlbetrag
II. Forderungen und sonstige Vermögensgegenstände	**B. Rückstellungen**
III. Wertpapiere	I. Rückstellungen für Pensionen und ähnliche Verpflichtungen
IV. Kassenbestand, Bundesbankguthaben, Guthaben bei Kreditinstituten und Schecks	II. Steuerrückstellungen
C. Rechnungsabgrenzungsposten	III. Sonstige Rückstellungen
	C. Verbindlichkeiten
	I. Anleihen
	II. Verbindlichkeiten
	III. Erhaltene Anzahlungen
	D. Rechnungsabgrenzungsposten
Bilanzsumme	**Bilanzsumme**

Kapitalstrukturkennzahlen

Eigenkapitalquote: Die Eigenkapitalquote drückt den Anteil der Eigenmittel am Gesamtkapital bzw. der Bilanzsumme eines Unternehmens aus.

- Eigenkapitalquote [%] = (Eigenkapital ÷ Gesamtkapital) × 100

Fremdkapitalquote: Die Fremdkapitalquote gibt den Anteil des Fremdkapitals am Gesamtkapital bzw. der Bilanzsumme an.

- Fremdkapitalquote [%] = (Fremdkapital ÷ Gesamtkapital) × 100

Verschuldungsgrad: Der Verschuldungsgrad gibt das Verhältnis von Fremdkapital zu Eigenkapital an.

- Verschuldungsgrad [%] = (Fremdkapital ÷ Eigenkapital) × 100

Erfolgskennzahlen/Gewinnkennzahlen

Zur Berechnung des Gewinns eines Unternehmens haben sich zahlreiche Varianten mit unterschiedlicher Zielrichtung und kontextbezogener Aussagekraft entwickelt. Als Ausgangslage dient all diesen Kennzahlen der Jahresüberschuss, der in der Gewinn- und Verlustrechnung ausgewiesen wird.

- **EBT** Ertrag vor Steuern (earnings before taxes): Im Gegensatz zum Jahresüberschuss ist der Gewinn vor Steuern unabhängig von Steuereffekten wie z. B. Steuernachzahlungen oder Steuerminderung. Er eignet sich daher besser für den Vergleich des Gewinns verschiedener Abrechnungsperioden oder Unternehmensbereiche.
- **EBIT** Ertrag vor Zinsen und Steuern (earnings before interest and taxes): Um die Vergleichbarkeit weiter zu erhöhen, wird zur Berechnung des EBIT der Jahresüberschuss zusätzlich zu den Steuereffekten auch um alle Zinsaufwendungen und -erträge bereinigt.
- **EBITA** Ertrag vor Zinsen, Steuern und Abschreibungen auf immaterielle Vermögenswerte (earnings before interest, taxes and amortisation): Diese Kennzahl ist gegenüber dem EBIT zusätzlich noch um die Abschreibungen auf Firmenwerte bereinigt.
- **EBITDA** Ertrag vor Zinsen, Steuern und Abschreibungen auf Sachanlagen sowie auf immaterielle Vermögenswerte (earnings before interest, taxes, depreciation and amortization): Als Erweiterung zum EBITA wird hier der Gewinn nicht nur um Abschreibungen auf Firmenwerte, sondern um alle Abschreibungen auf Vermögensgegenstände bereinigt. Diese Kennzahl ermöglicht somit den Vergleich von Unternehmen, die nach unterschiedlichsten Gesetzgebungen bilanzieren. Die Aussagekraft des EBITDA ist jedoch umstritten, da er im Vergleich mit dem EBT oder dem EBIT zahlreiche Aufwendungen ignoriert.
- **Geldfluss** (cashflow): Der Cashflow wird aus der Differenz von Einnahmen und Ausgaben ermittelt und gibt an, in welchem Umfang ein Unternehmen finanzielle Mittel aus eigener Kraft erwirtschaften kann. Eine genauere Erklärung sowie die bekannten Berechnungsmethoden folgen auf den Seiten 95 und 96.

Gewinnkennzahlen

Jahresüberschuss + Steueraufwand – Steuererträge + außerordentlicher Aufwand – außerordentliche Erträge	
= EBT	
+ Zinsaufwand – Zinserträge	+ Zinsaufwand – Zinserträge + Abschreibungen auf Firmenwerte – Zuschreibungen auf Firmenwerte
= EBIT	**= EBITA**
+ Abschreibungen auf das Anlagevermögen – Zuschreibungen zum Anlagevermögen	+ Abschreibungen auf Sachanlagen – Zuschreibungen auf Sachanlagen
= EBITDA	

Rentabilitätskennzahlen

Als Basis zur Berechnung der meisten Rentabilitätskennzahlen wird in der Regel der Gewinn vor Steuern (earnings before taxes - EBT) benutzt. Dadurch wird eine vergleichende Bewertung der Rentabilität verschiedener Unternehmen oder Abrechnungsperioden, z. B. wegen unterschiedlicher Steuergesetze möglich.

Umsatzrendite: Die Umsatzrendite (return on sales) bezeichnet das Verhältnis von Gewinn zu Umsatz innerhalb einer bestimmten Periode.

- Umsatzrendite [%] = (Gewinn ÷ Umsatz) × 100

Eigenkapitalrentabilität: Die Eigenkapitalrentabilität (return on equity) gibt an, wie hoch sich das Eigenkapital innerhalb einer bestimmten Periode verzinst hat.

- Eigenkapitalrentabilität [%] = (Gewinn ÷ Eigenkapital) × 100

Die Vergleichbarkeit zwischen verschiedenen Unternehmen allein auf Basis dieser Kennzahl ist nur eingeschränkt möglich, da durch die Senkung der Eigenkapitalquote (z. B. durch die Aufnahme von Fremdkapital) die Eigenkapitalrentabilität steigt. Dieser Effekt wird auch als Hebeleffekt (leverage effect) bezeichnet.

Gesamtkapitalrentabilität: Die Gesamtkapitalrentabilität (return on investment - ROI) gibt an, wie hoch sich das Gesamtkapital innerhalb einer bestimmten Periode verzinst hat.

- Gesamtkapitalrentabilität [%]
  = [(Gewinn + Fremdkapitalzinsen) ÷ Ø Gesamtkapital] × 100

Da das Gesamtkapital aus Eigenkapital und Fremdkapital besteht, müssen zur Berechnung der Gesamtkapitalrentabilität sowohl der Gewinn (erwirtschaftet durch den Einsatz des Eigen- und Fremdkapitals) als auch die Fremdkapitalzinsen (an die Fremdkapitalgeber abgeführter Gewinn) mit einbezogen werden. Durch die Verwendung dieser Kennzahl lassen sich die Nachteile der Eigenkapitalrentabilität umgehen.

Mittels Erweiterung der obigen Formel um

- Umsatzrendite = (Gewinn + Fremdkapitalzinsen) ÷ Umsatz
- Kapitalumschlag = Umsatz ÷ Ø Gesamtkapital

erhält man eine ebenfalls weit verbreitete Darstellung zur Berechnung der Gesamtkapitalrentabilität bzw. des Return on Investment (ROI).

- ROI [%] = (Umsatzrendite × Kapitalumschlag) × 100

Cashflow

Der Cashflow ist eine betriebswirtschaftliche Kennzahl, die eine Aussage über die Fähigkeit eines Unternehmens erlaubt, die benötigten finanziellen Mittel selbst zu erwirtschaften. Im Zusammenhang mit dem Cashflow spricht man häufig auch vom sogenannten Innenfinanzierungspotenzial, das sich aus der Differenz von Einnahmen und Ausgaben innerhalb einer bestimmten Periode ergibt. Als Einnahmen und Ausgaben sind alle Erträge und Aufwendungen zu verstehen, die innerhalb der Periode zu Ein- oder Auszahlungen geführt haben, d. h. zahlungswirksam waren.

Bei der Berechnung des Cashflows im engeren Sinn, dem sogenannten Cashflow aus Geschäftstätigkeit oder auch operativem Cashflow, können zwei Methoden angewandt werden: Bei der indirekten Methode werden alle nicht zahlungswirksamen Erträge und Aufwendungen vom Jahresüberschuss abgezogen. Bei der direkten Methode ergibt sich der Wert aus der Addition der zahlungswirksamen Erträge und Aufwendungen. Darüber hinaus gibt es noch weitere Varianten von Cashflow-Kennzahlen, die entweder eine Aussage über einen bestimmten Bereich der unternehmerischen Tätigkeit (z. B. Cashflow aus Investitionstätigkeit, Cashflow aus Finanzierungstätigkeit etc.) oder einen bestimmten Teil des finanziellen Potenzials des Unternehmens treffen sollen (z. B. Free Cashflow - freies Kapital beispielsweise zur Rückzahlung von Krediten oder zur Ausschüttung an Anteilseigner).

Cashflow aus Geschäftstätigkeit

Indirekte Methode	**Direkte Methode**
Jahresüberschuss	
+/– Abschreibungen/Zuschreibungen	[+] Einzahlungen aus Umsätzen
+/– Erhöhung/Minderung des Gewinnvortrags	+ Einzahlungen aus Forderungen
+/– Erhöhung/Minderung von Rückstellungen	– Auszahlungen aufgrund der betrieblichen Tätigkeit (z. B. Personal, Betriebsmittel etc.)
+/– Erhöhung/Minderung von Rücklagen	– Auszahlungen für Verbindlichkeiten
+/– Erhöhung/Minderung am Bestand fertiger und unfertiger Erzeugnisse	
= Cashflow aus Geschäftstätigkeit (operativer Cashflow)	

Cashflow aus Investitionstätigkeit

[+] Einzahlungen aus Anlagenabgängen (Desinvestitionen)
– Auszahlungen für Anlagenzugänge (Investitionen)
= Cashflow aus Investitionstätigkeit

Cashflow aus Finanzierungstätigkeit

[+] Einzahlungen von Eigenkapital
– Auszahlungen von Eigenkapital
+ Einzahlungen aus Aufnahme von Krediten/Verbindlichkeiten
– Auszahlungen zur Tilgung von Krediten/Verbindlichkeiten
= Cashflow aus Finanzierungstätigkeit

Free Cashflow

Cashflow aus Geschäftstätigkeit
– Cashflow aus Investitionstätigkeit
= Free Cashflow

Frameworks zur Bearbeitung von Cases

von Ali Aslan Gümüsay und David Liebig

Frameworks bieten Strukturen für die Lösung von Case Studies und sind daher wichtige Instrumente in Bewerbungsgesprächen. Sie stellen jedoch lediglich eine unterstützende Funktion zur Lösung von Cases dar. Zur erfolgreichen Lösung eines Falls sind in der Regel Flexibilität und Kreativität gefragt, was zudem die Auslassung oder Anpassung von Frameworks sowie Outside-the-Box-Denken erfordert. Das Beherrschen der Frameworks alleine garantiert nicht, dass stets ein passendes Tool zur Falllösung zur Verfügung steht, das dann nur noch mit Inhalten zu füllen ist. Vielmehr sollte der Bewerber zeigen, dass er in der Lage ist, schnell individuelle und kontextspezifische Strukturen zur Fallstudien-Bearbeitung zu schaffen bzw. bekannte Frameworks so umzugestalten bzw. zu verknüpfen, dass diese den meist komplexeren Ansprüchen des Cases gerecht werden.

Ein Vorschlag für eine strukturierte Übersicht und Anwendung von Frameworks ist nachstehend dargestellt. Die Aufteilung erhebt dabei nicht den Anspruch auf Vollständigkeit. Sie bietet dem Bewerber vielmehr Werkzeuge für die erfolgreiche Bearbeitung von Case Studies. Strategische Fallbeispiele können meist in drei Kategorien untergliedert werden: eine interne, externe und gemischte Fragestellung. Je nach Fragestellung können unterschiedliche Frameworks genutzt werden. Dies bedeutet, dass man den Case für die Auswahl des richtigen Frameworks zunächst einer der drei Problemstellungen zuordnen sollte.

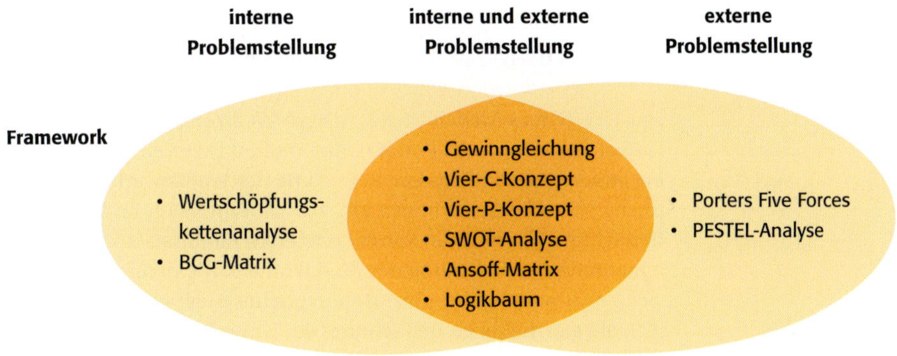

Untergliederung strategischer Fallbeispiele

Externe Problemstellung

Eine externe Problemstellung fokussiert sich auf die Faktoren, die außerhalb des Unternehmens zu finden sind. Nicht die internen Prozesse und Faktoren des Unternehmens stellen das primäre Problemfeld dar, sondern die Umwelt, der Markt, Kunden oder andere Unternehmen sowie von diesen erzeugte Effekte. Folgende zwei Frameworks werden zur Identifikation und Analyse externer Problemstellungen erläutert:

- Five-Forces-Modell
- PESTEL-Analyse

Interne Problemstellung

Fallbeispiele mit internen Problemstellungen betrachten unternehmensinterne Fragestellungen. Sie behandeln beispielsweise eine zu hohe Kostensituation bei den Vertriebsmitarbeitern oder einen zu hohen Lagerbestand aufgrund einer fehlenden Prozesssichtweise. Für die interne Analyse sind folgende Frameworks hervorzuheben:

- Wertschöpfungskettenanalyse
- BCG-Matrix

Interne und externe Problemstellung

Meist sind sowohl interne als auch externe Betrachtungen des Falls notwendig, um herauszufinden, welche Problemstellung vorliegt. Neben der Anwendung der bereits vorgestellten Frameworks zur Analyse von internen und externen Problemstellungen können folgende Analyse-Tools für beide Analyse-Ebenen verwendet werden:

- Gewinngleichung
- Vier-C-Konzept
- SWOT-Analyse
- Vier-P-Konzept
- Ansoff-Matrix
- Logikbaum

Ein gemischter Fall könnte beispielsweise der Gewinneinbruch eines Unternehmens sein. Dies kann sowohl unternehmensinterne Gründe haben, die sich auf die Kostensituation des Unternehmens niederschlagen, als auch externe Ursachen, die beispielsweise die abgesetzte Menge oder eine falsche Preispolitik betreffen. In diesem Fall sollte der Bewerber mögliche interne wie externe Ursachen erkennen und dem Interviewer eine strukturierte, beidseitige Analyse präsentieren.

Five-Forces-Modell von Michael Porter

Das Five-Forces-Modell ist ein Analyse-Werkzeug, das von Michael E. Porter im Jahr 1979 entwickelt wurde. Porter definierte fünf Faktoren, die eine Branche maßgeblich beeinflussen und die es zur Bewertung der Wettbewerbsintensität und Branchenattraktivität zu berücksichtigen gilt. Für Unternehmen und Organisationen bietet die Betrachtung der fünf von Porter definierten Einflussfaktoren eine Möglichkeit zur systematischen Beobachtung der Marktkräfte sowie deren Zusammenspiel. Es handelt sich bei diesem Modell um ein strategisches Analyse-Werkzeug, bei dem in Case Studies die ganzheitliche Betrachtung der Umwelt im Vordergrund steht und nicht die Detailbewertung des Unternehmens. Ziel der Analyse anhand der Five Forces ist die Bewertung der Marktkräfte und die Ermittlung der Attraktivität einer Branche.

Die Betrachtung der Haupteinflussfaktoren auf eine Branche und das Verständnis für die Zusammenhänge werden in Case-Interviews häufig und gern abgefragt. Die Anwendung des Five-Forces-Modells bietet eine Möglichkeit der ersten Bearbeitung.

Fünf Faktoren des Five-Forces-Modells

Im Folgenden wird das Modell näher erläutert:

Verhandlungsmacht der Lieferanten

Als einen Einflussfaktor bestimmt Porter die Verhandlungsmacht der Lieferanten. Im Case-Interview ist hier beispielsweise die Anzahl sowie die Größe und Marktmacht der Lieferanten abzuschätzen. Bei nur wenigen Anbietern im Markt (Oligopol) werden diese ihre starke Machtposition ausnutzen und erhöhte Preise verlangen. Sofern es sich um einen fragmentierten Lieferantenmarkt mit geringen Marktanteilen der einzelnen Zulieferer handelt, hat das beziehende Unternehmen eine gestärkte Verhandlungsmacht und kann die verschiedenen Lieferanten gegeneinander ausspielen. Dies ist auch abhängig von den Möglichkeiten und/oder Kosten eines Produktwechsels. Im Fall eines Spezialprodukts fällt es in der Regel schwerer, das Produkt zu ersetzen bzw. ist ein Wechsel mit höheren Kosten verbunden.

Rivalität innerhalb der Branche

Die Rivalität innerhalb der Branche ist meistens der am stärksten wirkende Einflussfaktor. Hierbei ist zu hinterfragen, welcher Wettbewerbssituation das Unternehmen ausgesetzt ist. Anzahl und Marktmacht der Wettbewerber geben hier bereits eine gute Basis für die Bewertung. Häufig kann als erster Anhaltspunkt eine Abschätzung der Concentration Ratio (CR) herangezogen werden. Diese misst den Marktanteil der größten Unternehmen und gibt dadurch Auskunft über die Konzentration in einem Markt. Vereinen beispielsweise die vier größten Unternehmen mehr als 80 Prozent des gesamten Marktes, ist dies ein mögliches Indiz für eine hohe Konzentration in einem Markt, wodurch auf eine eher niedrige Konkurrenzsituation geschlossen werden kann. Hoch fragmentierte Märkte weisen demgegenüber in der Regel einen weitaus größeren Wettbewerb auf. Auch eine fehlende Produktdifferenzierung erhöht den Wettbewerbsdruck.

Verhandlungsmacht der Kunden

Die Marktmacht der Kunden ist eng mit dem angebotenen Produkt verbunden. Handelt es sich um ein undifferenziertes Standardprodukt, können Kunden möglicherweise schnell, günstig und unkompliziert den Anbieter wechseln. Hierbei ist insbesondere auch die Preissensitivität der Kunden einzubeziehen. Bei hoher Sensitivität werden Kunden bei Preissteigerungen schneller geneigt sein, einen Produktwechsel vorzunehmen. Zusätzlich ist die Anzahl der Kunden zu bewerten. Basiert der Absatz eines Unternehmens auf nur wenigen Schlüsselkunden, so ist deren Machtposition deutlich stärker einzustufen als die einer großen, unbekannten Kundenmasse.

Bedrohung durch neue Marktteilnehmer

Neue Marktteilnehmer können sich im Markt etablieren und stellen dabei eine potenzielle Bedrohung dar. In diesem Zusammenhang sind Eintrittsbarrieren in der Branche ein mögliches Hemmnis für Neueintritte. Bestehen beispielsweise rechtliche Beschränkungen in Form von restriktiven Lizenzen, ist der Eintritt von Wettbewerbern schwieriger bzw. seltener der Fall. Weiterhin stellen Kostenvorteile und Skaleneffekte einen wichtigen Bewertungspunkt dar. Besonders kapitalintensive Branchen wie Luft- und Raumfahrt, Pharma oder die Automobilindustrie bieten weniger Möglichkeiten für schnelle Neueintritte und sind dadurch eher weniger von neuen Wettbewerbern bedroht.

Bedrohung durch Substitute

Substitute sind Güter oder Dienstleistungen, die das Potenzial aufweisen, das bestehende Gut oder die bestehende Dienstleistung zu ersetzen. Sie stellen hierdurch eine direkte Bedrohung dar. Klassische Substitutionsgüter sind z. B. Butter und Margarine. Substitutionsprodukte, die unter anderem durch technologischen Fortschritt entwickelt werden, können das vom Unternehmen angebotene Produkt sogar überflüssig werden lassen.

PESTEL-Analyse

Die verschiedensten Umweltfaktoren wirken kontinuierlich auf Unternehmen ein. Die PESTEL-Analyse ist ein Umweltanalyse-Modell, das die strukturierte Betrachtung dieser verschiedenen externen Faktoren ermöglicht. Die Buchstaben sind ein Akronym und stehen für „political, economical, social, technological, environmental, legal“, also die politischen, ökonomischen, soziokulturellen, technologischen, ökologischen und rechtlichen Faktoren. Es existieren verschiedene Zusammenstellungen der Buchstaben, wie zum Beispiel PESTLE; zudem gibt es Modelle mit weniger Faktoren wie STEP oder STEEP, die dementsprechend weniger Buchstaben im Akronym beinhalten. Je nach Fallstudie kann die Betrachtung der Faktoren auch auf eine Auswahl beschränkt werden.

Politische Faktoren

Zu den politischen Faktoren gehören unter anderem Wirtschaftsabkommen, Steuern oder andere Beschlüsse der verschiedenen Institutionen. Wirtschaftsabkommen können z. B. das Bewegen von Waren, Dienstleistungen, Personen und Kapital erleichtern, was für das einzelne Unternehmen positive wie auch negative Auswirkungen haben kann. Einerseits können sie für einen stärkeren Wettbewerb sorgen, andererseits mögen dadurch Faktorpreise sinken. Um die jeweiligen Auswirkungen im fiktiven Fallbeispiel zu analysieren, hilft es, mögliche Effekte zu benennen und sie dem Gesprächspartner aufzuzeigen, sodass dieser den fiktiven Kontext erläutern kann.

Ökonomische Faktoren

Ökonomische Faktoren sind zum Beispiel Zinsraten, Währungsschwankungen, Inflation oder Arbeitslosigkeit. Ein Unternehmen, das sehr viel exportiert, mag unter einer starken heimischen Währung leiden, da es nur bedingt die gestiegenen Produktionskosten auf den Preis aufschlagen kann. Gleichzeitig kann ein Unternehmen so vergünstigt nötige Ressourcen importieren. Ein hoher Zinskurs kann größere Investitionen erschweren, weil die Kapitalbeschaffung dadurch teurer ist.

Soziokulturelle Faktoren
Soziokulturelle Faktoren wie die demografische Lage, die Einkommensverteilung oder das Arbeitsverständnis wirken sich auf Arbeitnehmer wie auch Konsumenten aus. So kann der demografische Wandel für ein Unternehmen bedeuten, dass es seine Kundenzielgruppe ändern, das Produkt anpassen oder neue Märkte erschließen muss.

Technologische Faktoren
Technologische Faktoren beinhalten Aspekte rund um Forschung, Innovation, Trends und Produktlebenszyklen. Ein Unternehmen kann seinen Wettbewerbsvorteil verspielen, wenn es nicht inkrementale und disruptive Innovationen hervorbringt bzw. auf diese reagiert. Innovation umfasst hierbei nicht nur neue Erfindungen, sondern auch ihre Implementierung bzw. Kommerzialisierung.

Ökologische Faktoren
Zu den ökologischen Faktoren gehören unter anderem Emissionen, Ressourcen-Verbrauch und die Nutzung von Ökosystemen. Ressourcen-Knappheit kann zum Beispiel zu einem Preisanstieg oder zum Bedarf an alternativen Mitteln führen; eine Veränderung der Ökosysteme bzw. des ökologischen Bewusstseins kann die Nachfrage beeinflussen.

Rechtliche Faktoren
Zuletzt sind rechtliche Faktoren wie Gesetzesänderungen zu analysieren – sei es im Wettbewerbsrecht, Arbeitsrecht oder bei anderen Gesetzen an tatsächlichen wie potenziellen Produktions- und auch Vertriebsstandorten. Auch Entscheidungen zu Fusionen und Übernahmen sind stark von den rechtlichen Rahmenbedingungen abhängig.

BCG-Matrix

Die 1968 von der Boston Consulting Group (BCG) entwickelte Matrix bietet eine Portfolioübersicht und dient der Bewertung der unternehmensspezifischen Geschäftseinheiten (Business Units) oder Produkte. Sie ist die wohl bekannteste 2-×-2-Matrix und wird daher im Folgenden detaillierter beschrieben. Hintergrund der Bewertung von Produkten oder Geschäftseinheiten mittels der BCG-Matrix ist die andauernde und teilweise unreflektierte Weiterentwicklung von Unternehmen. Produktinnovationen wurden in der Vergangenheit vom Unternehmen geschaffen und am Markt etabliert, ohne jedoch näher auf den Markterfolg oder das Potenzial zu achten. Die BCG-Matrix positioniert die Bewertungsgegenstände, beispielsweise Produkte oder Business Units, anhand der zwei Dimensionen Marktwachstum und relativer Marktanteil.

Marktwachstum
Die Positionierung der Bewertungsgegenstände anhand der Marktwachstums-Dimension zeigt die Marktattraktivität eines Produkts und macht das zukünftige Entwicklungspotenzial transparent. Besonderen Einfluss hat dabei die Produktlebenszyklus-Kurve, die als Grundlage der Bewertung des Marktwachstums herangezogen wird. Ein Produkt, das am Beginn der Lebenszyklus-Kurve steht, sieht sich in der Regel einem hohen Marktwachstum ausgesetzt und ist dementsprechend in der BCG-Matrix hoch zu positionieren.

Relativer Marktanteil

Die Bewertung des relativen Marktanteils ergibt sich aus dem Verhältnis des eigenen Marktanteils zu dem des stärksten Konkurrenten. Ein relativer Marktanteil > 1 weist auf die Marktführerschaft eines Produkts bzw. der Geschäftseinheit hin, da in diesem Fall das Produkt des stärksten Wettbewerbers einen kleineren Marktanteil aufweist als das eigene. Je höher der relative Marktanteil des Produkts, desto weiter links steht es in der Matrix.

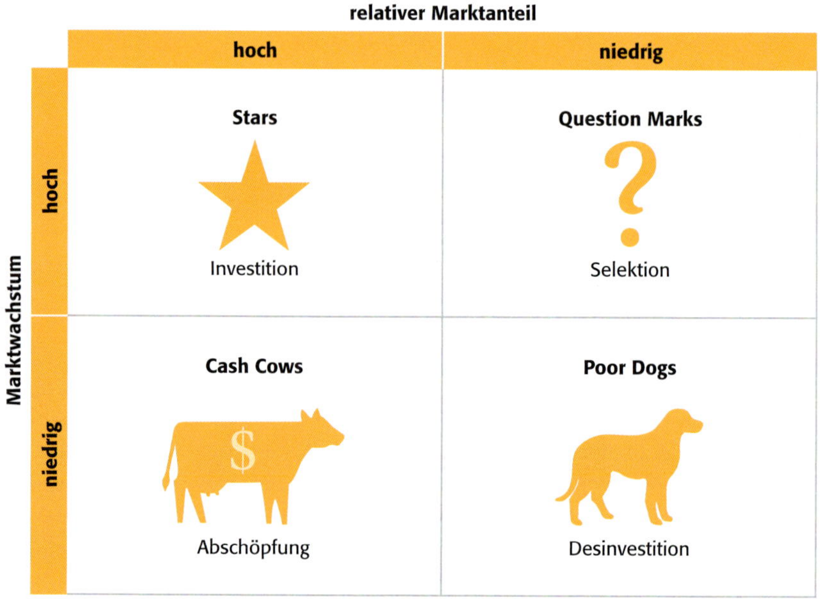

BCG-Matrix

Die Positionierung der unternehmensspezifischen Produkte und Geschäftseinheiten erfolgt in vier Quadranten, denen jeweils unterschiedliche Interpretationen und Handlungsempfehlungen zukommen:

Fragezeichen oder Question Marks

Fragezeichen sind Neuprodukte, die über ein hohes Wachstumspotenzial verfügen, bisher jedoch nur geringe Marktanteile erzielen konnten. Die Produkte bedürfen daher zunächst einer Bewertung in Hinblick auf das tatsächliche Potenzial, um zu einer Aussage über die Weiterentwicklung zu gelangen. In potenzialträchtige Produkte ist zu investieren. Rückflüsse zu Beginn der Markteinführung sind jedoch nicht zu erwarten. In weniger aussichtsreiche Produkte sollte hingegen desinvestiert werden. Bei den Fragezeichen ist somit eine Selektion vorzunehmen.

Stars

Hierunter fallen die Geschäftseinheiten und Produkte, die bereits hohe Rückflüsse generieren, große Marktanteile aufweisen und zudem über weiteres Potenzial verfügen. Trotz des hohen Investitionsbedarfs für die Festigung und den Ausbau der Marktsituation verfügen die Stars bereits über einen hohen Cashflow, der auch zukünftig als aussichtsreich einzuschätzen ist. Strategisch ist daher eine weitere Investition in die Stars zu empfehlen.

Cash Cows
Cash Cows sind durch einen hohen Marktanteil, jedoch nur niedriges Marktwachstum gekennzeichnet. Sie weisen eine hohe Profitabilität, allerdings keine langfristige Ausbaubarkeit auf. Cash Cows stellen jedoch die notwendige Liquidität zum Ausbau der anderen Produkte und Geschäftseinheiten zur Verfügung und sind daher weiter zu „melken". Für Produkte und Geschäftseinheiten der Cash Cows empfiehlt sich eine Abschöpfungsstrategie.

Poor Dogs
Schließlich befinden sich im rechten unteren Quadranten die Poor Dogs. Dabei handelt es sich um auslaufende Produkte, die über einen niedrigen Marktanteil und nur geringes Wachstum verfügen. Obwohl sie meist unprofitabel sind, verzehren Poor Dogs Ressourcen im Unternehmen. Mögliche Erträge sind daher kurzfristig weiter abzuschöpfen, langfristig sollte jedoch desinvestiert werden. Für die Poor Dogs empfiehlt sich daher eine Desinvestitionsstrategie.

Mittels der BCG-Matrix können im Rahmen von Fallstudien Geschäftseinheiten und Produkte bewertet werden. Möglicherweise lassen sich aber Cases durch abweichende und individualisierte Matrixformen treffender behandeln. In solchen Fällen sollten die Dimensionen der BCG-Matrix angepasst werden.

Wertschöpfungskettenanalyse

Zahlreiche Case-Interviews beschäftigen sich mit den internen Prozessen in Unternehmen. Das von Michael E. Porter 1985 vorgestellte Modell zur Analyse der Wertschöpfungskette (Value Chain) bietet in diesem Zusammenhang eine systematische Analyse der im Unternehmen ablaufenden Aktivitäten und Prozesse.

Im Case-Interview ist die Value Chain eine äußerst hilfreiche Methode zur strukturierten Identifikation unternehmensinterner Problemfelder. Nach Porter ist die Wertkette in primäre und sekundäre bzw. unterstützende Aktivitäten untergliedert. Der Bewerber sollte das Problem zunächst anhand der primären Aktivitäten zu ergründen versuchen und anschließend Fragen zu den unterstützenden Aktivitäten stellen. Primäre Aktivitäten sind in diesem Zusammenhang unmittelbar auf den Kunden ausgerichtete Prozesse, wohingegen sekundäre Aktivitäten die primären unterstützen.

Primäre Aktivitäten umfassen folgende Bereiche:
- **Eingangslogistik:** Die Eingangslogistik umfasst den Wareneingang, die Qualitätskontrolle, gegebenenfalls die Lagerung und den anschließenden Transport.
- **Operationen:** Die Operationen stellen den Kern der Leistungserstellung im Unternehmen dar. Dabei kann es sich um eine Weiterverarbeitung oder Zusammenführung mit anderen Komponenten handeln.
- **Marketing und Vertrieb:** Marketing und Vertriebsleistungen umfassen alle mit dem Absatz der Produkte in Zusammenhang stehenden Aktivitäten, wie z. B. Werbeannoncen, Preispolitik etc.

- **Ausgangslogistik:** Die Ausgangslogistik umfasst eine weitere Lagerung und Distribution der im Unternehmen erstellten betrieblichen Leistung.
- **Kundendienst:** Service-Leistungen im Unternehmen finden im Anschluss an die Leistungserstellung und den Absatz des Produkts statt. Hierzu sind im Rahmen der Wertschöpfungsketten-Analyse vor allem Kundenbetreuung, Ersatzteillieferung, Garantien etc. zu zählen.

Sekundäre Aktivitäten haben unterstützenden Charakter und sind daher abteilungsübergreifend zu betrachten:
- Als **Unternehmensinfrastruktur** wird die Unternehmensführung bezeichnet. Bei der Identifikation von Problemfaktoren können Bewerber z. B. Fragen zur betrieblichen Infrastruktur stellen, da diese von der Unternehmensinfrastruktur festgelegt werden. Dazu gehören Ressourcen-Allokationen, Organisationsstrukturen, Strategiedefinitionen etc.
- Die **Personalwirtschaft** umfasst die Rekrutierung, die Einsatzplanung, Entlohnung und Freisetzung von Arbeitskräften. Darüber hinaus sind Trainings und Weiterbildungsmaßnahmen in diesem Bereich zu berücksichtigen.
- **Technologie-Entwicklung** betrifft die IT-Systeme im Unternehmen, die Datenspeicherung und -verwaltung, das unternehmensinterne sowie gegebenenfalls externe Daten- und Wissensmanagement.
- Abschließend ist als unterstützende Aktivität die **Beschaffung** von Produktionsfaktoren im Unternehmen von großer Wichtigkeit. Diese umfasst alle Kommunikations- und Informationsaustausch-Beziehungen zwischen dem Unternehmen und seinen Lieferanten.

Die hier vorgestellte Wertschöpfungskette von Porter stellt ein generisches Instrument dar, das unbedingt der Anpassung und Spezifizierung auf die jeweilige Unternehmenssituation bzw. den Case bedarf. Die Wertschöpfungskette bietet eine mögliche Prozessschritt-Übersicht an, die von der tatsächlichen abweichen kann und daher meist auf unternehmensspezifische Aspekte angepasst werden muss.

Primäre und sekundäre Aktivitäten der Wertschöpfungskette nach Porter

Gewinngleichung

Die aus den betriebswirtschaftlichen Grundlagen bekannte Gewinngleichung lässt sich ebenfalls als gute Strukturierungshilfe heranziehen. Die Gewinngleichung besteht in ihrer Grundform aus drei Bestandteilen: Gewinn = Erlöse - Kosten.

Häufig steht der Bewerber im Case-Interview vor der Situation eines Gewinnrückgangs, oder das Unternehmen im Fallbeispiel ist sogar in die Verlustzone geraten. Anhand der Gewinngleichung kann nun eine strukturierte Analyse aufgebaut werden. Hierzu sind die Bestandteile der rechten Seite der Gleichung zunächst vertieft zu betrachten.

Erlöse
Eine Ursache für den Gewinnrückgang kann im abnehmenden Umsatz liegen. Der Umsatz ergibt sich aus der Anzahl der verkauften Produkte (Menge) zum jeweiligen Verkaufspreis. Somit bestimmen die abgesetzte Menge und der Preis den Umsatz, sodass diese beiden Bereiche vom Bewerber zu analysieren sind. Zu geringe Absatzzahlen können beispielsweise auf falsch eingeschätzte Kundenwünsche, eine verfehlte Produktpolitik oder eine mangelhafte Ermittlung des optimalen Vertriebskanals zurückzuführen sein. Möglicherweise ist jedoch die Verkaufsmenge im Interview-Case gleich geblieben oder gar gestiegen, wohingegen die Preise gesunken sind. Dies kann beispielsweise an durch den Vertrieb zusätzlich eingeräumten Rabatten liegen.

Kosten
Die Ursache für einen Gewinnrückgang kann neben einer Umsatzabnahme auch eine Kostensteigerung sein. Die Kosten der Gewinngleichung lassen sich in variable und fixe Kosten unterteilen. Fixkosten fallen unabhängig von der tatsächlich produzierten Menge der Produkte an. Hierzu gehört beispielsweise die Abschreibung für Maschinen. Variable Kosten hingegen sind abhängig von der produzierten Menge und fallen somit nur an, wenn tatsächlich ein Produktionsprozess stattfindet. Hierunter fallen beispielsweise die meisten Input-Faktoren, die in das Produkt einfließen. Dabei sollte auch bewertet werden, ob etwa Komplexitätsvereinfachungen möglich sind, weil das Produkt „over-engineered" ist.

Der Bewerber kann hierbei das Verhältnis der fixen und variablen Kosten untersuchen, wobei vor allem die Ausnutzung von Skalen- und Lerneffekten zu analysieren ist. Zudem sind vor diesem Hintergrund mögliche Investitionsplanungen zu beobachten. Neben dem Verhältnis fixer und variabler Kosten sollte der Bewerber auf die internen Prozesse des Unternehmens eingehen, wobei eine Verknüpfung mit der bereits oben dargestellten Wertschöpfungskette möglich ist.

Insgesamt stellt die Gewinngleichung somit ein gleichermaßen einfaches und effektives Mittel zur Fallbearbeitung dar: Gewinn = Menge × Verkaufspreis - (fixe Kosten + variable Kosten), siehe Grafik auf der nächsten Seite.

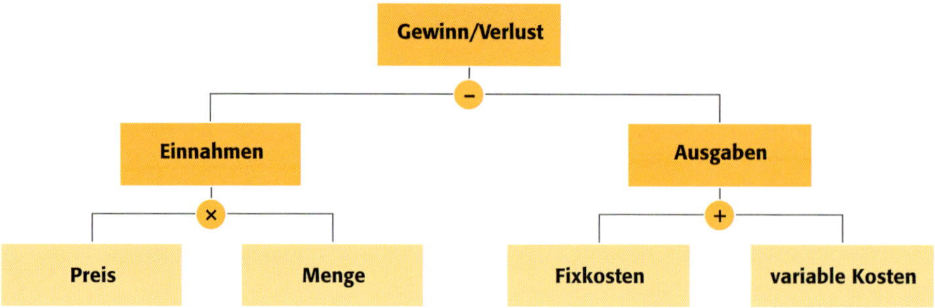

Vier-C-Konzept

Das Vier-C-Konzept bewertet vier maßgeblich auf das Unternehmen wirkende Einflussfaktoren und ermöglicht hierdurch eine grobe Evaluierung des Kerngeschäftes. Die Einflussfaktoren sind dabei sowohl interner als auch externer Natur und bieten dadurch die Grundlage für eine umfassende und übergeordnete Bewertung.

Kunden (Customer)
Zur Bewertung des Kerngeschäfts eines Unternehmens sind zunächst die Kunden zu analysieren. Ähnlich wie in dem bereits vorgestellten Five-Forces-Modell stellt sich die Frage nach der Anzahl und Marktmacht der Kunden. Preissensitive Kunden reagieren anders auf Preiserhöhungen als weniger sensitive. Weiterhin sind in einigen Bereichen mögliche Stammkunden in Erwägung zu ziehen, die für einen kontinuierlichen Umsatz sorgen. Zusätzlich können Kunden in Segmente untergliedert und gegebenenfalls mit differenzierten Produkten angesprochen werden.

Wettbewerb (Competition)
Eine weitere externe Bewertung ist in Bezug auf den Wettbewerb vorzunehmen. Auch dies ist analog zum Five-Forces-Modell durchzuführen, wobei auf die Stärke der Wettbewerber einzugehen ist. Zudem sind hierbei potenzielle neue Wettbewerber zu analysieren sowie hemmende Marktein- und -austrittsbarrieren in die Bewertung einzubeziehen.

Fähigkeiten (Capabilities)
Die Fähigkeiten eines Unternehmens sind in Bezug auf den Gegenstand der Geschäftstätigkeit zu bewerten. Der Bewerber sollte die Ressourcen des Unternehmens abschätzen können, die diesem zu einem Wettbewerbsvorteil verhelfen. Hierunter können beispielsweise die Organisationsstruktur, besondere Logistiksysteme oder ein herausragendes Produktdesign fallen. Neben der Identifikation von positiven Fähigkeiten sind weitere Verbesserungspotenziale offenzulegen.

Kosten (Cost)
Zuletzt ist die Kostenstruktur eines Unternehmens zu betrachten. Hierbei kann der Bewerber auf das Verhältnis von fixen zu variablen Kosten eingehen und auf eventuelle Risiken hinweisen. Zudem können Vergleiche zu anderen Unternehmen durchgeführt werden. Ebenfalls ist in diesem Zusammenhang auf mögliche Skaleneffekte einzugehen, die bei einer höheren Produktionsauslastung möglich werden.

Das Vier-C-Konzept bietet ein ausgezeichnetes Modell für die erste interne und externe Bewertung von Unternehmen und gibt in den meisten Case Studies insbesondere bei Marketingthemen eine gute Strukturierungshilfe. Allerdings sollte der Bewerber auch hierbei eine Erweiterung oder Einschränkung in Erwägung ziehen. Zudem analysiert das Vier-C-Konzept die Kernkompetenzen eines Unternehmens und bietet daher nur eingeschränkte Analyse-Möglichkeiten, wenn es um diversifizierte Unternehmen geht.

SWOT-Analyse

Die SWOT-Analyse unterstützt den Bewerber bei der Analyse von strategischen Fragen und Problemstellungen, die sowohl intern als auch extern begründet sein können. Sie stellt eine einfache und flexible, aber eher oberflächliche Methode dar, bei der sowohl die innerbetrieblichen Stärken und Schwächen (Strengths & Weaknesses) als auch die externen Chancen und Risiken (Opportunities & Threats) in die Betrachtung einfließen:

intern	**Strengths (Stärken)** • Konzentration auf High-Value-Kunden ermöglicht hohe Margen • Personenbeförderungsschein bereits vorhanden • langjährige Erfahrung in der Personenbeförderung	**Weaknesses (Schwächen)** • geringe Fahrerqualifikationen im Team vorhanden • geringes Startkapital für hochklassige Limousinen vorhanden • wenig bestehende Kontakte zu potenziellen Kunden
extern	**Opportunities (Chancen)** • steuerliche Absetzbarkeit von Limousinenservices • alter Fahrzeugbestand der Konkurrenzunternehmen • lokaler Markt für High-Value-Kunden vorhanden • Wirtschaftsaufschwung und aufstrebendes Marktumfeld	**Threats (Gefahren)** • problematischer Markt für qualifiziertes Personal und mehrsprachige Fahrer • Existenz langjährig etablierter Konkurrenzunternehmen

SWOT-Analyse zur Eröffnung eines Limousinenservices

Aus dieser ganzheitlichen Betrachtung kann eine übergeordnete Strategie für das Unternehmen abgeleitet werden, die neben internen Prozessoptimierungen langfristige Zielrichtungen unter Berücksichtigung der Marktentwicklung umfasst. Eine effektive SWOT-Analyse zeichnet sich nicht dadurch aus, dass für jeden der vier Bereiche möglichst viele Themen identifiziert werden, sondern vor allem durch die Selektion der wichtigsten drei bis fünf Inhalte. Der Bewerber sollte daher bemüht sein, den wirklichen Kern jeder Kategorie zu identifizieren.

Die SWOT-Analyse kann beispielsweise zur Bewertung von Unternehmen, Geschäftseinheiten, Produkten oder zur Standortplanung eingesetzt werden.

Die einzelnen Analyse-Teile werden im Folgenden dargestellt:

Interne Analyse

Die interne Analyse fokussiert das Unternehmen selbst und dient dazu, die wesentlichen Stärken und Schwächen zu identifizieren. Hierbei empfiehlt sich ein klar strukturiertes Vorgehen, damit der Bewerber nicht den Eindruck vermittelt, beliebig nach Stärken und Schwächen zu suchen. Der Bewerber hat selbstverständlich die Möglichkeit, die SWOT-Analyse mit anderen Frameworks zu verknüpfen, sodass im Rahmen der internen Analyse beispielsweise die Wertschöpfungskette untersucht werden kann. Die im Unternehmen ablaufenden Wertschöpfungsstufen werden schrittweise durchgegangen und in Bezug auf ihre Stärken und Schwächen analysiert.

Neben der prozessorientierten Analyse können auch Abteilungen des Unternehmens wie Produktion, Marketing und Personalabteilung durchleuchtet werden. Andere Strukturen, beispielsweise die Betrachtung von verschiedenen Kosten und Produkten, z. B. anhand der Bilanz sowie Gewinn- und Verlustrechnung, sind selbstverständlich ebenso anwendbar.

Zusätzlich sollte darauf geachtet werden, dass nicht nur materielle Stärken und Schwächen identifiziert, sondern auch immaterielle Bereiche mit einbezogen werden. Beispielsweise können das Produktdesign oder die äußerst hohe Qualifikation der Mitarbeiter ein Herausstellungsmerkmal darstellen.

Wichtig ist bei der Durchführung der internen Analyse zudem die Gegenüberstellung des Untersuchungsgegenstands mit anderen Vergleichseinheiten (z. B. Unternehmen, Produkten etc.). Eine Stärke oder Schwäche des Unternehmens sollte nur dann als solche identifiziert werden, wenn es sich darin signifikant von den Wettbewerbern unterscheidet.

Externe Analyse

Die externe Analyse umfasst die Analyse und Identifikation der Chancen und Risiken. Sie beschäftigt sich mit der Umwelt des Unternehmens und betrachtet somit Einflussfaktoren, die in der Regel exogen sind. Da die Unternehmensumwelt kaum beeinflussbar ist, bedarf es einer Anpassung des Unternehmens an die Umweltsituation. Das Unternehmen kann somit lediglich reagieren.

Die externe Analyse sollte ebenfalls strukturiert gestaltet werden und umfasst beispielsweise die Themenbereiche Markt, Wettbewerb, Kunden und Zulieferer. Mögliche Chancen und Risiken ergeben sich dabei aus gesättigten Märkten, Bevölkerungsabnahme, demografischen Veränderungen in der Bevölkerung etc.

Im Anschluss an die interne und externe Analyse sind Handlungsanleitungen zu generieren und Empfehlungen abzuleiten. Vereinfacht kann dies durch die Kombination der vier Bereiche geschehen:

- **Stärken – Chancen:** Die Stärken eines Unternehmens sollten in Hinblick auf die gebotenen Chancen bestmöglich genutzt werden. Beispielsweise kann ein charismatischer Unternehmensführer (Stärke) dazu genutzt werden, mittels neuer Medien (Chance) Online-Werbung für das eigene Produkt zu machen.
- **Stärken – Risiken:** Eine Unternehmensstärke kann ebenfalls dazu verwendet werden, auftauchenden Risiken zu begegnen. Beispielsweise kann die charismatische

Führungskraft (Stärke) aktive Lobbyarbeit zur Verbesserung der politischen Rahmenbedingungen (Risiko) leisten.

- **Schwächen – Chancen:** Hierbei sollte sich der Bewerber fragen, wie die Chancen zu nutzen sind, um die Schwächen des Unternehmens zu reduzieren. Beispielsweise kann die Globalisierung (Chance) zu einem höheren Absatz in aufstrebenden Ländern verhelfen, wodurch mittels verbesserter Skaleneffekte die Kostensituation des Unternehmens verbessert wird.
- **Schwächen – Risiken:** Bei dieser Kombination sollte der Bewerber für mögliche Bedrohungen sensibilisiert werden. Wenn das Unternehmen beispielsweise einen extrem hohen Energieausstoß bei der Erzeugung seiner Produkte hat (Schwäche), müssen bei einer Änderung der energiepolitischen Rahmenbedingungen in Richtung Restriktionen dringend Maßnahmen ergriffen werden.

Trotz ihrer Einfachheit bietet die SWOT-Analyse somit eine Methodik zur Analyse der internen und externen Situation und führt zudem zu sinnvollen Vorschlägen.

Vier-P-Konzept

Das Vier-P-Konzept wurde von Jerome McCarthy entwickelt und umfasst als Hauptelemente die wichtigsten absatzpolitischen Entscheidungsdimensionen. Dieser Marketingmix dient der Ableitung konkreter Handlungsalternativen und hilft dem Bewerber vor allem bei der Identifikation von Schwachstellen einer Produktpositionierung. Das Vier-P-Konzept umfasst die vier Bereiche Product, Price, Promotion und Place, die unmittelbar auf den Markterfolg eines Produkts einwirken. Die Methode unterstützt den Bewerber sowohl bei der Bewertung einer Neuprodukteinführung als auch bei der Identifikation von Stärken und Schwächen bestehender Produkte.

Product

Der Erfolg eines Produkts am Markt wird maßgeblich durch eine passende Produktpolitik beeinflusst. Das Produkt muss den Markterfordernissen gerecht werden und sich an den Bedürfnissen des Kunden orientieren. Nur ein vom Kunden wahrgenommener Nutzen des Produkts führt zum Kauf. Wichtig ist hierbei, dass das Produkt ein eindeutiges Differenzierungsmerkmal gegenüber anderen Produkten aufweist, wobei häufig von einem einzigartigen Verkaufsargument (USP – Unique Selling Proposition) gesprochen wird.

Neben dem Produkt selbst sind im Rahmen der Analyse auch weitere Aspekte der Produktpolitik zu analysieren. Beispielsweise können hierbei ein modularer Aufbau des Produkts, das Angebot von Nebenleistungen oder Zusatzausstattungen analysiert werden.

Price

Ein entscheidendes Kriterium für den Markterfolg ist die Preispolitik. Diese steht in Zusammenhang mit der Produktpolitik und ist daher nicht ohne deren Einbeziehung zu bewerten. Weist das Produkt ein hohes Maß an Differenzierung zu Wettbewerbsprodukten auf und leistet dieser Unterschied einen wesentlichen Vorteil für den Kunden, so ist in der Regel ein höherer Angebotspreis gerechtfertigt. Ein extrem niedriger Preis, beispielsweise bei einem Standardprodukt, kann ebenfalls sinnvoll sein und zu einer Verdrängung der Wettbewerber führen.

Zusätzlich sind hierbei auch mögliche Rabattaktionen, Sonderkonditionen, Skonti oder Boni zu analysieren, die ebenfalls einen Einfluss auf die Preispolitik des Produkts haben.

Promotion

Maßgeblichen Einfluss auf den Erfolg hat weiterhin die Werbung, die beispielsweise für eine Produktneueinführung durchgeführt wird. Der Bewerber hat diesbezüglich die Art und das Medium der Werbung zu analysieren, deren Angemessenheit zu bewerten sowie Verbesserungspotenziale aufzuzeigen.

Place

Zuletzt ist im Rahmen des Vier-P-Konzepts auf die Distributionspolitik des Produkts einzugehen. Hierbei bewertet der Bewerber, welche Distributionskanäle für die Marktplatzierung optimalerweise zu wählen sind und wie die Kunden zielgerichtet angesprochen werden können.

Die Ansoff-Matrix

Die Ansoff-Matrix, so benannt nach ihrem Erfinder Harry Igor Ansoff, ist ein Instrument zur strategischen Betrachtung unterschiedlicher Wachstumsstrategien. Da sie die vier Produkt-Markt-Kombinationen beleuchtet, wird sie auch Produkt-Markt-Matrix genannt. Die vier Wachstumsstrategien sind Marktdurchdringung bei bestehenden Märkten und Produkten, Produktentwicklung bei bestehenden Märkten und neuen Produkten, Marktentwicklung bei neuen Märkten und bestehenden Produkten und Diversifikation bei neuen Märkten und Produkten. Entlang dieser vier Strategieoptionen können Unternehmen Szenarien der Produktgestaltung entwickeln, die Risiken und Nutzen abwägen und eine Wachstumsstrategie oder eine Kombination auswählen.

		Produkt	
		bestehend	**neu**
Markt	**bestehend**	Marktdurchdringung	Produktentwicklung
	neu	Marktentwicklung	Diversifikation

Ansoff-Matrix

Die vier Produkt-Markt-Optionen:

- **Marktdurchdringung:** Eine Intensivierung der Marktbearbeitung erfolgt z. B. durch Kosten- und Preissenkungen und verstärktes Marketing. Ziel ist es, den Marktanteil mindestens zu halten oder auszubauen, indem der Absatz bei bestehenden Kunden erhöht wird und/oder die Produkte an neue Kunden verkauft werden. Das Wachstumspotenzial ist hierbei begrenzt, wenn der Markt bereits gesättigt ist. Dafür ist das Risiko dieser Strategie meist gering.
- **Produktentwicklung:** Die Gestaltung von Neuprodukten oder neuen Produktlinien entsteht durch eine Weiterentwicklung oder die Einführung eines vollständig neuen Produkts in den bestehenden Markt. Das Unternehmen kann auf eine hohe Marktkenntnis und eine bestehende Infrastruktur zurückgreifen, z. B. bei Organisation, Logistik und Vertrieb.
- **Marktentwicklung:** Die Marktentwicklung erfolgt durch eine geografische Expansion in neue Exportmärkte oder eine Marktausweitung auf neue Kundenzielgruppen. Da bestehende Märkte häufig gesättigt sind, kann das Verkaufspotenzial durch neue Distributions- und Absatzkanäle wirksam erhöht werden.
- **Diversifikation:** Die Diversifikation ist ein doppelter Aufbruch, da sich das Unternehmen außerhalb von gegenwärtigen Produkten und Märkten bewegt. Sie ist damit die risikoreichste Strategie, weil wenig Synergieeffekte zu bestehenden Produkten vorhanden sind und das Unternehmen Neuland betritt. Ansoff unterscheidet hierbei drei Typen der Diversifikation: Die horizontale Diversifikation umfasst artverwandte neue Produkte im Einklang mit Kernkompetenzen des Unternehmens. Die vertikale Diversifikation ist eine Ausweitung der Wertschöpfungskette des Unternehmens auf vorgelagerte (Rückwärtsintegration) oder nachfolgende (Vorwärtsintegration) Prozesse. Die laterale/konglomerate Diversifikation schließlich ist die Ausweitung auf gänzlich neue Markt- und Produktgebiete.

Die Ansoff-Matrix wurde vor über 50 Jahren entwickelt und wird noch heute als Analysewerkzeug genutzt. Zwar beschränkt sie sich auf die beiden Faktoren Märkte und Produkte, ist wachstumsfixiert und erklärt weder die spezifischen Strategie- noch Implementierungsprozesse; dennoch ermöglicht sie eine unkomplizierte Strukturierung von Wachstumsstrategien. Die Ansoff-Matrix ist daher ein hilfreiches Instrument, um die unternehmerische Produkt- und Marktgestaltung in Cases zu analysieren und zu bewerten.

Logikbaum

Entscheidungs- oder Logikbäume dienen der strukturierten Herangehensweise an ein Problem und sind gleichermaßen für interne und externe Problemstellungen geeignet. Der Logikbaum zerlegt das Problem in seine Einzelteile und gewährleistet hierdurch eine übersichtliche Darstellung der Teilprobleme und Gesamtzusammenhänge. Der Top-down-Ansatz ist die am häufigsten verwendete Vorgehensweise, wobei jedoch ein Bottom-up-Ansatz ebenso gut denkbar ist.

Bei der Problemzerlegung muss der Bearbeiter jedoch beachten, dass die Teilprobleme jeweils auf der richtigen Ebene angesiedelt sind und zudem dem MECE-Prinzip entsprechen. MECE steht hierbei für einen Ansatz, der „Mutually Exclusive" (ME) und „Collectively Exhaustive" (CE) ist. Die Bestandteile des Logikbaums sollen demnach überschneidungsfrei sein, gleichzeitig aber im Ganzen ausreichen, um das Problem zu erfassen. Beispielhaft kann dies anhand des Logikbaumes der Gewinngleichung verdeutlicht werden.

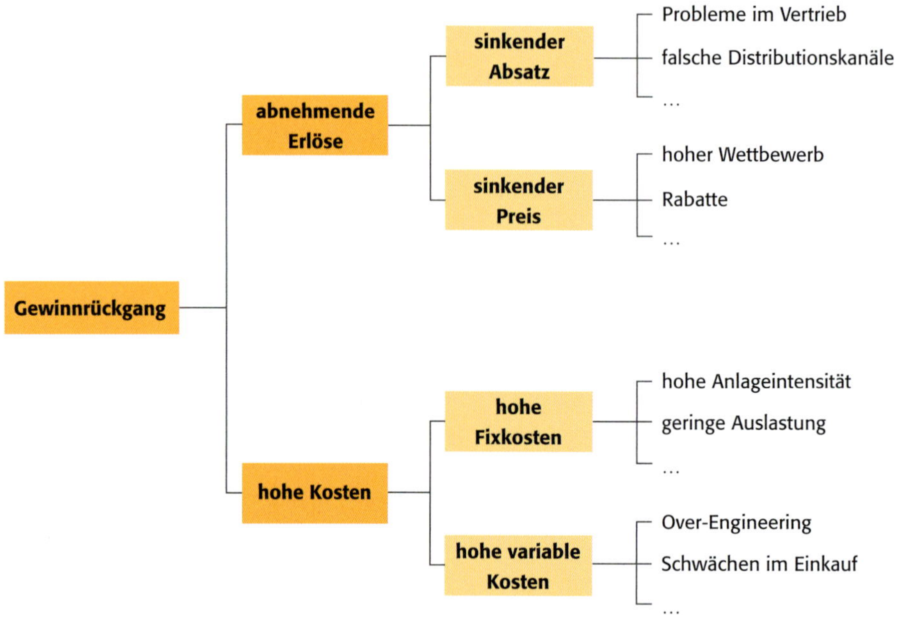

Logikbaum

Weitere Frameworks

Wie anfangs erwähnt, dienen Frameworks als Stütze bei der Bearbeitung von Fallstudien und sind besonders nützlich, wenn sie kritisch und kreativ angewendet werden. Es gibt zahlreiche Konzepte, die als Repertoire dienen. Fünf weitere seien hier kurz erwähnt:

- Benchmarking bezeichnet den Vergleich von Produkten, Dienstleistungen, Prozessen, Methoden und Praktiken zwischen Unternehmen, um Verbesserungspotenzial zu erkennen und entsprechend umzusetzen.
- Die Wettbewerbsmatrix von Michael Porter, die auch unter dem Konzept der generischen Strategien bekannt ist, ist ebenfalls ein Instrument für die Produktpolitik eines Unternehmens. Porter benennt darin die drei Wettbewerbsstrategien Differenzierung, Kostenführerschaft und Fokussierung.

- Eine Alternative zum Five-Forces-Modell bietet das Wertnetz von Adam Brandenburger und Barry Nalebuff. Es betont insbesondere kooperative neben kompetitiven Strategien und führt das Konzept von Komplementoren ein. Komplementoren sind Unternehmen, die zum eigenen Produkt bzw. zur eigenen Dienstleistung ergänzende Produkte oder Dienstleistungen anbieten.
- Das Konzept des Shared Value von Kramer und Porter verortet das Unternehmen in der Gemeinschaft und ist ein integrativer Ansatz von sozialem und wirtschaftlichem Fortschritt. Die Konkurrenzfähigkeit eines Unternehmens und das Befinden der Gemeinschaft bedingen einander in diesem Ansatz.
- Die Szenariotechnik dient als Analyse-Methode zur strategischen Unternehmensplanung, indem sie Trend- und Extremszenarien aufzeigt, woraus sich Handlungsempfehlungen für das betroffene Unternehmen ableiten lassen.

Abschließend ist anzumerken, dass zahlreiche weitere Frameworks eine Möglichkeit der Aufbereitung des Problems bieten, um Cases zu verstehen, zu strukturieren und Handlungsalternativen zu erkennen und aufzuzeigen. Der herausragende Bewerber zeichnet sich insbesondere durch einen neuartigen und kreativen Ansatz aus, der die bekannten Frameworks abändert oder selbstständig neue erschafft.

LINK-TIPP:

Mindmap zum Lösen von Case Studies

Der ehemalige e-fellows.net-Stipendiat Sebastian Paasch hat eine Mindmap angefertigt, die zeigt, wie man an Case Studies herangehen kann. Sie steht unter folgendem Link zum Download zur Verfügung: http://download.e-fellows.net/mind_map.pdf

Hilfreiche Basisdaten für Case Studies

Ob konkreter, realitätsnaher Business Case oder kreative Abschätzung – grundlegende Daten helfen nicht nur beim Meistern von Fallstudien, sie zeigen außerdem ein solides Grundwissen und eine gute Vorbereitung auf das Bewerbungsverfahren. Im Folgenden sind einige Basisdaten zu Deutschland, Europa und der Welt zusammengestellt.

Länderprofil – Deutschland

Basisdaten Deutschland

Fläche	**357 Tsd. km²**
N-S-Ausdehnung	ca. 870 km
O-W-Ausdehnung	ca. 630 km
Straßennetz	**230 Tsd. km**
Autobahnnetz	13 Tsd. km
Schienennetz	**43,5 Tsd. km**
Einwohnerzahl	**82,2 Mio.**
< 15 Jahre	10,9 Mio.
15 bis 65 Jahre	54 Mio.
≥ 65 Jahre	17,3 Mio.
männlich/weiblich	40,53 Mio./41,66 Mio.
Erwerbstätige	43,5 Mio.
Geburten	738 Tsd.
Anzahl privater Haushalte	**40,8 Mio.**
mit Internetzugang	35,2 Mio.

Viele weitere Daten und Statistiken zu den Themenfeldern Wirtschaft, Umwelt und Gesellschaft finden sich zum Beispiel auf der Website des Statistischen Bundesamtes. Zusätzlich zu den oben genannten Fakten ist es nützlich, über aktuelle politische sowie wirtschaftliche Entwicklungen informiert zu sein. Hierzu empfiehlt sich die Lektüre der gängigen Tageszeitungen.

Zahlen, Daten, Fakten zu Europa

Kommt man im Interview auf das Thema Europa zu sprechen, ist es zunächst wichtig, abzuklären, „welches" Europa gemeint ist: das geografische Europa, die Europäische Union oder etwa die Eurozone. Die folgende Übersicht der Basisgrößen bezieht sich auf Daten der Europäischen Union mit ihren 28 Mitgliedsstaaten.

Basisdaten EU

Mitgliedstaaten	**28**
Amtssprachen	**24**
Fläche gesamt	**ca. 4,4 Mio. km²**
flächengrößter Staat: Frankreich (exkl. Übersee)	544 Tsd. km²
flächenkleinster Staat: Malta	316 km²
Einwohnerzahl gesamt	**510,3 Mio.**
Euro-Raum (19 Länder)	339,9 Mio.
Frankreich	66,8 Mio.
Großbritannien	65,3 Mio.
Italien	60,7 Mio.
Spanien	46,4 Mio.
Geburten gesamt pro Jahr	**5,1 Mio.**
Erwerbstätigenquote (15–64-Jährige) gesamt	**70,1 %**
Frauen	64,3 %
Männer	75,9 %

Mithilfe von Eckdaten einiger EU-Staaten lassen sich nun, falls benötigt, die Größenordnungen z. B. von Einwohnerzahl oder Fläche weiterer Länder grob abschätzen. Statt ins Blaue hinein etwa die Fläche von Spanien zu schätzen, macht es einen besseren Eindruck, die Schätzung mit logischen Annahmen zu begründen:

„Die Fläche Spaniens ist etwas kleiner als die Fläche des größten EU-Landes Frankreich mit ca. 550.000 km². Sie ist allerdings weit größer als die Fläche Deutschlands mit ca. 360.000 km². Deshalb schätze ich die Fläche Spaniens auf rund 500.000 km²."

Auf der Website des statistischen Amts Eurostat der Europäischen Kommission sind zusätzlich zu den oben genannten Daten eine große Zahl von Statistiken, Grafiken und Veröffentlichungen über eine weite thematische Bandbreite frei zugänglich.

Basisinformationen – die Welt

Basisdaten global

Anzahl Staaten/Territorien	**ca. 270**
UN-Mitgliedsstaaten	**193**
Erdoberfläche	**510 Mio. km²**
Meeresfläche	ca. 360 Mio. km²
Landfläche	ca. 150 Mio. km²
landflächengrößte Staaten:	
Russland	17,1 Mio. km²
Kanada	10,0 Mio. km²
USA	9,8 Mio. km²
China	9,6 Mio. km²
landflächenkleinster Staat: Vatikanstadt	0,4 km²
Weltbevölkerung	**7,32 Mrd.**
bevölkerungsreichste Staaten:	
China	1.373 Mio.
Indien	1.266 Mio.
USA	324 Mio.
Indonesien	258 Mio.
bevölkerungsärmster Staat: Vatikanstadt	ca. 1000
Anteil < 15 Jahre	**25 %**
Anteil ≥ 65 Jahre	**8,7 %**
Ø jährl. Bevölkerungswachstum	**1,06 %**
max. Bevölkerungswachstum: Südsudan	3,92 %
min. Bevölkerungswachstum: Cookinseln	–2,88 %

QUELLEN:

- CIA: https://www.cia.gov/library/publications/the-world-factbook/index.html
- Destatis (Statistisches Bundesamt Deutschland): www.destatis.de
- Eurostat (statistisches Amt der Europäischen Kommission): http://ec.europa.eu/eurostat
- Lexas: www.lexas.de/erde/erdoberflaeche.aspx
- United Nations, Overview: www.un.org/en/sections/about-un/overview/index.html

4. Case Studies zur Übung

Einführung

Cases sind nicht alles, wenn man das Ticket für den Einstieg in die Beratung lösen möchte – aber sie sind des Pudels Kern, wenn man sich bestmöglich auf ein Bewerbungsgespräch vorbereiten will. Das dritte Kapitel hat Ihnen viel Theoriewissen zu den Cases und Tipps für die Praxis mit auf den Weg gegeben; das ist für den Erfolg eines Case-Interviews grundlegend. Darauf aufbauend ist eine Vorbereitung aber nur dann gründlich, wenn man den Ernstfall vorher so gut wie möglich simuliert – und dazu dienen die nun folgenden Case Studies.

Diversität der Cases

Auf rund 90 Seiten folgen nun 19 Cases, die Bewerber schon so oder so ähnlich meistern mussten. Die Fallstudien variieren zum Teil in Umfang, Konzeption und Stil – denn es gibt nicht *den* Case, *den* Case-Verlauf oder *das* Case-Schema. Daher repräsentieren die nun folgenden Fallstudien die Vielfalt der Case-Landschaft. Gerade weil sie größtenteils der Praxis entstammen, beweisen die Cases in diesem Buch, wie groß die Unterschiede je nach Bewerber (und dessen Fachhintergrund), Beratung, Interviewer und Branche ausfallen können.

Fallbeispiele aus dem wahren (Interview-)Leben

„Ich bedauere, dass ich Ihnen den Case erst heute schicken kann. Ich wollte ihn vorher nochmals in der Praxis testen." So ungefähr entschuldigen sich Autoren regelmäßig dafür, dass sie ihre Fallstudie mit etwas Verspätung abliefern. Das zeigt, dass die Cases keine reine Erfindung sind – im Labor ausgetüftelt, aber womöglich fernab jeglicher (Interview-)Realität. Im Gegenteil: Es sind größtenteils Cases, die die Berater bereits im Interview verwendet haben, es noch tun oder es zumindest tun könnten.

Auswendig lernen: nein. Verstehen: ja!

Nun wäre es schön, wenn man die folgenden Cases und ihre Lösungswege einfach auswendig lernen könnte – in der Hoffnung, dass diese einem auch im wirklichen Bewerbungsleben begegnen. Abgesehen davon, dass die Wahrscheinlichkeit der eines Sechsers im Lotto nahekommt, raten Interviewer zudem, es offen zuzugeben, wenn man den Case bereits kennt (weil nur so ein authentisches Verhalten bei der Bearbeitung möglich ist). Auswendiglernen bringt jedenfalls nichts; stattdessen sollten Sie versuchen, die Fälle zu lösen und danach den vorgeschlagenen Lösungsweg nachzuvollziehen und zu verstehen. Das ist die beste Voraussetzung, um das Wissen auf andere Cases zu transferieren.

Brainteaser

Wer nach den Case Studies noch immer nicht genug hat, kann sich den anschließenden Brainteasern widmen – und diese Nüsse mit Grips und „Um-die-Ecke-Denken" knacken.

Ice Ice Baby!

von Dr. Dieter Kiesenbauer

Aufgabenstellung

Wie schwer ist die Eisschicht auf dem Weißensee in Kärnten?

Lösungsweg

Der Fokus bei Fallstudien dieser Art ist zweigeteilt. Zum einen möchte der Interviewer prüfen, inwieweit der Kandidat in der Lage ist, ein komplexes Problem in sinnvolle Teilschritte zu gliedern. Zum anderen lässt sich damit die Allgemeinbildung des Kandidaten testen sowie die Fähigkeit, sinnvolle und realistische Vereinfachungen vorzunehmen. Insofern steht nicht genaue Ergebnis im Vordergrund, sondern der Weg dorthin.

Schritt 1: Ermittlung der (See-)Fläche
Der Weißensee ist einer größten Seen im österreichischen Kärnten. Er bietet im Winter an rund 80 Tagen die größte Eisfläche der Alpen. Dies macht ihn insbesondere bei Eis(schnell)läufern sehr beliebt. Die Form des Sees ist sehr langgezogen mit einer Länge von ca. 11,6 km, während der See nur maximal 900 m breit ist. Da man den See nicht kennen muss, können die groben Maße auch vom Interviewer vorgegeben werden. Ausgehend von diesen Informationen kommt man bei einer durchschnittlichen Breite von 500 m auf eine Gesamtfläche des Sees von 5,8 km^2, was die tatsächliche Fläche von 6,5 km^2 etwas unterschätzt. Zur Vereinfachung der weiteren Berechnungen unterstellen wir eine Fläche von 6 km^2.

Schritt 2: Berechnung des Volumens der Eisschicht
Aufgrund seiner Lage und der damit einhergehenden sehr kalten Temperaturen friert der See vergleichsweise schnell zu. Die Eisschicht kann in den Wintermonaten bis zu 58 cm dick werden. Auch hier kommt es nicht auf die konkrete Eisdicke an. Vielmehr ist eine plausible Annahme gefragt. Der Kandidat sollte wissen, dass man Eisflächen erst ab einer Dicke von 10 bis 15 cm weitgehend gefahrlos betreten kann. Für die Berechung unterstellen wir eine durchschnittliche Eisdicke von 25 cm. Damit ergibt sich für das Volumen der Eisschicht $6\ km^2 \times 25\ cm = 1{,}5$ Millionen m^3.

Schritt 3: Ableitung der Masse der Eisschicht
Es sollte allgemein bekannt sein, dass die Dichte von Wasser etwa den Wert 1 hat, d. h. ein Liter Wasser wiegt ungefähr ein Kilogramm. Des Weiteren weiß man, dass Eis schwimmt, z. B. Eiswürfel in einem Getränk. Daraus ergibt sich, dass die Dichte von Eis niedriger ist als die von Wasser. Erneut spielt der konkrete Wert der Dichte von Eis (0,918 kg/l) eine untergeordnete Rolle. Zur Vereinfachung der abschließenden Berechnung unterstellen wir einen Wert von 0,9. Damit ergibt sich für die Masse der Eisschicht 1,5 Millionen $m^3 \times 0{,}9\ kg/dm^3 = 1{,}35$ Millionen Tonnen.

Und? Wie viel haben Sie ursprünglich geschätzt? Eis ist schwerer, als viele denken …

Gitarrensaiten um den Berliner Fernsehturm

von Sarina Wittchen

Aufgabenstellung

Kann man den Berliner Fernsehturm mit den aneinandergeknüpften Saiten aller Gitarren in Deutschland umwickeln?

HINWEIS: Es sollen alle üblichen Gitarren einbezogen werden (Konzertgitarre, Westerngitarre, E-Gitarre, Halbresonanzgitarre, Akustikbass, E-Bass) und nur die Saiten, die auf Gitarren gespannt sind (keine Vorräte etc.). Zur Vereinfachung kann die Kugel des Fernsehturms für die Berechnung ignoriert werden.

Lösungsweg

Ziel des Case ist es, dass der Kandidat durch begründete Annahmen auf ein möglichst realistisches Ergebnis kommt. Eine erste Strukturierung ist hierfür hilfreich.

Strukturierung und Herangehensweise
Die Aufgabenstellung zielt auf zwei verschiedene Abschätzungen ab. Der Kandidat muss sowohl die Länge aller aneinandergeknüpften Gitarrensaiten als auch die Mantelfläche bzw. den Umfang des Berliner Fernsehturms abschätzen. Die beiden Ergebnisse werden dann miteinander kombiniert, um die Ausgangsfrage zu beantworten.

Abschätzung 1: Länge aller aneinandergeknüpften Gitarrensaiten
Für die Lösung muss sich der Kandidat zunächst überlegen, wie viele Gitarren es in Deutschland gibt. Deren Anzahl kann man anhand der Anzahl der deutschen Privathaushalte (ca. 40,8 Millionen) ableiten. Eine plausible Annahme ist, dass in jedem dritten deutschen Haushalt ein Musikinstrument vorhanden ist; also 13,6 Millionen Instrumente.

Ausgehend von der Tatsache, dass die Gitarre neben den Tasteninstrumenten eines der beliebtesten Instrumente darstellt, ist es eine plausible Annahme, dass in einem Drittel der Haushalte mit Instrument eine Gitarre vorhanden ist, das ergibt insgesamt also 4,5 Millionen Gitarren.

Außerdem könnte es noch weitere Gitarren in Musikschulen oder bei Profi-Gitarristen geben. In Deutschland gibt es 2.060 Städte. Unter der Annahme, dass es in ca. 70 Prozent eine Musikschule gibt, kann auf ca. 1.500 Musikschulen geschlossen werden, von denen jede im Durchschnitt zehn Gitarren besitzt. Des Weiteren gibt es in Deutschland ca. 15.000 Profimusiker, von denen jeder im Durchschnitt drei Gitarren besitzt. Insgesamt ergibt sich somit eine Anzahl von 4,56 Millionen Gitarren in Deutschland (4,5 Millionen + 15.000 + 45.000)

HINWEIS: Die Schätzung kann auch über die Einwohnerzahl durchgeführt werden. In einem echten Bewerbungsgespräch könnte man ggf. auf die genaue Schätzung der Gitarren außerhalb von Haushalten verzichten, da die Schätzung dadurch nicht wesentlich genauer wird. Den Gedanken sollte man jedoch erwähnen.

Nachdem der Kandidat die Anzahl der Gitarren bestimmt hat, muss nun die Länge der Saiten geschätzt werden. Eine Gitarre hat meist sechs Saiten mit einer durchschnittlichen Länge von einem Meter. Die aneinandergeknüpften Saiten einer Gitarre ergeben also eine Länge von sechs Metern, sofern man Knoten außer Acht lässt.

Für die erste Abschätzung ergibt sich somit ein Wert von 27.000 Kilometern für die Länge aller aneinandergeknüpften Gitarrensaiten in Deutschland (6 Meter × 4,5 Millionen Gitarren).

Abschätzung 2: Mantelfläche bzw. Umfang des Berliner Fernsehturms

Zunächst sollte der Kandidat die Maße des Berliner Fernsehturms benennen bzw. abschätzen.

Form: Kegel
Höhe: 368 Meter
Durchmesser (des Fundaments): 42 Meter

Form und Maße des Berliner Fernsehturms

Zur Vereinfachung kann der Kandidat bei der Berechnung von einer Zylinderform ausgehen und als Durchmesser die Hälfte des Durchmessers des Fundaments (0,5 × 42 m = 21 m) heranziehen.

- $\text{Umfang} = 2 \times \pi \times \text{Radius} = 2 \times \pi \times 10{,}5\ \text{m} = 65{,}97\ \text{m}$

Zusammenführung der Abschätzungsergebnisse

Im letzten Schritt muss der Kandidat die beiden Zwischenergebnisse miteinander kombinieren und herausfinden wie „hoch" man mit den Gitarrensaiten kommt, wenn man den Berliner Fernsehturm umwickelt. Zunächst sollte der Kandidat also die Länge aller aneinandergeknüpften Gitarrensaiten durch den Umfang des Fernsehturms teilen. So ergibt sich, dass mit den Saiten rund 400.000 Umwicklungen (27.000 km ÷ 0,066 km) möglich sind. Unter der Annahme, dass eine Gitarrensaite einen Durchmesser von ca. einem Millimeter besitzt, könnte der Berliner Fernsehturm damit bis zu einer Höhe von 400 Metern umwickelt werden - er hat aber nur 368 Meter.

Fazit

Mit den aneinandergeknüpften Saiten aller Gitarren in Deutschland kann man den Berliner Fernsehturm komplett umwickeln.

Sitzbezüge aus Lkw-Planen als neue Umweltstrategie

von Bastian Imhof und Maximilian Kern

Aufgabenstellung

Ein Automobilzulieferer für Sitze möchte im Rahmen seiner neuen Umweltstrategie Sitze mit Bezügen aus alten Lkw-Planen auf den deutschen Markt bringen.

Wie viele Lkw-Planen müssen dafür jährlich beschafft werden? Plausibilisieren Sie anhand des Ergebnisses, ob der Lieferant seine Umweltstrategie umsetzen kann.

Lösungsweg

Zunächst sollten Sie den Case und das Lösungsvorgehen strukturieren. Dabei müssen Sie alle zu bestimmenden Einflussgrößen und ihren Wirkzusammenhang entlang einer vereinfachten Wertschöpfungskette aufzeigen. So muss zum Beispiel die Nachfrage für Sitze aus Lkw-Planen ermittelt werden, bevor der Materialbedarf bestimmt und die Möglichkeit der Beschaffung geprüft wird.

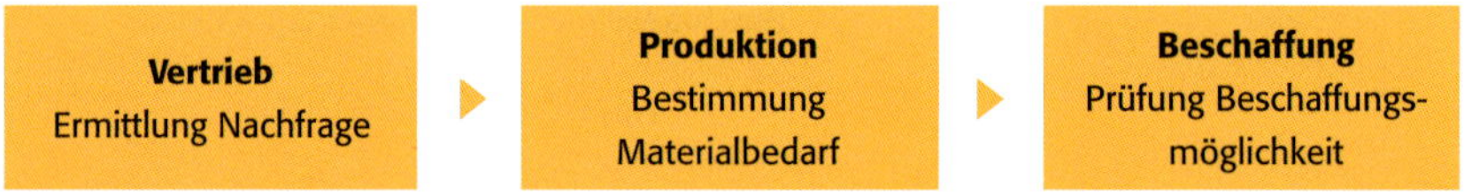

Vorgehen bei Lösung der Fallstudie

Ermittlung der Nachfrage
Zunächst ermitteln Sie alle in Deutschland neuzugelassenen Pkws, in die die Sitze aus Lkw-Planen verbaut werden. Dies wird in drei Schritten abgeleitet:

1. **Fahrzeugbestand in Deutschland:** Deutschland hat rund 80 Millionen Einwohner, woraus sich mit einer durchschnittlichen Haushaltsgröße von zwei Personen (⅓ Singlehaushalte, ⅓ Paarhaushalte, ⅓ Familienhaushalte mit durchschnittlich einem Kind) 40 Millionen Haushalte ergeben. Da der Pkw das Hauptfortbewegungsmittel in Deutschland ist, wird angenommen, dass nur jeder fünfte Haushalt (20 Prozent) keinen Pkw besitzt. Bei den Haushalten mit Pkw wird für den Großteil (60 Prozent) ein Pkw und für die restlichen 20 Prozent zwei Pkws angenommen. Daraus ergibt sich ein Bestand von rund 40 Millionen Pkws.
2. **Anzahl Neuzulassungen in Deutschland:** Um die jährlichen Neuzulassungen zu bestimmen, schätzen Sie das Durchschnittsalter der Pkws. Dabei wird der Fahrzeugbestand auf Fahrzeuggenerationen heruntergebrochen (pro Generation werden fünf Jahre angenommen).

Fahrzeuggeneration	Durchschnittsalter	Verteilung
neueste Generation	2,5 Jahre (0–5 Jahre)	20%
Vorgänger	7,5 Jahre (5–10 Jahre)	40%
Vor-Vorgänger	12,5 Jahre (10–15 Jahre)	20%
ältere Generationen	17,5 Jahre (15–20 Jahre)	20%

Fahrzeugbestand nach Fahrzeuggenerationen

Aus den Angaben errechnet sich ein Durchschnittsalter von 9,5 Jahren pro Fahrzeug. Vereinfacht ergeben sich 4,2 Millionen Neuzulassungen pro Jahr (40 Millionen ÷ 9,5 Jahre).

3. **Anzahl nachgefragter Sitze aus Lkw-Planen:** Von den 4,2 Millionen Neuzulassungen müssen Sie nun den relevanten Anteil an Pkws bestimmen, bei denen Sitze aus Lkw-Planen verbaut werden. Dabei treffen Sie folgende Annahmen:

Einflussfaktor	Begründung	Marktanteil
Anteil deutscher Hersteller	Die Fragestellung bezieht sich auf den deutschen Markt. Da dort ansässige Automobilhersteller bislang führend in Umweltfragen waren, kann davon ausgegangen werden, dass auch ausschließlich diese beliefert werden. Vor dem Hintergrund, dass diese Hersteller auch den Heimatmarkt dominieren, ist anzunehmen, dass nur jeder dritte neuzugelassene Pkw von einem ausländischen Hersteller produziert wird.	2/3
Anteil von Pkws der Unter- und Mittelklasse	Da es sich bei den Sitzbezügen aus wiederverwerteten Planen um ein „Abfallprodukt" handelt, ist eine Marktdurchdringung im Premiumbereich kaum möglich. So sind die Käufer von Unter-/Mittelklassewagen die definierte Zielgruppe. Es wird davon ausgegangen, dass nur jeder dritte neuzugelassene Pkw der Premiumklasse zuzuordnen ist.	2/3
Bestellrate für Sitze aus Lkw-Planen	Ein Fahrzeug kann mit unterschiedlichen Sitzbezügen bestellt werden (Sonderausstattung). Da es sich bei Lkw-Planen um ein Nischenprodukt handelt, könnte man schätzen, dass diese neben Stoff- (50 Prozent), Leder- (30 Prozent) und sonstigen Bezügen (10 Prozent) maximal einen Marktanteil von 10 Prozent erzielen.	10 Prozent

Annahmen zur Nachfrage nach Sitzen mit Lkw-Planen

Aus diesen Annahmen ergeben sich ca. 187.000 Pkws jährlich, bei denen Sitze aus Lkw-Planen verbaut werden. Zusätzlich nehmen Sie an, dass 90 Prozent dieser Pkw Vier- oder Fünfsitzer (ca. 168.000) und zehn Prozent Zweisitzer (ca. 19.000) sind.

Bestimmung des Materialbedarfs

Ausgehend von der Anzahl der verbauten Sitze bestimmen Sie nun den Materialbedarf bzw. die Gesamtfläche, welche mit Lkw-Planen bezogen wird. Sowohl für die Vordersitze als auch für die Rückbank wird vereinfacht angenommen, dass nur die Sitz- und Rückenflächen bezogen werden. Die Sitzfläche wird dabei von Gesäß und Oberschenkeln belegt, die Rückenfläche von Oberkörper und Kopf. Die Seitenflächen bzw. Rückseiten des Sitzes werden nicht mit Lkw-Planen bezogen, sondern mit Abdeckungen aus Plastik versehen.

Zur Ermittlung der Sitzmaße wird eine durchschnittliche Körpergröße von 1,80 m herangezogen. Für die Länge nehmen Sie an, dass Oberkörper und Kopf 50 Prozent ausmachen (0,9 m). Weitere 25 Prozent der Länge nehmen Gesäß und Oberschenkel ein, die restlichen 25 Prozent Unterschenkel und Füße (je 0,45 m).

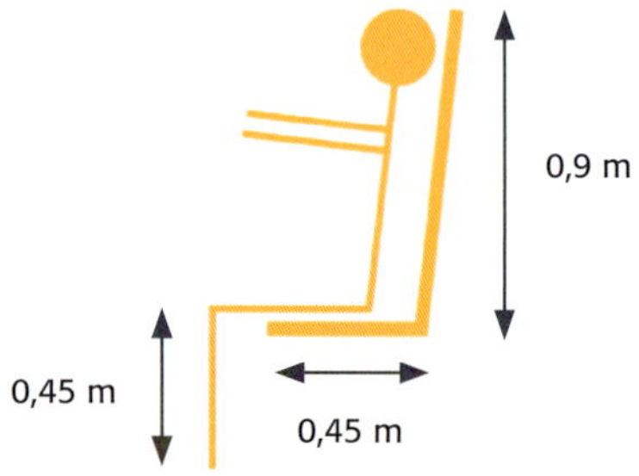

Schätzung der Sitzlänge anhand der Körpergröße

Die Gesamtlänge der zu beziehenden Sitzfläche beträgt demnach 1,35 m. Die Breite und Länge der Fläche für Gesäß und Oberschenkel wird als gleich groß angenommen. Für eine Rückbank, die in der Regel Platz für drei Personen bietet, wird vereinfacht die dreifache Breite eines Vordersitzes (3 × 0,45 m) angenommen.

<table>
<tr><th>Art des Sitzes</th><th>Flächen bei Vier-/Fünfsitzern</th><th>Flächen bei Zweisitzern</th></tr>
<tr><td>Vordersitze</td><td colspan="2">2 × 1,35 m × 0,45 m = ca. 1,22 m²</td></tr>
<tr><td>Rückbank</td><td>1,35 m × 1,35 m = ca. 1,82 m²</td><td></td></tr>
<tr><td>Summe</td><td>3,04 m²</td><td>1,22 m²</td></tr>
</table>

Berechnung der Sitzflächen nach Fahrzeugtyp

Aus den oben getroffenen Annahmen ergibt sich eine benötigte Gesamtoberfläche von ca. 534.000 m^2 (168.000 × 3,04 m^2 + 19.000 × 1,22 m^2) pro Jahr.

Prüfung der Beschaffungsmöglichkeiten

Um die Anzahl benötigter Lkw-Planen zu ermitteln, bestimmen Sie zunächst die Planenfläche pro Lkw. Zur Vereinfachung wird die Ausschussmenge (Ösen/Schlitze/Risse, Zuschneiden etc.) vernachlässigt. Weiterhin gehen Sie davon aus, dass es sich bei der Art des Lkws um einen Sattelauflieger handelt. Dieser hat ungefähr die Länge von drei Pkws, welche jeweils eine durchschnittliche Länge von ca. 4,5 m haben. Somit ist von einer Länge des Aufliegers von 13,5 m auszugehen. Es wird weiterhin davon ausgegangen, dass die Ladefläche 1,5 Mal (ca. 2 m) so breit wie die Rückbank eines Pkws ist. Hinsichtlich der Ladehöhe nehmen Sie an, dass ein normal großer Mensch (1,80 m) durch das Strecken der Arme (0,45 m über dem Kopf) die Decke erreicht. Es ergibt sich damit eine Ladehöhe von 2,25 m.

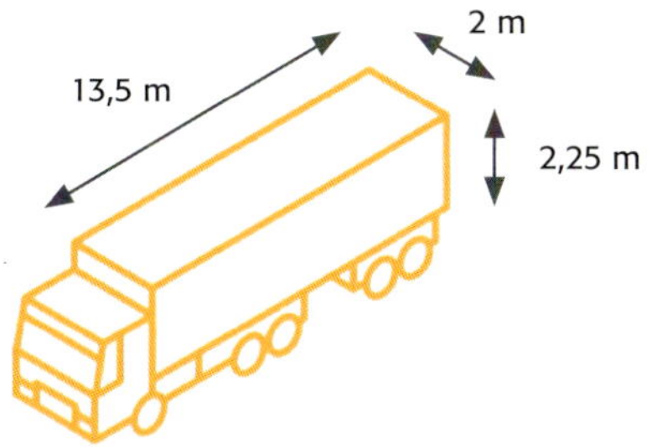

Maße der Planenflächen eines Lkw

Planenteil	**Größe**
Seitenteile	2 × (13,5 m × 2,25 m) = ca. 61 m²
Rück- und Vorderseite	2 × (2 m × 2,25 m) = 9 m²
Dach	13,5 m × 2 m = 27 m²
Gesamt	**97 m²**

Berechnung der Planenflächen pro Lkw

Teilt man die benötigte Gesamtoberfläche durch die Fläche einer Lkw-Plane, ergibt sich ein Gesamtbedarf an Lkw-Planen von ca. 5.500 Stück. Zur Plausibilisierung ermitteln Sie abschließend das Potenzial an wiederverwertbaren Planen in Deutschland.

HINWEIS: Die Plausibilisierung erfolgt in Anbetracht des Case-Umfangs an dieser Stelle lediglich auf Basis bereits ermittelter Annahmen und entspricht daher nur einer groben Näherung.

Dabei gehen Sie davon aus, dass pro deutschem Haushalt (40 Millionen) eine Person erwerbstätig ist. Nimmt man an, dass es sich bei ca. zehn Prozent der Erwerbstätigen um Berufskraftfahrer handelt und jeder einen eigenen Lkw fährt, gibt es in Deutschland ca. 400.000 Lkws. Vereinfachend soll es sich bei sämtlichen Lkws um Sattelauflieger mit Plane handeln. Da im Sinne der Umweltstrategie nur gebrauchte Planen verwendet werden sollen, berücksichtigen Sie auch das Fahrzeugalter. Geht man bei Lkws, genau wie bei Pkws, von einem Durchschnittsalter von 9,5 Jahren aus, könnten jährlich ca. 42.000 Planen aus Deutschland wiederverwertet werden. Der Bedarf an zu beschaffenden Rohmaterial kann damit gedeckt werden.

Sollte der Bedarf nicht gedeckt werden können, müssten Planen aus anderen Ländern importiert oder neue Planen verwendet werden. Die Umweltstrategie könnte damit infrage gestellt werden.

Kühlzellen in einem medizinischen Labor

von Iris Weyer-Menkhoff

Ausgangssituation

Ein medizinisches Labor, dessen Kerngeschäft in der diagnostischen Untersuchung von Proben aus Körpermaterialen und deren Befundung liegt, organisiert und strukturiert seine Geschäftsprozesse neu. Hierfür implementiert es u. a. softwaregestützte Automationslösungen in Form von Probenverteilern und Analysegeräten. Diese sollen viele manuelle Arbeits- und Analyseschritte ersetzen.

Nach der Analyse und der Übermittlung des Befundes an den Kunden werden die Proben archiviert, um auf Anfrage weitere Untersuchungen am bisherigen Probenmaterial durchführen zu können. Bei der sog. Nachforderung wird die Probe händisch aus dem Archiv geholt, in den Probenkreislauf eingeführt, analysiert und anschließend erneut im Labor archiviert.

Aufgabenstellung

Für das neue Labor soll die Größe des Archivs und die Anzahl der Kühl- und Gefrierschränke bedarfsgerecht geplant werden. Pro Tag kommen im Schnitt 12.000 Proben zur Analyse an.

Zwei Drittel der Proben werden vollautomatisiert analysiert und anschließend im Kühlschrank für sieben Tage bei 2 bis 8°C archiviert.

Das andere Drittel muss von den Mitarbeitern manuell analysiert werden. Die erste Hälfte dieser Proben wird noch am gleichen Tag von den Abteilungen bearbeitet und danach für zwei Wochen im Tiefkühlschrank bei -20°C tiefgefroren. Die zweite Hälfte verweilt zwei Tage in den Abteilungen und wird nach Abschluss der Analyse für sieben Tage kühl gelagert.

Das Labor entscheidet sich dafür, ein zentrales Archiv einzurichten. Hier sollen alle Proben aus allen Abteilungen zentral in Kühlzellen aufbewahrt werden. Die Kühlzellen haben folgende Maße:

- 8 Etagen pro Schrank
- 5 Schubladen pro Etage
- 5 Racks pro Schublade
- 50 Proben pro Rack

Wie groß muss das zentrale Archiv mindestens geplant werden, damit alle Proben wie angefordert archiviert werden können?

Lösungsweg

8.000 Proben (⅔ × 12.000 Proben) werden vollautomatisiert analysiert und archiviert. Die Kapazität, die für eine Archivierung von mindestens sieben Tagen benötigt wird, umfasst dann 56.000 Proben (8.000 Proben × 7 Tage).

2.000 Proben (⅓ × ½ × 12.000 Proben) werden am gleichen Tag analysiert und dann für zwei Wochen tiefgefroren archiviert. Die benötigte Lagerkapazität wären dann 28.000 Proben (2.000 Proben × 14 Tage). Die verbleibenden 2.000 Proben werden nach zwei Tagen Analyse sieben Tage archiviert. Hierfür wird also eine Kapazität für 14.000 Proben (2.000 Proben × 7 Tage) benötigt.

Die Kühlzellen mit 2 bis 8°C müssen also 70.000 Proben aufnehmen können; die Tiefkühlzellen mit -20°C nur 28.000 Proben. In jede (Tief-)Kühlzelle passen bis zu 10.000 Proben (8 Etagen × 5 Schubladen × 5 Racks × 50 Proben). Um den Bedarf vollständig decken zu können, müssen also mindestens sieben Kühlzellen und drei Tiefkühlzellen angeschafft werden.

Zu beachten gilt es jedoch, dass mit Durchschnittswerten gerechnet wurde. Das tatsächliche Probenaufkommen pro Tag kann also auch nach oben abweichen. Des Weiteren dürfte das Labor durch die Automatisierung die Produktivität steigern und in den kommenden Jahren wachsen. Es ist daher sinnvoll, je nach Platz und Kosten acht bis zehn Kühl- sowie vier bis fünf Tiefkühlzellen anzuschaffen.

Eiswürfelbedarf einer Bar

von Christian Dreher

Aufgabenstellung

Interviewer: Was glauben Sie: Wie viel Eis verbraucht ein Gastronomiebetrieb an einem Abend?

Lösungsweg

HINWEIS: Für diesen Schätz-Case ist es wichtig, dass der Bewerber plausible Annahmen trifft, konkrete Rahmenbedingungen zur Eingrenzung des Themas setzt und seinen Lösungsweg logisch aufbaut – um ein möglichst exaktes Ergebnis geht es nämlich nicht. Bei Bedarf kann eine Skizze helfen. Der Interviewer sollte in alle Überlegungen eingebunden werden. Durch die offene Fragestellung des Cases haben sowohl der Bewerber als auch der Interviewer Einfluss auf den Umfang und Detailgrad des Cases.

Bewerber: Ich möchte gerne zunächst klären, um welche Art von Gastronomiebetrieb es sich handelt, und den Begriff „Eis" näher eingrenzen. In einem klassischen Gastronomiebetrieb, also beispielsweise einem Restaurant, wird einerseits Speiseeis zum Verzehr angeboten, andererseits wird Eis in Form von Eiswürfeln zum Kühlen und Servieren von Getränken benötigt. In einer Bar, die sich auf das Ausschenken von Getränken fokussiert, wird tendenziell ausschließlich Letzteres benötigt. Um das Ziel einzugrenzen, schlage ich vor, den Bedarf von Eiswürfeln einer Bar an einem Abend zu bestimmen.

Interviewer: Einverstanden. Wie gehen Sie vor?

Bewerber: Als erstes bestimme ich, für welche Zwecke Eiswürfel benötigt werden. In einem zweiten Schritt bestimme ich die Menge an benötigten Eiswürfeln für den jeweiligen Zweck und in einem dritten Schritt benenne ich einflussnehmende Rahmenbedingungen und deren Auswirkungen auf die Zielgröße.

Interviewer: In Ordnung. Sie können mit der Abschätzung beginnen.

Bewerber: Ich sehe zwei Verwendungszwecke von Eiswürfeln in einer Bar. Eis wird einerseits zum Servieren von Getränken in Gläsern benötigt. Angesichts der Vielzahl an unterschiedlichen Getränken gehe ich zur Vereinfachung von zwei Getränketypen aus, die für das Servieren von Eiswürfeln relevant sind: Cocktails und Longdrinks sowie antialkoholische Getränke. Der zweite Verwendungszweck für Eiswürfel sind das Kühlen der verschlossenen Getränke hinter der Theke sowie die Verwendung in Flaschenkühlern an den Bartischen. Zur weiteren Vereinfachung klammere ich Crushed Ice aus.

Interviewer: Das klingt plausibel. Fahren Sie fort.

Bewerber: Nun bestimme ich die Anzahl der für alle Zwecke benötigten Eiswürfel. Ich gehe von einem Eiswürfel mit einer Kantenlänge von 3 cm und damit von einem Volumen von 0,027 Litern aus. Für Longdrinks und Cocktails nehme ich eine Glasgröße von 0,4 Litern an, für antialkoholische Getränke (und Shortdrinks) 0,2 Liter. Cocktails und Longdrinks beinhalten ca. 30 Prozent Eiswürfel, Shortdrinks und antialkoholische Getränke ca. ein Fünftel des Glasinhalts. Damit ergibt sich für das Servieren pro Getränketyp die folgende Menge an Eiswürfeln (ohne Berücksichtigung von potenziellen Leerräumen zwischen den Würfeln):

Cocktails und Longdrinks	antialkoholische Getränke
0,4 l × 0,3 = 0,12 l	0,2 l × 0,2 = 0,04 l
0,12 l ÷ 0,027 l = 4,44	0,04 l ÷ 0,027 l = 1,48
~ 5 Eiswürfel	~ 2 Eiswürfel

Eiswürfel pro Glas und Getränketyp

Ist die Rechnung für das Servieren der Getränke nachvollziehbar? Ich bestimme nun den Bedarf für das Kühlen der Getränke in Kühlbehältern hinter der Theke.

Interviewer: In Ordnung. Die Getränke hinter der Theke werden in Kühlschränken gekühlt. Flaschenkühler an Kundentischen werden in der Bar nicht verwendet.

Bewerber: Vielen Dank für den Hinweis. Das führt mich direkt zu meinem letzten Schritt - der Bestimmung der relevanten Rahmenbedingungen und der Berechnung der Gesamtanzahl an benötigten Eiwürfeln. Ich gehe der Einfachheit halber von einer mittelgroßen Bar mit 75 Plätzen aus. An einem durchschnittlichen Abend wird jeder Platz zwei Mal von einem Kunden belegt. Pro Kunde gehe ich von einer durchschnittlichen Aufenthaltsdauer von 1,5 Stunden und einem Konsum von einem Longdrink und einem antialkoholischen Getränk aus. In der Bar werden damit an einem Abend ca. 1.050 Eiswürfel benötigt:

- 75 × 2 × (5 + 2) = 1.050 Eiswürfel

Interviewer: Ein interessanter und valider Lösungsweg. Vielen Dank für Ihre Abschätzung.

HINWEIS: Das Ergebnis dieses Case-Typs ist beliebig erweiterbar und über den Interviewer individuell steuerbar. Typische Erweiterungsfragen am Ende des Cases können beispielsweise die Umrechnung in andere Maßeinheiten sowie die Definition weiterer Einflussgrößen oder die Erweiterung um zuvor ausgeklammerte Parameter wie Speiseeis oder Crushed Ice und deren Berechnung sein.

Bepreisung von Online-Depots

von Dr. Johann F. Thieme und Isabell Häfner

Fragestellung

Interviewer: Eine Filialbank möchte ihre Depotmodelle überarbeiten. Dabei sollen unterschiedliche Kundensegmente und Nutzertypen betrachtet werden. Ziele sind die Generierung von Mehrertrag, aber auch die Erschließung neuer Kundengruppen.

HINWEIS: Das Interview besteht aus einem qualitativen Teil und einem quantitativen Teil.

Lösungsweg

Bewerber: Welche Depotmodelle hat die Bank denn zurzeit?

Interviewer: Aktuell hat sie nur ein einziges Modell, das relativ einfach strukturiert ist: Kunden zahlen eine monatliche Servicepauschale von fünf Euro sowie ein Prozent des Ordervolumens für jede Wertpapierorder, mindestens aber 20 Euro.

Bewerber: Ist die Ordergebühr unabhängig davon, wie die Order ausgeführt wird, also online, telefonisch oder in der Filiale?

HINWEIS: Der Bewerber zeigt durch seine Frage, dass ihm das Thema „kanalbezogene Preisdifferenzierung" bekannt ist.

Interviewer: Ja, das ist richtig, könnte sich aber künftig ändern. Jedenfalls hat die Bank zwei wichtige Ziele: Sie möchte mehr verdienen und sich gleichzeitig Kundengruppen erschließen, in denen sie bisher nicht sehr präsent ist. Wie würden Sie vorgehen?

Bewerber: Zunächst einmal müssten wir wissen, welche Kunden sie im Bestand hat und welche Kunden sie gerne gewinnen möchte.

Interviewer: Genau. Was glauben Sie?

Bewerber: Im Vergleich zu Online-Brokern hat die Bank relativ hohe Preise. Da es sich zudem um eine Filialbank handelt, vermute ich, dass die Depotkunden hauptsächlich Kunden mit Beratungsbedarf bzw. Filialaffinität sind und eine recht hohe Zahlungsbereitschaft haben. Zudem vermute ich, dass die Kunden mittleren bis hohen Alters sind und nur selten Wertpapiere handeln.

Interviewer: Das ist völlig richtig. Was bedeutet das, wenn wir unsere Ziele konkretisieren wollen?

Bewerber: Es bedeutet, dass wir mindestens zwei Kundengruppen unterscheiden müssen. Diese sind zum einen die Filialkunden; der Großteil unserer Bestandskunden besteht daraus. Zum anderen haben wir online-affine Kunden, die deutlich preissensibler sind, wenig oder keinen Wert auf die Beratung in der Filiale legen und zudem tendenziell jüngeren Alters sind.

Interviewer: Das ist natürlich eine idealtypische Vereinfachung, die ich hier aber durchaus für sinnvoll halte. Gibt es möglicherweise noch weitere Kundengruppen, für die wir ein besonderes Angebot brauchen? Denken Sie dabei einmal an die Trading-Aktivität.

Bewerber: Ich könnte mir vorstellen, dass wir ein Angebot für sogenannte Heavy Trader entwickeln. Diese sind für die Bank besonders lukrativ, daher sollten wir versuchen, möglichst auch dieses Kundensegment zu erschließen.

HINWEIS: Wenn der Bewerber sich im Depotbereich nicht auskennt, kann diese Herleitung durchaus länger dauern. Das ist aber in Ordnung.

Interviewer: Genau. Wie könnten aus Ihrer Sicht Preismodelle für die drei Kundengruppen Filialkunden, Online-Kunden und Heavy Trader aussehen? Die Heavy Trader sind dabei eine Untergruppe der Online-Kunden.

Bewerber: Zunächst haben wir ja unsere Bestandskunden, die recht hohe Preise zahlen. Wir sollten also möglichst ein Modell haben, das sich von den Leistungen und vom Preis her am Status quo orientiert. Bei der Konzeption der neuen, günstigeren Modelle sollten wir hingegen darauf achten, dass uns eine saubere Abgrenzung gelingt. Anderenfalls könnte es passieren, dass viele Filialkunden in die günstigeren Modelle wechseln und wir dadurch Erträge verlieren.

Interviewer: Das ist ein guter Hinweis. Wir sollten die Modelle also „fencen". Wie könnte uns das gelingen?

Bewerber: Bestimmte Leistungen, die Filialkunden wichtig sind, Online-Kunden aber nicht, könnten in den neuen Modellen nicht enthalten oder zumindest sehr teuer sein. Ich denke dabei etwa an die persönliche Beratung oder das Ordern per Telefon und in der Filiale.

HINWEIS: Ein Grundverständnis von Leistungsdifferenzierung und Fencing sollte jeder Bewerber mitbringen, der sich bei einer Unternehmensberatung mit Pricing-Schwerpunkt bewirbt.

Interviewer: So ist es. Was sollten wir noch beachten, wenn wir das neue Preismodell konzipieren?

Bewerber: Neben dem Mehrertragsziel strebt die Bank an, bei neuen Kundengruppen zu wachsen. Deshalb sollten wir auf jeden Fall ähnliche Preise wie die großen Online-Broker anbieten - oder sogar etwas günstiger sein.

Interviewer: Genau. Über Leistung haben wir bereits gesprochen. Welche Preispunkte fallen Ihnen ein, die wir differenzieren können?

Bewerber: Neben der bereits vorhandenen Servicepauschale ist eine depotvolumenabhängige Gebühr denkbar. Zudem haben einige Banken Gebühren pro Posten im Depot. Die Ordergebühr könnte fix oder variabel und mit oder ohne Rabattstaffel ausgestaltet sein. Eine Rabattstaffel bedeutet, dass die prozentuale Gebühr mit steigendem Ordervolumen sinkt. Außerdem wäre denkbar, die Ordergebühr nach oben hin zu deckeln. Zudem könnten wir Ordergebühren nach Aktien und Renten unterscheiden, weil die erwartete Rendite und damit die Zahlungsbereitschaft bei Aktien höher ist.

HINWEIS: Es wird nicht erwartet, dass Bewerber sämtliche Spielarten der Depotbepreisung kennen. Sie sollten jedoch in der Lage sein, sich kreativ darüber Gedanken zu machen, welche Preise sinnvollerweise eingeführt werden könnten.

Interviewer: Das sind alles sehr gute Ansätze. Nehmen wir mal an, die Bank hat mittlerweile eine neue Depotlandschaft entwickelt, die folgendermaßen aussieht:

Leistung bzw. Preispunkt / Depotmodell	Filiale	Online	Heavy Trader
persönliche Anlageberatung in der Filiale	ja	nein	nein
Servicepauschale pro Monat	6,00 Euro	0,00 Euro[1]	10,00 Euro
zzgl. Entgelt vom Depotvolumen pro Monat	0,01 %	0,00 %[1]	0,00 %[1]
zzgl. Entgelt pro Posten pro Monat	1,00 Euro	0,00 Euro[1]	0,00 Euro[1]
Orderentgelte für alle Wertpapiere			
Grundpreis pro Order	19,90 Euro	4,90 Euro	4,90 Euro
zzgl. variables Orderentgelt vom Volumen	0,90 % (alle Kanäle)	0,20 % (nur online)	0,20 % (nur online)
Höchstpreis pro Order	–	–	19,90 Euro

1 Bedingung: mindestens eine Order pro Quartal, sonst wie Modell „Filiale"

Pricing-Modell für die drei Kundengruppen

Welche Vorteile hat die neue Landschaft aus Ihrer Sicht gegenüber der alten?

Bewerber: Erstens haben wir nun ein attraktives Angebot für alle drei Kundengruppen. Mit 0,20 Prozent und dem Höchstpreis sind wir auch im Vergleich zu reinen Online-Wettbewerbern konkurrenzfähig. Zweitens stellen wir durch die Nebenbedingung „mindestens eine Order pro Quartal" sicher, dass keine Schläfer in das Online-Modell gehen, sondern nur Kunden, die wirklich traden wollen. Da wir keine Unterscheidung zwischen Wertpapierkategorien vornehmen, liegt nahe, dass die Bank mit einem einfachen und verständlichen Angebot punkten möchte. Drittens sind wir im Filialmodell in zwei Preispunkten zumindest optisch etwas günstiger geworden, nämlich beim Grundpreis pro Order und beim variablen Orderentgelt. Das sind Preispunkte, auf die vor allem preissensible Kunden achten.

Interviewer: Ganz genau. Ab welchem Ordervolumen lohnt es sich denn für einen Online-Kunden, das Heavy-Trader-Modell zu wählen?

Bewerber: Dazu müssen wir den Ausdruck „4,90 Euro + 0,20 Prozent × Ordervolumen" mit dem Höchstpreis von 19,90 Euro gleichsetzen. Es ergibt sich ein Mindestvolumen von 7.500 Euro pro Order.

Interviewer: Gut. Wie würden Sie das grafisch darstellen?

Bewerber: Der Break-even-Punkt lässt sich wie folgt darstellen:

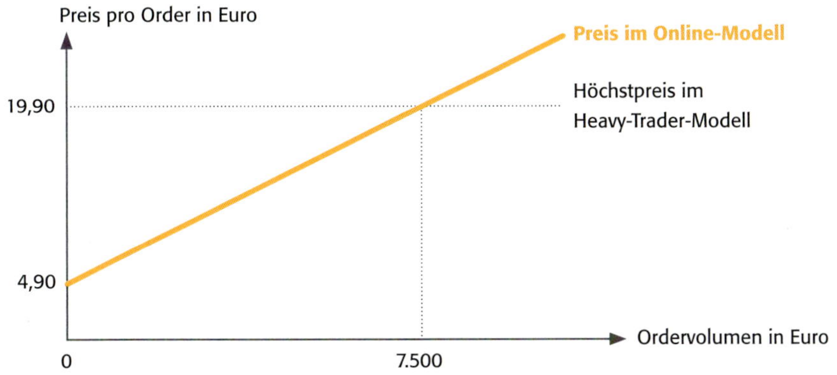

Break-even-Punkt nach Ordervolumen und Preis pro Order

Interviewer: In Ordnung. Lassen Sie uns nun überlegen, welchen Mehrertrag die Bank mit der neuen Depotlandschaft realisiert. Dabei nehmen wir an, dass die Bank die neue Landschaft bereits umgesetzt hat. Welche Informationen benötigen Sie von mir?

HINWEIS: Es ist üblich, dass Interviewer fragen, welche Informationen benötigt werden. So lässt sich prüfen, ob der Bewerber ideenreich genug ist, um Probleme selbstständig zu lösen.

Bewerber: Zunächst müsste ich wissen, wie viele Depots die Bank hat und wie sich diese auf die drei Modelle verteilen. Interessieren würden mich zudem das durchschnittliche Depotvolumen und die durchschnittliche Postenanzahl pro Depotmodell. Zudem brauchen wir die durchschnittlichen Ordererträge, ebenfalls pro Depotmodell.

Interviewer: Genau. Haben Sie nicht noch etwas vergessen?

Bewerber: Es wäre wichtig zu wissen, wie viele Depots die Bank aufgrund der Preiserhöhung im Filialmodell verloren hat. Umgekehrt interessiert mich die Anzahl der neuen Depots.

Interviewer: Richtig, diese Informationen benötigen Sie auch. Hier ist eine konsolidierte Übersicht nach Berücksichtigung aller Depotab- und -zugänge:

Kennzahl	Filiale	Online	Heavy Trader
Anzahl Depots vor der Modellumstellung	20.000	0	0
Anzahl Depots nach der Modellumstellung	16.000	3.000	500
Ø Depotvolumen	65.000 Euro	35.000 Euro	100.000 Euro
Ø Anzahl Depotposten	4	5	15
Ø Entgelt pro Order vorher	60 Euro	–	–
Ø Entgelt pro Order nachher	50 Euro	12 Euro	16 Euro
Ø Anzahl Order pro Monat	0,3	2	5

Kennzahlen der drei Depotmodelle

Dabei können Sie annehmen, dass alle Online- und Heavy-Trader-Kunden mindestens eine Order pro Quartal machen.

Bewerber: Aus dieser Übersicht sowie den alten und den neuen Preisen können wir jetzt die Mehrerträge für die Bank berechnen:

Ertragskomponente pro Monat (in Euro)	Filiale (alt)	Filiale (neu)	Online	Heavy Trader
Servicepauschale	100.000	96.000	0	5.000
Entgelt vom Depotvolumen	0	104.000	0	0
Postenentgelt	0	64.000	0	0
Order-Entgelt	360.000	240.000	72.000	40.000
Summe	**460.000**	**504.000**	**72.000**	**45.000**

Umsatz nach altem und neuen Depotmodellen

Insgesamt haben wir also Mehrerträge von 161.000 Euro pro Monat (504.000 + 72.000 + 45.000 – 460.000 Euro) oder 1.932.000 Euro pro Jahr. Das entspricht einer Ertragssteigerung von genau 35 Prozent.

HINWEIS: Die Ergebnisse müssen nicht zwangsläufig in einer Tabelle dargestellt werden, solange der Lösungsweg nachvollziehbar ist.

Interviewer: Genau so ist es. Vielen Dank, aus meiner Sicht war das ein sehr guter Case. Kommen wir nun zu einem anderen Thema.

Profitabilität eines Maschinenbauunternehmens

von Jiaqing Lu

Aufgabenstellung

Die Profitabilität eines Maschinenbauunternehmens ist im vergangenen Jahr stark gefallen. Darüber hinaus mangelt es dem Unternehmen an Liquidität, um weiterhin betriebsnotwendige Investitionen zu tätigen. Der CEO beauftragt Sie als Berater und gibt Ihnen folgende Fragestellungen vor:

- Was ist der Grund für die aktuelle Lage des Unternehmens?
- Wie kann das Unternehmen die Profitabilität und die Liquidität erhöhen?

	2013	2014	2015	2016
Umsatzerlöse	1.000	1.050	1.120	1.200
Materialaufwand	520	547	581	626
Personalaufwand	240	254	270	306
Sonstige betriebliche Aufwendungen	130	134	143	166
EBITDA	110	115	126	102
Abschreibungen	30	32	34	36
EBIT	80	83	92	66

Finanzdaten des Unternehmens aus der Vergangenheit

Lösungsweg

Um die Fragen des CEO beantworten zu können und die Ursachen für die aktuelle Situation des Unternehmens zu verstehen, muss der Bewerber zuerst eine Analyse der Gewinn- und Verlustrechnung sowie der Bilanz des Unternehmens durchführen. Dazu gehören insbesondere die Identifikation und Ermittlung der relevanten Finanzkennzahlen (KPIs) sowie deren Auswertung im Vergleich zur Marktentwicklung im Rahmen einer Wettbewerbsanalyse. Anschließend sollte der Bewerber die Handlungsmöglichkeiten darstellen, um die zukünftige Planung so zu gestalten, dass sich die Profitabilität und/oder Liquidität erhöhen.

Schritt 1: Identifikation und Ermittlung der relevanten KPIs
Schritt 2: Vergleich der Kennzahlen mit Wettbewerbern und historischen Daten
Schritt 3: Maßnahmen zur Verbesserung der KPIs

Für ein Unternehmen sind u. a. die folgenden KPIs für die Erfolgsbestimmung von großer Relevanz: Umsatzwachstum, EBIT(DA)-Marge und Investitionsquote. Des Weiteren gelten KPIs zum Cashflow-Management als wesentlich für die Unternehmenssteuerung.

a) Umsatzwachstum

Der Bewerber errechnet folgende Werte für das Umsatzwachstum:

	2013	2014	2015	2016
Umsatzerlöse	1.000	1.050	1.120	1.200
Umsatzwachstum		5,0 %	6,7 %	7,1 %

Um die Umsatzsteigerung zu beurteilen, muss man diese Entwicklung mit dem Branchenwachstum vergleichen. Als Berater bekommt man diese Informationen üblicherweise durch Marktstudien oder Expertenprognosen. Gründe für ein über- oder unterdurchschnittliches Wachstum ergeben sich aus Management-Interviews oder Geschäftsberichtsanalysen. Im Vorstellungsgespräch kann der Bewerber den Interviewer nach solchen Informationen fragen:

Eine Marktstudie zeigt, dass die Maschinenbaubranche im Zeitraum von 2013 bis 2016 eine durchschnittliche jährliche Wachstumsrate von ca. fünf Prozent vorweisen konnte. Die Wachstumsraten der vergleichbaren Unternehmen liegen innerhalb des gleichen Zeitraums bei ca. vier bis sechs Prozent. Das Unternehmen hat im Jahr 2016 den Vertrieb von Produkten ausbauen und somit die entsprechenden Auftragseingänge erhöhen können. Darüber hinaus veränderte das Unternehmen den Produktmix und verkaufte mehr kombinierte Komponenten, für welche höhere Verkaufspreise am Markt erzielt wurden.

Auf Basis der oben genannten Informationen soll der Bewerber die Schlussfolgerung ziehen, dass das Umsatzwachstum unseres Zielunternehmens oberhalb der Marktentwicklung liegt. Das Profitabilitätsproblem liegt jedoch nicht am Umsatzwachstum. Er muss daher weitere Analysen für das Unternehmen durchführen.

Weiterer Analysevorschlag: Für ein Maschinenbauunternehmen ist es auch wichtig, das Wachstum der Auftragseingänge sowie die Book-to-Bill-Ratio zu analysieren. Eine Book-to-Bill-Ratio über Eins kennzeichnet einen mittelfristig wachsenden Markt, da der zukünftige Umsatz (gemessen am Auftragseingang) größer ist als der aktuelle Umsatz. Weiter kann der Bewerber die Entwicklung in den unterschiedlichen Segmenten und Regionen beobachten, die Unterschiede herausarbeiten und jeweils Planungsvorschläge geben.

b) EBIT(DA)-Marge

Bei der Analyse der Margen und der Kostenstruktur ist die Betrachtung von Quoten das maßgebende Bewertungsvorgehen (statt absoluter Finanzzahlen). Die Quoten zeigen an, ob die Erhöhung/Reduzierung des Profits im Vergleich zur Entwicklung der Umsatzerlöse über- oder unterproportional ist. Somit sind sie wichtige Indikatoren für die Produktivität und Profitabilität eines Unternehmens. Darüber hinaus können die Margen und Kostenquoten auch verwendet werden, um Vergleiche zwischen Unternehmen unterschiedlicher Größe anzustellen. Dabei sind zwei Margen besonders wichtig, die EBIT-Marge und EBITDA-Marge.

Die Ermittlung der Margen sowie der Kostenquoten ist in der folgenden Tabelle dargestellt:

	2013	2014	2015	2016
Umsatzerlöse	1.000	1.050	1.120	1.200
Materialaufwand	520	547	581	626
Materialaufwands-quote	52,0%	52,1%	51,9%	52,2%
Personalaufwand	240	254	270	306
Personalaufwands-quote	24,0%	24,2%	24,1%	25,5%
sonstige betriebliche Aufwendungen (sbA)	130	134	143	166
sbA-Quote	13,0%	12,8%	12,8%	13,8%
EBITDA	110	115	126	102
EBITDA-Marge	11,0%	11,0%	11,2%	8,5%
Abschreibung	30	32	34	36
Abschreibungsquote	3,0%	3,0%	3,0%	3,0%
EBIT	80	83	92	66
EBIT-Marge	8,0%	7,9%	8,2%	5,5%

Um die Margenentwicklung zu beurteilen, sollte der Bewerber auch hier nach einer Wettbewerbsanalyse fragen, und diese mit der Margenentwicklung des Zielunternehmens vergleichen:

Eine Wettbewerbsanalyse zeigt, dass die durchschnittliche EBITDA-Marge der Wettbewerber in den vergangenen drei Jahren von zwölf Prozent in 2013 auf 14 Prozent in 2016 gestiegen ist.

Das bedeutet, dass die EBITDA-Marge der Konkurrenz in all den Jahren oberhalb der Marge unseres Zielunternehmens lag. Nun ist es wichtig, die Kostenstruktur sowie die Kostenquoten zu analysieren, um deren Margenentwicklung zu erklären und daraus Maßnahmen für die Margenverbesserung abzuleiten und vorzuschlagen.

Materialaufwand

Die Materialaufwandsquote bleibt im Zeitraum von 2013 bis 2016 im Wesentlichen unverändert bei ca. 52 Prozent. (Der Bewerber könnte an dieser Stelle noch fragen, ob diese Quote mit den Wettbewerbern vergleichbar ist.)

Personalaufwand

Die Erhöhung der Personalaufwandsquote im Jahr 2016 (+1,4 Prozentpunkte) ist ein wesentlicher Grund für den Profitabilitätsrückgang. Folgende Zusatzinformationen erhält der Bewerber auf Nachfrage:

Die historische Personalaufwandsquote (ca. 24 Prozent) ist im Vergleich zu den Wettbewerbern bereits hoch. Der Grund dafür ist primär das historisch bedingte, überdurchschnittliche Entgeltniveau der Mitarbeiter. Die Erhöhung der Personalaufwandsquote im Jahr 2016 ist hauptsächlich durch Neueinstellungen für die Produktion und den Vertrieb der kombinierten Komponenten getrieben. Ziel der Personalentwicklung ist, in Zukunft mehr Umsatz durch den Verkauf der kombinierten Produkte zu generieren. Allerdings haben die neu eingestellten Mitarbeiter in 2016 noch nicht die volle Effizienz erreicht. Aufgrund der Komplexität der Produkte und der Technologie beträgt die Einarbeitungszeit mehr als zwölf Monate. Hinzu kommt eine Tarifsteigerung. Dem Anstieg des Personalaufwands steht das Wachstum der Umsatzerlöse gegenüber.

Grundsätzlich sollte vor einem Personalaufbau geplant und simuliert werden, ob die zusätzlichen Umsatzerlöse durch neue Mitarbeiter den erhöhten Personalaufwand übersteigen bzw. wie lange es dauert, hier den Break-even-Punkt zu erreichen. Aktuell gibt es noch Optimierungspotenzial.

Das Management sollte die relativen Personalkosten (Personalaufwandsquote) reduzieren und die Effizienz der Mitarbeiter steigern. Das Unternehmen kann z. B. die Einarbeitungszeit der Mitarbeiter verkürzen. In der gleichen Zeit sollte das Unternehmen die Betriebsorganisation effizienter gestalten, um die Produktivität der Mitarbeiter zu erhöhen und so die Tariflohnsteigerung zu kompensieren. Denkbare Maßnahmen sind z. B. ein besseres Controlling, um Leerlaufzeiten und Doppelarbeit zu reduzieren, die Einführung nachvollziehbarer und transparenterer Leistungsstandards, um Mitarbeiter zu motivieren usw. Darüber hinaus kann das Unternehmen auch neue Arbeitsmodelle mit flexibler Arbeitsstruktur nutzen, wie z. B. Leiharbeit, Outsourcing usw. Ziel ist hierbei, dass die Personalkosten flexibler an die Auftragslage angepasst werden können.

Sonstige betriebliche Aufwendungen (sbA)

Die sbA umfassen primär Miet- und Leasingaufwendungen, Instandhaltungsaufwendungen, Betriebs- und Geschäftsausstattung sowie Kurs- und Währungsverluste. Die Erhöhung der sbA um ein Prozent ist hauptsächlich durch Kurs- und Währungsverluste getrieben. Das Unternehmen wickelt viele Geschäfte in Großbritannien ab und musste im Zuge der Brexit-Entscheidung 2016 hohe Währungsverluste hinnehmen.

Das Unternehmen kann zwar Wechselkursschwankungen nicht beeinflussen, allerdings ist es vor dem Hintergrund der großen Auslandsgeschäfte sinnvoll, in der Zukunft Hedging-Maßnahmen gegen Kursveränderungen einzuführen, d. h. Kursrisiken durch den Einsatz von Finanzinstrumenten (z. B. Optionen, Futures) abzusichern.

Weiterer Analysevorschlag: Bei der Margenanalyse sollte auch berücksichtigt werden, ob es einmalige Effekte gibt, die das Bild der Finanzlage verzerren. Das EBIT(DA) muss ggf. also für die Analyse bereinigt werden. Des Weiteren sollte das Unternehmen beeinflussbare (z. B. Personalkosten) und nicht beeinflussbare Faktoren (z. B. Wechselkursschwankungen) unterscheiden. Die beeinflussbaren Faktoren können dann anhand von verschiedenen Szenarien untersucht und bewertet werden.

c) Investitionsquote

Auf Nachfrage erhält der Bewerber folgende Informationen:

	2013	2014	2015	2016
Umsatzerlöse	1.000	1.050	1.120	1.200
Investition	30	32	34	48
Investitionsquote	3,0 %	3,0 %	3,0 %	4,0 %

Die hohe Investitionsquote im Jahr 2016 ist hauptsächlich auf die Investitionen in die Entwicklung neuer Technologien für die Industrie 4.0 zurückzuführen. Ziel ist es, den Automatisierungsgrad in den Werken und somit die Produktivität der Mitarbeiter zu erhöhen und die relativen Personalaufwendungen zu reduzieren. Zudem ermöglichen die neuen Technologien dem Unternehmen, in Zukunft kundenindividuelle Produkte zu produzieren und somit den Kundenbedarf besser zu decken. Darüber hinaus wurde auch in den Ausbau des Geschäfts der kombinierten Komponenten investiert.

Mit Blick auf zukünftige Investitionen kann der Bewerber auch hier empfehlen, dass die Unternehmensleitung das Umsatzpotenzial von Investitionen im Vorfeld genau prüft und berechnet, wie lange es dauert, bis der zusätzliche Umsatzanstieg bzw. die Margenverbesserung die Investitionsaufwendungen ausgeglichen haben. Wenn die Kalkulation zeigt, dass die Profitabilität sinkt, und/oder die nötigen Barmittel fehlen, kann das Unternehmen die Investitionen ggf. aufschieben.

d) Sonstige relevante Kennzahlen für das Cashflow-Management

Um die Liquiditätsprobleme beurteilen zu können, ist neben der Betrachtung der Investitionen auch eine Analyse der Veränderung des Net Working Capitals sehr hilfreich.

Das Net Working Capital im engeren Sinne enthält drei Posten: Vorräte, Forderungen aus Lieferungen und Leistungen (LuL) sowie Verbindlichkeiten aus LuL. Um die Entwicklung dieser Posten zu analysieren, kann wieder auf KPIs zurückgegriffen werden:

Lagerreichweite der Vorräte (Days of Inventory Outstanding, DIO)

- DIO = Vorräte ÷ (Materialaufwand oder Umsatzerlöse) × 365

Die Lagerreichweite zeigt, wie lange das Unternehmen benötigt, um Vorräte in Umsatz zu wandeln. Je höher das DIO ist, desto länger bindet sich das Unternehmen finanziell an die Vorräte, wodurch ein höheres Liquiditätsrisiko entsteht. Eine Reduzierung des DIO kann allerdings auch Rohstoff- oder Produktionsengpässe zur Folge haben. Um die Lagerreichweite der Vorräte genauer zu analysieren, können Vorräte in Roh-, Hilfs- und Betriebsstoffe, unfertige Erzeugnisse und Leistungen, fertige Erzeugnisse usw. aufgeteilt werden. Diese Aufteilung kann anschließend genutzt werden, um weiter zu spezifizieren, welche Lagerreichweite man für die jeweilige Vorratsklasse ansetzen will. Ob im Nenner Materialaufwand oder Umsatzerlöse verwendet werden sollen, hängt davon ab, ob diese Vorräte direkt verkauft werden können (z. B. fertige Erzeugnisse) oder weiterbearbeitet werden müssen (z. B. Rohstoffe).

Zahlungsziel der Forderungen aus LuL (Days Sales Outstanding, DSO)

- DSO = (Forderungen aus LuL) ÷ Umsatzerlöse × 365

Das Zahlungsziel zeigt, wie lange das Unternehmen den Kunden Zahlungsfristen gewährt. Je länger die Zahlungsfristen sind, desto höher ist voraussichtlich das Volumen an Forderungen, bevor diese in Barmittel, d. h. Liquidität, umgewandelt werden können. Je höher das DSO ist, desto länger bindet sich das Unternehmen finanziell an die Forderungen.

Zahlungsziel der Verbindlichkeiten aus LuL (Days Payable Outstanding, DPO)

- DPO = (Verbindlichkeiten aus LuL) ÷ Materialaufwand × 365

Das Zahlungsziel zeigt, in wie vielen Tagen das Unternehmen eingegangene Verbindlichkeiten begleichen muss. Im Gegensatz zu den anderen zwei Kennzahlen gilt für das DPO: Je höher diese Kennzahl ist, umso mehr Liquidität steht zumindest kurzfristig zur Verfügung.

Folgende Informationen erhält der Bewerber auf Nachfrage:
Das DIO des Unternehmens ist im Branchenvergleich größer. In 2016 hat ein Kunde ausnahmeweise eine relativ große Zahlung später als normal entrichtet. Das ist auch der Grund für eine (einmalige) Erhöhung des DSO in 2016. Das Unternehmen hat vorteilhafte Zahlungsbedingungen mit den Lieferanten ausgehandelt, d. h. die DPO ist im Vergleich zum Branchendurchschnitt gut oder sogar besser.

Das Liquiditätsproblem liegt somit im Wesentlichen in den Vorräten sowie den Forderungen aus LuL. Um die Liquidität zu erhöhen, kann der Bewerber der Unternehmensleitung vorschlagen, dass Projekte eingeführt werden, um das Bestandsmanagement zu optimieren und somit das DIO zu reduzieren. Vor dem Hintergrund der Auswirkung der späten Zahlung eines wichtigen Kunden sollte das Unternehmen in Zukunft die Kundenkreditwürdigkeit besser überwachen.

Weiterer Analysevorschlag: Zu den weiteren Optimierungsmaßnahmen der Liquidität zählen z. B. die Erhöhung der Anzahlungsquote bei Auftragsbestätigung, ein aktives Forderungs- und Reklamationsmanagement, die Reduzierung der Forderungen durch Factoring (Verkauf von Forderungen) usw. Zudem kann der Bewerber auch das Optimierungspotenzial der sonstigen Aktiva und Passiva betrachten, wie z. B. Rechnungsabgrenzungsposten, sonstige nicht verzinsliche Forderungen und Verbindlichkeiten und Rückstellungen. Auch hierbei gilt, dass die Betrachtung von Verhältnissen bzw. Quoten oft ein besseres Bild und Verständnis der Sachverhalte ergibt.

Weitere Maßnahmen, welche den Barmittel-Bestand unabhängig vom operativen Geschäft erhöhen, sind z. B. die Aufnahme von Darlehen, Kapitalerhöhungen usw. Für einen Konzern kann auch ein Cash-Pooling-System eingeführt werden, um die Barmittel und die Liquiditätsausstattung konzernintern besser zu organisieren.

Zusammenfassung

Am Ende der Fallstudie bietet es sich an, dass der Bewerber die Kernaussagen zusammenfasst. Interviewer achten besonders auf diese Fähigkeit – ist sie doch eine wichtige Anforderung für erfolgreiche Berater. Folgende Kernaussagen haben sich nach der Analyse ergeben:

Die Reduzierung der Profitabilität ist hauptsächlich auf die Erhöhung der Personalaufwendungen sowie die unerwarteten Währungsverluste zurückzuführen. Die Erhöhung der Personalaufwendungen ist wiederum durch die neu eingestellten Mitarbeiter sowie die Tarifsteigerung begründet. Umsatzerlöse oder auch Materialaufwendungen sind dagegen keine kritischen Einflussfaktoren.

Das Management sollte die Personalentwicklung mit Blick auf die Effizienz genauer planen, damit neu eingestellte Mitarbeiter wirklich deutlich höhere Umsatzerlöse erzielen, als sie Personalkosten verursachen. Des Weiteren soll das Unternehmen Maßnahmen durchführen, um die Produktivität der Mitarbeiter zu erhöhen. Auch eine Flexibilisierung der Arbeitsstruktur muss in Betracht gezogen werden. Dabei hilft es, wenn das Unternehmen sich auf beeinflussbare (in Abgrenzung von nicht beeinflussbaren) Faktoren konzentriert und mit der Szenariotechnik arbeitet, um bessere Entscheidungen treffen zu können.

Um die Liquidität zu erhöhen, sollte das Unternehmen ein besseres Bestandsmanagement einführen und die Kreditwürdigkeit der Kunden besser überwachen.

Projektorganisation und -kalkulation bei Beratungsprojekten

von Christian Kolodziejczak

Ausgangssituation

Herzlichen Glückwunsch! Als Unternehmensberater haben Sie nach einem starken Proposal und erfolgreichem Beauty Contest, dem Pitch zu einem Projektangebot, den Zuschlag erhalten und den Auftrag gewonnen. Ihr Kunde ist ein industrieller Produktions- und Handelskonzern aus dem Mittelstand. Der Kunde möchte mit Ihrer Hilfe seine Pricing-Abteilung optimieren, welche dem Vorstandsressort Marketing und Vertrieb zugeordnet ist. Das Unternehmen hat in der jüngeren Vergangenheit einige Akquisitionen getätigt, wodurch eine Vielzahl von dezentralen Marketing- und speziell Pricing-Teams entstanden ist.

Branche	B2B – industrielle Produkte
Produktkategorien	Werkzeugmaschinen und Ersatzteile
Umsatz	3,5 Mrd. Euro
Mitarbeiter	4.000
davon im Pricing	22
Standorte weltweit	12
davon reine Produktionsstandorte	4
davon Standorte mit Pricing-Abteilung	8
Anzahl Systeme zur Preiskalkulation und Speicherung	8

Kennzahlen zu Unternehmen und Mitarbeiterstruktur

Der Projektsponsor und Vorstand des besagten Ressorts erwartet von dem Projekt vier Lösungskonzepte:

a. Design einer effizienten Pricing-Abteilung
b. Einführung eines einheitlichen Pricing-Systems
c. Entwicklung einer Pricing-Strategie für beide Produktkategorien, die für die Industrie 4.0 kompatibel ist
d. Design der Pricing-Prozesse (Ablauforganisation) zur Preiskalkulation, -kommunikation, -differenzierung (Rabattkonditionen)

Während des Ausschreibungsverfahrens haben Sie bereits den Projektleiter des Kundens kennengelernt, der mehrere Projekte parallel koordiniert. Er hat in seinem Team Mitarbeiter, die lange im Marketing und Vertrieb gearbeitet haben und Vollzeit für das Projekt zur Verfügung stehen.

Aufgabenstellung

1. Welche Verbesserungshebel im Pricing werden hier adressiert, und wie würden Sie ein entsprechendes Projekt in Teilprojekten strukturieren?
2. Wie schätzen Sie grob den Aufwand (in Beratungswochen à fünf Beratungstage) für die Teilprojekte Strategie und Ablauforganisation ein und warum?
3. Wie hoch wären die Beratungskosten bei einem durchschnittlichen Tagessatz von 2.000 Euro und einem Rabatt von zehn Prozent für das Strategieprojekt? (Bitte ohne Taschenrechner lösen.)

Lösungsweg

Eine derartige Fallstudie hat viele unterschiedliche Lösungsmöglichkeiten. Grundsätzlich gibt es daher auch keine universelle Musterlösung, die der Bewerber exakt wiedergeben muss. Stattdessen sollte im Gespräch eine strukturierte Vorgehensweise erkennbar sein und der gewählte Lösungsansatz mit Argumenten belegt werden. Hier - wie auch in der Praxis - gilt es, die richtige Mischung zwischen Zielorientierung und Flexibilität zu finden. Man sollte sich nicht auf die eigene Lösung versteifen und diese kompromisslos verteidigen, sondern in der Diskussion seine Ansatzpunkte mit neuen Erkenntnissen kombinieren, ohne dabei jedoch wie ein Fähnchen im Wind von einem Ansatz zum nächsten zu springen.

1. Verbesserungshebel und Projektdesign
Die vier gewünschten Lösungskonzepte sind bereits recht prägnant und strukturiert. Zusammenfassend wird hier eine Pricing-Strategie gewünscht, an der sich die organisatorische Struktur orientieren kann. Recht bekannt und stark vereinfachend gilt die Daumenregel „structure follows strategy“.

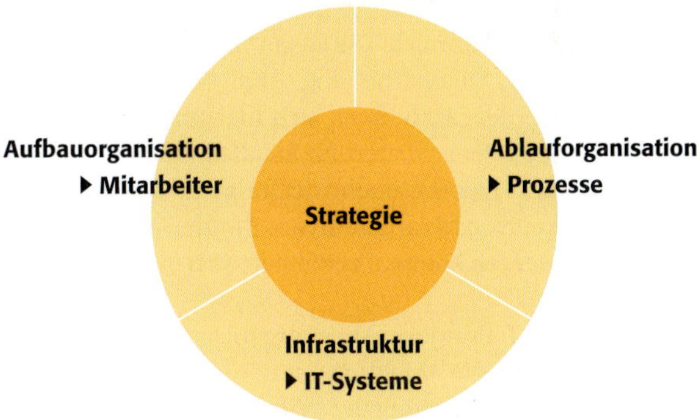

Optimierungshebel

Zunächst gilt es also, eine Pricing-Strategie zu entwickeln bzw. die bestehende zu optimieren. Diese Phase sollte im Projektaufbau ein eigenes Teilprojekt bilden. Erst danach startet die zweite Phase. Dabei werden insbesondere Funktionen bzw. Prozesse entwickelt, die helfen, die Strategie im operativen Betrieb umzusetzen (Ablauforganisation). Unterstützend werden dazu kompetente Mitarbeiter (Aufbauorganisation) und Pricing-Systeme (IT-Infrastruktur) benötigt.

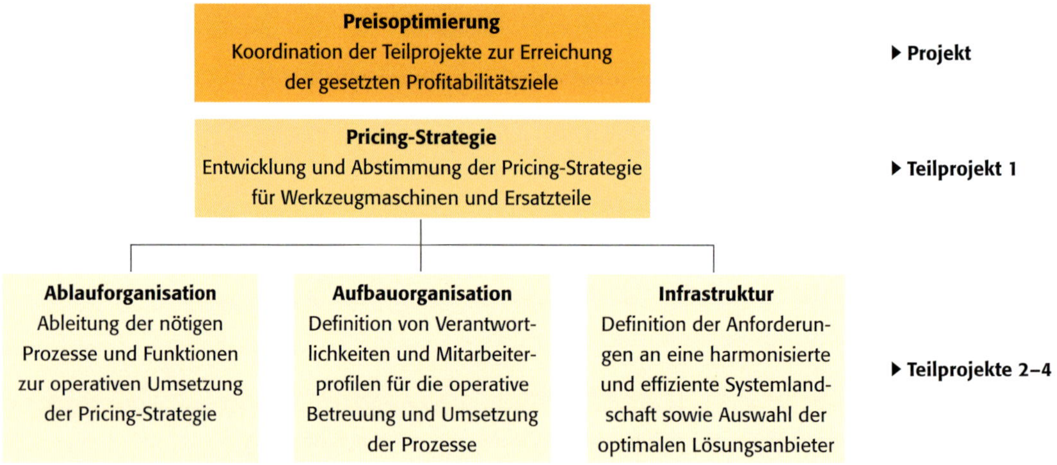

Projektstruktur in der Konzeptionsphase

2. Aufwandsschätzung für das Projekt

Besonders wichtig für die Schätzung ist ein grobes Verständnis für die Aufwandstreiber, also die größten Aufgabenblöcke, die ein solches Beratungsprojekt mehr oder weniger aufwendig machen. Ob im Case-Interview ein, zwei oder drei Wochen pro Phase geschätzt werden, ist zweitrangig. Der Fokus des Interviewers liegt auf der (sinnvollen) Strukturierung und (souveränen) Kopfrechenleistung.

In der vorherigen Aufgabe haben wir bereits ein Projekt mit vier Teilprojekten definiert. Im Folgenden werden wir (nur) die Teilprojekte Strategie und Ablauforganisation näher betrachten.

Das Teilprojekt „Strategie" kann zum Beispiel in die vier Phasen Hypothesenentwicklung, Datenerhebung, Analyse und Empfehlungen pro Produktkategorie unterteilt werden. Es handelt sich hier um einen klassischen Aufbau von Strategie-Projekten. Jede Phase dauert im Idealfall ein bis zwei Wochen. In der Praxis ist man gerade bei der Hypothesenentwicklung und Datenerhebung auf die Kooperation und Verfügbarkeit von Mitarbeitern des Kunden angewiesen. Sofern diese nicht zeitnah einbezogen werden können, verlängert sich diese Phase entsprechend.

Im Teilprojekt „Ablauforganisation" geht es noch sehr grob und strategisch (sog. Level 1) um die Ableitung der nötigen High-level-Prozesse, und um Funktionen zur operativen Umsetzung der Pricing-Strategie. Hier könnte man die Bereiche Preiskalkulation (Was muss/darf es kosten?), Preiskommunikation (Wie vermittelt man dem Kunden den Preis?) und Preisdifferenzierung (Wer muss/soll wie viel zahlen?) unterscheiden. Da in diesem Teilprojekt große Datenmengen ausgewertet, Expertenteams befragt und fundierte Berechnungen angestellt werden müssen, ist ein Aufwand von drei bis vier Wochen pro Bereich realistisch. Sollen auch noch detaillierte Dokumentationen für Low-level-Prozesse zur genauen Implementierung und Betrieb (sog. Level 3 und 4) entwickelt werden, steigt die Dauer deutlich.

Teilprojekt	Aufwandstreiber	Schätzung
Strategie	je 4 Phasen für 2 Produkte: • Hypothesenentwicklung • Datenerhebung • Analyse • Empfehlung	• Hypothesenentwicklung: 1 Woche • Datenerhebung: 2 Wochen • Analyse: 1 Woche • Empfehlung: 1 Woche 5 Wochen x 2 Produkte = **ca. 10 Beratungswochen**
Ablauforganisation	Analyse und Design von drei Prozessen: • Preiskalkulation • Preiskommunikation (intern/extern) • Preisdifferenzierung	• Preiskalkulation: 4 Wochen • Preiskommunikation: 3 Wochen • Preisdifferenzierung: 3 Wochen **ca. 10 Beratungswochen**

Teilprojekt mit Aufwandstreibern und Schätzung

3. Berechnung der Beratungskosten

Je nachdem, wie hoch die Anzahl der Beraterwochen geschätzt wurde, bietet sich folgende Kalkulation an. Es wird angenommen, dass eine Beratungswoche fünf Tage hat.

1	2	3
Umrechnung der Wochen in Tage 10 Wochen x 5 Arbeitstage = 50 Beratungstage	**Multiplikation der Tage mit dem Tagessatz** 50 Beratungstage x 2.000 Euro = 100.000 Euro	**Gewährung des Rabattes** 100.000 Euro x 10 % = 10.000 Euro 100.000 – 10.000 = 90.000 Euro

Bei 50 Beratungstagen à 2.000 Euro und einem Rabatt von zehn Prozent kosten die Teilprojekte „Strategie“ und „Ablauforganisation“ jeweils 90.000 Euro.

Ladesäulen für E-Mobilität: Ein profitables Geschäft?

von Moritz Hahn, Maximilian Pfadenhauer und Simone Totino

Aufgabenstellung

Interviewer: Die Stadtwerke Mainburg sind der spartenübergreifende Energiedienstleister der Stadt Mainburg (600.000 Einwohner). Ein Großteil der Unternehmensanteile liegt bei der Kommune. Zudem hält ein internationaler Energiekonzern eine Minderheitsbeteiligung. Die Stadtwerke versorgen das Stadtgebiet Mainburg sowie das angrenzende Umland mit Strom, Gas, Wasser und Wärme. Dabei agieren sie sowohl im Netzbetrieb als auch im Vertrieb an Privat- und Geschäftskunden.

Aus wirtschaftlicher Perspektive waren die letzten Jahre für die Stadtwerke Mainburg von stagnierenden Umsätzen mit sinkender Profitabilität geprägt. Dieses Bild zieht sich durch fast alle Geschäftssegmente der Stadtwerke, sodass die Geschäftsführung eine Vorauswahl an neuen zukunftsträchtigen Geschäftsmodellen getroffen hat.

Eine Idee betrifft den stark wachsenden Markt für E-Mobilität. Die Stadt Mainburg hat den Stadtwerken angeboten, diesen die exklusive Konzession über die öffentliche Ladeinfrastruktur zu übertragen. Bedingung hierfür ist die Errichtung von mindestens 200 Ladepunkten bis 2020. Dies soll das ambitionierte Ziel der Bundesregierung unterstützen, eine Million Elektroautos auf die deutschen Straßen zu bringen.

Wir haben den Auftrag erhalten, die Stadtwerke Mainburg bei der Überprüfung der Profitabilität des Aufbaus und Betriebs einer öffentlichen Ladeinfrastruktur zu unterstützen. Wie würden Sie vorgehen?

Lösungsweg

Bewerber: Interessant. Als erstes würde ich gerne sicherstellen, dass wir unter Profitabilität das Gleiche verstehen. Nach meiner Auffassung ist ein Unternehmen profitabel, wenn es in der Lage ist, ein positives Ergebnis zu erzielen, also wenn die Erlöse die Kosten übertreffen.

Interviewer: Genau. Die quantitative Gegenüberstellung von Erlösen und Kosten ermöglicht es, einen ersten und schnellen Einblick in eine neue Geschäftsidee zu bekommen.

Bewerber: Bevor ich mich mit der Profitabilität auseinandersetze, würde ich gerne den Markt etwas besser verstehen. Können Sie mir mehr Informationen zu den Produkten und den Hauptkundensegmenten im Bereich Ladeinfrastruktur für E-Mobilität geben?

Interviewer: Ja. Ladestationen oder „Stromtankstellen" sind Geräte, die es ermöglichen, die Batterien von Fahrzeugen mit alternativem Antrieb, also elektrische oder hybride Fahrzeuge, mit Strom aufzuladen. Ladestationen können nach der Form, in der Strom in das Fahrzeug eingespeist wird (Gleich- oder Wechselstrom), und der Ladeleistung unterschieden werden. Für uns ist jedoch die Aufteilung des Marktes nach Kundensegmenten relevanter. Hier unterscheidet man nach öffentlichen und privaten Ladestationen.

Bewerber: Ich verstehe. Was zeichnet die beiden Segmente aus?

Interviewer: Öffentliche Ladestationen stehen, wie der Name schon sagt, auf öffentlichem Grund und zeichnen sich dadurch aus, dass mehrere Nutzer die Ladeinfrastruktur verwenden. Das hat Auswirkungen auf die technischen Anforderungen der Geräte und auf die Abrechnung der erhaltenen Leistung. Private Ladestationen stehen dagegen auf privaten Grundstücken, und der Abrechnungsadressat ist immer der gleiche. Das vereinfacht die Abwicklung der Abrechnung. Private Ladestationen findet man beispielsweise in privaten Haushalten, Hotels, Supermärkten oder in Unternehmen, die Elektroflotten besitzen.

Bewerber: Sehr gut. Ich glaube, ein hinreichendes Verständnis über die Rahmenbedingungen entwickelt zu haben. Ich fasse die Aufgabenstellung kurz zusammen: Die Stadtwerke Mainburg haben die Möglichkeit, in der Stadt exklusiver Betreiber der öffentlichen Ladeinfrastruktur zu werden. Die Profitabilität dieser Idee soll nun bewertet werden, korrekt?

Interviewer: Korrekt. Wie würden Sie hierfür vorgehen?

Bewerber: Geben Sie mir bitte kurz Zeit, um meine Gedanken zu strukturieren.

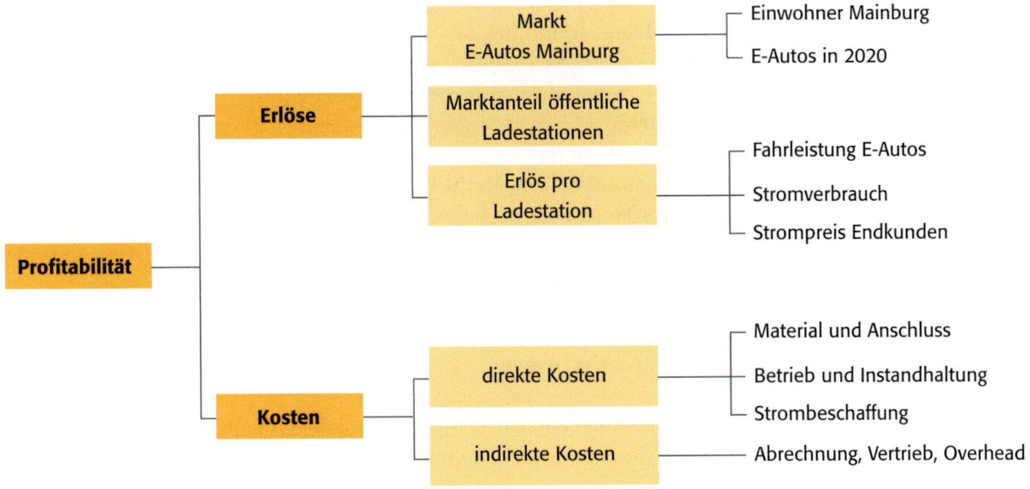

Logikbaum zur Profitabilität

Um die Profitabilität des Geschäftes abzuschätzen, würde ich die potenziellen Erlöse mit den entsprechenden Kosten in Bezug setzen. Nach meiner Einschätzung hängen die Erlöse hauptsächlich von drei Faktoren ab: a) dem zu erschließenden Markt, also der Anzahl an Elektroautos in Mainburg, b) dem Marktanteil der öffentlichen Ladestationen und c) dem Erlös, der pro Ladestation erzielt werden kann. Letzterer bestimmt sich aus Stromverbrauch und -preis. Auf der Kostenseite sehe ich zum einen die Kosten, die direkt mit der Errichtung und dem Betrieb der Ladepunkte entstehen. Darunter stelle ich mir einmalige Material- und Anschaffungskosten sowie laufende Betriebskosten vor. Zum anderen wird es Kosten für Abrechnung, Kundenservice, Verwaltung etc. geben, also indirekte Kosten.

1. Marktgröße und Erlöse

Interviewer: Das ist ein logischer und gut strukturierter Ansatz, den wir gerne als Lösungsweg verwenden können. Lassen Sie uns mit der Abschätzung des möglichen Marktes in Mainburg anfangen. Wie bereits erwähnt, interessieren wir uns für das Jahr 2020. Weiter können Sie von der Annahme ausgehen, dass das Ziel der Bundesregierung von einer Million Elektroautos in der gesamten Bundesrepublik erreicht wird.

Bewerber: Um die Anzahl an Elektroautos abzuschätzen, würde ich die Zielmenge von einer Million in Deutschland anteilig auf die Stadt Mainburg herunterrechnen. Hierfür würde ich das Verhältnis zwischen der Einwohnerzahl von Mainburg und der deutschen Bevölkerung nutzen. Ist die Annahme in Ordnung?

Interviewer: Mit dieser Annahme können Sie fortfahren.

Bewerber: Bei 600.000 Einwohnern in Mainburg und einer deutschen Bevölkerung von ca. 80 Millionen erhalten wir 7.500 Elektroautos für unseren Case. Mainburg ist, wie ich aus eigener Erfahrung weiß, eine wohlhabende Stadt und zeichnete sich in den letzten Jahren dadurch aus, neue Technologien relativ schnell anzunehmen. Daraus folgere ich, dass die Anzahl an Elektroautos höher ist als im Bundesdurchschnitt.

Interviewer: Das klingt vernünftig. Sie können davon ausgehen, dass der E-Mobilitätsanteil in Mainburg doppelt so hoch ist wie im Bundesdurchschnitt. Wird nun jeder Besitzer dieser 15.000 Elektroautos die öffentliche Infrastruktur nutzen, um das Fahrzeug aufzuladen?

Bewerber: Nein, natürlich nicht. Meine Einschätzung ist, dass sich die Mehrzahl der Ladepunkte auf privatem Gelände befinden wird. Aus praktischen Gründen werden die Leute bevorzugen, ihre Fahrzeuge zu Hause, auf der Arbeit oder zum Beispiel während des Einkaufens aufzuladen.

Interviewer: Das ist eine vertretbare Sichtweise. Treffen Sie bitte eine quantitative Annahme bezüglich der Verteilung.

Bewerber: Ich kann mir vorstellen, dass 70 Prozent der Eigentümer privat laden, während die restlichen 30 Prozent auf die öffentlichen Ladepunkte zurückgreifen werden.

Interviewer: Das klingt plausibel.

Bewerber: Die exklusive Lizenz der Stadtwerke über das öffentliche Ladeangebot hieße, dass 4.500 Elektroautos (15.000 × 30 Prozent) von den Ladesäulen des Unternehmens bedient werden müssen.

Interviewer: Sehr schön. Bevor Sie mit den möglichen Erlösen weitermachen, würde ich gerne die Frage aufwerfen, ob dies mit der von den Stadtwerken Mainburg geplanten Mindestanzahl von 200 Ladesäulen überhaupt möglich ist?

Bewerber: Das ist eine berechtigte Frage. Um diesbezüglich eine Aussage zu treffen, müsste man den Stromverbrauch der Elektroautos kennen und diesen mit der Strommenge vergleichen, die von den öffentlichen Ladesäulen zur Verfügung gestellt werden kann.

Interviewer: Korrekt. Dafür habe ich Ihnen folgende Daten mitgebracht.

Position	Wert
durchschnittliche Fahrleistung pro Elektroauto und Jahr	10.000 km
spezifischer elektrischer Verbrauch	0,15 kWh/km
Ladeleistung pro Ladesäule	20 kWh/h

Daten zur Berechnung des Bedarfs und der möglichen Versorgung mit Strom

Bewerber: Wenn wir davon ausgehen, dass die 4.500 Elektroautos 10.000 Kilometer pro Jahr fahren und dies bei einem spezifischen elektrischen Verbrauch von 0,15 kWh/km, werden im Jahr 6.750.000 kWh (4.500 E-Autos × 10.000 km/E-Auto × 0,15 kWh/km) benötigt.

Bei einer Ladeleistung von 20 kWh/h könnten die geplanten Ladesäulen die folgende Strommenge liefern:

- 200 Ladesäulen × 20 kWh/h × 365 Tage/Jahr × 24 h/Tag = 35.040.000 kWh/Jahr

Das entspricht einer Auslastung der 200 Ladesäulen von 19,3 Prozent. Der Bedarf könnte somit auf jeden Fall gedeckt werden.

Interviewer: Ausgezeichnet. Plausible Auslastungen liegen tatsächlich im Bereich zwischen 15 und 20 Prozent. Wenden wir uns nun den möglichen Erlösen zu.

Bewerber: Um den möglichen Erlös aus den öffentlichen Ladestationen für die Stadtwerke Mainburg abzuschätzen, müssen wir die Einnahmen aus den Ladesäulen berechnen. Für die Berechnung brauche ich den Strompreis für die Endkunden, da wir die verbrauchte Strommenge bereits abgeschätzt haben. Können Sie mir hier eine Größenordnung nennen?

Interviewer: Sie können 0,33 Euro/kWh dafür annehmen.

Bewerber: Das entspricht einem Erlös von 2.227.500 Euro pro Jahr (6.750.000 kWh × 0,33 Euro/kWh).

2. Kosten und Profitabilität

Interviewer: Das sollte für eine erste, vereinfachte Abschätzung ausreichen. Wenden wir uns nun den Kosten zu. Was sind aus Ihrer Sicht die wichtigsten Kostenpositionen über die Lebensdauer einer Ladestation?

Bewerber: Wahrscheinlich die Material- und Anschlusskosten, die Betriebs- und Instandhaltungskosten sowie die Stromkosten.

Interviewer: Korrekt. Fehlt noch etwas?

Bewerber: Eine Versicherung könnte noch relevant sein, besonders im Bereich der öffentlichen Ladesäulen, die von mehreren Nutzern verwendet werden und eventuell Vandalismus ausgesetzt sind. Ich könnte mir zusätzlich noch vorstellen, dass im Hintergrund IT-Systeme zur Optimierung des Ladeprozesses sowie Vertriebsaktivitäten und Verwaltungsfunktionen notwendig sind.

Interviewer: Das ist in der Tat so. Durch einen zeitlich flexiblen und preisgesteuerten Ladeprozess kann z. B. die Marge optimiert werden. Das sind aber Aspekte, die wir zunächst vereinfacht betrachten können. Folgende Tabelle gibt Ihnen eine Übersicht der zur Verfügung stehenden Zahlen, um die direkten Kosten in 2020 zu quantifizieren.

Für die Lebensdauer der Ladestationen werden fünf Jahre vorgegeben. Das ist eine konservative Annahme, die eine schnellere Abnutzung durch den öffentlichen Gebrauch und mögliche Schäden durch Vandalismus berücksichtigt. Weiter werden damit kurze Innovationszyklen beachtet, die in der relativ neuen Branche der E-Mobilität wahrscheinlich noch anstehen und eine Ladeinfrastruktur überfällig machen können.

Position	Wert
einmalige Material- und Anschlusskosten	3.000 Euro
Betriebs- und Instandhaltungskosten pro Jahr	120 Euro
Strompreis Beschaffung	0,28 Euro/kWh
Lebensdauer Ladestation	5 Jahre

Daten zur Berechnung der direkten Kosten

Bewerber: Wenn wir die Material- und Anschlusskosten über fünf Jahre abschreiben, ergeben sich 600 Euro pro Jahr, zu denen 120 Euro pro Jahr für Betrieb und Instandhaltung addiert werden müssen. Bei 200 Ladesäulen erhalten wir jährliche Kosten in Höhe von 144.000 Euro. Hinzu kommen die Stromkosten in Höhe von 1.890.000 Euro (6.750.000 kWh × 0,28 Euro/kWh).

Zusätzlich muss noch der indirekte Kostenblock berechnet werden. Können Sie mir hierfür Zahlen geben?

Interviewer: Diesbezüglich können Sie von ca. 20 Euro pro Elektroauto ausgehen. Darin beinhaltet sind die Abrechnungs-, Vertriebs- und Verwaltungskosten.

Bewerber: Verstanden. Das ergibt dann 90.000 Euro (4.500 × 20 Euro/E-Auto). Summiert man die Kosten der Ladesäulen, die Stromkosten sowie die Abrechnungs-, Vertriebs- und Verwaltungskosten auf, müssen die Stadtwerke jährliche Kosten in Höhe von 2.124.000 Euro tragen (144.000 Euro + 1.890.000 Euro + 90.000 Euro).

Bei der Gegenüberstellung von Erlösen und Kosten ist zu erkennen, dass das Geschäft leicht profitabel ist. Unter den getroffenen Annahmen würde das Geschäftsfeld der öffentlichen Ladepunkte in Mainburg für die Stadtwerke einen Zusatzgewinn von 103.500 Euro pro Jahr bei einer Marge von 4,6 Prozent generieren.

Interviewer: Sehr gut! Wie Sie schon richtig zusammengefasst haben, halten sich die Aussichten auf Gewinn in Grenzen. Was würden Sie nun den Stadtwerken empfehlen?

Bewerber: Ich würde empfehlen, in das Geschäft einzusteigen. In unserem Case sind die Gewinnperspektiven allerdings begrenzt. Die Stadtwerke Mainburg sind jedoch bereits in der Versorgungsbranche aktiv und haben die Möglichkeit, auf bereits existierenden Strukturen aufzubauen. Weiterhin könnte durch Expansion in andere Städte oder durch ein anderes Pricing-Modell die Attraktivität des Geschäftsmodells erhöht werden.

Einem komplett neuen Akteur würde ich dagegen abraten. Verglichen mit dem Risiko sind die Gewinnperspektiven niedrig. Außerdem dürfte ein neuer Akteur mit geringeren Marktanteilen rechnen müssen.

Interviewer: Ich stimme mit Ihrer Meinung überein. Den Punkt bezüglich des Pricings finde ich interessant. Haben Sie hierzu konkrete Anregungen?

Bewerber: In dem Case sind wir von einem Preis von 0,33 Euro pro verbrauchter Kilowattstunde ausgegangen. Man könnte aber andere Preismodelle in Betracht ziehen, z. B. eine Zahlung pro Zeiteinheit, während der der Kunde die Ladesäule mit seinem Elektroauto besetzt. Ein Flatrate-Modell könnte unter bestimmten Voraussetzungen ebenfalls infrage kommen.

Interviewer: Interessanter Punkt! Darüber denken die Stadtwerke Mainburg tatsächlich nach. Vielen Dank für das interessante Gespräch.

Bewertung eines Stromverteilnetzes

von Lukas Woltery

Aufgabenstellung

Interviewer: Unser Kunde betreibt das Stromverteilungsnetz in einer deutschen Großstadt. Gesellschafter sind sowohl die Stadt als auch ein privater Energieversorger. Nach Verhandlungen zwischen den Gesellschaftern und Bürgerbefragungen hat sich die Stadt dazu entschlossen, das Stromnetz zu kommunalisieren. Dazu wird sie den Anteil des Energieversorgers übernehmen.

Der Kaufpreis für die Anteile soll durch uns ermittelt werden. Da die Gesellschaft kein zusätzliches Vermögen hält, entspricht der Wert der Gesellschaft dem Wert des Stromnetzes. Das technische Mengengerüst und die Beschaffenheit des Stromnetzes wurden bereits durch Ingenieure aufgenommen. Darauf aufbauend wird uns eine durch den Kunden erstellte Planungsrechnung vorgelegt. Aufgrund des Bewertungsanlasses möchten wir den Wert des gesamten Netzes bestimmen.

Wie würden Sie vorgehen?

Lösungsweg

Bewerber: Es ist unser Auftrag, die Bewertung der Gesellschaft anhand einer Bewertung des Stromnetzes vorzunehmen. Die Wertermittlung von Unternehmen findet in der Regel auf Grundlage einer Betrachtung der zukünftigen Erträge statt. Kann ich davon ausgehen, dass diese Vorgehensweise auch bei Stromnetzen Anwendung findet?

Interviewer: Die Wertermittlung von Energieverteilnetzen stellt einen Sonderfall der Unternehmensbewertung dar. Unterstellen wir, dass das gesamte Stromnetz eine wirtschaftlich abgrenzbare Einheit bildet, können wir uns grundsätzlich der Methoden zur Bewertung von Unternehmen bedienen.

Bewerber: Basierend auf dieser Prämisse nehmen wir für das Stromnetz eine Wertermittlung vor, die auf allgemein anerkannten Bewertungsgrundsätzen beruht. Dabei sind nach herrschender Auffassung sowohl das Ertragswertverfahren als auch das Discounted-Cash-Flow-Verfahren, kurz DCF-Verfahren, zulässig.

HINWEIS: Diese Fallstudie unterstellt hier und im weiteren Verlauf spezifische Kenntnisse der Finanzierungsrechnung, gerade was allgemeine Definitionen anbelangt. Diese könnten auch vom Interviewer angegeben werden. So kann getestet werden, ob der Bewerber in der Lage ist, vorgegebene Fachkenntnisse auf den konkreten Sachverhalt anzuwenden.

Interviewer: Wir möchten im vorliegenden Fall eine Bewertung nach dem DCF-Verfahren vornehmen.

Bewerber: Das DCF-Verfahren ist in der üblichen Form des Bruttoansatzes durch ein zweistufiges Vorgehen gekennzeichnet. Im ersten Schritt wird der Gesamtmarktwert des Unternehmens als Summe der Barwerte aller künftigen freien Geldflüsse bestimmt, die den Eigen- und Fremdkapitalgebern zur Verfügung stehen – im weiteren Verlauf nutze ich dazu den gebräuchlicheren englischen Begriff Cashflow. Das Ergebnis enthält also Eigen- und Fremdkapital. Um den Marktwert des Eigenkapitals zu ermitteln, wird daher im zweiten Schritt von der Summe das Fremdkapital des Unternehmens abgezogen. Lassen Sie mich kurz aufzeigen, wie der Unternehmenswert abgeleitet wird:

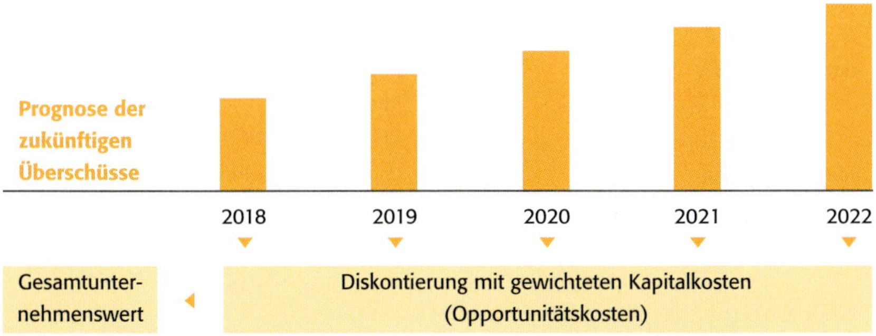

Ableitung des Unternehmenswertes

Interviewer: Sehr gut. Sie sprachen davon, dass das Verfahren auf zukünftige Erträge abzielt. Die Zukunft ist jedoch ungewiss. Ist es nicht valider, auf Werte aus der Vergangenheit zurückzugreifen?

Bewerber: In der Tat. Es wäre nur vermeintlich sicherer und weniger spekulativ, den Wert des Stromnetzes auf der Grundlage von Vergangenheitswerten zu ermitteln. Allerdings macht es aus Sicht der Stadt wenig Sinn, für Erträge zu zahlen, die dem privaten Energieversorger bereits zugeflossen sind. Vielmehr soll der Wert doch die Erträge repräsentieren, die einem Gesellschafter künftig zufließen. Wenn ich beispielsweise eine Ölquelle kaufen möchte, interessiert mich doch, wie viel Öl noch im Boden ist und nicht, wie viel der vorherige Besitzer bereits abgepumpt hat.

Interviewer: Ein schönes Beispiel. Und was bedeutet das in Bezug auf ein Unternehmen?

Bewerber: Der Wert eines Unternehmens wird durch den Ertrag ermittelt, den es aufgrund der vorhandenen Erfolgsfaktoren zum Bewertungsstichtag in der Zukunft generieren kann. Dazu zählen unter anderem die Beschaffenheit seiner Produkte und seine Marktstellung, die Mitarbeiter und das Management sowie seine Innovationskraft. Bewertet wird das Potenzial dieser Faktoren, in Zukunft Gewinne zu erzielen.

Interviewer: Das ist korrekt. Die Prognose dieser Gewinne stellt allerdings ein Kernproblem jeder Unternehmensbewertung dar. Inwiefern müssen wir hierbei auf die Besonderheiten eines Stromnetzes Rücksicht nehmen?

Bewerber: Darf ich mir kurz Zeit zum Nachdenken nehmen?

Interviewer: Natürlich.

Bewerber: Generell ist zwischen externen und internen Einflussfaktoren zu unterscheiden, wie beispielsweise bei der SWOT-Analyse. Zu den externen Einflussfaktoren auf einen Stromnetzbetreiber zählen unter anderem ein sich veränderndes regulatorisches Umfeld sowie Umgestaltungen in der deutschen Energiepolitik. Aber auch interne Faktoren wie das Alter des Stromnetzes oder die erwartete Entwicklung der Absatzmengen wirken sich auf den Wert aus. Außerdem können auch weitere unternehmensspezifische Faktoren bzw. veränderte Markt- und Wettbewerbsbedingungen die Ertragsaussichten und damit den Unternehmenswert verändern.

externe Faktoren	• Regulierung • Konjunktur • Branchenentwicklung
interne Faktoren	• Entwicklung der Absatzmengen • Alter des Anlagevermögens • Kapitalausstattung

Einflussfaktoren auf den Wert eines Stromnetzes

Interviewer: Sie haben einige wichtige Punkte angesprochen. Diese haben vor allem Auswirkungen auf die freien Cashflows. Diese werden mittels des Kapitalisierungszinssatzes auf den Bewertungsstichtag abgezinst. Welche Kenntnisse haben Sie über die im DCF-Verfahren anwendbaren gewichteten durchschnittlichen Kapitalkosten oder kurz WACC?

Bewerber: Als Kapitalisierungszinssatz werden die mit den Kapitalanteilen der Eigen- und der Fremdkapitalgeber gewichteten Eigen- und Fremdkapitalkosten herangezogen. Daher auch die englische Bezeichnung WACC. Sie bedeutet *weighted average cost of capital*, zu Deutsch: gewichteter Kapitalkostensatz.

Interviewer: Wir möchten uns hier auf die Ableitung der Eigenkapitalkosten beschränken. Können Sie kurz ausführen, wie dies in der Praxis umgesetzt wird?

Bewerber: Die Eigenkapitalkosten setzen sich im Allgemeinen aus dem quasi-risikofreien Basiszinssatz und einem Risikozuschlag zusammen.

Da eine Investition in ein Unternehmen mit Risiken behaftet ist, erwarten Investoren, dass dieses Risiko durch eine angemessene Rendite vergütet wird. Um abzuschätzen, wie hoch diese ist, können die Renditen von Unternehmen, die an der Börse notiert sind und dem Bewertungsobjekt ähneln, als Vergleich dienen. Die relevante Frage ist, wie viel Ertrag eine alternative Investitionsmöglichkeit mit einem vergleichbaren Risiko generieren würde.

Interviewer: Ihre Aussagen beziehen sich auf eine allgemeine Definition. Welche Probleme könnten jedoch im konkreten Fall der Bewertung eines Stromnetzes auftreten?

Bewerber: Stromnetzbetreiber in Deutschland sind in einem regulierten Marktumfeld tätig und somit nicht dem allgemeinen Marktrisiko des Kapitalmarktes ausgesetzt. Demnach ist fraglich, ob - anders als bei gewöhnlichen Unternehmen - die Ableitung des Risikomaßes aus den Börsendaten sachgerecht ist.

Zudem existieren derzeit keine reinen Stromnetzbetreiber, die börsennotiert sind und ausschließlich in Deutschland operieren und somit für einen direkten Vergleich zur Bestimmung einer Risikoprämie infrage kämen. Demnach müssen wir zwangsläufig das Risikomaß aus Kapitalmarktdaten von einer Gruppe aus internationalen Vergleichsunternehmen ableiten.

Dabei gilt es jedoch, auch die internationalen Marktbesonderheiten zu berücksichtigen. Vor dem Hintergrund der Pläne eines europäischen Binnenmarktes erscheint es sinnvoll, ausschließlich europäische Netzgesellschaften in eine Vergleichsgruppe einzubeziehen. Gesellschaften aus den USA und Neuseeland sind einem anderen Regulierungsregime ausgesetzt und können somit vermutlich das Risiko eines Netzbetreibers in Deutschland nicht hinreichend erklären.

Interviewer: Gut, dann lassen Sie uns konkret werden. Nachdem wir nun die Planung ausgewertet und den WACC abgeleitet haben, möchten wir den Wert des Stromnetzes bestimmen. Für diese Wertermittlung habe ich Ihnen ein paar Informationen mitgebracht. Das Fremdkapital beträgt 500.000 Euro.

Jahr	2018	2019	2020	2021 ff.
freier Cashflow (in Tausend Euro)	94,0	111,0	118,0	120,0
WACC	5,0%	5,0%	5,0%	4,5%

Freier Cashflow und WACC des Stromnetzes

Der WACC ab dem Jahr 2021 ist im Vergleich zu den vorherigen Werten geringer, da eine nachhaltige und damit leicht positive Entwicklung angenommen wird. Dadurch verringert sich der Risikozuschlag, auf dessen Grundlage der gewichtete Kapitalkostensatz ursprünglich höher war.

Bewerber: Der Barwert des Stromnetzes ergibt sich aus der Abzinsung der jahresspezifischen freien Cashflows mit den zeitadjustierten WACC. Für die Jahre ab 2021 sind die freien Cashflows in der Form einer ewigen Rente abzubilden. Um den Wert des Stromnetzes zu ermitteln, ist im Anschluss das Fremdkapital von der Summe der Barwerte abzuziehen.

Interviewer: Auch diese Beschreibung ist korrekt. Ich habe Ihnen die entsprechende Formel mitgebracht:

$$\blacktriangleright \text{ Wert des Stromnetzes} = \sum_{t=1}^{n-1} \frac{\text{freier Cashflow}_t}{(1 + \text{WACC}_t)^t} + \frac{\frac{\text{freier Cashflow}_n}{\text{WACC}_n}}{(1 + \text{WACC}_{n-1})^{n-1}} - \text{Fremdkapital}$$

Bewerber: Die Diskontierung der Cashflows erfolgt auf den Bewertungsstichtag. Ich gehe davon aus, dass der Wert für den Stichtag 1. Januar 2018 ermittelt werden soll. Ist dies zulässig?

Interviewer: Ja, diese Vorgehensweise ist sachgerecht, da in unserem Fall die Gesellschaftsanteile zu diesem Zeitpunkt übertragen werden sollen.

Bewerber: Ich stelle die Berechnung zunächst in der Ausgangsformel dar:

$$\text{Wert des Stromnetzes} = \frac{94{,}0}{(1+0{,}05)^1} + \frac{111{,}0}{(1+0{,}05)^2} + \frac{118{,}0}{(1+0{,}05)^3} + \frac{\frac{120{,}0}{0{,}045}}{(1+0{,}05)^3} - 500$$

Die Zwischenergebnisse stelle ich zur besseren Übersicht in Tabellenform dar:

Jahr	**2018**	**2019**	**2020**	**2021 ff.**
t bzw. n	1	2	3	4
$(1 + WACC_t)^t$ bzw. $(1 + WACC_{n-1})^{n-1}$	1,05	1,10	1,16	1,16
freier Cashflow	94,0	111,0	118,0	120,0
freier Cashflow/WACC	–	–	–	2.666,7
Quotienten	89,5	100,9	101,7	2.298,9
Endsumme		**2.591,0**		

Berechnung des Barwerts des Stromnetzes (in Tausend Euro)

Die Summe der Barwerte beträgt 2.591.000 Euro. Ziehen wir nun von diesem Wert die Nettoverschuldung in Höhe von 500.000 Euro ab, beträgt der Marktwert des Stromnetzes knapp 2,1 Millionen Euro.

Interviewer: Sie haben die Aufgabe korrekt gelöst. Nun möchten wir das Ergebnis unserer Berechnung plausibilisieren. Fallen Ihnen Möglichkeiten ein, mit denen wir dies tun könnten?

Bewerber: Die Bewertungspraxis kennt vereinfachte Verfahren auf Basis von Multiplikatoren, die zur Plausibilisierung der Ergebnisse der Unternehmensbewertung auf Basis der DCF-Methode herangezogen werden können. Hierbei wird der Unternehmenswert anhand eines mit dem Multiplikator bestimmten Vielfachen einer Erfolgsgröße des Bewertungsobjekts abgeschätzt. Geeignete Multiplikatoren können beispielsweise aus den Kapitalmarktdaten der börsennotierten Vergleichsunternehmen, die bereits zur Ermittlung des WACC herangezogen wurden, abgeleitet und auf das zu bewertende Unternehmen übertragen werden.

Interviewer: Schlagen Sie doch bitte eine relevante Erfolgsgröße für ein Stromnetz vor.

Bewerber: Im Rahmen einer vergleichenden Marktbewertung lassen sich Multiplikatoren auf Basis verschiedener Erfolgsgrößen anwenden. Dazu zählt das Kurs-Gewinn-Verhältnis oder das Verhältnis des Gesamtunternehmenswertes zu EBIT (Ergebnis vor Steuern und Zinsen) bzw. EBITDA (Ergebnis vor Steuern, Zinsen und Abschreibungen) bzw. zum Umsatz.

Der EBITDA-Multiplikator neutralisiert in gewissem Umfang unterschiedliche Kapitalstrukturen und setzt vergleichbare Ausgaben für abzuschreibendes Anlagevermögen voraus. Da je nach Alter der vergleichbaren Stromnetze die Abschreibungshöhe erheblich schwanken kann, ist es in unserem Fall sinnvoll, Abschreibungseffekte zu eliminieren. Wenn beispielsweise ein Vergleichsunternehmen gerade hohe Investitionen getätigt hat, werden seine Abschreibungen deutlich höher sein als bei einem Wettbewerber, dessen bestehendes Netz bereits zu großen Teilen abgeschrieben ist. Da das Anlagevermögen der wesentlichste Bestandteil eines Stromnetzes ist, stellt der EBITDA-Multiplikator meines Erachtens einen geeigneten Maßstab zur Plausibilisierung des ermittelten DCF-Wertes dar.

Interviewer: Das ist eine gute Begründung. Vielen Dank.

Lösungsstruktur auf einen Blick

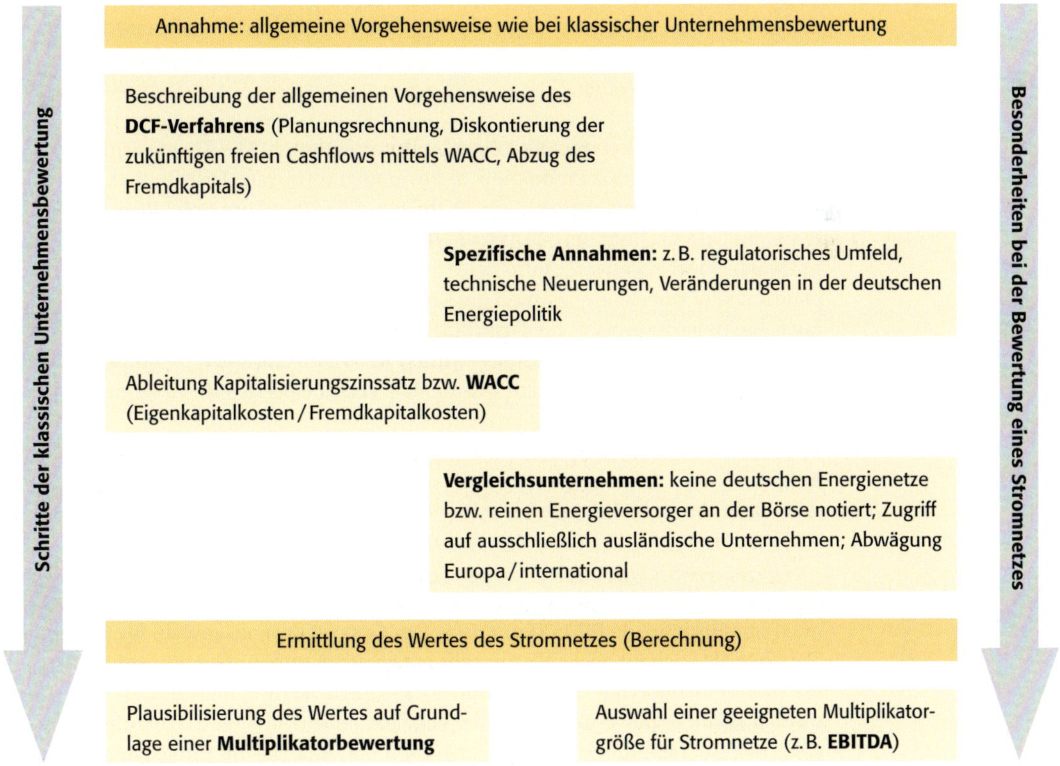

Internationale Expansion in der Spielwarenindustrie

von Prof. Dr. Sebastian Serfas

Aufgabenstellung

Wir unterstützen einen US-amerikanischen Hersteller aus der Spielwarenindustrie, der im Rahmen seiner internationalen Expansionsstrategie überlegt, in den deutschen Markt einzutreten. Unser Klient entwickelt, produziert und vertreibt eine breite Palette an Gesellschaftsspielen, von einfachen Würfelspielen bis zu anspruchsvollen Brettspielen.

Aufgabe 1: Schätzen Sie grob ab, wie groß der relevante Markt in Deutschland ist!

Aufgabe 2: Welche weiteren Faktoren zum potenziellen Markteintritt in Deutschland würden Sie neben Marktgröße und -entwicklung noch untersuchen?

Aufgabe 3: Unser Klient möchte gerne wissen, ob sich mit dem Export der Spiele nach Deutschland eine ähnliche Gewinnmarge erzielen lassen würde wie im Heimatmarkt.

HINWEIS: Teilweise werden zu Beginn bewusst (zu) wenige Informationen bereitgestellt, sodass Sie im Bewerbungsgespräch systematisch nachfragen und ggf. Annahmen treffen müssen. Überlegen Sie kurz, welche Fragen Sie hier stellen würden und lesen Sie erst dann weiter.

Auf Nachfrage erhalten Sie die folgenden Informationen: Die Kostenstruktur in den USA sieht wie folgt aus: Produktion 20 Prozent vom Umsatz, Distribution 30 Prozent, Marketing 20 Prozent, Verwaltung 10 Prozent. Der Preis pro Spiel liegt im Heimatmarkt im Durchschnitt bei 20 Dollar netto. Analysen haben ergeben, dass der Schnitt in Deutschland bei etwa 21 Euro netto liegen würde. Bei Produktion in den USA und Export nach Deutschland würden die Kosten für Produktion und Verwaltung ähnlich hoch bleiben; die Kosten für Distribution und Marketing würden um je 5 Prozentpunkte steigen. Für den Transport würden ca. 6 Prozentpunkte zusätzlich anfallen. Hinzu kämen knapp 10 Prozent des finalen Verkaufspreises für Zölle und sonstige Kosten.

Aufgabe 4: Eine der strategischen Optionen beinhaltet den Aufbau einer eigenen Produktion in Deutschland. Welche weiteren Möglichkeiten zur Steigerung des Gewinns würden Sie noch in die Diskussion einbringen?

HINWEIS: Beim vorliegenden Case geht es weder um spezifisches Branchenwissen noch um ausgeprägte BWL-Kenntnisse. Der Case ist deshalb sowohl für Case-Study-Neulinge als auch für Nicht-BWLer sehr gut geeignet und umfasst nur solche Aspekte, die in einem Interview auch von einem komplett fachfremden Bewerber erwartet werden können. Bewerber sollten bei der Bearbeitung u. a. eine strukturierte Herangehensweise, eine schnelle Auffassungsgabe und analytische Fähigkeiten sowie ein grundlegendes Verständnis für wirtschaftliche Zusammenhänge demonstrieren.

Lösungsweg

Aufgabe 1: Abschätzung der Marktgröße

HINWEIS: Unter Marktgröße wird in Case Studies oft der jährliche Umsatz verstanden, es könnten aber auch andere Größen gewünscht sein (z. B. Gesamtzahl potenzieller Kunden). Im Zweifel immer nachfragen!

Der Oberbegriff Gesellschaftsspiele umfasst eine sehr breite Palette an Spielen, zum Beispiel Brettspiele, Würfel- und Kartenspiele, aber auch Denk-, Rate-, Geschicklichkeits- und Partyspiele. Zur Abschätzung des jährlichen Umsatzes bietet es sich an, zuerst die Anzahl der verkauften Spiele und dann den durchschnittlichen Preis zu adressieren.

Eine beispielhafte, häufig genutzte Vorgehensweise basiert auf der Anzahl der Haushalte in Deutschland (ca. 40 Millionen). Angenommen, die Hälfte der Haushalte (ca. 20 Millionen) ist tendenziell spielaffin und kauft im Durchschnitt pro Jahr ein neues Gesellschaftsspiel, dann wären dies ca. 20 Millionen Gesellschaftsspiele im Jahr. Preislich liegen viele Spiele im Bereich zwischen zehn Euro und 40 Euro, wobei die günstigeren Spiele häufiger verkauft werden, sodass man z. B. einen Durchschnittspreis von 20 Euro annehmen könnte. Dies ergäbe eine Marktgröße von ca. 400 Millionen Euro (20 Millionen Spiele × 20 Euro/Spiel).

HINWEIS: Diese Abschätzung kann auch detaillierter ausfallen, wenn der Interviewer signalisiert, dass das gewünscht wird. Beispielsweise könnte noch nach unterschiedlich spielaffinen Haushaltstypen differenziert werden (mit variierenden jährlich gekauften Stückzahlen) und/oder verschiedene Preisklassen in die Analyse eingebracht werden. Übrigens: Der jährliche Umsatz mit Gesellschaftsspielen in Deutschland liegt laut Branchenangaben seit Jahren tatsächlich bei rund 400 Millionen Euro.

Aufgabe 2: Wichtige Faktoren zur weiteren Analyse

HINWEIS: Bei einer so breit formulierten Fragestellung ist es wichtig, mit System vorzugehen. Nehmen Sie sich zu Beginn kurz Zeit, um Ihre Gedanken und Ideen zu sortieren. Nutzen Sie dazu gerne eines der klassischen Frameworks. Diese sind ein gutes Hilfsmittel beim systematischen Abarbeiten von Fragestellungen – aber auch nicht mehr. Solange Sie strukturiert und nachvollziehbar argumentieren, geht es grundsätzlich also auch ohne Framework.

Im konkreten Fall bietet sich z. B. das Five-Forces-Modell von Michael Porter (siehe Seite 98 bis 100) an, ergänzt um ausgewählte weitere Aspekte:

- **Rivalität innerhalb der Branche:** Neben der Analyse der Konkurrenzsituation (z. B. Anzahl, Größe und Verhalten der Mitbewerber) sind hier u. a. auch solche Faktoren zu analysieren, die indirekt mit der Konkurrenzsituation zusammenhängen (z. B. die Preise im Markt oder finanzielle Aspekte wie die Kosten- und Gewinnsituation).
- **Verhandlungsmacht der Kunden:** Je nach Geschäftsmodell fällt in diesen Bereich zum Beispiel die Untersuchung der Distributionsstruktur und der Distributionskanäle (z. B. Zugangsmöglichkeiten, Margen, Konzentrationsgrad, Einfluss und Bedeutung von Großhändlern, Einzelhändlern, Online-Plattformen, großen Ketten etc.).

Zudem könnten auch endkundenseitige Faktoren untersucht werden, wie Anzahl bzw. Auswahl an Gesellschaftsspielen, Preissensitivitäten der Kundengruppen etc.
- **Verhandlungsmacht der Lieferanten:** Hier könnte man z. B. die Situation hinsichlich klassischer Lieferanten (z. B. für Material zur Spieleproduktion) betrachten. Zudem wären weitere Faktoren einzubeziehen (z. B. Spieleautoren oder Lizenzgeber).
- **Bedrohung durch neue Marktteilnehmer:** Dieser Aspekt beinhaltet zum Beispiel die Untersuchung möglicher Markteintrittsbarrieren (beispielsweise Distributionskanäle, rechtliche Aspekte und Vorgaben, Akzeptanz im Markt etc.). Wichtig wäre u. a. auch die Analyse der Anbieter vergleichbarer Produkte, die ebenfalls in den Markt eintreten könnten (z. B. aktuelle US-Mitbewerber) sowie der Anbieter von Substituten (s.u.).
- **Bedrohung durch Substitute:** Hier könnte man beispielsweise analysieren, welche anderen Freizeitbeschäftigungen als Substitute fungieren könnten: einerseits solche, die nahe am klassischen Spiel sind (z. B. Videospiele, Online Gaming, Handyspiele etc.), andererseits solche, die gleiche Grundbedürfnisse befriedigen wie „etwas erleben" oder „Spaß mit Freunden haben" (z. B. Geocaching, Bowling etc.).
- **Sonstige Aspekte:** Exemplarisch genannt sei hier die Analyse potenzieller kultureller Unterschiede zwischen Deutschland und den USA, die Einfluss auf Gesellschaftsspiele haben könnten (z. B. Vorlieben für unterschiedliche Spielarten bzw. -typen, abweichende Ansprüche an Design und Haptik der Spiele etc.).

HINWEIS: An dieser Stelle lohnt sich ein kurzes Zwischenfazit. Damit zeigen Sie, dass Sie die ursprüngliche Aufgabenstellung immer im Blick haben und in Ihre Überlegungen einbeziehen.

Aufgabe 3: Quantifizierung der erwartbaren Marge

HINWEIS: Die erste Herausforderung bei dieser Aufgabe besteht darin, die richtigen Fragen zu stellen, um alle relevanten Informationen zu erhalten. Bei der Analyse kann eine Grafik helfen. Die Berechnung selbst ist nicht schwer; es sind jedoch kleine Stolpersteine eingebaut (z. B. verschiedene Währungen, abweichende Berechnungsbasis), die in einer Interview-Situation leicht übersehen werden können.

Im ersten Schritt wird die Kostenstruktur im Heimatmarkt ermittelt: Auf die Produktion entfallen pro Spiel 4 Dollar (20 Prozent des Umsatzes in Höhe von 20 Dollar). Hinzu kommen Distribution (6 Dollar), Marketing (4 Dollar) und Verwaltung (2 Dollar). Daraus ergibt sich eine Marge von 4 Dollar bzw. 20 Prozent.

Als nächstes ist die Kostenstruktur für den Export nach Deutschland zu ermitteln unter der Annahme, dass weiterhin in den USA produziert wird. Zur besseren Vergleichbarkeit und einfacheren Handhabung ist es empfehlenswert, nur eine Währung zu benutzen. Dafür muss der erzielbare Preis in Deutschland (21 Euro) in US-Dollar umgerechnet werden. Für den Umrechnungskurs müssen Sie selbst eine valide Annahme treffen. Die meisten Interviewer werden Ihnen hier – auch bei Nachfrage – erst einmal keinen Wert vorgeben, sondern wollen sehen, ob Sie halbwegs auf dem Laufenden sind.

HINWEIS: Machen Sie sich mit ungeraden Zahlen (z. B. 1,0875 Dollar/Euro) das Rechnen nicht unnötig schwer. Schlagen Sie sinnvolle Rundungswerte vor (z. B. 1,10 Dollar/Euro).

Bei Annahme eines Wechselkurses von 1,10 Dollar pro Euro ergibt sich für den Deutschland-Verkauf ein Wert von 23,10 Dollar (21 Euro × 1,10 Dollar/Euro). Die Kosten für Produktion (4 Dollar) und Verwaltung (2 Dollar) bleiben gleich, wohingegen sich Distribution (7 Dollar) und Marketing (5 Dollar) leicht erhöhen um jeweils 1 Dollar (5 Prozent des US-Preises). Hinzu kommen Transportkosten von 1,20 Dollar (6 Prozent des US-Preises) und Zölle von ca. 2,30 Dollar (10 Prozent des Preises in Deutschland). Daraus ergibt sich eine neue Marge von 1,6 Dollar (absolut) bzw. ca. 7 Prozent (relativ).

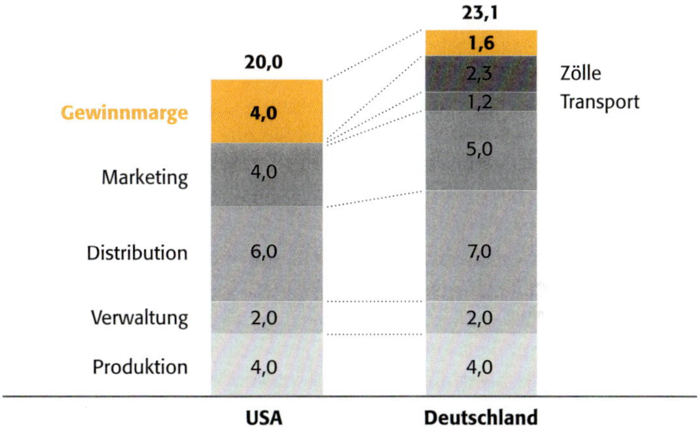

Vergleich der Gewinnmarge (in US-Dollar)

Bei Produktion der Spiele in den USA und Export nach Deutschland könnte das Unternehmen trotz des etwas höheren Preisniveaus keine vergleichbare Gewinnmarge erzielen wie im Heimatmarkt. Die Marge wäre sowohl absolut (1,60 statt 4 Dollar/Stück) als auch relativ (ca. 7 anstatt 20 Prozent) gesehen deutlich kleiner.

Aufgabe 4: Weitere Ansätze zur Gewinnsteigerung

HINWEIS: Spätestens bei dieser Fragestellung werden nun auch Ihre Kreativität und Ihr Verständnis für grundlegende wirtschaftliche Zusammenhänge in Unternehmen geprüft. Dabei kommt es gar nicht so sehr darauf an, dass Sie alle denkbaren Hebel finden; viel wichtiger ist, dass Sie nachvollziehbar darlegen, wie Sie auf die genannten Aspekte kommen, warum diese relevant sind und wie sie sich jeweils auswirken.

Für die Beantwortung dieser Frage bietet sich die Zuhilfenahme der Gewinngleichung an (Gewinn = Erlöse - Kosten). Zur Gewinnsteigerung können demnach die Erlöse gesteigert und/oder die Kosten gesenkt werden.

Auf der Kostenseite wäre beispielsweise eine vertiefte Analyse der Wertschöpfungskette in Kombination mit einem Benchmarking zur Identifikation von Kosteneinsparpotenzialen denkbar. Auch eine Anpassung der Distributionsstrategie (z. B. Fokus auf ausgewählte Distributionskanäle, Erhöhung der Margen durch Direktverkauf an den Endkunden etc.) oder die teilweise Nutzung von Auftrags- bzw. Fremdfertigung könnte untersucht werden.

Eine Steigerung der Erlöse könnte beispielsweise durch innovative Produkte bzw. Spieletechnologien (z. B. Integration digitaler Komponenten in die Spiele), die Ansprache von speziellen Nischen mit hoher Zahlungsbereitschaft (z. B. herausfordernde Strategiespiele für versierte Vielspieler) oder den Erwerb von zugkräftigen Lizenzen (z. B. für Star-Wars-Gesellschaftsspiele) erreicht werden.

Bei all diesen Überlegungen sollten immer auch die potenziellen Auswirkungen auf andere Aspekte bedacht werden, beispielsweise auf die Kostenseite (z. B. Entwicklungskosten, Lizenzgebühren etc.). Auch sollte man weitere mögliche Implikationen im Auge behalten (z. B. potenzielle negative Reaktionen aktueller Distributoren auf das Angebot eines eigenen Online-Shops).

HINWEIS: Eine tiefergehende Gliederung nach Preis und Menge bzw. nach Fix- und variablen Kosten sollten Sie nur dann von sich aus forcieren, wenn Sie zu jedem Aspekt mindestens zwei relevante Punkte haben.

Lösungsstruktur auf einen Blick

Die folgende Darstellung gibt einen kurzen Überblick über Aufbau und Gesamtstruktur sowie einen möglichen Ablauf der Case Study. Je nach Ziel, Rahmenbedingungen und Verlauf des Interviews können Schwerpunkte, Detaillierungsgrad und Intensität der Betrachtung dabei stark variieren. Viel Spaß und Erfolg bei den Interviews!

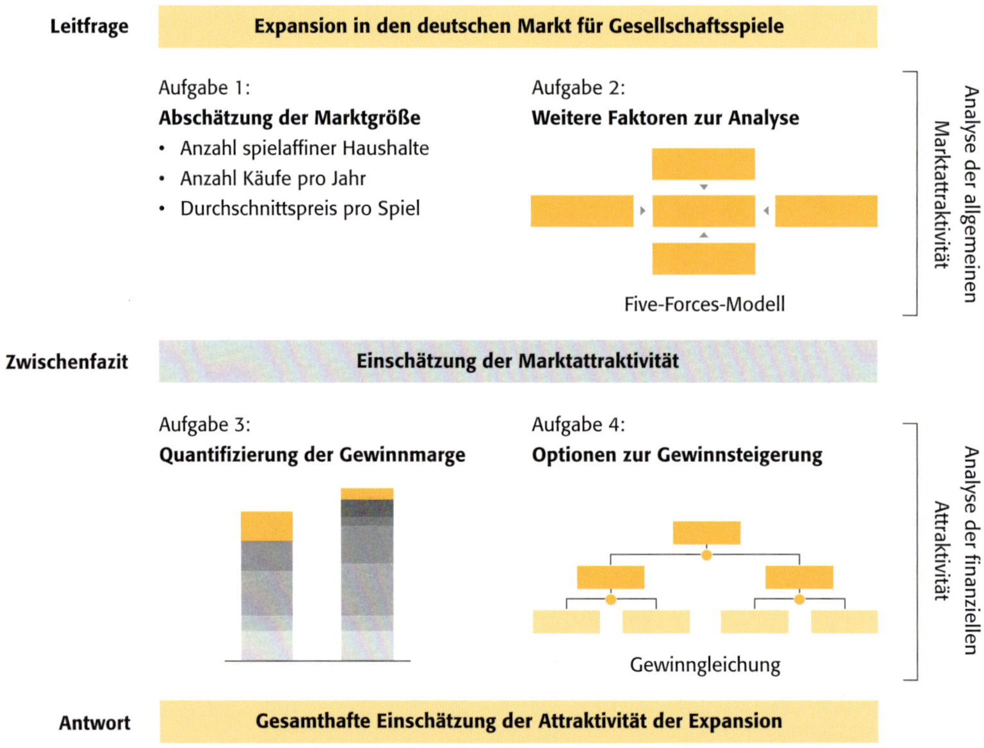

Entwicklung des TV-Geschäfts der Telefon Inc.

von Andre Munzinger und Gustav von der Schulenburg

Ausgangssituation

Unser Kunde ist die Telefon Inc. (TInc), ein großer Telekommunikationsanbieter mit Kerngeschäft in Festnetz (Telefonie und Internet) sowie Mobilfunk. Da der Umsatz der TInc über die letzten Jahre stabil geblieben ist, sucht der Vorstand neue Geschäftsfelder, um Umsatzwachstum zu generieren.

Dazu gehören auch Überlegungen, ein über das Internet bereitgestelltes TV-Produkt (IP-TV) auf den Markt zu bringen, das über das eigene, gut ausgebaute Festnetz angeboten werden könnte. Der Vorstand der TInc beauftragt Sie mit einer Analyse als Grundlage für die Entscheidungsfindung.

Aufgabenstellung und Lösungsweg

Interviewer: Durch welche Aktivitäten entstehen Ihrer Meinung nach die Kosten bei der Herstellung eines TV-Produktes?

Bewerber: Das ist eine interessante Frage. Um sie zu beantworten, würde ich mich an der Wertschöpfungskette des TV-Produktes orientieren. Zu Beginn entstehen Kosten für die Produktion von Inhalten wie durch den Dreh von Filmen oder durch das Aufzeichnen von Sendungen. Anschließend müssen diese Sendungen über Kanäle oder Mediatheken zur Verfügung gestellt werden. Als letzten Schritt sehe ich die Distribution der Inhalte z. B. über das Internet wie bei Mediatheken oder über die klassischen TV-Übertragungswege wie Kabel oder Satellit.

Wertschöpfungskette des TV-Produktes

Interviewer: Das haben sie sehr gut zusammengefasst. Welcher Teil der Wertschöpfung bietet sich für die TInc an?

Bewerber: Wenn die TInc in den TV-Markt einsteigen möchte, kann sie bei jedem Wertschöpfungsschritt eine „Make or buy"-Entscheidung treffen. Da unser Kunde seine eigenen Netze nutzen möchte, sollte er zumindest in die Distribution einsteigen.

Interviewer: Okay, dann fokussieren wir uns erst einmal auf den Markt für TV-Distribution. Wie groß schätzen Sie den Markt für TV-Distribution dieses Jahr ein?

Bevor Sie loslegen, noch ein paar Hintergrundinformationen: Im Markt für klassische TV-Distribution existierenden vier führende Technologien. In der folgenden Tabelle und im Diagramm finden Sie weitere Informationen dazu.

Technologie	Basis-Paket (ohne HD) [Euro/Monat]	Premium-Paket (mit HD) [Euro/Monat]	Technologie rückkanalfähig
Satellit	0	4	✗
Kabel	n/a	10	✓
Antenne	0	6	✗
IP	n/a	10	✓

Durchschnittskosten für TV-Angebote

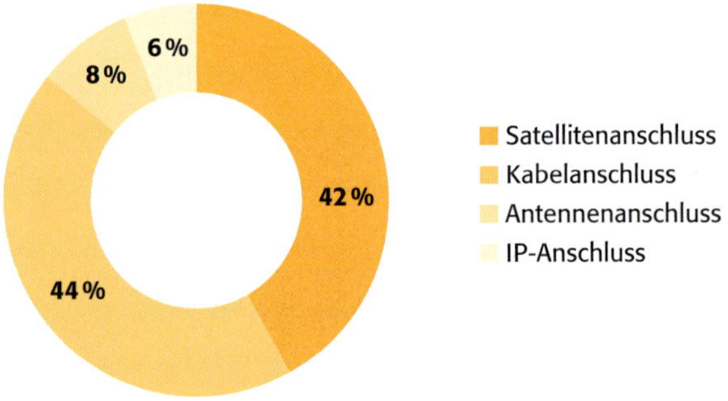

Marktanteile der Zugangstechnologien

Bewerber: Wofür steht HD? Und was bedeutet Rückkanalfähigkeit?

Interviewer: HD steht für „High Definition" und ist ein Standard für hochauflösende Bewegtbilder, der besonders durch große Flachbildfernseher Verbreitung gefunden hat. Rückkanalfähigkeit beschreibt die Fähigkeit eines TV-Anschlusses, nicht nur Informationen zu empfangen (wie beispielsweise beim Satellitenfernsehen), sondern auch auf einem Rückkanal zu senden (wie beispielsweise bei Netflix). Letzteres ermöglicht On-Demand-Angebote, bei denen ein Kunde Inhalte zu jeder beliebigen Zeit abrufen kann, anstatt sie nur zum Zeitpunkt der Ausstrahlung sehen zu können.

HINWEIS: Wenn Ihnen Begriffe oder Abkürzungen im Interview nicht bekannt sind, können Sie diese gerne beim Interviewer erfragen.

Bewerber: Danke für die Erläuterung. Das Marktvolumen ergibt sich aus der Summe aller Marktvolumina der einzelnen Technologien. Dieses setzt sich wiederum aus den Umsätzen der Basis- und Premium-Pakete der jeweiligen Technologien zusammen.

Um es zu schätzen, möchte ich herausfinden, wie viele Anschlüsse ich je Technologie im Markt habe. Das würde ich von der Anzahl der Haushalte im Markt ableiten. Haben Sie hierzu vielleicht nähere Informationen?

Interviewer: Das ist ein guter Ansatz. Gehen Sie davon aus, dass es im Markt rund 40 Millionen Haushalte gibt.

Bewerber: Angenommen, 90 Prozent aller Haushalte (HH) haben einen TV-Anschluss, dann hätten wir ca. 35 Millionen Anschlüsse. Daraus resultiert folgende Anzahl an TV-Anschlüssen je Technologie:

- Satellitenanschluss ≈ 35 × 40 % ≈ 15 Mio. HH
- Kabelanschluss ≈ 35 × 45 % ≈ 15 Mio. HH
- Antennenanschluss ≈ 35 × 10 % ≈ 4 Mio. HH
- IP-Anschluss ≈ 35 × 5 % ≈ 2 Mio. HH

HINWEIS: Bei Schätzaufgaben wird in der Regel nur ein ungefähres Ergebnis erwartet. Erleichtern Sie sich die Aufgabe, indem Sie Annahmen treffen und die Zahlen geschickt auf- oder abrunden. Sollte der Interviewer damit nicht zufrieden sein, wird er Ihnen einen Hinweis geben.

Bewerber: Da es nicht für jedes Paket eine Basis- und ein Premium-Variante gibt, muss ich abschätzen, welcher Anteil an Kunden sich für welche Variante entscheidet.

Interviewer: Sehr richtig. Gehen Sie davon aus, dass sich rund zwei Drittel für das Premium-Paket entscheiden.

Bewerber: Okay, das bedeutet für die Marktgröße je Technologie:

- Markt Satellit ≈ 15 Mio. HH × 4 Euro ≈ 60 Mio. Euro
- Markt Kabel ≈ 15 Mio. HH × $\frac{2}{3}$ × 10 Euro ≈ 100 Mio. Euro
- Markt Antenne ≈ 4 Mio. HH × $\frac{2}{3}$ × 6 Euro ≈ 16 Mio. Euro
- Markt IP ≈ 2 Mio. HH × 10 Euro ≈ 20 Mio. Euro

Die Summe dieser Schätzung ergibt als gesamte Marktgröße für TV-Anschlüsse rund 196 Millionen Euro pro Monat bzw. rund 2,4 Milliarden Euro pro Jahr.

HINWEIS: Bedenken Sie immer, in welcher Form die Antwort erwartet wird. In diesem Fall als Marktvolumen in einem Jahr.

Interviewer: Sehr gut. Vielen Dank. Der Vorstand der TInc hat sich nun dazu entschieden, in den TV-Markt einzusteigen. Wie könnte sich unser Kunde gegenüber dem Wettbewerb differenzieren?

Bewerber: Die TInc hat verschiedene Möglichkeiten, ihr Produkt zu differenzieren: Zum einen wäre die Differenzierung über den Preis eine Möglichkeit, wenn das Unternehmen mit einem niedrigeren Preis als der Wettbewerb in den Markt eintritt. Es ist auffallend, dass die Kabel-Anbieter und die TInc mit ihrer IP-Technologie mit zehn Euro pro Monat am teuersten sind. Eine Reduzierung der Preise oder veränderte Preisstrukturen könnten hier mögliche Hebel sein. Beispielsweise könnte der Preis für den Kunden nicht nur durch eine reine Preisreduzierung gesenkt werden, sondern auch durch eine stärkere Finanzierung durch Werbeeinnahmen.

Zum anderen könnten die Wahl der Vertriebskanäle, z. B. der Vertrieb über mobile Apps für Tablets oder durch Vorinstallation des Angebotes auf Fernsehern der Differenzierung dienen.

Eine im Vergleich zu den Wettbewerbern veränderte Bewerbung des Produktes könnte ebenfalls ein wertvoller Differenzierungsfaktor sein. So sind beispielsweise ein kostenloses Einstiegsprodukt oder kreative Werbekampagnen denkbar.

Zuletzt könnte auch eine Differenzierung durch eine Abwandlung der Produktmerkmale im Vergleich zu Wettbewerbsprodukten stattfinden wie z. B. durch zusätzliche Dienstleistungen.

Interviewer: Sehr richtig, Sie haben die wichtigsten Aspekte zur Differenzierung des TV-Angebotes angesprochen. Welche Möglichkeiten sehen Sie für die TInc, ihr neues Produkt über die Produktmerkmale auf dem Markt zu differenzieren?

Bewerber: Das Produkt könnte sich über die Funktionalität, die Inhalte oder auch den Service differenzieren. Besonders die Funktionalität könnte interessant sein, da TInc hier auf den Informationsaustausch in beide Richtungen (Rückkanalfähigkeit) setzen könnte. Die Funktionalität könnte zum Beispiel durch Funktionen wie einen Cloud-Video-Recorder, Streaming auf mobile Endgeräte, Stimmen und Untertitel in verschiedenen Sprachen oder zeitversetztes Fernsehen unterschieden werden. Beim Service könnte die TInc auf eine besonders einfache Installation, eine hohe Qualität oder hohe Verfügbarkeit setzen.

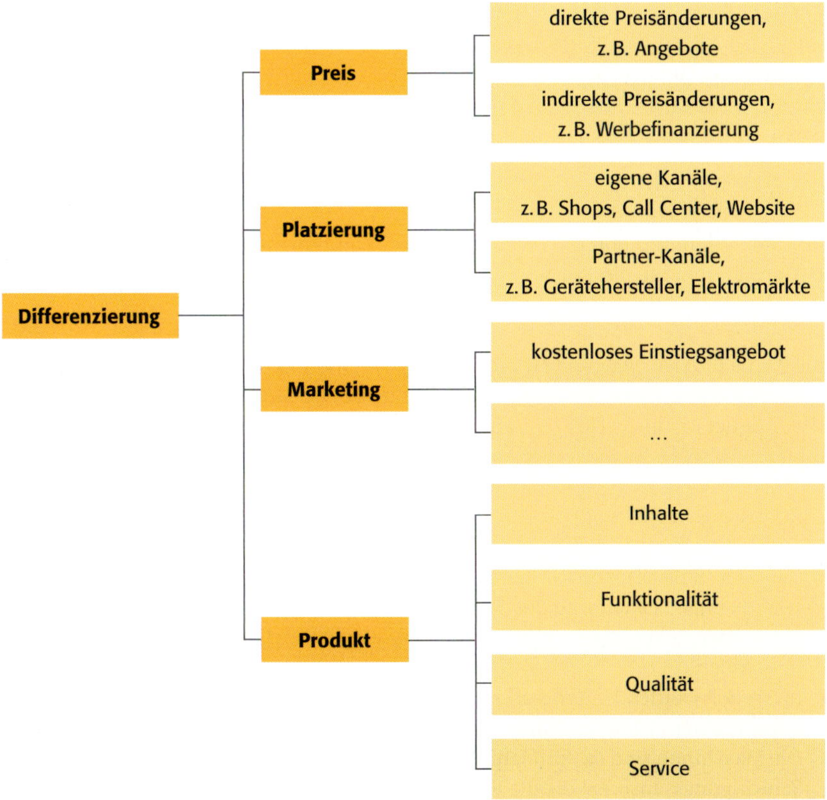

Optionenbaum der vier Marketing-Ps

Interviewer: Wenn wir uns jedoch den aktuellen Markt anschauen, differenzieren sich viele Anbieter durch den Inhalt. Zum Beispiel produzieren Distributoren eigene Serien, und Pay-TV-Anbieter zeigen bestimmte Sportsendungen. Mit welcher Art von Inhalten könnte die TInc neue Kunden gewinnen? Welche Inhalte würden Sie einsetzen, um Kunden zu binden?

Bewerber: Ich könnte mir vorstellen, dass für die Kundengewinnung Inhalte benötigt werden, bei denen schon vor dem Kauf eine Kundennachfrage besteht, wie z. B. bei der Bundesliga oder Filmklassikern. Um Kunden zu halten, könnte ich mir vorstellen, dass ein gewisser „Suchtfaktor" sinnvoll sein könnte. Hier könnten exklusive Serien in Betracht kommen, bei denen der Kunde immer auf die nächste Staffel wartet.

Interviewer: Super, vielen Dank.

Industrie 4.0: Big Data in der Produktion

von Andreas Odenkirchen

Aufgabenstellung

Ein Industrieunternehmen, das hochwertige Komponenten für die Automobilbranche fertigt, möchte die Effizienz der Produktion steigern, um Kosten zu sparen und die Produktqualität zu erhöhen.

Relevante Effizienzgewinne erhofft sich das Unternehmen durch Digitalisierungsprojekte. Das Unternehmen hat bereits eine Industrie-4.0-Strategie entwickelt und dabei das Internet of Things (IoT) und Big Data Analytics als technologische Schwerpunktthemen definiert. Nun sollen erste digitale Pilotprojekte durchgeführt werden.

Optimierungsbedarf sieht das Unternehmen insbesondere in der Feinbearbeitung (Zerspanung) der gefertigten Komponenten, da für diesen Fertigungsschritt vergleichsweise hohe Stillstandszeiten der Produktionsanlagen berichtet wurden. Im Folgenden sind einige Eckdaten zu den Feinbearbeitungsanlagen beschrieben:

- Es werden zwei Arten von Maschinen eingesetzt: Honmaschinen und Fräsmaschinen.
- Im Werk A werden 15 Honmaschinen und zehn Fräsmaschinen eingesetzt, im Werk B weitere zehn Honmaschinen und zehn Fräsmaschinen.
- Die Maschinen sind ca. fünf Jahre alt und verfügen über standardmäßig installierte Schwingungssensoren, die die Vibration der Maschinen hochfrequent messen und diese Daten aufzeichnen.
- Die planmäßige Wartung einer Maschine (ohne vorherigen Maschinenausfall) dauert zehn Minuten.
- Die Honmaschinen fallen jährlich jeweils ca. 40 Mal aus, die Fräsmaschinen ca. 30 Mal. Diese Ausfälle treten nach unterschiedlichen Zeiträumen bzw. Produktionszyklen seit der letzten Wartung auf. Die Gründe dafür sind unklar.
- Ein Maschinenausfall bedeutet bei einer Honmaschine eine Stillstandszeit von 90 Minuten, bei einer Fräsmaschine 60 Minuten.
- Die Betriebskosten pro Maschine betragen 200 Euro pro Stunde.
- Ersatzteile und Wartungsarbeiten sind relativ günstig.

Das Unternehmen bittet Sie um Vorschläge für digitale Pilotprojekte zur Effizienzsteigerung in der Fertigung. Die Projektvorschläge sollen eine Beschreibung des Lösungsansatzes sowie eine Potenzialschätzung beinhalten.

Lösungsweg

HINWEIS: Bei dem hier beschriebenen Lösungsweg handelt es sich um eine schrittweise Herangehensweise – sie ist jedoch nicht der einzige Weg zu einer guten Lösung. Mit ein wenig Kreativität und einer sauberen Beschreibung der zugrundeliegenden Annahmen können weitere digitale Anwendungsfälle und Lösungswege für diese Problemstellung gefunden werden.

1. Fragestellung verstehen und Vorgehensweise definieren

Zunächst sollten Sie die Fragestellung richtig verstehen und eine grobe Lösungsskizze aufzeichnen. Dieser Schritt hilft Ihnen, den Case im Anschluss schnell und strukturiert zu lösen.

Das Unternehmen bittet um einen Vorschlag für ein digitales Pilotprojekt. Dieses wird durch einen digitalen Anwendungsfall (Use Case) mit einem klaren Umfang (Scope) beschrieben. Der Umfang sollte dabei überschaubar sein, damit die Projektkosten zunächst noch gering bleiben und innerhalb kurzer Zeit Ergebnisse erarbeitet werden können. Ziel eines Pilotprojekts ist es, den vorher grob kalkulierten Nutzen (Business Case) sowie die technische Machbarkeit in der Praxis zu validieren (Proof of Concept), um eine solide Basis für weitere Investitionen in den konkreten Anwendungsfall zu schaffen.

Um einen passenden digitalen Anwendungsfall zu finden, müssen Sie die vorhandenen Informationen genau analysieren und die Problemstellung identifizieren. Auf dieser Basis formulieren Sie Ihre Ideen für Lösungsansätze. Oft enthält die Aufgabenstellung einer Fallstudie bereits erste Ansatzpunkte zur Ideenfindung. Sobald Sie mögliche Lösungsansätze identifiziert haben, wählen Sie mithilfe der Potenzialanalyse den besten Anwendungsfall aus.

Der richtige Umfang für das Pilotprojekt kann ebenfalls über die Potenzialanalyse definiert werden. Zusätzlich sollte jedoch auch die Komplexität der Anwendungsfälle betrachtet werden.

2. Problemstellung analysieren

Das Kernproblem des Unternehmens liegt in den häufigen Ausfällen der Hon- und Fräsmaschinen. Die folgende Tabelle fasst die wichtigsten Daten zusammen:

Maschinentyp	Werk	Anzahl der Maschinen	Ausfälle/Jahr/ Maschine	Stillstandszeit/ Ausfall
Honen	A	15	40	90 min
Honen	B	10	40	90 min
Fräsen	A	10	30	60 min
Fräsen	B	10	30	60 min

Kennzahlen zu den Ausfällen der Maschinentypen

Durch den Ausfall der Maschinen kommt es zu ungeplanten Stillstandszeiten der Produktion, in denen Betriebskosten anfallen, aber keine Komponenten gefertigt werden, die später Umsatz einbringen. Zudem entstehen für jeden Ausfall ungeplante Wartungs- und Ersatzteilkosten, die aber vernachlässigbar sind.

Durch eine Verringerung oder Vermeidung von Maschinenausfällen könnten Stillstandzeiten in der Produktion vermieden werden, sodass die Effizienz erhöht bzw. Kosten eingespart würden.

3. Lösungsansätze identifizieren

Um die Ursachen der Maschinenausfälle zu identifizieren und wenn möglich abzustellen, könnte z. B. eine detaillierte technische Untersuchung der Maschinen durchgeführt werden. Dafür wird ein tieferes technisches Verständnis benötigt, über welches vorrangig die Wartungsmitarbeiter des Maschinenherstellers verfügen werden.

Da es sich jedoch um ein *digitales* Projekt handeln soll, empfiehlt sich ein anderer Startpunkt: Suchen Sie nach digitalen Elementen im Kontext der Maschinenausfälle. Hon- oder Fräsmaschinen nutzen vorrangig mechanische Komponenten, da es um das physische Zerspanen von Werkstücken geht. Digitale Komponenten könnte z. B. die Maschinensteuerung enthalten, jedoch liegen Ihnen dazu keine Informationen vor. Allerdings ist bekannt, dass die Maschinen über Sensoren verfügen, die Daten aufzeichnen und sammeln. Diese eignen sich gut als Ansatzpunkt für digitale Lösungsansätze.

Eine weitere wichtige Information ist die Digitalisierungsinitiative des Unternehmens bzw. die darin genannten Technologien IoT und Big Data Analytics. Da diese auf der Digitalisierungsagenda stehen, wird das Unternehmen in Zukunft in diese beiden Technologien investieren und an Projektvorschlägen mit diesen Technologien besonders interessiert sein.

Basierend auf den Sensordaten der Maschinen und den Fokustechnologien lassen sich nun digitale Lösungsansätze finden. Folgende Anwendungsfälle erscheinen interessant:

- **Condition Monitoring:** Die Schwingungsdaten der Maschinen werden (möglichst in Echtzeit) ausgewertet und in einem sog. Monitoring Cockpit visualisiert. Zudem kann z. B. beim Überschreiten von Schwellenwerten eine Warnung an einen Wartungsmitarbeiter geschickt werden. Durch die bessere Überwachung der Maschinen können die Mitarbeiter gezielter eingreifen und Wartungsintervalle optimieren. Um aus den aufbereiteten Schwingungsdaten konkrete Maßnahmen abzuleiten, die Maschinenausfälle gezielt verhindern, ist jedoch umfassendes Expertenwissen erforderlich.
- **Predictive Maintenance:** Dieser Anwendungsfall konzentriert sich auf die analytische Vorhersage von Maschinenausfällen mithilfe von intelligenten Algorithmen. Dazu werden mithilfe von historischen Schwingungsdaten prädiktive Modelle trainiert und statistisch ausgewertet. Die Modelle erkennen komplexe Muster in den Schwingungsdaten im Zusammenhang mit Maschinenausfällen, sodass sie mittelfristig auch in der Lage sind, Maschinenausfälle vorherzusagen. Basierend auf der Vorhersage können Wartungen bedarfsgerecht durchgeführt werden. Auch diese Maßnahme kann Maschinenausfälle vermindern.
- **Predictive Quality:** Basierend auf den Sensordaten der Bearbeitungsmaschinen können nicht nur Rückschlüsse auf Ausfallrisiken gezogen werden, sondern auch auf Qualitätsrisiken der bearbeiteten Teile. Dazu müssen die Sensordaten in Bezug zu Qualitätsdaten gesetzt werden, um wiederum das Modell zu trainieren und das Risikolevel für bearbeitete Teile vorherzusagen. So könnten z. B. bei ungewöhnlichen Messwerten die im entsprechenden Zeitintervall bearbeiteten Teile einer gesonderten Qualitätsprüfung unterzogen werden, bevor diese verbaut und ausgeliefert werden.

4. Potenzial analysieren

Die Lösungsansätze werden nun quantitativ und qualitativ auf ihr Potenzial hin untersucht. Wenn relevante Informationen fehlen, müssen ggf. Annahmen getroffen werden. Solange diese sinnvoll erscheinen und klar definiert werden, ist dagegen nichts einzuwenden.

Alle drei Anwendungsfälle bergen ein hohes Potenzial für das Unternehmen:

- **Predictive Quality** adressiert jedoch nicht das zentrale Problem der Maschinenausfälle. Daher sollten Sie sich hier besser auf Condition Monitoring und Predictive Maintenance konzentrieren. (Predictive Quality kann jedoch als Ausblick für weitere digitale Anwendungsfälle in der Produktion genannt werden.)
- **Condition Monitoring** ist weniger komplex, da nicht zwingend analytische Modelle trainiert werden müssen und keine umfangreiche historische Datenbasis benötigt wird. Mithilfe von Cloud-Lösungen für IoT und Analytics kann eine Condition-Monitoring-Lösung sehr schnell installiert werden und zeitnah Mehrwert für die Wartungsmitarbeiter liefern. Allerdings ist unklar, inwiefern damit tatsächlich Maschinenausfälle verhindert werden können.
- **Predictive Maintenance** fokussiert sich auf die Vorhersage der Maschinenausfälle, sodass im besten Fall alle Maschinenausfälle verhindert werden können. Jedoch ist ungewiss, ob die vorhandenen Daten relevante Muster enthalten, die die Algorithmen erkennen können.

Trotz einiger Ungewissheiten sollten Sie für beide Anwendungsfälle die Annahme treffen, dass Maschinenausfälle durch bedarfsgerechte Wartung verhindert werden können. Erst dann können Sie das Potenzial der Lösungen abschätzen. Somit würde sich die Stillstandszeit von 90 Minuten (Honmaschinen) bzw. 60 Minuten (Fräsmaschinen) auf 10 Minuten, also die reine Wartungszeit, reduzieren.

Um die vorhandenen Unsicherheiten greifbarer zu machen, kann das Potenzial für Szenarien mit verschiedenen Erfolgschancen (X Prozent der verhinderten Ausfälle) berechnet werden. Der Einfachheit halber wird hier jedoch nur das Potenzial des Best Case (100 Prozent Ausfallverhinderung) berechnet.

Die folgende Tabelle stellt die potenziell reduzierte Stillstandszeit der Maschinen dar:

Maschinentyp	Werk	Anzahl der Maschinen	Ausfälle/Jahr/ Maschine	reduzierte Stillstandszeit pro verhindertem Ausfall	gesamte reduzierte Stillstandszeit
Honen	A	15	40	80 min	800 h
Honen	B	10	40	80 min	533 h
Fräsen	A	10	30	50 min	250 h
Fräsen	B	10	30	50 min	250 h

Kennzahlen zum Stillstand der Maschinen

Um die Reduktion der Stillstandszeiten als Kostenersparnis darzustellen, multiplizieren Sie diese mit den Betriebskosten. Ersatzteil- und Wartungskosten werden vernachlässigt, da hierzu keine genauen Informationen vorliegen, außer dass die Kosten relativ gering sind. Grundsätzlich sollten Sie auch Opportunitätskosten für nicht produzierte Komponenten berücksichtigen. Da zu den Stückzahlen und Umsätzen jedoch ebenfalls keine Informationen vorliegen, sollten Sie die Opportunitätskosten mündlich erwähnen, in der Berechnung jedoch außen vor lassen. Es wird hier also angenommen, dass die Produktionsmenge trotz erhöhter Maschinenverfügbarkeit gleichbleibt (Batch-Produktion).

Maschinentyp	Werk	gesamte reduzierte Stillstandszeit	Betriebskosten/ Maschine/Stunde	potenzielle jährliche Kostenersparnis
Honen	A	800 h	200 Euro	160.000 Euro
Honen	B	533 h	200 Euro	106.600 Euro
Fräsen	A	250 h	200 Euro	50.000 Euro
Fräsen	B	250 h	200 Euro	50.000 Euro

Berechnung der potenziellen jährlichen Kostenersparnis

Auf Basis dieser potenziellen Kostenersparnis kann unter den beschriebenen Annahmen ein Business Case (Return-on-Investment-Kalkulation) für ein Projektvorhaben berechnet werden. In der Aufgabenstellung ist jedoch nur eine Potenzialschätzung gefragt, daher wird der Business Case hier nicht mehr betrachtet.

5. Umfang definieren und Projektvorhaben beschreiben

Da das Pilotprojekt aus Kostengründen einen kleinen Umfang haben muss, sollten Sie das Werk und den Maschinentyp mit dem höchsten Potenzial wählen: die Honmaschinen im Werk A. Um das volle Potenzial auszuschöpfen, können Sie die entwickelte Lösung später auf die anderen Werke und Maschinen übertragen (ggf. mit einigen Anpassungen).

Zudem sollten Sie sich an dieser Stelle für einen Anwendungsfall entscheiden und Argumente für diese Wahl nennen.

- **Condition Monitoring:** Dieser Anwendungsfall eignet sich insbesondere, wenn unklar ist, wie viele Daten vorliegen und wie gut die Datenqualität ist. In diesem Fall kann Condition Monitoring kurzfristig Nutzen aus aktuellen Daten ziehen, während parallel die Datengrundlage für Predictive Maintenance geschaffen wird. Bei einer späteren Implementierung von Predictive Maintenance wird die Condition-Monitoring-Lösung ohnehin benötigt, um die analytischen Vorhersagemodelle in Echtzeit verfügbar zu machen.
- **Predictive Maintenance:** Da dieser Anwendungsfall auf die Vorhersage der Maschinenausfälle abzielt, adressiert er das Kundenproblem sehr gut. Kurzfristig können im Pilotprojekt erste analytische Modelle entwickelt werden, um die Machbarkeit von Predictive Maintenance für die Maschinen zu beweisen und die Erfolgschancen besser einzuschätzen. Für die operative Nutzung der Modelle wird später jedoch eine technische Infrastruktur für Echtzeitauswertungen benötigt.

Beide Lösungsansätze sind also valide und vielversprechend. Natürlich gibt es noch viele weitere Möglichkeiten, die Produktion des Unternehmens zu digitalisieren und Kosten einzusparen.

Gewinnrückgang bei einer Fast-Food-Kette

von Dr. Igor Ullrich

Aufgabenstellung

Interviewer: Ihr Klient ist die Fast-Food-Kette Via Nova, die landesweit auf dem Markt für Fast Food agiert. Via Nova verkauft Snacks - Burger, Pizzen, Tacos und Hot Dogs - an eigenen festen Verkaufsständen mit angeschlossener Küche ohne Sitzgelegenheiten. Der Fast-Food-Markt wird landesweit von insgesamt zehn großen Fast-Food-Ketten bedient. Die Nachfrage auf den Wettbewerbsmärkten ist preissensitiv. Der Geschäftsbericht von Via Nova zum Jahr 2017 wurde vor einer Woche veröffentlicht und zeigt, dass der Unternehmensgewinn im dritten Jahr in Folge gesunken ist. Er liegt nun bei 36 Millionen Euro und damit 20 Prozent unter dem Niveau von vor drei Jahren. Das Sortiment sowie die Anzahl der Kundenbesuche pro Jahr sind in den letzten drei Jahren konstant geblieben und die Anzahl der verkauften Snacks pro Besuch ist gestiegen. Der CEO von Via Nova beauftragt Sie mit einer Analyse zum rückgängigen Gewinn sowie der Entwicklung von Strategien, um auf das Gewinnniveau von 2014 zu gelangen. Wie gehen Sie vor?

Lösungsweg

Bewerber: Das Ziel ist die Steigerung des Gewinns auf das Niveau von 2014, das bei 45 Millionen Euro lag (36 Millionen Euro/80 Prozent). Um den Gewinn um neun Millionen Euro zu steigern, soll zuerst die Ursache des Gewinnrückgangs analysiert und anschließend ein Konzept entwickelt werden, um dem Gewinnrückgang entgegenzuwirken.

Interviewer: Das ist richtig zusammengefasst.

Bewerber: Um die Frage nach dem Gewinnrückgang zu beantworten, überlege ich mir zuerst, wie sich der Gewinn zusammensetzt. Gewinn berechnet sich als Umsatz abzüglich Kosten. Der Umsatz setzt sich zusammen aus der jeweils verkauften Menge, die mit dem jeweiligen Verkaufspreis multipliziert wird bzw. der verkauften Gesamtmenge, die mit dem durchschnittlichen Verkaufspreis multipliziert wird. Die Kosten lassen sich aufteilen in variable und fixe Kosten. Die variablen Kosten sind die durchschnittlichen Stückkosten multipliziert mit der verkauften Gesamtmenge. Im Folgenden habe ich dies grafisch dargestellt:

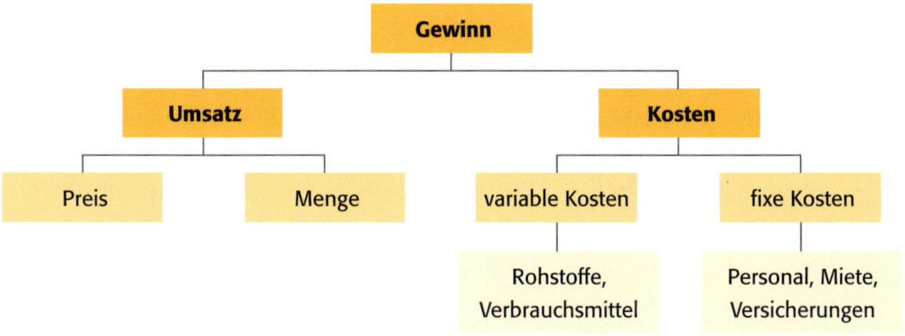

Gewinngleichung als Logikbaum

Ich würde zuerst gerne verstehen, wie sich die Kosten in den letzten Jahren verändert haben.

Interviewer: Die Stückkosten pro Produkt sind gleich geblieben. Die Fixkosten sind aufgrund effizienterer Prozesse gesunken, sodass sich beide Kostenkomponenten nun auf einem Minimum befinden.

Bewerber: Die Kosten scheinen nicht die Ursache des Gewinnrückgangs zu sein. Ich würde nun gerne mehr über den Umsatz erfahren. Da die Anzahl der Kundenbesuche pro Jahr konstant geblieben ist und die Anzahl der verkauften Snacks pro Besuch leicht gestiegen ist, wurden also insgesamt mehr Snacks verkauft als noch vor drei Jahren. Somit muss die Ursache des Gewinnrückgangs im Preis begründet sein. Wie hat sich der Preis pro Produkt in den letzten Jahren verändert?

Interviewer: Der Verkaufspreis pro Produkt blieb über die Jahre konstant.

Bewerber: Das klingt zunächst widersprüchlich, aber ich habe die falsche Frage gestellt und zwei Dimensionen vermischt. Da die *Gesamt*zahl an verkauften Snacks gestiegen ist, muss der *durchschnittliche* Verkaufspreis pro Snack gesunken sein.

Interviewer: Das ist richtig. Der durchschnittliche Preis pro Snack ist gesunken.

Bewerber: Jetzt ist es mir klar. Es konnte zwar die Gesamtverkaufsmenge der Snacks gesteigert werden, aber für mindestens ein Produkt ist sie gefallen im Vergleich zum Niveau von 2014. An dieser Stelle lohnt sich ein Aufriss der Verkaufszahlen.

Interviewer: Das ist vollkommen richtig. Hier ist ein Aufriss der Verkaufszahlen:

	verkaufte Snacks in Millionen 2014	verkaufte Snacks in Millionen 2017	Verkaufspreis [EUR]	Stückkosten (nur variable Kosten) [EUR]	Deckungsbeitrag [EUR]	Deckungsbeitrag relativ	Gewinnbeitrag 2017 [EUR]
Burger	2,27	2,27	11,00	5,00	6,00	55 %	13,60
Pizzen	2,90	1,00	10,00	2,00	8,00	80 %	8,00
Tacos	5,10	10,00	2,00	1,00	1,00	50 %	10,00
Hot Dogs	0,60	0,91	5,50	0,50	5,00	91 %	4,60
	10,87	14,18					**36,20**

Preis, Kosten, Deckungs- und Gewinnbeitrag nach Snacks

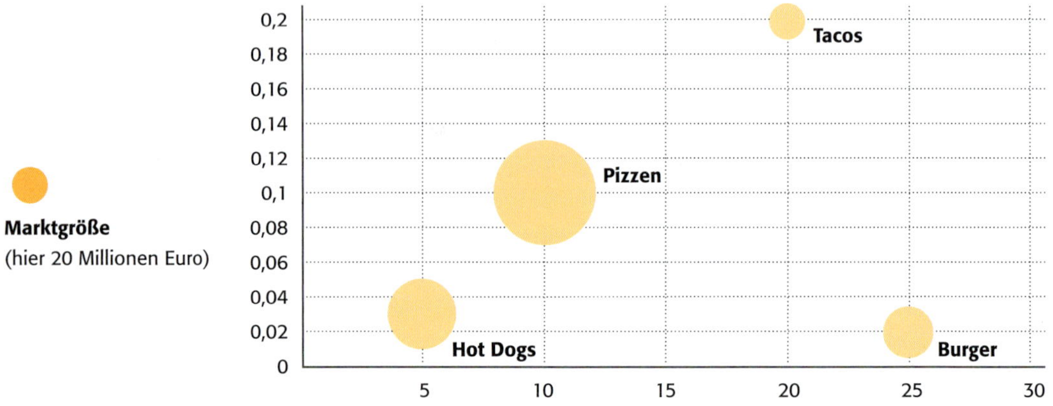

Marktwachstum 2014–17 sowie Umsatz und Marktgröße 2017

Die Ordinate in der Grafik zeigt das jährliche Marktwachstum der letzten drei Jahre. Die Abszisse zeigt Via Novas Umsatz in Millionen Euro für das Jahr 2017. Der Flächeninhalt eines Kreises zeigt die Marktgröße. Der Markt für Burger war in 2017 doppelt so groß wie für Tacos, der Markt für Hot Dogs war doppelt so groß wie der für Burger und der Markt für Pizzen war doppelt so groß wie der für Hot Dogs.

Bewerber: Die erste Tabelle bestätigt das Ergebnis meiner Analyse und zeigt, dass das Produkt Pizza rückläufige Verkaufszahlen hat. Außerdem haben alle Produkte einen positiven Deckungsbeitrag. Die Verkaufszahlen der Pizzen sind somit der Treiber für den Gewinnrückgang.

Die Grafik zeigt eine Momentaufnahme des Marktes, aber keinen Verlauf unseres Umsatzes oder Marktanteils. Insofern ist diese Grafik bei der Beantwortung der Ursachenfrage nicht hilfreich. Jedoch kann sie im zweiten Schritt bei der Strategieentwicklung genutzt werden. Es lässt sich der jeweilige Marktanteil von Via Nova berechnen, beispielsweise für Pizzen: 10 Millionen Euro Umsatz (1 Million × 10 Euro) geteilt durch

160 Millionen Euro Gesamtmarkt ergibt einen Marktanteil von 6,25 Prozent. Dieser kann dem Marktwachstum gegenübergestellt werden, sodass sich die berühmte Marktanteils-Marktwachstum-Matrix (siehe Seite 101 bis 103) ergibt.

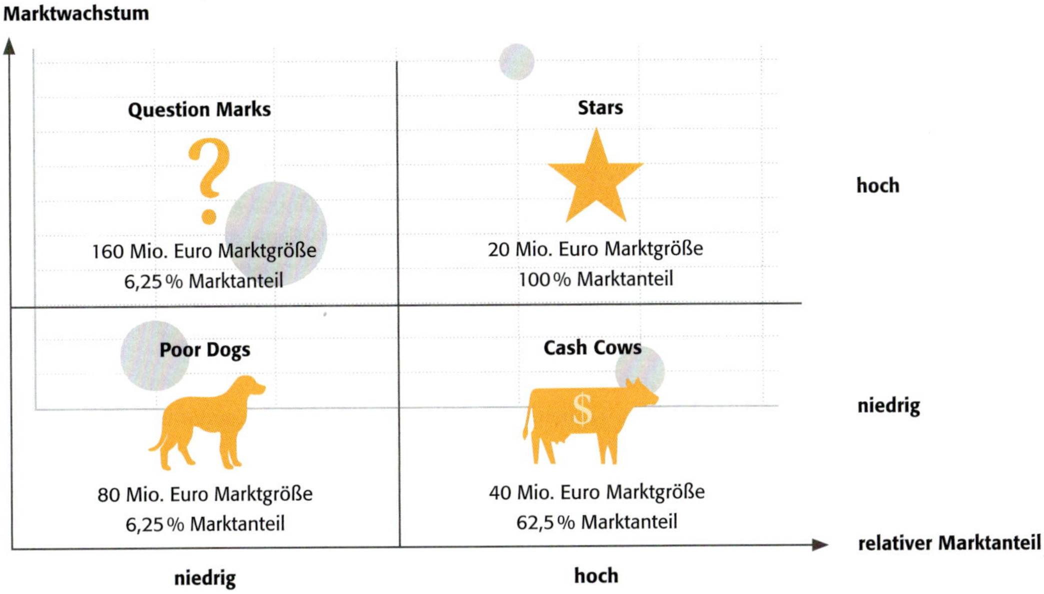

Marktanteils-Machtwachstum-Matrix für Via Nova (BCG-Matrix)

Eine darüber hinaus zu berücksichtigende Information ist das jährliche Wachstum unserer jeweiligen Marktanteile, auf Englisch: *compound annual growth rate* (CAGR).

Interviewer: Das ist eine gute Idee. Ohne es auszurechnen: Wie lautet der Berechnungsweg für die CAGR?

Bewerber: Die CAGR ist die relative Veränderung des Umsatzes hoch ein Drittel, da die Zeitspanne drei Jahre beträgt, minus Eins. Für Pizzen ergibt sich also folgende Darstellung:

- $\sqrt[3]{\frac{10}{29}} - 1$

Interviewer: Das ist eine sehr gute analytische Auswertung. Die CAGR der vier Produkte sind null Prozent (Burger), -30 Prozent (Pizzen), 25 Prozent (Tacos) und 15 Prozent (Hot Dogs). Um wieviel Euro ist der Gewinn aufgrund der Verkaufszahlen von Pizzen in den letzten drei Jahren zurückgegangen?

Bewerber: Der Gewinnbeitrag einer Pizza ist ihr Verkaufspreis abzüglich der Stückkosten, also 8 Euro (10 Euro - 2 Euro). Es wurden im Vergleich zu 2014 im abgelaufenen Geschäftsjahr 1,9 Millionen Pizzen weniger verkauft. Somit beträgt der Gewinnrückgang aufgrund der Pizzaverkäufe 15,2 Millionen Euro (1,9 Millionen × 8 Euro).

Interviewer: Welche Maßnahmen sollte Via Nova nun ergreifen?

Bewerber: Wir haben analysiert, dass die rückläufigen Pizzaverkäufe den größten Teil des Gewinnrückgangs ausmachen. Es wäre aber ein Fehler, sich nun ausschließlich mit Maßnahmen zu beschäftigen, die Pizzen betreffen. Stattdessen möchte ich eine grundsätzliche Herangehensweise verwenden, bei der die Pizzen eine wichtige Rolle spielen.

Interviewer: Das ist ein guter Ansatz. Wie gehen Sie vor?

Bewerber: Zum einen kommen organische Maßnahmen in Betracht. Hierzu zählen die Erhöhung oder Reduzierung der Preise, die Senkung der Stückkosten, die Senkung der fixen Kosten und die Steigerung der Verkaufsmengen der vorhandenen Produkte. Denkbar wäre aber auch das Wachstum mit neuen Produkten wie Donuts, Sandwiches und Getränken oder eine geografische Expansion durch weitere Filialen innerhalb und außerhalb des Landes. Zum anderen können anorganische Maßnahmen in Erwägung gezogen werden. Dazu zählt der Kauf eines anderen Unternehmens oder eine Kooperation.

Interviewer: Bleiben wir beim bestehenden Portfolio. Welche der vier Maßnahmen scheint Ihnen geeignet?

Bewerber: Sie sagten, dass sich die fixen und variablen Kosten auf einem Minimum befinden. Somit schließe ich eine weitere Kostensenkung aus. Außerdem erwähnten Sie, dass die Nachfrage auf den Wettbewerbsmärkten preissensitiv sei. Daher schließe ich eine Preiserhöhung aus. Eine Preisreduzierung könnte sich lohnen, wenn die Nachfrage dadurch überproportional steigt.

Interviewer: Im Fall einer Preisreduzierung ist von einer analogen Preisanpassung der Konkurrenz auszugehen.

Bewerber: Daraus folgere ich, dass dies zu keinen signifikanten Nachfragesteigerungen für unsere Produkte führen wird und schließe eine Preisreduzierung aus. Allerdings gilt die Preissensitivität, wie Sie sagten, nur für die Wettbewerbsmärkte, nicht aber für Tacos, bei denen wir offenbar den gesamten Markt abdecken und somit eine Monopolstellung innehaben. Nun müsste man analysieren, ob bereits der gewinnmaximierende Preis gesetzt ist.

Interviewer: Das ist eine gute Idee. Eine Marktstudie hat gezeigt, dass der Prohibitivpreis (der Preis, zu dem nicht mehr gekauft wird) bei 3 Euro und die Sättigungsmenge (die abgenommene Menge bei einem Preis von 0 Euro) bei 100 Millionen Stück liegt. Die Preisfunktion in Abhängigkeit von der Menge x lautet somit $p = 3 - 0{,}00000003x$, aber nutzen Sie bitte für dieses Beispiel die folgende Preisfunktion: $p = 3 - 0{,}5x$. Diese führt zum selben optimalen Preis. Für die gewinnmaximierende Menge, die im Monopol angeboten wird, gilt, dass der Grenzerlös (Erlös abgeleitet nach der Menge x) gleich den Grenzkosten (Kosten abgeleitet nach der Menge x) ist.

Bewerber: Der Erlös ist $p \times x = (3 - 0{,}5x) \times x$; somit ist der Grenzerlös $3 - x$. Die Kosten sind 1 Euro × x; somit sind die Grenzkosten 1 Euro. Bei Gewinnmaximierung gilt $3 - x = 1$. Daraus folgt die optimale Menge $x = 2$. Diese optimale Menge eingesetzt, ergibt den optimalen Preis $p = 3 - 0{,}5 \times 2 = 2$. Der gewinnmaximierende Preis von 2 Euro ist also bereits gesetzt.

Interviewer: Das ist korrekt. Welche weiteren Möglichkeiten fallen Ihnen ein?

Bewerber: Von den Maßnahmen, die unser Portfolio betreffen, bleibt die Steigerung der Verkaufsmengen. Ich schlage die folgenden Strategien für die vier Segmente vor:

- **Burger:** Der Markt wächst langsam, und wir haben einen hohen Marktanteil; dies ist unsere Cash Cow, die standardmäßig als positives Geschäftssegment verstanden wird. Allerdings zeigt die CAGR unseres Marktanteils, dass wir nicht nur hinter dem Marktwachstum zurückbleiben, sondern gar kein Wachstum vorweisen können. Eine weitere Ursachenanalyse ist erforderlich. Da wir hier mit 13,60 Millionen Euro den größten Gewinnbeitrag haben, hätte eine einprozentige Steigerung der Verkaufszahlen in diesem Segment die größte absolute Gewinnsteigerung zur Folge. Die hohen Stückkosten weisen auf ein kapitalintensives Gut hin, bei dem die Lagerkosten und Fehlerkosten grundsätzlich von großem Interesse sein sollten.
- **Tacos:** Der Markt wächst schnell, und wir haben einen hohen Marktanteil; dies ist unser Star. Wir sind zudem offensichtlich schneller als der Markt gewachsen und kontrollieren nun den gesamten Markt. Hier sollten wir eine aktive Preispolitik betreiben. Um für unsere anderen Segmente zu lernen, wäre es interessant zu erfahren, wie wir dieses Wachstum erreichen konnten. Es ist in den kommenden Jahren nicht mehr mit demselben Wachstum zu rechnen, da wir bereits den Markt kontrollieren und höchstens so schnell wie der Markt wachsen können.
- **Hot Dogs:** Der Markt wächst langsam, und wir haben einen geringen Anteil; dies ist unser Poor Dog, welcher in der Regel als problembehaftetes Geschäftssegment verstanden wird. Aber wir wachsen mit 15 Prozent fünfmal schneller als der Markt und haben den höchsten relativen Deckungsbeitrag mit fünf Euro (5,50 – 0,50 Euro) oder anteilig 91 Prozent. Eine Investition in diesem Segment hätte – vorausgesetzt, die Investition kann vollständig verkauft werden – die größte absolute Gewinnsteigerung zur Folge.
- **Pizzen:** Der Markt wächst schnell, und wir haben einen niedrigen Marktanteil; dies ist unser Question Mark. Es ist unser einziges Segment mit negativem Wachstum und gleichzeitig unser Produkt mit dem höchsten Deckungsbeitrag. Jede verkaufte Pizza trägt absolut mehr zum Gewinn bei als ein Verkauf in den anderen Segmenten. Hier bedarf es einer Analyse, weshalb die Verkaufszahlen eingebrochen sind.

Interviewer: Die Kritik eines renommierten Wirtschaftsmagazins liest sich wie folgt: „Es liegt wahrscheinlich nicht an den Wartezeiten, die bei Via Nova gerade in Stoßzeiten sehr lang sein können. Inländische sowie ausländische Kunden bestätigen, dass die Qualität der Pizzen eine der höchsten ist, die es gibt. Warum sich dennoch ausländische Kunden für eine Pizza bis zu einer halben Stunde lang anstellen und Inländer nicht, scheint mit den landestypischen Gewohnheiten beim Pizzaessen zu tun zu haben. Pizza ist in diesem Land wahrscheinlich ein Produkt, das man zu Hause genießen möchte und daher lieber bestellt, als an einem Stand im Stehen zu essen.“

Bewerber: Ich schließe hieraus, dass die Pizzen von Via Nova von sehr hoher Qualität sind. Der Kanal scheint jedoch für Inländer nicht der richtige zu sein. Hier könnte man einen neuen Weg gehen und einen eigenen Lieferservice eröffnen oder eine Kooperation mit einem vorhandenen Verkaufskanal eingehen. Unter Risikoaspekten würde ich mir zuerst die Kooperation ansehen, da diese eine geringere Investition bedeutet.

Interviewer: Das Unternehmen Food-Kangaroo bietet Ihnen folgende Kooperation an: Gegen eine Gebühr von sechs Millionen Euro jährlich liefert es Ihre Pizzen aus und behält dabei 30 Prozent der Umsätze. Benötigen Sie weitere Informationen?

Bewerber: Unser daraus resultierender Gewinn wäre die zukünftige Verkaufszahl multipliziert mit dem eigenen Anteil am Verkaufspreis (7 Euro) minus Stückkosten (2 Euro) abzüglich der Gebühr (6 Millionen Euro). Ob dies eine geeignete Strategie ist, hängt davon ab, mit welchen zukünftigen Verkaufszahlen wir rechnen.

Interviewer: Sie prognostizieren, mit dieser Strategie wieder Ihren relativen Marktanteil von vor drei Jahren in Höhe von 24 Prozent zu erreichen. Bitte nehmen Sie zur Vereinfachung 25 Prozent an.

Bewerber: Kann ich davon ausgehen, dass der Markt weiter wächst und dass wir die Maßnahme schnell umsetzen können? Dann würde ich den Gesamtmarkt am Ende des kommenden Jahres zugrunde legen.

Interviewer: Ja, das können Sie.

Bewerber: Der Markt in 2018 wird von 160 Millionen Euro um zehn Prozent auf 176 Millionen Euro steigen. Ein Marktanteil von 25 Prozent bedeutet einen Umsatz von 44 Millionen Euro und demnach 4,4 Millionen verkaufte Pizzen durch Via Nova. Jede verkaufte Pizza ergibt einen Gewinn von fünf Euro (10 Euro - 3 Euro - 2 Euro). Bei 4,4 Millionen verkauften Pizzen ergibt sich ein Gewinn von 22 Millionen Euro abzüglich der Gebühr von sechs Millionen Euro und damit 16 Millionen Euro.

Interviewer: Würden Sie diese Maßnahme dem CEO vorschlagen?

Bewerber: Das Ziel war es, den Gesamtgewinn von ViaNova auf das Niveau von 2014 zu bringen, also um neun Millionen Euro zu erhöhen. Wenn wir die Kooperation eingehen, beträgt der Gewinnbeitrag durch Pizzen nun 16 Millionen Euro anstelle von vormals acht Millionen Euro. Der Zuwachs um acht Millionen Euro verfehlt also das gewünschte Ziel.

Interviewer: Jedoch bedienen wir ja nicht nur das Pizzasegment. Wie verläuft der Unternehmensgewinn, ohne dass wir eine Strategie anwenden?

Bewerber: Intuitiv vermute ich, dass der Gewinn noch weiter fällt, wie bereits in den letzten drei Jahren. Lassen Sie mich das einmal nachrechnen. Als Wachstum für das kommende Jahr nehme ich die jährlichen Wachstumsraten der vergangenen drei Jahre an:

	CAGR	Nebenrechnung (Stückzahl × Wachstum × Deckungsbeitrag)	Gewinn 2018 (in Mio. Euro)
Burger	0 %	2,27 Mio. × 1 × 6 Euro (wie 2017)	13,60
Pizzen	–30 %	1 Mio. × 0,7 × 8 Euro	5,60
Tacos	25 %	10 Mio. × 1,2 × 1 Euro*	12,00
Hot Dogs	15 %	0,91 Mio × 1,15 × 5 Euro	~5,25
			36,45

* Für Tacos wird mit einem Wachstum von 20 Prozent gerechnet (Marktwachstum, da Monopolstellung).

Erwarteter Gewinn in 2018

Der Gewinn ohne jegliche Maßnahmen in 2018 ist also um 250.000 Euro höher als im aktuellen Jahr.

Interviewer: Das verwundert nicht, denn die Pizzen sind bereits auf einem sehr tiefen Stand, und andere Segmente holen durch ihr Wachstum auf. Wie bewerten Sie nun die Kooperation mit dem Lieferdienst?

Bewerber: Der Unternehmensgewinn ohne Maßnahmen wäre 36,45 Millionen Euro. Durch den Lieferservice beträgt der Gewinnbeitrag der Pizzen 16 Millionen Euro anstelle von 5,6 Millionen Euro, das entspricht einer Steigerung von 10,4 Millionen Euro. Der Unternehmensgewinn wächst somit auf 46,85 Millionen Euro. In 2014 lag er bei 45 Millionen Euro, somit hätten wir das Ziel erreicht.

Interviewer: Das ist ein sehr gutes Ergebnis. Es stellt sich leider nach drei Monaten heraus, dass die Kooperation nicht den gewünschten Erfolg hatte. Die Qualität der Pizzen wird durch die Lieferung, vor allem durch den langen Lieferweg und die Verpackung, stark beeinträchtigt, sodass Kunden nicht bereit sind, den entsprechenden Preis dafür zu zahlen. Entgegen der Vermutung des Zeitungsartikels sind Pizzakunden sehr wohl bereit, am Stand zu essen, jedoch nur, wenn sie sehr schnell bedient werden. Wie gehen Sie mit dieser Information um, und wie berücksichtigen Sie die sechs Millionen Euro Investition?

Bewerber: Es gibt grundsätzlich zwei Wege: Optimierung und Akzeptanz. Einerseits kann man versuchen, die Schwierigkeiten zu lösen, zum Beispiel durch eine bessere Verpackung, ein optimiertes schnelleres Liefernetz oder eine günstigere Pizza. Andererseits muss man an einem bestimmten Punkt akzeptieren, dass nicht jeder neue Weg zum Erfolg führt. Immerhin konnten wir lernen, welche Folgen der Transport auf die Qualität hat und wie sich unsere Kunden verhalten. Die sechs Millionen Euro wären dann als sog. versunkene Kosten zu akzeptieren.

Interviewer: Vielen Dank für das Gespräch.

Vereinbarkeit von Akquisitionsmöglichkeit und Wachstumskonzept

von Bernd Leppla

Aufgabenstellung

Ihr Auftraggeber Wachstum AG, ein Hersteller von Zierteilen für die Automobilindustrie, und Sie haben im letzten gemeinsamen Projekt ein Wachstumsprogramm zusammengestellt und implementiert. Das Wachstum soll zum einen über neue Standorte in Wachstumsmärkten, zum anderen über Unternehmenszukäufe erreicht werden.

Jüngst ist Ihr Ansprechpartner der Wachstum AG auf Sie zugekommen und fragte Sie nach einer ersten Einschätzung zu einer Akquisitionsmöglichkeit, die ihm angeboten wurde. Das offerierte Unternehmen Option GmbH hat in den letzten beiden Geschäftsjahren durchwachsene Zeiten erlebt. Die Umsatzentwicklung ist wie geplant verlaufen, doch blieb im letzten Geschäftsjahr das EBITDA hinter seinen Erwartungen zurück.

Der Ansprechpartner der Wachstum AG möchte nun gerne wissen, ob er sich das Angebot näher ansehen sollte und legt Ihnen dafür eine Kurzbeschreibung vor.

	Ist 2016	**Ist 2017**	**budgetiert 2018**	**Plan 2019**	**Plan 2020**
Umsatz	900	1000	1100	1200	1300
Materialkosten	450	550	550	600	585
Personalkosten	300	400	440	420	390
Gemeinkosten	100	120	110	96	104
EBITDA	50	–70	0	84	221
Abschreibungen	40	50	55	48	65
EBIT	10	–120	–55	36	156

- Die Option GmbH ist ein Hersteller von Zierteilen für den Automobilbereich.
- Das Unternehmen betreibt derzeit sechs Produktionsstandorte in Europa und plant für Q2/2018 die Inbetriebnahme eines weiteren Standorts in Asien.
- Kunden sind Hersteller von Pkws und Lkws in Europa.
- Eine Stärke ist die Innovationskraft auf dem Gebiet der Materialforschung. Dazu gibt es zahlreiche Kooperationen mit Hochschulen in Deutschland.

Kennzahlen (in Millionen Euro) und Kurzbeschreibung der Option GmbH

Lösungsweg

Sollte das Thema Unternehmensakquisition neu für Sie sein, ist das kein Grund zur Panik. Die meisten fach- oder themenfremden Aufgabenstellungen lassen sich mit den Basistools der BWL und ein wenig Ruhe lösen. So ist auch dieser Case gestaltet. Gewinnen Sie zunächst einen Überblick, welche Fragestellung den Auftraggeber beschäftigt, welche Informationen zur Beantwortung vorliegen und wie Sie diese Informationen verarbeiten müssen, um eine Antwort liefern zu können.

Transparenz schaffen

Planen Sie die Vorgehensweise Ihrer Bearbeitung. Dabei hilft es, wenn Sie sich noch einmal die Fragestellung klarmachen. Kommunizieren Sie das Vorgehen und Ihre Schlussfolgerungen an Ihren Ansprechpartner.

Fragestellung: Was ist die Ausgangslage, und was erwartet Ihr Auftraggeber von Ihnen?

Ihr Auftraggeber Wachstum AG hat ein Wachstumsprogramm aufgelegt, das auch Unternehmenszukäufe vorsieht. Ihrem Ansprechpartner bei der Wachstum AG ist eine Akquisitionsmöglichkeit angeboten worden, und er möchte wissen, was Ihre erste Einschätzung dazu ist. Auf Basis Ihrer Einschätzung wird er diese Möglichkeit weiterverfolgen oder fallen lassen.

Informationsvollständigkeit: Fehlen Ihnen Informationen, die Sie zur Beantwortung der Frage benötigen, oder ist die Kurzbeschreibung des Unternehmens ausreichend? Dazu ein kurzer Exkurs, worauf bei dieser Frage zu achten ist.

Bei einer Unternehmensakquisition spielen nicht nur die wirtschaftliche Situation und der Ausblick des zu kaufenden Unternehmens eine Rolle, sondern auch, wie gut das Unternehmen zum Käufer passt. Den ersten Teil können Sie sich anhand der Kurzbeschreibung später selbst erarbeiten, für den zweiten Teil benötigen Sie jedoch eine Beschreibung der Wachstum AG – nur so können Sie den sog. Strategic Fit abschätzen.

Bitten Sie Ihren Ansprechpartner um eine Beschreibung der Wachstum AG. Sollte dieser auf Ihre Kenntnisse aus dem letzten Projekt verweisen, müssen Sie spontan reagieren können – ähnliche Situationen warten auch in anderen Fallstudien auf Sie. In diesem Fall heißt das, Ihre Frage zu konkretisieren. Fragen Sie nach einer aktuellen GuV und der Zahlungsfähigkeit. Das ermöglicht einen Blick dafür, ob sich die Wachstum AG mit der Akquisition nicht vielleicht übernehmen würde. Weiter interessieren Sie Informationen zur Analyse des Strategic Fit, also Informationen wie Produktportfolio, Standort- und Kundenverteilung und sonstige relevante Aktivitäten. Letzteres ermöglicht den Abgleich mit der Unternehmensbeschreibung der Option GmbH.

Ihr Ansprechpartner reicht Ihnen dazu folgende Informationen:

	Ist 2017	Plan 2020
Umsatz	800	2000
Wachstum		150 %
Materialkosten	360	900
Materialkostenquote	45,0 %	45,0 %
Rohertrag	440	1100
Personalkosten	280	700
Personalkostenquote	35,0 %	35,0 %
Gemeinkosten	88	200
Gemeinkostenquote	11,0 %	10,0 %
EBITDA	72	200
Abschreibungen	40	90
EBIT	32	110
EBIT-Marge	4,0 %	5,5 %

- Die Wachstum AG ist ein Hersteller von Zierteilen für den Automobilbereich.
- Das Unternehmen betreibt derzeit fünf Produktionsstandorte in Europa und plant bis 2020 auf einen Umsatz von zwei Milliarden Euro zu wachsen.
- Kunden sind Hersteller von Pkws in Europa.
- Das Unternehmen sieht sich aufgrund der günstigen Zinslage in einer guten Position für Unternehmenskäufe. Zudem wird die Eigentümerfamilie finanzielle Mittel für einen Erwerb bereitstellen.
- Die außerordentlich gute Lage am Refinanzierungsmarkt lässt ein höheres Risikoniveau bei Unternehmenszukäufen zu.
- Neben der Wachstum AG hält deren Eigentümerfamilie Anteile von bis zu 100 Prozent an verschiedenen Kunststoff- und Metallwarenherstellern.

Kennzahlen (in Millionen Euro) und Kurzbeschreibung der Wachstum AG

Auffälligkeiten identifizieren

Der Vergleich der GuV der Wachstum AG und der Option GmbH zeigt im Ansatz, worauf es ankommt. Der Schlüssel sind Kennzahlen in Form von Quoten. Während die Kurzbeschreibung der Option GmbH nur absolute Werte zeigt, nennt Ihnen die Wachstum AG Materialkosten-, Personalkosten- und die Gemeinkostenquote sowie die EBIT-Marge. Die nächsten Schritte sind daher die Aufarbeitung der Zahlen der Option GmbH, der Vergleich der beiden GuV und die Prüfung des Strategic Fit.

Zahlen aufbereiten: Ergänzen Sie die GuV der Option GmbH um die Quoten für Material-, Personal- und Gemeinkosten. Abschließend können Sie die EBIT-Margen ergänzen. Lassen Sie sich in Fallstudien nicht von ungeraden Zahlen blenden. Auch im vorliegenden Fall kann der erste Eindruck verunsichern. Sie erhalten folgende Kurzbeschreibung der Option GmbH mit zusätzlich relevanten Angaben.

	Ist 2016	Ist 2017	budgetiert 2018	Plan 2019	Plan 2020
Umsatz	900	1000	1100	1200	1300
Wachstum		11 %	10 %	9 %	8 %
Materialkosten	450	550	550	600	585
Materialkostenquote	50,0 %	55,0 %	50,0 %	50,0 %	45,0 %
Rohertrag	450	450	550	600	715
Personalkosten	300	400	440	420	390
Personalkostenquote	33,3 %	40,0 %	40,0 %	35,0 %	35,0 %
Gemeinkosten	100	120	110	96	104
Gemeinkostenquote	11,1 %	12,0 %	10,0 %	8,0 %	8,0 %
EBITDA	50	−70	0	84	221
Abschreibungen	40	50	55	48	65
EBIT	10	−120	−55	36	156
EBIT-Marge	1,1 %	−12,0 %	−5,0 %	3,0 %	12 %

Kennzahlen der Option GmbH mit Quoten (in Millionen Euro)

Vergleich anstellen: Der Vergleich der GuV der Wachstum AG und der GuV der Option GmbH zeigen deutliche Unterschiede. Während der Käufer eher konservativ plant, ist die Planung der Option GmbH eher optimistisch. Nun geht es an die Beschreibung, was genau Ihnen auffällt. Vergessen Sie nicht, das auch Ihrem Ansprechpartner so zu schildern. Die Option GmbH verzeichnete von 2016 auf 2017 ein Umsatzwachstum und rechnet auch im aktuellen und allen Folgejahren damit. Gleichzeitig stiegen die Materialkosten von 2016 auf 2017 um zehn Prozent. Für das aktuelle Jahr und die Folgejahre wird mit einer Senkung der Kosten gerechnet. Im Jahr 2020 soll die Materialquote gleich mit der Wachstum AG und niedriger als der Ausgangswert im Jahr 2016 sein. Ähnlich verhält es sich mit Personal- und Gemeinkosten. Im Bereich Gemeinkosten planen beide Parteien Verbesserungen, wobei die Option GmbH wesentlich aggressiver plant. Die Abschreibungsquote wurde bisher nicht herausgestellt, doch lohnt sich ein kurzer Blick drauf: Sie liegt bei beiden Parteien durchweg bei rund vier bis fünf Prozent. Auffälligkeiten oder Ausreißer sind hier nicht zu erkennen, außer – sofern diese Zahlen bekannt sind –, dass die Werte am unteren Ende der Automobilbranche liegen.

Strategic Fit prüfen: Der Strategic Fit lässt sich quantitativ und qualitativ untersuchen. Quantitativ gesehen passt die Option GmbH sehr gut zu den Umsatzzielen der Wachstum AG für das Jahr 2020. Auch könnten die Quotenziele der Option GmbH annähernd erreichbar sein, zumindest bis auf das Niveau der Wachstum AG, sofern sich entsprechende Synergieeffekte realisieren lassen.

Qualitativ gesehen ergänzen sich die Unternehmen in einzelnen Bereichen. Die Wachstum AG ist nur in Europa vertreten und auf das Pkw-Segment beschränkt. Die Option GmbH ist ebenfalls in Europa vertreten, wagt jedoch schon den Schritt in Richtung Asien, den die Wachstum AG nicht konkret eingeplant hat. Zudem bedient die Option GmbH neben dem Pkw-Segment das Lkw-Segment.

Weisen Sie Ihren Ansprechpartner auf die Überschneidungen im Pkw-Segment in Europa, jedoch auch auf die Potenziale des Lkw-Segments und die Expansionspläne in Richtung Asien hin. Denken Sie an dieser Stelle über den Tellerrand hinaus, was das bedeutet. In solchen Fällen wird in der Regel eine Prüfung der Transaktion durch die Kartellbehörden zur Pflicht.

In den Beschreibungen der Unternehmen sind weitere Hinweise versteckt, die Sie verwerten können. Die Option GmbH beschreibt sich selbst als Unternehmen mit starker Innovationskraft im Bereich der Materialforschung. Dies könnte ein Grund für die Annahme sinkender Materialquoten in der Zukunft sein. Solange es jedoch keinen historischen Beweis in Form einer gesunkenen Materialquote gibt, ist diese Aussage kritisch zu prüfen. Gleichzeitig bietet die Wachstum AG Vorteile beim Bezug von Rohmaterialien durch verschiedene Kunststoff- und Metallhersteller im Portfolio der Eigentümerfamilie. Auch hier ließen sich eventuell Synergien erzielen.

Der Hinweis der Wachstum AG auf ein höheres Risikoniveau für Unternehmenszukäufe ist im Detail weiter zu prüfen. Die Option GmbH war 2017 nicht profitabel und wird dies auch 2018 nicht sein. Eine Akquisition bedeutet daher erhebliche Risiken.

Ergebnis präsentieren

Die Untersuchung der Fragestellung Ihres Auftraggebers lässt keinen eindeutigen Schluss zu. Für ein aussagekräftiges Fazit sind weitere Daten zu prüfen. Auch das kann ein Ergebnis bei der Bearbeitung von Fallstudien sein. Nicht immer wird eine eindeutige Antwort von Ihnen verlangt – schwarz oder weiß. Manchmal ist die Realität grau.

Die GuV der Option GmbH ist sehr optimistisch geplant, ließe sich jedoch mit der Wachstum AG im Rücken womöglich ganz oder annähernd realisieren. Die Akquisition der Option GmbH würde zur (gewünschten) Verdopplung des Umsatzes der Wachstum AG führen. Dabei gibt es jedoch einige Unsicherheiten, die kritisch überprüft werden müssen, zum Beispiel die Tatsache, dass ein kleineres ein größeres Unternehmen erwirbt, oder sich zwingend Synergien ergeben müssen, damit die Planung der Option GmbH überhaupt aufgeht.

Vor diesem Hintergrund stellt sich auch die Frage des Kaufpreises, der jedoch, wie in der Kurzbeschreibung der Wachstum AG beschrieben, in jedem Fall gestemmt werden kann. Zudem ist der Kaufpreis eines Unternehmens mit negativer oder geringer Profitabilität nicht sehr hoch. Fokussieren Sie sich daher nur auf die Kernaussagen und offenen Punkte, die Sie Ihrem Ansprechpartner mitgeben möchten.

Aus den bisher hergeleiteten Quoten, deren Vergleich, der Prüfung des Strategic Fit und den offenen Fragen können Sie das Ergebnis wie folgt darstellen.

+ Akquisitionsmöglichkeit weiter verfolgen

- Die Akquisition ermöglicht das sofortige Erreichen der Umsatzziele der Wachstum AG.
- Die Option GmbH kann sich bei entsprechender Realisierung von Synergieeffekten wie geplant entwickeln.
- Die Wachstum AG kann langfristig (begründet mit langen Zyklen im Automobilgeschäft) in das Lkw-Segment einsteigen.
- Beide Unternehmen bedienen den europäischen Pkw-Markt, wodurch sich eventuell höhere Preise durchsetzen lassen.
- Mit einem Standort in Asien wäre umgehend der erste Schritt in ein neuen Markt getätigt.

– Akquisitionsmöglichkeit nicht weiter verfolgen

- Die negative Entwicklung der Kosten der Option GmbH deuten auf Unstimmigkeiten im Unternehmen hin.
- Bei Nichtrealisierung der sehr optimistischen Planungsziele der Option GmbH besteht eine finanzielle Gefahr für den Käufer.
- Synergien bedeuten häufig Einschnitte in der Organisation; Familienunternehmen sind hierfür jedoch selten offen.
- Beide Unternehmen agieren auf dem europäischen Pkw-Markt, wodurch vor Kauf eine kartellrechtliche Prüfung ansteht.
- Die Abschreibungen liegen mit vier bis fünf Prozent am unteren Ende der Branche und legen es nahe, einen Blick auf die Investitionen zu werfen.

? Offene Punkte

- Wie teilt sich die GuV der Option GmbH auf die Segmente Pkw und Lkw und die Regionen Europa und Asien auf?
- Welche Synergiepotenziale ergeben sich für die verschiedenen Kostenpositionen der Wachstum AG und der Option GmbH?
- Wie sehen die Investitionen beider Unternehmen aus? Liegt eventuell ein Investitionsstau vor?
- Vor der Abgabe eines Angebots sind zusätzliche Informationen einzuholen: Bilanzen, Cash-Flow-Planungen, Kundendaten etc.

= Zusammenfassung

- Die Planung der Option GmbH ist sehr optimistisch, wodurch der Kaufpreis entsprechend niedrig angesetzt werden kann.
- Der Strategic Fit der Akquisition durch die Wachstum AG ist in mehreren Punkten gegeben.
- Die Analyse weiterer Informationen ist zwingend erforderlich. Dabei ist das Risikoprofil der Wachstum AG zu berücksichtigen.
- Aus aktueller Sicht kann eine weitere Prüfung der Akquisition erfolgen; eine mögliche Restrukturierung ist einzukalkulieren.

Zusammenfassung der Prüfung

Ein Dorf als Unternehmen

von Anne-Kathrin Kuhlemann

HINWEIS: Für den folgenden Case werden technisches und natur- bzw. agrarwissenschaftliches Wissen vorausgesetzt. Da das Thema Nachhaltigkeit für große Beratungshäuser immer wichtiger wird, sollten sich aber auch BWLer mit dieser Fallstudie auseinandersetzen. Grundkenntnisse zu Nachhaltigkeitsstrategien, ein solides Bewusstsein für technische Entwicklungen und Innovationen, gepaart mit intelligenten Geschäftsmodellen, die allen Stakeholdern nützen, machen Sie als Bewerber auf dem Markt interessant.

Ausgangssituation

Interviewer: Der Kunde ist eine kleine Gemeinde mit etwa 2.300 Einwohnern. Wie in der Mehrheit aller deutschen Dörfer besteht seit Jahren ein langsamer, aber kontinuierlicher Abwärtstrend: Junge Menschen ziehen zur Ausbildung oder für das Studium in die Städte - und kehren nicht zurück. Viele Einwohner müssen weite Wege zur Arbeit pendeln; als die Grundschule geschlossen wird, ziehen die jungen Familien dahin, wo es Schule und Arbeit in günstigerer Entfernung gibt.

Nicht nur die Schule, auch die restliche Infrastruktur schwindet: Friseur und Zahnarzt haben bereits geschlossen; Post, Bäcker und ein Gasthaus gibt erst wieder drei Dörfer weiter. Die Sparkasse kündigt an, die Filiale bald aufzugeben, und der letzte Dorfladen kämpft gegen den Sog der großen Discounter, die 15 Kilometer entfernt entlang der Bundesstraße - also auf dem Weg der Pendler - ihr Angebot präsentieren. Immer mehr Immobilien stehen leer, einzelne Häuser verfallen.

Die Region ist seit Jahrzehnten ganz wesentlich von der Milchwirtschaft geprägt. Der Boom der großen Biogasanlagen in den Nullerjahren hat jedoch den Preis von Futtermais und die Pachten für Ackerboden deutlich steigen lassen, sodass die Hälfte der Höfe in den letzten 30 Jahren aufgegeben wurde. Um die Flächen besteht ein intensiver Konkurrenzkampf, da den Landwirten von ihren Banken und Beratern nahegelegt wird, zu wachsen und zu expandieren. Das Wachstum können sich viele nicht leisten und geben auf, die restlichen Höfe sind stark überschuldet. Dazu kommt Mitte 2014 die Milchkrise, in deren Folge der Milchpreis innerhalb von zwei Jahren auf 23 Cent sinkt. Für jeden verkauften Liter Milch zahlen die Landwirte drauf. Die lokalen Sparkassen und Volksbanken vergeben Notkredite in Millionenhöhe je Landkreis.

Ende 2016 reicht die Europäische Union Klage gegen Deutschland ein wegen der viel zu hohen Nitratbelastung des Grundwassers. Es ist absehbar, dass die Bundesländer die erlaubte Menge an Gülle, die noch auf die Felder ausgebracht werden darf, gesetzlich massiv einschränken werden. Landwirte müssten dann neue Flächen pachten, ihren Viehbestand senken - oder die nasse Gülle kostenintensiv in nährstoffarme Regionen transportieren.

Aufgabenstellung

Interviewer: Die Gemeinde möchte einen wirtschaftlichen Impuls setzen, der dazu beiträgt, den geschilderten Teufelskreis zu durchbrechen. Dazu gilt es, Ansätze zu entwickeln, indem Sie sich die Frage stellen: Welche Ressourcen sind vorhanden, die bislang ungenutzt oder nicht optimal ausgeschöpft werden? Denken Sie dabei auch an vermeintliche Abfälle.

Dem Bürgermeister ist es zudem wichtig, das Thema Nachhaltigkeit in den Fokus zu rücken. Keinesfalls möchte er das eine Übel mit einem anderen bekämpfen. Versuchen Sie also, das „System Dorf" ganzheitlich zu betrachten und Lösungen zu entwickeln, die zu echten Win-Win-Win-Situationen für Politik, Unternehmen und Bürger führen.

Interviewer: Bitte fassen sie den Fall zunächst zusammen, und starten Sie dann mit den Potenzialen.

Lösungsweg

Bewerber: Gut. Wir haben eine Situation, in der demographischer Wandel und Urbanisierung zu einem Schrumpfen von Infrastruktur in ländlichen Gemeinden führen. Durch die Abhängigkeit von einer Branche, die sich in der Krise befindet, sinken die Steuereinnahmen, die Politik hat also weniger finanzielle Spielräume, und auf den schließenden Höfen fallen Arbeitsplätze weg.

Verfügbare Ressourcen

Bewerber: Um Lösungsansätze zu identifizieren, stelle ich als Erstes kurz zusammen, welche Ressourcen genutzt werden könnten:

- Rentner und ehrenamtlich Aktive: Diese machen, wie ich neulich gelesen habe, im ländlichen Raum über 45 Prozent der Bevölkerung aus.
- Gülle
- leere Gebäude
- lokale landwirtschaftliche Erzeugnisse

Würden Sie mir zustimmen?

Interviewer: Ich denke, Sie haben die wesentlichen Potenziale erfasst. Behalten Sie aber auch noch zwei Elemente im Hinterkopf, die nicht erwähnt wurden, aber nahezu überall verfügbar sein dürften: das Potenzial von geflüchteten Menschen/Asylbewerbern, und das Thema Internet (notfalls über LTE oder Satellit) als Grundlage für digitale Dienstleistungen. Gut, womit arbeiten Sie als Erstes weiter?

Gülle als Energieträger

Bewerber: Ich würde mit Gülle anfangen. Ich habe gelesen, dass man Biogasanlagen zu 100 Prozent mit Gülle beschicken kann. Ich würde allerdings erst den Wassergehalt reduzieren wollen, also nur die Feststoffe verwenden. Der flüssige Teil verbleibt dann beim Landwirt, der diesen nach wie vor als Dünger ausbringt. Ist das technisch machbar?

Interviewer: Ja, Sie können Gülle separieren, etwa 60 Prozent bleibt dann auf dem Hof. Wie groß wird denn Ihre Biogasanlage?

Bewerber: Nach dem aktuellen Einspeisevergütungsgesetz lohnt sich - soweit ich weiß - nur noch der Bau von 75-kW-Biogasanlagen. Eine solche Anlage benötigt rund 4.000 Tonnen Material pro Jahr. Eine Milchkuh erzeugt etwa 25 m^3 Gülle jährlich. Da nur der feste Teil genutzt werden soll, werden also ein oder mehrere Höfe mit insgesamt ca. 400 Rindern benötigt, um die Biogasanlage betreiben zu können.

Die Einspeisevergütung erhalten wir per Gesetz für 20 Jahre. So lange muss der Rohstoff Gülle also gesichert sein. Entweder, ein Landwirt baut die Anlage - dann würde ich die Bürger als Anteilseigner beteiligen, um die Gewinne zu teilen und den Hof nicht weiter zu verschulden –, oder es gibt einen neuen Betreiber, von lokalen Investoren gegründet, der eine vertragliche und vielleicht sogar partnerschaftliche Einbindung der Landwirte gewährleistet. Das hätte gerade dann Vorteile, wenn sich der Markt völlig anders entwickeln sollte. Ich denke, wenn die beteiligten Landwirte auch wirtschaftlich an der Biogasanlage partizipieren, ist ihr Eigeninteresse an einer langfristigen Belieferung gesichert.

Interviewer: Okay, Sie erzeugen jetzt Biogas, das Sie mittels Kraft-Wärme-Kopplung zu Strom umwandeln und ins Netz einspeisen. Dabei entsteht jede Menge Abwärme mit ca. 800°C. Etwa 20 bis 40 Prozent der Wärme wird zur Beheizung des Fermenters benötigt, damit der Gärprozess Ihrer Biogasanlage funktioniert. Was machen Sie mit dem Rest?

Bewerber: Ich denke, man muss die Wärme kaskadierend nutzen: Anfangs ist sie ja noch sehr heiß; man sollte also mit einem Prozess anfangen, für den wirklich hohe Temperaturen benötigt werden. Man könnte z. B. die Gärreste trocknen und zu Dünger pelletieren. Der Dünger kann dann als Produkt verkauft werden, z. B. an Hobbygärtner. Denkbar ist je nach Standort der Biogasanlage auch ein Nahwärmekonzept, oder man kann großflächig Gewächshäuser beheizen. Das hängt natürlich von der Situation ab.

Interviewer: Können Sie mir die Varianten strukturiert aufzeichnen? Welche Anwendung braucht aus Ihrer Sicht welche Temperatur?

Bewerber: Ich würde das ungefähr so darstellen:

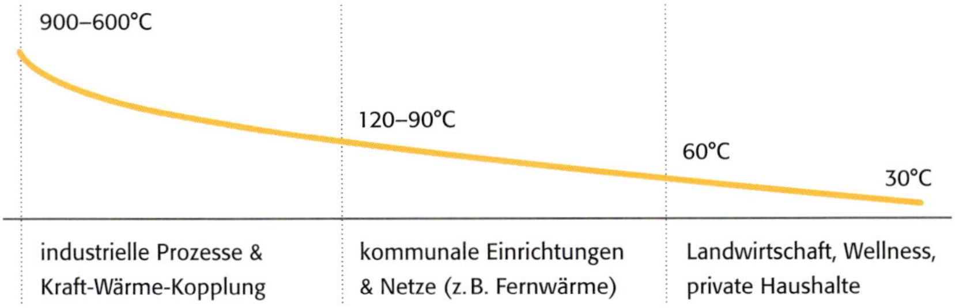

Thermische Nutzung von Abwärme

Interviewer: Sehr gut. Und für welche Variante entscheiden Sie sich?

Bewerber: Um die vorhandene Wärme optimal zu nutzen, bleibe ich zunächst beim Dünger. Trocknungsprozesse benötigen relativ hohe Temperaturen, auch um die hygienischen Vorschriften zu erfüllen. Daher bleibt auch nach diesem Prozess viel Wärme, allerdings mit niedrigeren Temperaturen, übrig.

Interviewer: Für die Trocknung werden Ihnen die 75 kW vermutlich nicht reichen, aber planen Sie trotzdem so weiter.

Bewerber: Mit der Restwärme würde ich empfehlen, eine Fischzucht zu betreiben, da Fische in Aquakultur in wärmerem Wasser deutlich schneller wachsen als im Teich. Außerdem wird Fisch immer teurer, weil die Ozeane stark überfischt sind.

Interviewer: Wenn Sie wie ich Biologe wären, müssten Sie mir jetzt noch die Frage beantworten, welche Fischart sie zur Zucht empfehlen würden. Aus Sicht des Tierwohls sollten es Fische sein, die eine hohe Besatzdichte als Naturzustand kennen, also in Schwärmen leben und einen Wechsel von Regen- und Trockenzeit gewohnt sind (Trockenzeiten schränken den Lebensraum deutlich ein). Aus wirtschaftlicher Sicht muss der Fisch gut schmecken und sich möglichst hochpreisig vermarkten lassen. Wenn Sie sich auf die Fischratgeber von Greenpeace und WWF verlassen, bleiben nur wenige Optionen übrig. Aber ja, Fisch ist eine gute Wahl. Was empfehlen Sie als nächstes?

Bewerber: Nun ja. Mit den Ausscheidungen der Fische muss noch etwas passieren. Die könnten ebenfalls als Dünger genutzt werden, am besten in direkt angeschlossenen Gewächshäusern. Aber auch Algen könnten in dem Wasser gezüchtet werden. In beiden Fällen wird das Wasser so gereinigt und kann zu den Fischen zurückfließen. Dann wäre der Kreislauf geschlossen.

Interviewer: Oh, ich denke, das System kann man noch weiterdenken, z. B. indem man die Algen als Futterkomponente an die Kühe verfüttert, die ursprünglich die Gülle erzeugen. Aber wir können hier erstmal aufhören. Würden Sie mir die eingesetzten Ressourcen und die Produkte (Inputs und Outputs), die Sie verwendet haben, einmal schematisch zusammenfassen?

Bewerber: Sehr gerne.

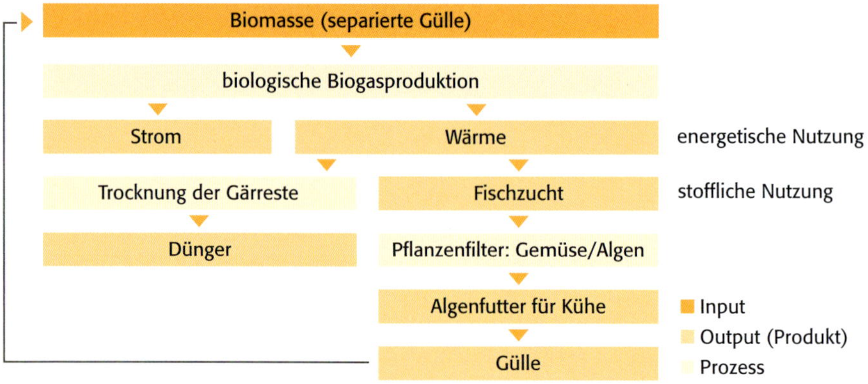

Schematische Darstellung von Inputs und Outputs

Interviewer: Wunderbar. Sie haben jetzt aus dem ursprünglichen Umweltproblem Gülle mehrere Produkte erzeugt: Energie, Dünger, Lebensmittel, Tierfutter – und sicher vier bis fünf Arbeitsplätze geschaffen. Nun stellt sich die Frage nach der Vermarktung. Was würden Sie hier empfehlen?

Der digitale Dorfladen

Bewerber: Ich würde hier an erster Stelle an die Thematik der leeren Immobilien denken, um einen Laden zu eröffnen, der auf Produkte aus der Region spezialisiert ist. Man könnte aber auch mit dem lokalen Dorfladen kooperieren und dort gezielt (mehr) lokale Produkte anbieten – sowohl die neuen Erzeugnisse, als auch weitere Dinge, die regional hergestellt werden. Da gibt es oft eine große Vielfalt, vor allem im Bereich der Lebensmittel, von Säften über Nudeln, Schafskäse, spezielle Salami und so weiter. Jeder Euro Wertschöpfung, der in der Region bleibt, stärkt dort die Wirtschaft. Es gäbe also einen Anreiz, auch das Angebot an verarbeiteten Produkten – Stichwort Convenience – zu erhöhen.

Interviewer: Okay, regionale Produkte allein bringen aber nur bedingt die Masse an Kundschaft, die Sie benötigen. Was könnten Sie noch tun?

Bewerber: In jedem Fall würde ich prüfen, ob man den Service verbessern kann. An erster Stelle wäre eine Auslieferung sinnvoll, damit die vielen älteren Menschen, von denen manche nicht mehr so mobil sind, ihre Lebensmittel direkt zur Haustür gebracht bekommen. Ich denke, das muss gar nicht viel kosten: Der Wocheneinkauf könnte von Senioren telefonisch, von jüngeren Generationen übers Internet bestellt werden. Über eine App sieht jeder in der Region, dass Oma Gertrud auf ihren Einkauf wartet – wenn ihr Nachbar jetzt sowieso in den nächsten Stunden einkaufen geht, kann er die Ware gleich mitnehmen und bekommt sogar einen kleinen Obolus als Dankeschön. Oder am Eingang wird angezeigt, wo Lieferungen hingehen müssten, und wer möchte, kann den Einkauf gleich mit erledigen. Beim Ausliefern kommt man dann vielleicht auch kurz ins Gespräch – viele ältere Menschen sind ja sehr einsam. So lernen sich Bürger aus dem Ort gleich noch besser kennen.

Ein anderes Service-Thema wären die Öffnungszeiten. Wenn z. B. durch eine Art Mitgliedskarte der Laden rund um die Uhr betreten werden kann, Bürger ihre Einkäufe selber scannen und der Betrag vom Konto abgebucht wird, wäre das etwas, das sogar kundenfreundlicher ist als in der Stadt. Durch Videoüberwachung wird Missbrauch vorgebeugt - und man ist ja über seine Mitgliedskarte identifizierbar. Es gibt bestimmt auch schon Beispiele für entsprechende Lösungen in anderen Ländern.

Interviewer: Sehr gut, Sie haben gleich drei Themen gleichzeitig adressiert: Immobilien, Digitalisierung und Engagement. Sie generieren nun Gewinne und Einkommen mit lokaler Wertschöpfung bzw. haben einen Businessplan entwickelt, der sowohl Investoren als auch die Bank überzeugt. Wie überzeugen Sie jetzt die Bürger vor Ort, sich einzubringen und dem gesamten Vorhaben wohlwollend gegenüberzustehen? Veränderungen wecken ja auch Ängste.

Soziale Rendite durch Engagement für Gemeinschaft

Bewerber: Ich würde noch etwas einführen, das den Ort wieder für Familien attraktiv macht. Auf dem Land gibt es häufig keine Ganztagsschulen, und es fehlen Angebote für die Nachmittagsbetreuung. Man könnte das ehemalige Schulgebäude für eine private Ganztagsschule nutzen... Wobei: Das ist vermutlich zu teuer für die meisten Familien und führt u. U. zu Spannungen zwischen den Bürgern. Daher konzentriere ich mich lieber nur auf eine reine Nachmittagsbetreuung.

Logistisch wäre es am besten, die Schulbusse, mit denen die Kinder nach Hause fahren, würden in der Nähe halten. Die Betreuung könnte dann mit einem Mittagessen anfangen, dann in die Hausaufgabenbetreuung übergehen und mit einem Programmangebot enden. Auch hier sollte man zum Teil ältere Menschen einbinden. Vielleicht gibt es ja sogar Lehrer in Rente, die gerne ein oder zwei Tage die Woche wieder mit Kindern arbeiten möchten. Für die Gestaltung des Zusatzprogramms kommen aber natürlich auch Freelancer, Künstler und Teilzeit-Arbeitende infrage, die dann Musik, Natur und Forschen oder Zauberkurse anbieten.

Interviewer: Ihr Vorschlag gefällt mir. Wie würden Sie die Nachmittagsbetreuung finanzieren?

Für die Finanzierung müsste man vermutlich kreativ werden. Ich sehe unterschiedliche Möglichkeiten, die sich vielleicht auch kombinieren lassen. An erster Stelle stehen für mich Elternbeiträge, die aber gering sein sollten, um das Angebot für jeden offen zu halten. Wenn man zusätzlich - v. a. vormittags, wenn die Kinder noch in der Schule sind - Deutschunterricht für Flüchtlinge anbietet, wäre das evtl. ein Grundsockel, um v. a. die Nebenkosten für die Räumlichkeiten abzudecken. Die Unternehmen vor Ort könnten spenden. Vielleicht kann man auch von den neuen Produkten, die wir jetzt haben, einen festen Prozentsatz des Umsatzes - etwa ein bis zwei Prozent - spenden. Das finden die Kunden gut, und der Ort profitiert doppelt. Aus der Summe sollte sich so ein Angebot definitiv stemmen lassen.

Interviewer: Herzlichen Glückwunsch! Sie haben ein sehr vielseitiges Konzept entwickelt, das als Vision von vielen Menschen vor Ort mitgetragen werden dürfte. Für die Umsetzung braucht es dann sicher noch ein Unternehmerteam, das sich zumindest der Gülle-Verwertung annimmt, aber menschliches Potenzial ist ja genügend vorhanden. Vielen Dank.

Strategische Planung eines Immobilienfonds

von Dr. Fabian Gleisner und Aydin Sahin

Ausgangssituation

HINWEIS: Die nachfolgende Fallstudie konfrontiert den Bewerber mit einem ihm im Detail vermutlich unbekannten Geschäftsmodell, welches in den Grundzügen (!) strukturiert und bewertet werden soll. Für die Bearbeitung sind jedoch keine tieferen Kenntnisse der Fonds- bzw. Immobilienbranche notwendig. Die Fragestellungen können mit betriebswirtschaftlichem Grundwissen und der BCG-Matrix, einem der gängigen Berater-Frameworks, strukturiert und gelöst werden.

Ein Immobilienfonds ist breit investiert in mehrere Objekte in ganz Deutschland. Der Fondsmanager hat Sie als Berater engagiert, um die strategische Ausrichtung des Fonds zu überprüfen und Empfehlungen abzuleiten für die zukünftige Orientierung und weitere Entwicklung des Fonds.

Aufgabenstellung

1. Ganz grundsätzlich: Was ist ein Immobilienfonds, welche alternativen rechtlichen Konstrukte gibt es, und was zeichnet diese Gesellschaftsformen jeweils aus? Bitte erläutern Sie die Ihnen bekannten Varianten einschließlich deren Besonderheiten.
2. Welche Ziele würden Sie sich als Portfoliomanager für Ihren Immobilienfonds setzen? Wenn Sie als Portfoliomanager Ihre Arbeit gut machen, welche Eigenschaften würden Ihr Portfolio auszeichnen?
3. Angenommen, Sie sollen die strategische Planung des Portfolios vornehmen, wie würden Sie sich schnell einen Überblick über das Portfolio verschaffen und dann Ansatzpunkte für die Optimierung identifizieren?

HINWEIS: Wie in jeder Case-Situation sollte sich der Bewerber einen Augenblick Zeit nehmen, um seinen Lösungsweg zu strukturieren. Wo er nicht weiterkommt, wird der Interview-Partner helfen und die Lösung im Dialog gemeinsam entwickeln.

Lösungsweg

Frage 1: Formen von Immobilienfonds
Für einen Immobilienfonds sind grundsätzlich drei rechtliche und wirtschaftliche Gestaltungsformen denkbar. Im Grundsatz geht es immer darum, das Kapital von mehreren Anlegern zu bündeln, um in eine oder mehrere Immobilien zu investieren.

Geschlossene Immobilienfonds werden in der Regel aufgelegt, um ein einzelnes Immobilienprojekt wie beispielsweise ein Bürogebäude oder ein Einkaufszentrum zu finanzieren. Ist ausreichend Kapital eingesammelt, wird der Fonds für weitere Neuanlagen geschlossen, d. h. weitere Ein- und Auszahlungen sind während der Laufzeit des Fonds nicht mehr ohne Weiteres möglich. Ist die vereinbarte Laufzeit erreicht, kommt es zur Auflösung des Fonds. Der Investitionsgegenstand wird veräußert, und der Verkaufserlös an die Gesellschafter ausgeschüttet. Während der Laufzeit des Fonds kann der Anleger seine Fondsanteile üblicherweise nur am Zweitmarkt verkaufen, was in der Regel mit Verlusten verbunden ist.

Offene Immobilienfonds investieren typischerweise in eine größere Anzahl von Einzelobjekten. Ein offener Immobilienfonds ermöglicht es, sich mit verhältnismäßig kleinen Beträgen an Immobilien zu beteiligen und hat deshalb in der Regel eine große Zahl von Anteilseignern. Die Fondsanteile können permanent gekauft oder verkauft werden, wobei nach der Finanzkrise 2009 die Möglichkeiten des jederzeitigen Verkaufs von Anteilen stark eingeschränkt wurden.

Ein **REIT** (Real Estate Investment Trust) ist eine börsennotierte Aktiengesellschaft zur Investition in Immobilien, die besonderen rechtlichen Regelungen unterliegt. Insbesondere ist ein REIT in Deutschland von der Körperschafts- und Gewerbesteuer befreit, muss dafür aber 90 Prozent der Gewinne an die Aktionäre ausschütten.

Weiterhin gibt es natürlich auch gewöhnliche **Aktiengesellschaften**, die überwiegend oder ausschließlich in Immobilien investieren und Privatanlegern per Aktienkauf Immobilienbeteiligungen ermöglichen. Diese werden jedoch üblicherweise nicht unter den Begriff des Immobilienfonds gefasst.

Frage 2: Ziele des Portfoliomanagements

Allgemein ist ein Unternehmen nur dann langfristig erfolgreich, wenn sein Portfolio an Geschäftsaktivitäten hinsichtlich finanz- und erfolgswirtschaftlicher Größen ausgeglichen ist und damit der Mittelbedarf durch ausreichende Mittelerzeugung langfristig gedeckt werden kann.

Ziel des Immobilien-Portfolio-Managements ist es, ein ausgewogenes Portfolio zu entwickeln mit den drei Zieldimensionen Sicherheit, Rentabilität und Liquidität.

Ein ausgewogenes Immobilienportfolio ist dadurch gekennzeichnet, dass
- sich viele Objekte in attraktiven Märkten befinden,
- es diversifiziert ist hinsichtlich Alter der Objekte, Nutzungsart und der geographischen Lage,
- Synergien innerhalb des Portfolios (beispielsweise durch die Nutzungsart) existieren,
- die Liquidität des Portfolios zu jedem Zeitpunkt gesichert ist sowie
- Risiko und Gewinnerwartung in einem angemessenen Verhältnis stehen.

Frage 3: Strategische Portfolioplanung

HINWEIS: Der Bewerber erhält den Hinweis, dass er zur Lösung dieser Frage die BCG-Matrix als Framework anwenden und diese vorab erläutern soll. Auf Nachfrage erfährt der Bewerber, dass der Fonds in Büros und Parkhäuser in Ballungsräumen sowie in Seniorenwohnungen in ländlichen Gebieten investiert ist. Das zukünftige Marktwachstum bei den Seniorenwohnungen und den Büros ist hoch, bei den Parkhäusern niedrig. Der relative Marktanteil bei den Seniorenwohnungen ist niedrig, bei den Büros und Parkhäusern hoch.

Als Instrument der strategischen Planung ist das Marktanteils-Marktwachstums-Portfolio (BCG-Matrix) populär. Die strategische Planung hilft dabei zu entscheiden, in welche Richtung sich ein Unternehmen (oder ein Teilbereich des Unternehmens) entwickeln soll. Dazu wird das Unternehmen in sog. strategische Geschäftseinheiten (SGE) aufgeteilt.

Die Definition von SGE ist im Immobilienbereich aufgrund der besonderen Merkmale von Immobilien und der teilweise komplexen Marktsituation nicht ganz trivial. Sie werden in der Regel nach Nutzungsart (Wohnen, Büro, Industrie, Handel, Freizeit etc.) und geographischer Lage (insbesondere Ballungsraumzugehörigkeit) abgegrenzt. Man bildet homogene Bestandsgruppen wie beispielsweise Bürogebäude gleichen Baualters im regionalen Teilmarkt Frankfurt am Main.

Das BCG-Modell teilt die SGE abhängig davon, ob ihr prognostiziertes Marktwachstum und der Marktanteil niedrig oder hoch sind, in vier Klassen ein: Fragenzeichen, Stars, Cash Cows und Poor Dogs. Die Matrix verbindet die Konzepte des Lebenszyklus mit der Erfahrungskurve. Der Gedanke des Produktlebenszyklus geht durch die Abbildung des zukünftigen Marktwachstums in die Matrix ein. Marktwachstum hat aufgrund des damit verbundenen Investitionsbedarfs einen Cashflow-Verbrauch zur Folge. Als zweite Dimension wird der auf der Erfahrungskurve basierende relative Marktanteil abgetragen mit der Grundannahme, dass eine Marktanteilserhöhung zur Senkung der Stückkosten und Erhöhung des Cashflows führt (weitere Details siehe Seite 101ff.).

Ziel ist es, die einzelnen Geschäftseinheiten in Abhängigkeit von ihrer Portfolio-Position finanziell zu steuern und damit langfristig ein Gleichgewicht zwischen Cashflow-Bedarf und Cashflow-Erzeugung zu erreichen. Es ergibt sich die Strategie, in Märkten mit hohem Marktwachstum möglichst hohe Marktanteile anzustreben, auf dieses Ziel hin sind die zukünftigen Investitionsplanungen auszurichten.

Basierend auf den erhaltenen Informationen können die drei strategischen Geschäftseinheiten in die BCG-Matrix eingeordnet werden:

- Die **Seniorenwohnungen** sind Fragezeichen. Es ist zu prüfen, ob mit einer Offensivstrategie die Seniorenwohnungen gefördert werden, um eine günstigere Kostenposition zu erreichen.
- Die **Büros** sind die Stars. Es leitet sich daraus die Empfehlung ab, die relativen Marktanteile bei den Büros durch weitere Investitionen zu steigern.
- **Parkhäuser** sind die Cash Cows des Portfolios. Sie sollen ohne weitere Investitionen „gemolken" werden, d. h. Cashflows liefern Barmittel für die Entwicklung der Büros und Seniorenwohnungen.

Kann Carsharing auf dem Land funktionieren?

von Dr. Fabian Gleisner und Aydin Sahin

Aufgabenstellung

Interviewer: Die Firma MovingPeople GmbH ist ein Carsharing-Anbieter, der seit 18 Monaten in den Städten Frankfurt am Main, München und Köln mit einer Flotte von 150 Pkws (110 Smart und 40 Fiat Punto) erfolgreich unterwegs ist. Die durchschnittliche Auslastung der Flotte in den letzten zwölf Monaten liegt bei 78 Prozent.

Da das Unternehmen in seiner Marketingstrategie vor allem auf Transparenz setzt, ist es in den drei Städten mit einem einfachen Preismodell am Markt: Der Kunde zahlt pro gefahrenem Kilometer 0,89 Euro inkl. MwSt. Wer das Fahrzeug nach dem Abstellen reservieren möchte, muss je angebrochenen zehn Minuten 2,50 Euro inkl. MwSt. zahlen. Im Preis sind alle Kosten wie Sprit, Parkkosten und Versicherungen enthalten.

Da Großstädte generell ein umkämpfter Markt sind, möchte MovingPeople vor allem in Kleinstädten mit 20.000 bis 50.000 Einwohnern expandieren. Hierzu gibt es seit drei Monaten Pilotprojekte in Weinheim an der Bergstraße und Völklingen. Sowohl das Preismodell als auch die Fahrzeugtypen sind unverändert.

Trotz aufwendiger Marketingmaßnahmen unter der Leitung eines erfahrenen Promoters verlief der Pilot in beiden Städten absolut unzufriedenstellend und erzielte eine durchschnittliche Auslastung der Flotte von nur zwölf Prozent. Mit einer solchen Auslastungsquote ist eine Carsharing-Flotte in diesem Stadttyp nicht rentabel zu betreiben. Deswegen werden Sie als neuer Regionalleiter eingestellt und bekommen umfassende Kompetenzen, um das Pilotprojekt doch noch erfolgreich zu machen.

Wie gehen Sie dazu vor? Was sind ihre ersten Schritte?

Lösungsweg

Bewerber: Zunächst einmal liste ich die strukturellen Unterschiede zwischen einer Großstadt wie Frankfurt und einer eher ländlich gelegenen Stadt wie Völklingen auf.

Technologie	Frankfurt am Main	Völklingen
Verkehr	viel Verkehr: hohe Wahrscheinlichkeit von Wartezeiten im Stau	wenig Verkehr: geringe Stauwahrscheinlichkeit
Distanzen	kurze Wege: Geschäfte des täglichen und erweiterten Bedarfs im Stadtkern oder in einzelnen Stadtteilen konzentriert	längere Wege: Geschäfte teils außerhalb (z. B. Allgemeinarzt im Ort, Kardiologiezentrum im Umkreis von bis zu 100 km)
Parken	teuer	meist gratis und gut verfügbar

Verkehr, Distanzen und Parkmöglichkeiten in Groß- und Kleinstadt

Es gibt also signifikante Stadt-Land-Unterschiede.

Interviewer: Warum sind diese strukturellen Stadt-Land-Unterschiede relevant?

Bewerber: Diese Unterschiede sind ein Indiz darauf, dass potenzielle Kunden auf dem Land andere Bedürfnisse haben als Stadtkunden. Darauf muss MovingPeople reagieren und Eckparamater des Geschäftsmodells auf die Anforderungen der Kunden anpassen.

Interviewer: Welche Parameter des Geschäftsmodells können dementsprechend erfolgskritisch sein?

Bewerber: Hier bietet es sich an, die vier P des Marketing-Mix zu analysieren:
- Product, hier: im Wesentlichen die Pkw-Flotte, also Größe und Kapazität des Fahrzeugs
- Price, hier: Kostenmodell/-parameter für die Kurzzeitleihe eines Fahrzeugs
- Place, hier: im Wesentlichen Standort der Fahrzeuge
- Promotion, hier: Werbung/Bekanntmachung des Carsharing-Angebots

Interviewer: Welche konkreten Lösungsvorschläge haben Sie?

Bewerber: Da laut Aufgabenstellung das Pilotprojekt mit aufwendigen Marketingmaßnahmen unter der Leitung eines erfahrenen Promoters begleitet wurde, schlage ich vor, das Thema Promotion nicht weiter zu analysieren, um die Ressourcen für die anderen drei Themen zu bündeln.

Beim Thema Standort gibt es in der Aufgabenstellung keine Hinweise auf eine Fehlgestaltung des Pilotprojekts. Generell bieten sich aufgrund einer hohen Personentaktung und Bevölkerungskonzentration sowohl in der Stadt als auch in ländlichen Regionen Standorte in der Nähe öffentlicher Institutionen an, wie Rathäuser, Ämter oder Bahnhöfe. Dort, wo es in ländlichen Regionen nur wenige öffentliche Plätze gibt oder diese zu einseitig konzentriert liegen, könnte eine Zusammenarbeit mit Anbietern alternativer großer Parkflächen angestrebt werden, wie z. B. mit Supermärkten. Eine derartige Kooperation bietet auch dem Partner aus dem Handel Vorteile, da MovingPeople durch Marketingmaßnahmen für das Carsharing auch potenzielle Supermarktkunden anlockt.

Beim Thema Produkt kann man beispielsweise das unterschiedliche Nutzungsverhalten der Bevölkerungsgruppen in Großstädten und ländlichen Regionen analysieren. So könnte ein Ergebnis sein, dass es für die Landbevölkerung üblicher ist, mit mehreren Personen zu fahren oder häufiger als die Stadtbevölkerung größere Fahrzeuge für den Transport sperriger Güter zu nutzen (z. B. bei der Fahrt in den Baumarkt). Wenn sich diese Annahme bewahrheitet, sollte man in ländlichen Regionen auf Zweisitzer wie einem Smart verzichten und stattdessen Fahrzeuge mit größerem Volumen einsetzen. Die Verfügbarkeit von Parkplätzen kommt dem entgegen. Wenn die Annahme nicht zutrifft, sollte MovingPeople die Fahrzeugflotte auch in Kleinstädten mit den gleichen Fahrzeugtypen wie in der Großstadt betreiben, um die Verwaltungskosten durch Standardisierung niedrig zu halten und bei Fahrzeugherstellern größere Mengenrabatte zu erzielen.

Das Thema Preis(modell) bietet in dieser Aufgabenstellung das größte Veränderungspotenzial für das Pilotprojekt. Hier wäre es eine Lösungsoption, zwei typische Nutzer in Frankfurt am Main und Völklingen gegenüberzustellen:

Technologie	Frankfurt am Main	Völklingen
Strecke	Fahrt vom Facharzt zum Einkaufszentrum	Fahrt vom Stadtkern in Nachbarstadt, um einen Freund zu besuchen
Distanz	3 Kilometer	10 Kilometer
Dauer	14 Minuten	18 Minuten
Bewertung	Da keine weiteren Fixkosten für Registrierung oder monatliche Grundgebühren anfallen, könnten Neu- und Bestandskunden diese Strecke zu einem Preis von 2,67 Euro fahren. Das entspricht in etwa einem Ticket für die Straßenbahn.	Hier würden Kosten von 8,90 Euro anfallen, die sowohl im Verhältnis zur Streckenlänge als auch zur Nutzungsdauer relativ hoch ausfallen. Obwohl die Nutzungsdauer sich nur um 29 Prozent unterscheidet, fallen mehr als drei Mal so hohe Kosten an.

Beispielnutzer in Frankfurt und Völklingen

Da in ländlicheren Regionen Ziele tendenziell weiter auseinanderliegen, diese aber durch Landstraßen oder Bundesstraßen im Vergleich zu Stadtfahrten schneller erreicht werden können, liegt eine andere Strecken-Nutzungsdauer-Relation zugrunde.

Um potenzielle Kunden in ländlichen Regionen Fahrten zu Zielen im Umland zu ermöglichen, wäre eine Anpassung des Preismodells für diese Regionen sinnvoll. So sollten die Kosten je gefahrenem Kilometer signifikant sinken. Um die Mehrbelastung für gefahrene Kilometer für Sprit und Abnutzung der Fahrzeuge auszugleichen, könnte man gewisse Fixkosten für ländliche Regionen einführen, wie einmalige Registrierungskosten oder eine monatliche Vielfahrergebühr, die unabhängig von den gefahrenen Kilometern anfällt. Dieses Preismodell würde eher regelmäßige Nutzer in ländlichen Regionen adressieren und weniger Einmalnutzer. Das scheint mir ein guter Ansatz für das Pilotprojekt von MovingPeople mit dem Ziel, Carsharing als Business-Modell auch in Kleinstädten erfolgreich zu etablieren.

Interviewer: Vielen Dank! Diese Informationen reichen mir für den Moment.

Check-in im Hotel von morgen

von Stephanie Behnke und Leopold A. Köstner

Aufgabenstellung

Interviewer: Letztens war ich beruflich in Köln und musste beim Check-in im Hotel 15 Minuten warten, bis ich meine Zimmerkarte entgegennehmen konnte. Einige Wochen zuvor war ich privat in Kopenhagen und konnte den Check-in bequem mobil mit dem Smartphone erledigen und das Smartphone sogar als Zimmerschlüssel verwenden. So habe ich Zeit gespart, was ich sehr praktisch fand.

Glauben Sie, dass es sich auch für Hoteliers in Deutschland lohnt, einen mobilen Check-in per App einzuführen?

Lösungsweg

HINWEIS: Die Aufgabenstellung ist bewusst grob gehalten. Der Bewerber muss darauf achten, dass er sich nicht in Prozessdetails verliert.

Bewerber: Wie lief der Prozess des Check-ins in Kopenhagen ab? Konnten Sie Ihre Zimmerkarte schneller an einer separaten Rezeption abholen?

Interviewer: Vor der Anreise habe ich eine PIN erhalten, die ich auf einem Tastenfeld an der Tür meines Hotelzimmers eingeben konnte. Die genauen Details des Prozesses sind jedoch weniger relevant für die Bearbeitung der Fallstudie. Bringen Sie für Ihre Betrachtung folgende Aspekte mit ein: Ist-Analyse, Chancen und Risiken sowie eine Kostenanalyse.

Bewerber: Vielen Dank. Ich stelle folgende Kernfragen, um zu klären, inwiefern sich das mobile Geschäftsmodell in Deutschland lohnt:

Ist-Analyse	Ist der Markt in Deutschland attraktiv?
Chancen und Risiken	Wie beeinflusst der mobile Check-in per App das Geschäftsmodell?
Kostenanalyse	Wird das Unternehmen mithilfe des mobilen Check-in-Vorgangs seinen Gewinn steigern können?

Kernfragen zur Problemlösung

Interviewer: Gut. Wie gehen Sie weiter vor?

1. Trendanalyse

Bewerber: Die erste Frage dreht sich um die Attraktivität des Marktes:

- Das Konzept der Übernachtungen ist nicht ersetzbar, da Menschen weiterhin reisen werden.
- Über 75 Prozent der Deutschen nutzen ein Smartphone.
- Gäste haben immer weniger Zeit und Lust, am Check-in Schalter zu warten. Gerade Geschäftsreisende stehen meistens unter Zeitdruck.
- Gäste möchten ihre Buchungsdaten nicht erneut beim Check-in angeben.

2. Zielgruppe

Bewerber: Im Folgenden würde ich für diese Fallstudie gerne eine größere Hotelgruppe in Deutschland betrachten, die sich auf Business-Kunden spezialisiert hat.

Interviewer: Einverstanden. Betrachten Sie für diese Fallstudie lediglich ein Hotel in Köln. Man kann davon ausgehen, dass viele größere Hotelketten ihre mobilen Services bereits ausgeweitet haben und u. a. einen optionalen mobilen Check-in anbieten.

Bewerber: Vielen Dank. Ich habe ein - in unserem Fall Kölner - Business-Hotel gewählt, da gerade Geschäftsleute wenig Zeit haben. Diese dürften die digitale Neuerung also begrüßen und mittelfristig für mehr Übernachtungen (und damit Umsatz) bei den Hoteliers sorgen.

3. Bestandsaufnahme

Bewerber: Man sollte eine Kundenbefragung durchführen, um herauszufinden, ob sie sich einen mobilen Check-in vorstellen können.

Zusätzlich sollten auch die Mitarbeiter des Hotels, die im Check-in-Prozess involviert sind, befragt werden, wie sie den aktuellen Prozess sehen.

Interviewer: Sie befinden sich auf dem richtigen Weg. Viele Kandidaten fangen bereits bei der Schilderung des Problems an, einen Lösungsvorschlag vorzubereiten, obwohl die Bestandsaufnahme noch nicht vorgenommen wurde.

Nehmen wir an, die Mitarbeiterbefragung zeigt, dass die Service-Kräfte in den Nachtschichten überbesetzt und in den Tagschichten unterbesetzt sind. Die Rezeption ist 24 Stunden am Tag geöffnet. In drei Schichten arbeiten die Mitarbeiter jeweils zu zweit. Die Personalkosten belaufen sich auf jährlich 270.000 Euro.

Wie fahren Sie nun fort?

Bewerber: Ich habe mir diese Informationen notiert. Zunächst analysiere ich jedoch noch die Chancen und Risiken der Einführung eines App-basierten, mobilen Check-in-Prozesses für den Hotelier:

Chancen	Risiken
• Die Kundengruppe der Millennials, geboren zwischen 1980 und 1999, ist eine der zukünftigen Hauptzielgruppen. Ein mobiler Check-in könnte diese Digital Natives überzeugen, das Hotel zu buchen. • Relevante Daten über den Gast können gesammelt, gespeichert und ausgewertet werden. Kundenspezifische Werbung kann so direkt an das Smartphone gesendet werden. Wenn ein Gast zum Beispiel immer in der letzten Monatswoche ein Zimmer bucht, wird er künftig kurz vor Monatsende per App an die „attraktiven Buchungsmöglichkeiten" erinnert. Zusätzlich können die Übernachtungspräferenzen des Hotelgastes für den nächsten Aufenthalt gesichert werden. • Nach dem mobilen Check-out kann eine Kundenzufriedenheitsbefragung weitere Informationen über den Gast sowie Verbesserungsmöglichkeiten erheben: „Würden Sie wiederkommen?", „Hat Ihnen der mobile Check-in gefallen?"	• Die Kundengruppe der Babyboomer neigt dazu, Prozesse manuell zu handhaben, mitunter aufgrund der Angst vor Datenverlust. Diese Gruppe könnte man als Gäste verlieren. • Ein mobiler Check-in kann mittelfristig zum Abbau des Personals an der Rezeption führen. Dies kann insbesondere in der Phase der Implementierung zu Verunsicherung und Demotivation der Mitarbeiter führen. • Das Meldegesetz in Deutschland verlangt, dass der Gast beim Einchecken selbstständig unterschreibt, möglichst unter Kontrolle eines Hotelangestellten. Dieser Schritt könnte den mobilen Check-in-Prozess technisch erschweren und/oder für den Gast verkomplizieren. • Internet- und Systemausfälle sind ein weiteres Risiko für die Stabilität des allgemeinen Geschäftsbetriebes.

Chancen und Risiken eines mobilen Check-ins

Interviewer: Sehr gut. Kommen wir nun zur Kostenanalyse und der Kalkulation, ob sich die Investition in eine mobile App zum Check-in lohnt. Hier einige weitere Angaben:

- Derzeit sind die Mitarbeiter zu 50 Prozent ausgelastet. Daher soll ein Mitarbeiter im Jahr der Investition freigesetzt werden, ein weiterer im Folgejahr.
- Die Investition in Höhe von 500.000 Euro wird über fünf Jahre abgeschrieben und über ein Tilgungsdarlehen fremdfinanziert (Laufzeit: 5 Jahre, Zins: 1,5 Prozent pro Jahr).
- Die Auslastung der Zimmer steigt um zwei Prozentpunkte pro Jahr. Die aktuelle Auslastung beträgt 50 Prozent.
- Das Hotel hat 100 Zimmer. Der Zimmerpreis pro Nacht beträgt durchschnittlich 80 Euro.
- Die Betriebskosten betragen 19 Prozent des Umsatzes.

Bewerber: Vielen Dank. Ich nehme an, dass das Hotel an 365 Tagen im Jahr geöffnet ist?

Interviewer: Ja, das ist richtig.

Bewerber: Danke. Ich treffe nun folgende weitere Annahmen, um meine Berechnungen zu erstellen:

- Bei der Auswahl des Anbieters entscheide ich mich für einen externen Frontend-Service, der das System extern wartet, da sonst zusätzliches Personal im Hotel angestellt werden müsste und dieses Tätigkeitsfeld nicht zum Kernbereich des Hotels zählt. Ich setze 70.000 Euro als laufende Kosten für das neue IT-System an.
- Der Wareneinsatz umfasst der Einfachheit halber nur das Frühstück. Die Kosten hierfür betragen zehn Euro pro Gast und Übernachtung.

Hier sehen Sie eine Übersicht über die angegebenen Werte und die ermittelten Kosten, die für die weitere Kalkulation maßgeblich sind:

Annahmen	**t-1**	**t0**	**t1**	**t2**	**t3**	**t4**
Zimmer	100	100	100	100	100	100
Preis/Nacht	80,00 €	80,00 €	80,00 €	80,00 €	80,00 €	80,00 €
Auslastung	50 %	52 %	54 %	56 %	58 %	60 %
geöffnete Tage	365	365	365	365	365	365
Personal	6	5	4	4	4	4
Personalkosten	270.000,00 €	225.000,00 €	180.000,00 €	180.000,00 €	180.000,00 €	180.000,00 €
IT-Kosten		70.000,00 €	70.000,00 €	70.000,00 €	70.000,00 €	70.000,00 €
Betriebskosten	277.400,00 €	288.496,00 €	299.592,00 €	310.688,00 €	321.784,00 €	332.880,00 €
Wareneinsatz	182.500,00 €	189.800,00 €	197.100,00 €	204.400,00 €	211.700,00 €	219.000,00 €
Investition		500.000,00 €				
AfA		5 Jahre				
Zins		1,50 %				

Zusammenstellung der vorhandenen Kennzahlen

„t-1“ steht dabei für das aktuelle Jahr, „t0“ für das Jahr der Investition, „t1“ etc. für die Folgejahre. Jeweils zwei Mitarbeiter arbeiten in drei Schichten und verursachen gemeinsam Kosten in Höhe von 270.000 Euro. Pro Kopf fallen also 45.000 Euro an Personalkosten an. Bei Freisetzungen reduzieren sich die Personalkosten entsprechend.

Interviewer: Sehr gut. Wie sieht es nun mit der Rentabilität aus?

Bewerber: Lassen Sie mich das anhand einer Gewinn- und Verlustrechnung (GuV) berechnen.

GuV	t-1	t0	t1	t2	t3	t4
Umsatz	1.460.000,00 €	1.518.400,00 €	1.576.800,00 €	1.635.200,00 €	1.693.600,00 €	1.752.000,00 €
operative Kosten	729.900,00 €	773.296,00 €	746.692,00 €	765.088,00 €	783.484,00 €	801.880,00 €
EBITDA	730.100,00 €	745.104,00 €	830.108,00 €	870.112,00 €	910.116,00 €	950.120,00 €
EBITDA-Marge	50 %	49 %	53 %	53 %	54 %	54 %
AfA	–	100.000,00 €	100.000,00 €	100.000,00 €	100.000,00 €	100.000,00 €
EBIT	730.100,00 €	645.104,00 €	730.108,00 €	770.112,00 €	810.116,00 €	850.120,00 €
Zins	–	7.500,00 €	6.000,00 €	4.500,00 €	3.000,00 €	1.500,00 €
EBT	730.100,00 €	637.604,00 €	724.108,00 €	765.612,00 €	807.116,00 €	848.620,00 €
Steuer (7%)	51.107,00 €	44.632,28 €	50.687,56 €	53.592,84 €	56.498,12 €	59.403,40 €
Jahres-ergebnis (JE)	678.993,00 €	592.971,72 €	673.420,44 €	712.019,16 €	750.617,88 €	789.216,60 €
JE-Steigerung gegenüber t-1		−86.021,28 €	−5.572,56 €	33.026,16 €	71.624,88 €	110.223,60 €
						123.280,80 €

Gewinn- und Verlustrechnung für t-1 bis t4

HINWEIS: Folgende Rechnungen wurden u. a. vorgenommen:

- Umsatz = Zimmer × Preis/Nacht × Auslastung × geöffnete Tage
- operative Kosten = Personalkosten + IT-Kosten + Betriebskosten + Wareneinsatz

Tilgungsdarlehen	t-1	t0	t1	t2	t3	t4
Anfangsbestand		500.000,00 €	400.000,00 €	300.000,00 €	200.000,00 €	100.000,00 €
Tilgung		100.000,00 €	100.000,00 €	100.000,00 €	100.000,00 €	100.000,00 €
Zins		7.500,00 €	6.000,00 €	4.500,00 €	3.000,00 €	1.500,00 €
Endbestand		400.000,00 €	300.000,00 €	200.000,00 €	100.000,00 €	–

Nebenrechnung zur Tilgung des Darlehens

Bewerber: Ich komme zu folgendem Ergebnis: Das Hotel kann innerhalb der ersten fünf Jahre insgesamt 123.280 Euro mehr Gewinn erzielen. Die Auslastung steigt um zehn Prozentpunkte bei gleichbleibenden Zimmerpreisen. Das Geschäftsmodell wird somit profitabler. Aus meiner Sicht sprechen diese Punkte für eine Umstellung auf den mobilen Check-in per App.

Interviewer: Sehr gut. Diese Kalkulation gefällt mir für den Anfang. Was müssten Sie bei einer realen Investitionsrechnung noch berücksichtigen?

Bewerber: Sie sprechen einen wichtigen Punkt an. Zahlreiche Faktoren wurden zur Vereinfachung der Berechnung nicht berücksichtigt. Hier eine kleine Auswahl:

- Preise und Kosten müssten die Inflationserwartungen widerspiegeln.
- Es fehlen zahlreiche Posten auf der Kostenseite, zum Beispiel Instandhaltungen oder Personal für Küche, Verwaltung, Zimmerreinigung etc.
- Zunächst habe ich auch die Anforderung der gesetzlichen Meldepflicht außen vor gelassen. Eine Überlegung wäre, diesen Prozess ebenfalls an einen (kostenpflichtigen) externen Dienstleister zu geben.

Zusammenfassend lässt sich festhalten, dass es sich für unseren Hotelier lohnt, einen mobilen Check-in per App einzuführen. Wenn die Fragestellung der Meldepflicht geklärt ist und ein umfassender Chance-Management-Prozess (inklusive Kommunikationsstrategie zur Personalfreisetzung) ausgearbeitet wurde, muss ein mobiler Check-in auch in unserem Kölner Hotel nicht länger Zukunftsmusik bleiben.

Brainteaser

von Dr. Fabian Gleisner und Aydin Sahin

Aufgabenstellung

1. Smartphone
Was kann man, außer Telefonieren, mit einem modernen Smartphone noch machen? Nennen Sie mir schnell zehn Anwendungsmöglichkeiten.

2. Außerirdisches Leben
Erklären Sie dieses Paradoxon: Angenommen, die Erde ist keine absolute Ausnahme unter den Planeten, und unser Sonnensystem ist nicht einzigartig im Universum. Dann müsste es in unserem Universum viele technisch fortschrittliche Zivilisationen geben. Bisher wurde jedoch kein Hinweis für außerirdische Zivilisationen in unserer galaktischen Nachbarschaft gefunden.

3. Hochhaus
Angenommen, Sie wollen die Höhe eines Hochhauses mithilfe eines Barometers ermitteln. Leider stellen Sie fest, dass das Barometer defekt ist. Was können Sie tun, um dennoch die Höhe zu bestimmen?

4. Gefangen!
Sie sind in einem Raum gefangen, der zwei Ausgänge hat. Durch die erste Tür kommt man zu einem Raum, der aus Vergrößerungsglas besteht. Die Sonne verbrennt sofort jeden, der eintritt. Durch die zweite Tür kommt man zu einem Feuer speienden Drachen. Wie entkommen Sie?

5. Uhrzeit
Sie befinden sich im Mai auf einer mehrtägigen Wanderung in einem Nationalpark. Sie wachen in Ihrem Zelt auf, es beginnt langsam zu dämmern, und der Sonnenaufgang steht bevor. Sie haben keinerlei technische Hilfsmittel bei sich und stellen beim Verlassen des Zelts fest, dass es stark bewölkt ist. Wie können Sie die Uhrzeit feststellen?

6. In Seenot
Ein Schiff mit 50 Personen an Bord ist schwer beschädigt und wird in 30 Minuten sinken. Es gibt nur ein Rettungsboot, welches fünf Personen Platz bietet. Dieses braucht bis zum rettenden Ufer hin und zurück sieben Minuten. Wie viele Personen können gerettet werden?

7. Bier oder Wein
Dem Besitzer eines Restaurants wird das Ergebnis einer Umfrage zum Genuss von Bier und Wein in seinem Restaurant vorgelegt. Von 100 Befragten trinken 78 Bier, 71 trinken Wein und 48 trinken Bier und Wein. Wieso lehnte der Restaurantbesitzer den Bericht als fehlerhaft ab, nachdem er ihn gelesen hatte?

8. Brücke
Ein Lkw hält vor einer Brücke mit einer Gewichtsbeschränkung an und fährt nicht weiter, da er zu schwer beladen ist. Der Fahrer steigt aus, schaut sich die Situation an und fährt über die Brücke, die den Laster ohne Probleme aushält. Warum?

9. In der Kleinstadt
In einer Kleinstadt in Bayern wohnen 92 Ausländer und 113 Personen, die Deutsche sind, aber kein Wort sprechen und schreiben können. Wie ist das möglich?

10. Umzug mit Hindernissen
Für einen Umzugstransport haben Sie sich einen Kleintransporter geliehen. Als Sie abends damit nach Hause kommen, stellen Sie den Wagen in der Garage ab. Am nächsten Tag wollen Sie den Transporter zurückgeben, stellen aber fest, dass Sie nicht aus der Garage hinausfahren können, weil das Fahrzeug 5 cm höher als das Tor ist. Wie ist das möglich? Wie ist der Kleintransporter in die Garage gekommen? Was müssen Sie tun, um wieder hinausfahren zu können?

11. Im Dezember
Was gibt es im Dezember, was es sonst in keinem anderen Monat gibt?

12. Katzenpfoten
In einem Garten sitzen fünf Kinder. Jedes Kind hat fünf Körbe. In jedem Korb sind fünf große Katzen. Jede große Katze hat fünf kleine Katzen. Jede Katze hat vier Beine. Frage: Wie viele Beine befinden sich im Garten?

Lösungen auf nächster Seite ▸

Lösungsweg

1. Smartphone
Bei dieser Frage geht es darum, schnell die gängigsten Anwendungen für das „Schweizer Taschenmesser des 21. Jahrhunderts“ parat zu haben. Mögliche Antworten sind: Taschenrechner, Taschenlampe, Kompass, Wasserwage, Kamera, Kalender, Tagebuch/Notizbuch, eReader/Buch, E-Mail, Wecker...

2. Außerirdisches Leben
In dieser Frage geht es um die Wahrscheinlichkeit für intelligentes außerirdisches Leben; sie wurde von einem der bedeutendsten Kernphysiker des 20. Jahrhunderts, dem Nobelpreisträger Enrico Fermi, gestellt. Es gibt mehrere Lösungsvorschläge für das sogenannte Fermi-Paradoxon, die entweder die Möglichkeit extraterrestrischer Zivilisationen vollständig verneinen, oder aber begründen, dass außerirdische technische Zivilisationen trotzdem nicht die Milchstraße kolonisiert haben. So könnte beispielsweise unter allen Zivilisationen in unserer Nachbarschaft ein Konsens darüber herrschen, eine Kontaktaufnahme mit uns zu vermeiden. Alternativ vertritt z. B. der Physiker Stephen Hawkin die Theorie, dass die Entstehung von Leben wahrscheinlich und die Entwicklung von Intelligenz möglich sei, aber ab einem gewissen Punkt instabil werde, sodass es zu einer (unabsichtlichen) Selbstauslöschung käme.

3. Hochhaus
Für die sogenannte Barometer-Frage gibt es zahlreiche unkonventionelle Lösungen. Beispielsweise besucht man den Hausmeister des Gebäudes und bietet ihm das Barometer als Gegenleistung dafür, dass er einem die Höhe des Gebäudes verrät. Alternativ könnte man das defekte Barometer im Treppenhaus mithilfe von Markierungen Stück für Stück verschieben und dann die „Barometer-Einheiten“ in das gewünschte Längenmaß umrechnen.

4. Gefangen!
Sie warten, bis es Nacht ist, und gehen dann durch die erste Tür.

5. Uhrzeit
Kann man wegen der starken Bewölkung die Uhrzeit nicht anhand der Sterne oder des Mondes abschätzen, ist eine weitere Möglichkeit die sogenannte Vogeluhr. Die Vogeluhr basiert darauf, dass unterschiedliche Vogelarten zu verschiedenen Zeitpunkten in den frühen Morgenstunden mit dem Gesang beginnen. Kennt man diese, ist eine grobe Schätzung möglich.

6. In Seenot
21 Personen. Bei den ersten vier Fahrten werden jeweils vier Personen an Land gebracht und einer rudert zurück. Bei der letzten Fahrt kommen fünf Personen an Land.

7. Bier oder Wein
78 Biertrinker abzüglich 48 Bier- und Weintrinker ergeben 30 reine Biertrinker. Da man jedoch 71 Weintrinker hat, muss es 101 Befragte geben. Das Ergebnis der Umfrage kann also nicht stimmen. (Beginnt man die Rechnung bei den Weintrinkern, kommt man zum selben Ergebnis.)

8. Brücke
Die Brücke ist kürzer als der Lkw und wird somit nie mit dem vollen Gewicht des Lastwagens belastet.

9. In der Kleinstadt
Es handelt sich um Säuglinge.

10. Umzug mit Hindernissen
Durch das Entladen wurde der Transporter leichter, und die Federn sind nicht mehr so stark zusammengedrückt. Um den Transporter rauszufahren, müssen Sie ihn wieder beladen.

11. Im Dezember
Achtung, Scherzfrage: den Buchstaben D.

12. Katzenpfoten
Fünf Kinder mit je fünf Körben ergeben insgesamt 25 Körbe. In jedem Korb sind fünf Katzen, also 125 Katzen. Jede Katze hat fünf Kätzchen, es gibt also 625 Kätzchen oder zusammen 750 Tiere. Gemeinsam haben sie 3.000 Pfoten bzw. Beine. Dazu kommen noch fünf Kinder mit je zwei Beinen. Im Garten befinden sich also 3.010 Beine.

Wie Sie als Mitglied von e-fellows.net immer einen Karriereschritt voraus sind

Einladung zu exklusiven Netzwerk-Events
Mehr als 200 Karriere-Events sowie Case Study Trainings mit den besten Unternehmensberatungen:

- *Perspektive Unternehmensberatung* für Studenten und Absolventen
- *e-fellows.net working Consulting* für Berufserfahrene
- *MBA Day* zur Vorbereitung auf Führungspositionen und Erweiterung des beruflichen Netzwerks

www.e-fellows.net/Events

Insider-Informationen aus der Unternehmensberatung

- Erfahrungsberichte zu Consulting-Projekten, Praktika und dem erfolgreichen Weg in die Beratung
- Bewerbungstipps von Recruitern
- Blick hinter die Kulissen der großen Unternehmensberatungen

www.e-fellows.net/Consultingberichte

Sie sind ein kluger Kopf?
Von noch mehr Leistungen profitieren Sie, wenn Sie sich erfolgreich für das e-fellows.net-Stipendium bewerben.

Karriereratgeber als E-Book
Kostenlose Karriereratgeber der Reihe *e-fellows.net wissen* zum Download:

- *Perspektive Trainee*
- *Perspektiven für Informatiker*
- *Perspektive Investment Banking*
- *Perspektiven für Juristen*

www.e-fellows.net/Wissen

Aktuelle Jobs und Praktika im Consulting

- 3.000 Stellen für Studenten, Absolventen und Young Professionals
- zu Ihrem Profil passende Praktikums- und Jobangebote per E-Mail, z. B. von Deloitte oder RWE Consulting

www.e-fellows.net/Jobs

Kostenlos als Mitglied anmelden: www.e-fellows.net/Mitglied-werden

Wie Sie als e-fellows.net-Stipendiat noch schneller erfolgreich sind

50 geldwerte Leistungen für mehr Erfolg in Studium und Karriere

- 25 Abos, um bei Wirtschaftsthemen auf dem Laufenden zu bleiben, darunter *DIE ZEIT*, *WirtschaftsWoche* und *Handelsblatt*
- mit Business Source Premier, WISO und zehn weiteren Datenbanken bequem von zu Hause aus recherchieren
- Vergünstigungen bei Online-Seminaren wie dem GMAT-Vorbereitungskurs
- mit Fernbus-Gutscheinen günstiger zu Bewerbungsgesprächen

Vernetzung mit mehr als 75.000 Stipendiaten und Alumni

- Erste-Hand-Informationen und Q&A zu Unternehmensberatungen von 25.000 Stipendiaten und 50.000 Alumni in der Online-Community
- Netzwerken mit anderen e-fellows.net-Stipendiaten bei City-Group-Treffen in vielen Unistädten

Persönlicher Kontakt zu McKinsey, Accenture, KPMG und Co.

- Online-Expertenforen zu Praktika, Bewerbung und Einstieg in die Beratung
- Coaching durch mehr als 200 berufserfahrene Mentoren
- Live-Cases mit dem Personalchef von McKinsey
- beste Verbindungen in die Personalabteilungen von 170 Unternehmen – auch außerhalb der Unternehmensberatung

Karriereratgeber und Fachbücher per Post nach Hause

- kostenlose Lieferung aller Karriereratgeber aus der Reihe *e-fellows.net wissen*, z. B. *Perspektive Unternehmensberatung*
- monatliche Verlosung von mehr als 200 Fachbüchern von 13 Verlagen

Für das Stipendium bewerben: www.e-fellows.net/Stipendiat-werden

5. Erfahrungsberichte

Sebastian Brecht

Jahrgang 1982

Manager für Strategy & Organisation – Digital bei zeb

Lieber PowerPoint-Ranger als König der All-Nighter

Irgendwann während des Studentenlebens, spätestens aber kurz vor dem Abschluss, stellt man sich die Frage: Was möchte ich beruflich machen? Wo möchte ich später einmal arbeiten?

Für mich war es eine Entscheidung zwischen Investmentbanking und Consulting – es war keine leichte. Für manchen Studenten ist sie aber noch schwerer, da nicht jeder ausreichend Gelegenheit hat, beide Seiten zu erleben. Denn um in der Wunschbranche unterzukommen, folgt meist einem ersten Bank- oder Beratungspraktikum mindestens ein weiteres. Das hängt vor allem damit zusammen, dass in diesen Branchen großer Wert darauf gelegt wird, dass ein Praktikant bereits einschlägige Erfahrungen vorweisen kann. Daher gibt es nur wenige Studenten, die später noch von dem einmal eingeschlagenen Weg abweichen.

Ich bin vergleichsweise spät in der Beratung eingestiegen, denn mir war es wichtig, beide Seiten kennenzulernen. Schließlich stellen beide Berufsfelder hohe Ansprüche an Einsteiger, und man will ja sein Potenzial dort einbringen, wo man auch eine gewisse Zufriedenheit empfindet. Ich für meinen Teil musste dazu erstmal herausfinden, was ich eigentlich genau will.

Während meiner Ausbildung an der Dualen Hochschule Baden-Württemberg in Kooperation mit einer Bank war ich recht schnell von der Welt der Kapitalmärkte, von Advisory, Corporate Finance, Wertpapieren und Handel fasziniert. Da mir häufig Unternehmensberater gegenübersaßen, stellte ich mir und ihnen aber bald die Frage: „Was muss ich tun, um auf die andere Seite des Tisches zu kommen?" Die Antwort war eindeutig: Such dir eine gute Uni und probiere dich aus. Ich hatte allerdings einige Bedenken, nach Abschluss des dualen Studiums zu alt für diesen Neuanfang zu sein. Ich wusste aber, dass ich mich später mehr darüber ärgern würde, es nicht ausprobiert zu haben, als festzustellen, dass Consulting nichts für mich ist. Rückblickend war das die richtige Entscheidung, denn ich fand zum Beispiel heraus, was für mich die ausschlaggebenden Kriterien für Berufs- und Arbeitgeberwahl sind: Arbeitsatmosphäre, Entwicklungsperspektiven und Vereinbarkeit von Privatem und Beruf.

Die beiden Seiten der Medaille

Meine ersten Banking-Erfahrungen waren „Spring Weeks", Schnupper-Events und Praktika. In diesem Rahmen habe ich stets sehr intelligente und motivierte Leute kennengelernt, die ehrgeizig Ziele verfolgten und für die Sache brannten. Leute, die bereit waren, einiges aufzugeben, um sich im Job zu verwirklichen. Unter den Praktikanten herrschte durchwegs ein starkes Gemeinschaftsgefühl, und man unterstützte sich gegenseitig gerne, indem man beispielsweise den Kollegen mit fingierten Ausreden entschuldigte, damit er sich mittags in Ruhe mit seiner Freundin treffen konnte. Was deutlich anders war, als ich es mir vorgestellt hatte, war das Verhältnis zu den festangestellten Mitarbeitern: Das Gefühl, gemeinsam in einem Boot zu sitzen, stellte sich hierarchieübergreifend nur bedingt ein. Oft bestand die Kommunikation aus Arbeitsaufträgen und selten aus Erklärungen, worauf die Arbeit eigentlich abzielt. Wenn man etwas nicht konnte, wurde schnell der nächste verfügbare Praktikant gesucht. Das Gefühl, als Person seinen Teil beizutragen und für das gemeinsame Ziel wichtig zu sein, kam dadurch eher selten auf.

Zwar gibt es auch in der Beratung typische Praktikanten- oder Einsteigertätigkeiten, aber diese fand ich deutlich spannender und fordernder. Der Einsatz direkt beim Kunden bedeutete eine spürbare Verantwortung und, für einen relativ unerfahrenen Neueinsteiger, auch einen gewissen Druck. Ich hatte aber stets das Gefühl, dass wir als Team zusammenarbeiten und ich auch inhaltlich unterstützt würde, falls nötig. Wir waren im Team mehr auf Augenhöhe, was ich als sehr motivierend empfand.

Sicherlich tragen dazu auch die Rahmenbedingungen bei: Gemeinsam vor Ort mit dem Kunden etwas zu konzipieren und umzusetzen, fördert das Gemeinschaftsgefühl im Projektteam. Mehrmals im Jahr neue Teams, Kunden und Fragestellungen kennenzulernen, nehme ich zudem als herausfordernd, aber gleichzeitig auch enorm spannend wahr – etwas Vergleichbares gibt es in diesem Ausmaß im Banking nicht.

Was Privates angeht, sind beide Berufsbilder berüchtigt. Termine einzuhalten ist möglich, aber oft schwierig. Flexibilität wird nicht nur vom Mitarbeiter, sondern auch von dessen sozialem Umfeld verlangt: Während M&A zwar häufig Wochenendarbeit beinhaltet, kehrt man abends bzw. nachts in seine Wohnung zurück und ist zu Hause. Die Überlegungen des Beraters, ob man überhaupt eine Wohnung braucht, weil man am Wochenende bei Eltern oder Freundin und während der Woche sowieso im Hotel wohnt, kennt man im Banking eher nicht. Für mich persönlich ist der Ablauf in der Beratung angenehmer, da planbarer. Durch die Tage im Hotel komme ich gar nicht in Versuchung, Termine auf Montag- bis Mittwochabend zu legen. Dafür habe ich an den Wochenenden frei und kann „quality time" mit Freunden und Familie verbringen.

Und wofür das Ganze?

Zugegeben, auch das Gehalt und die Entwicklungsperspektiven sind ein Thema. Bereits während der Praktika im Banking dachten sich viele meiner Kommilitonen: „Ich mache das ja nicht für immer" und „Wenn ich da durch bin, sind meine Chancen viel besser". Es stimmt, die Arbeit im M&A wird fürstlich entlohnt, und einige Jahre „gedient" zu haben, öffnet so manche Tür – aber weniger aufgrund von spezifischem Wissen, das man erworben hätte, sondern vielmehr wegen der Stressresistenz und Opferbereitschaft, die man an den Tag gelegt hat.

Analytisches Arbeiten und die Fähigkeit, Probleme strukturiert anzugehen, lernt man in beiden Berufen. Meiner Meinung nach ist aber die persönliche Entwicklung abseits der fachlichen Lernkurve ein besonders wichtiger Punkt, der auch das im Vergleich niedrigere Gehalt im Consulting mehr als kompensiert. Als Berater erwirbt man die Fähigkeit zum „Storylining", also das Vermögen, einen komplizierten Sachverhalt verständlich zu erklären und darüber hinaus noch zu wissen, wie man das ganze strategisch einsetzt. Diese Fähigkeit wird an einem Berater geschätzt und ist sicherlich auch beim Ausstieg hilfreich.

Fazit: Consultant aus Überzeugung

Beide Seiten gesehen zu haben, hat mir geholfen, meine Entscheidung zu treffen. Die Bewertung ist sicherlich subjektiv und wird von Person zu Person unterschiedlich ausfallen. Genau deswegen ist es meiner Ansicht nach aber auch so wichtig, sich auszuprobieren und herauszufinden, was man will und was nicht. Ich selbst habe mich aus den genannten Gründen für das Consulting entschieden. Das war und ist für mich nach wie vor der absolut richtige Weg.

Erika Burkhardt

Jahrgang 1986

Inhaberin von Rule No. 6 | Consulting & Training

Als Exotin in die Beratung – und in die Selbstständigkeit

Was macht eigentlich eine Unternehmensberatung? Ich muss zugeben, dass ich diese Frage zu Beginn meines geisteswissenschaftlichen Studiums nicht hätte beantworten können. Ich wusste nicht einmal, dass es den Beruf des Beraters überhaupt gibt. Wie ich dennoch in der Unternehmensberatung gelandet bin und mich in diesem Beruf mittlerweile selbstständig gemacht habe, dazu hier ein kleiner Überblick.

Als Exotin in die Unternehmensberatung

Als ich mich nach dem Abitur für das Magister-Studium der Japanologie, Volkswirtschaftslehre und Kommunikationswissenschaft entschied, war mir eines klar: Die Jobsuche wird damit nicht einfach! Also nahm ich mir vor, während der Studienzeit so viel Arbeitserfahrung wie möglich zu sammeln und alle Berufsfelder auszuprobieren, die mich interessierten. Ich arbeitete u. a. für einen Musikverlag, im Marketing bei Bosch in Tokio, für das Auswärtige Amt in Berlin und Washington D.C., und für eine NGO in Nairobi. Ich engagierte mich für die Studentenorganisation AIESEC und landete dabei in einem Workshop mit McKinsey. Und so lernte ich den Beruf des Strategieberaters kennen, der mich sofort faszinierte: alle drei bis sechs Monate ein neues Projekt, verschiedene Industrien, Unternehmen und Arbeitsbereiche kennenlernen, eine steile Lernkurve, das internationale Umfeld und die Zusammenarbeit in interdisziplinären Teams. Das wollte ich ausprobieren! Ich schärfte also mein „exotisches“ Profil – sammelte praktische Erfahrung im Inhouse Consulting der BSH und im Change Management bei Sony – und bereitete mich intensiv auf die Bewerbungsgespräche und Cases vor. Die Bemühungen zahlten sich aus, und ich ergatterte einen Praktikumsplatz als „Associate Consultant Intern“ bei Bain & Company. Die Erfahrung war einmalig: Ich war vollwertiges Mitglied des Projektteams vor Ort beim Kunden, erhielt Schulungen und nahm an internen Veranstaltungen teil. Die Arbeit war intensiv und herausfordernd, die Atmosphäre immer kollegial und konstruktiv. Vermutlich habe ich in keinem anderen Praktikum so viel gelernt. Am Ende schaffte ich es sogar in das Springboard-Förderprogramm und hatte damit die Möglichkeit, über einen verkürzten Recruiting-Prozess fest bei Bain einzusteigen.

Einstieg in das Inhouse Consulting

Trotz dieser guten Aussichten auf einen Festeinstieg bei Bain entschied ich mich nach langer Überlegung doch gegen den Beruf des Strategieberaters. Warum? Einerseits wollte ich nicht ständig als externer Dienstleister Analysen und Konzepte für andere Unternehmen entwickeln. Andererseits schreckte es mich ab, jeden Montag bis Donnerstag verreisen zu müssen und mein Privatleben entsprechend einzuschränken. Daher entschied ich mich stattdessen für den Einstieg bei Allianz Inhouse Consulting. Das Inhouse Consulting der Allianz Gruppe bot mir die perfekte Mischung: Ich arbeitete zum Großteil in München, hatte jedoch in vielen internationalen Projekten immer wieder die Gelegenheit zu verreisen. Konzeptionierung und tatsächliche Umsetzung hielten sich die Waage. Die Kollegen waren bunt gemischt und international. Abwechslungsreiche Projekte ermöglichten es mir, das Unternehmen und die internen Zusammenhänge aus verschiedenen Perspektiven kennenzulernen. Besonders gefiel mir, dass man sich Stück für Stück weiteres Wissen und ein internes Netzwerk aufbaute, wovon wiederum alle weiteren Projekte profitierten.

Mein Weg in die Selbstständigkeit

Nach vier Jahren voller spannender Herausforderungen im Inhouse Consulting war für mich die Zeit reif, neue Wege zu gehen. Denn ich sehnte mich in den riesigen, zum Teil behäbigen Konzernstrukturen zunehmend nach mehr Gestaltungsspielraum. Ich kündigte kurzerhand meinen Job, nahm mir eine Auszeit und startete das Experiment Selbstständigkeit: Ich gründete meine eigene Unternehmensberatung für Customer Experience, Design Thinking und Projektmanagement. Nach mittlerweile zwei Jahren Selbstständigkeit bin ich immer noch sehr glücklich mit dieser Entscheidung. Was mir besonders gefällt, ist, dass ich die Zusammenarbeit mit meinen Kunden nun unabhängig und selbstbestimmt gestalten kann. Ich kann mir meine Projekte selbst aussuchen und mit meinen Kunden konkrete, nachhaltige Lösungen entwickeln. Die damit verbundenen Unsicherheiten und arbeitsamen Abende oder Wochenenden nehme ich gerne in Kauf. Dafür kann ich mir an so manchem sonnigen Tag auch einfach frei nehmen. Ob ich für immer als Unternehmensberaterin selbstständig bleibe, sich daraus neue Unternehmungen entwickeln, oder ich irgendwann wieder in ein Angestelltenverhältnis zurückgehe, lasse ich einfach auf mich zukommen.

Fazit: Strategieberatung, Inhouse Consulting oder Selbstständigkeit?

Um herauszufinden, welche Unternehmensberatung zu einem passt, ist für mich der beste Weg, es selbst auszuprobieren und sich gut zu informieren. Praktika, Werkstudententätigkeiten, Mentorings, Workshops oder Informationsveranstaltungen bieten dafür wunderbare Möglichkeiten. Vor allem aber ist es wichtig, sich bewusst zu machen, was einem am Arbeitgeber wichtig ist. Denn egal, ob Inhouse- oder externe Beratung die Unterschiede bezüglich Aufgaben- und Branchenschwerpunkten, Größe, Diversität, Entwicklungsmöglichkeiten, Arbeitszeiten, Gehältern und den Anforderungen an Bewerber sind immens. Exoten kann ich nur empfehlen: Lasst euch nicht einreden, dass ihr keine Chance habt. Sammelt so viel praktische Erfahrung wie möglich und bereitet euch gut auf die Bewerbungsgespräche vor. Nach meiner Erfahrung waren die großen Strategieberatungen immer offen gegenüber Exoten; BWL-Wissen wurde in der Regel nicht vorausgesetzt. Darüber hinaus gibt es viele, auf bestimmte Industrien (z. B. Kultur, Politik) oder Fachthemen (z. B. interkulturelle Kommunikation, Personalentwicklung) spezialisierte Beratungen, die sich besonders für Exoten eignen können. Falls ihr mit dem Gedanken an eine Selbstständigkeit spielt: Auch hier gibt es (leider) keine „one-fits-all"-Strategie. Unabdingbar sind eine gute Akquise, ein starkes Netzwerk und der Wille, sich selbst und das eigene Angebot ständig weiterzuentwickeln. Aus eigener Erfahrung weiß ich, wie schwer die Berufsentscheidung sein kann und wünsche euch dabei viel Erfolg!

Philipp Friese

Jahrgang 1992

Senior Consultant – Strategy & Digital Transformation bei IBM Interactive Experience

Duales Studium – die neue Überholspur in die Unternehmensberatung

Seit meinem 18. Lebensjahr arbeite ich in Kundenprojekten von Unternehmensberatungen. Innerhalb von fünf Jahren habe ich so nicht nur meinen Bachelor- und Master-Abschluss gemacht, sondern konnte auch zahlreiche Projekterfahrungen in verschiedenen Industriezweigen und Themengebieten sammeln. Wie ist das möglich? Ich habe sowohl meinen Bachelor als auch den Master dual absolviert, und das in zwei großen Beratungsunternehmen.

Warum habe ich mich für diesen Weg entschieden und welche Erfahrungen habe ich gesammelt?

Nach meinem Abitur im Jahr 2011 ging es mir wie vielen Abiturienten: Ich wusste nicht genau, was ich studieren sollte. Mir war jedoch wichtig, nicht nur etwas theoretisch zu lernen, sondern parallel Berufserfahrung zu sammeln, um herauszufinden, wo ich in Zukunft arbeiten will. Zudem wollte ich bereits Geld verdienen, mich aber weder auf eine Branche noch eine bestimmte Thematik festlegen. Rückblickend war das duale Studium mit Accenture für mich nach dem Abitur der ideale Einstieg. Von 2011 bis 2014 studierte ich am Bodensee und in den USA Wirtschaftsinformatik und arbeitete parallel in verschiedenen Kundenprojekten im Automobilbereich. Hierbei wechselten sich immer dreimonatige Studiums- und Praxisphasen ab, sodass ich das an der Uni gelernte Wissen direkt im Arbeitsleben anwenden konnte. Gerade am Anfang war es - frisch vom Abitur und ohne jegliche Berufserfahrung - eine große Herausforderung, auf Projekten wertschöpfend mitzuarbeiten. Die Lernkurve war insbesondere zu Beginn steil, da ich mir innerhalb von kurzer Zeit neben fachlichem Wissen wichtige Soft Skills wie produktives Arbeiten unter Stress oder optimales Zeitmanagement aneignete.

Nach meinem Bachelor bekam ich eine Festanstellung angeboten. Ich wollte jedoch noch einen Master machen, um mir alle Türen für die Zukunft offen zu halten. Da ich den Bezug zur Arbeitswelt nicht verlieren wollte, entschloss ich mich letztendlich für einen zweijährigen berufsbegleitenden Master in der Beratungssparte von IBM. Das System unterschied sich von meinem dualen Bachelor: Von 2014 bis 2016 arbeitete ich während der Woche bei IBM Interactive Experience daran, die digitale Transformation bei Kunden verschiedener Industrien voranzutreiben, und an den Wochenenden studierte ich in München Innovations- und Technologiemanagement. Im Vergleich zum dualen Bachelor, bei dem ich jeweils im Dreimonats-Rhythmus arbeitete bzw. studierte, konnte ich hier deutlich mehr Arbeitserfahrung sammeln. Da ich nur sonntags frei hatte, war es vor allem während den Klausurphasen essenziell, Aufgaben richtig zu priorisieren und meine verfügbare Zeit gut zu managen, um sowohl in der Arbeit als auch im Studium erfolgreich zu sein.

Letztendlich haben beide Systeme Vor- und Nachteile. Von Vorteil bei dem phasenorientierten System ist meiner Meinung nach zum Beispiel, dass durch einen dreimonatigen Fokus auf das Studium die gelernten Studieninhalte besser verinnerlicht werden können. Für mich war daher die Kombination aus Phasenmodell im Bachelor und berufsbegleitendem Master optimal, um im ersten Schritt mehr Studieninhalte mitzunehmen und anschließend zwei Jahre mit vollem Einsatz Erfahrung als Unternehmensberater auf verschiedenen Projekten zu sammeln.

Sollte jeder diesen Weg auf der Überholspur nehmen?

Die Lieblingsantwort eines jeden Unternehmensberaters lautet: „Kommt drauf an!" Das duale Studium bei einer Unternehmensberatung bietet aus meiner Erfahrung im Vergleich zum normalen Studium die folgenden drei Vorteile:

- **Erfahrung sammeln und den Charakter stärken:** Durch die kontinuierliche Mitarbeit auf Kundenprojekten eignet man sich sowohl fachliche Expertise als auch Soft Skills an. Zusätzlich entwickelt man sich charakterlich weiter, da man sich aus seiner Komfortzone herausbegeben muss und stets über sich hinauswächst.
- **Karrierewegweiser:** Viele Studenten wissen trotz Praktika nach ihrem Abschluss nicht, wo sie arbeiten wollen. Durch ein duales Studium in der Beratung haben Studenten die Möglichkeit, bereits in jungen Jahren verschiedene Unternehmen und Themengebiete kennenzulernen, sodass sie anschließend genau wissen, in welchen Bereichen sie ihre Zukunft sehen.
- **Sich positiv von der Masse abheben:** In Zeiten, in denen es mehr und mehr Studienabschlüsse gibt, wird es immer schwieriger, sich von der Masse abzusetzen und in den Top-Konzernen und -Beratungsunternehmen eine Stelle zu bekommen. Ein erfolgreiches duales Studium beweist Fleiß, Durchhaltevermögen und den Willen zur Extrameile. Durch die zusätzliche Berufserfahrung wird so bei Bewerbungen ein „Unique Selling Point" geschaffen, mit dem Absolventen auch ohne Abschluss an einer Elite-Uni der Einstieg bei renommierten Beratungen wie McKinsey möglich gemacht wird.

Das duale Studium hat aber auch Nachteile, derer man sich bewusst sein sollte:

- **Geringere inhaltliche Vertiefung:** Durch die verringerte Präsenzzeit werden Studieninhalte weniger detailliert gelernt. Studenten erhalten zwar ein breites Wissen über die Materie, aber der klassische Studienweg lehrt ein deutlich vertiefteres Wissen. So ist vor allem für diejenigen, die eine Promotion anstreben oder ihre Zukunft in einer Forschungsabteilung oder als Professor sehen, der klassische Studienweg besser geeignet.
- **Work-Life-Balance:** Beim dualen Studieren existieren generell keine Semesterferien. Studenten arbeiten bzw. studieren ganzjährig und erhalten nur den mit dem Arbeitgeber vereinbarten Urlaub. Beim dualen Studium in einer Unternehmensberatung kommt verschärfend hinzu, dass während der Woche im Normalfall vor Ort beim Kunden gearbeitet wird und die Arbeitszeiten somit länger sind als bei einem Industrieunternehmen. Da bleibt keine Zeit für ein ausschweifendes Privatleben.

Mein Fazit

Letztlich hängt es von den persönlichen Prioritäten und Zielen im Leben ab, ob dieser Weg für einen geeignet ist. Studenten, die hoch motiviert und leistungsbereit sind, und Probleme in internationalen Teams bei verschiedenen Unternehmen lösen wollen, rate ich: Nutzt die Chance, und macht ein duales Studium in einer Beratung. So hebt ihr euch schon früh von der breiten Masse ab und werdet stets über eure Grenzen hinauswachsen. Zusätzlich sammelt ihr bereits während des Studiums Erfahrungen in zahlreichen Branchen und wisst nach dem Abschluss bereits, wo die Reise hingehen soll.

Yoshiki Fukuda

Jahrgang 1990

Consultant bei Innovative Management Partner GmbH

Die Qual der Wahl: kleine, namhafte externe oder interne Beratung?

Spannende Projekte, abwechslungsreiche Aufgaben, Zusammenarbeit mit Kunden und in variierenden Teams, teils lange Arbeitszeiten und ein Jetset-Leben – das ist der Alltag eines Consultant. Dennoch kann ich aus Erfahrung sagen: Unternehmensberatung ist nicht gleich Unternehmensberatung. So haben Absolventen die Wahl zwischen verschiedenen Beratungszweigen, wie Boutique-Beratung, renommierter externer oder Inhouse-Beratung – und alle haben ihre Vorzüge.

Als Wirtschaftschemiker in die Unternehmensberatung

Wirtschafts- was? Diesen Satz hört vermutlich jeder Wirtschaftschemiker von Zeit zu Zeit. Dabei steckt hinter dem Studiengang eine einzigartige Kombination aus Chemie und BWL, welche für Unternehmensberatungen zunehmend interessanter wird. Denn durch die breite Ausbildung sind die Absolventen in der Lage, sich sehr schnell in verschiedenste Fragestellungen der chemischen Industrie einzuarbeiten. Dennoch war für mich zu Beginn meines Wirtschaftschemie-Studiums die Vorstellung sehr weit entfernt, als Unternehmensberater tätig zu sein. Erst während meiner Praktika in einer Inhouse-Beratung und der Strategieberatungsdivision einer Big-Four-Wirtschaftsprüfungsgesellschaft fiel meine Entscheidung für die Beraterkarriere.

Erste Berührung mit Beratung – im Inhouse Consulting

Meine erste Erfahrung in der Unternehmensberatung sammelte ich bei einer Inhouse-Beratung eines deutschen Chemie- und Pharmaunternehmens. Die Themengebiete waren sehr vielfältig und deckten alle erdenklichen Fragestellungen innerhalb des Unternehmens ab. So arbeitete ich an einer Markteintrittsstrategie mit und beschäftige mich zudem mit der Optimierung eines internen Support Centers für Mitarbeiter. Durch den Branchenfokus des Unternehmens war der Bezug zu meinem Wirtschaftschemie-Studium stets gegeben, und ich konnte mein Wissen gezielt einbringen. Der Unterschied zur klassischen Unternehmensberatung war, dass ich mehrere Projekte gleichzeitig bearbeitete. Zudem war ich kaum unterwegs, und die Arbeitszeiten waren geregelter als dies in externen Beratungen der Fall ist. Die meisten meiner Kollegen kamen von renommierten Unternehmensberatungen wie McKinsey, Roland Berger oder A.T. Kearney. Die Zusammenarbeit mit ihnen war spannend, lehrreich und inspirierend zugleich. Eine weitere Besonderheit in der Inhouse-Beratung besteht im Umgang mit den „Kunden", denn diese waren ausschließlich Mitarbeiter des Unternehmens. Hierdurch entstand von Beginn an eine kollegiale Stimmung, welche sich auch in der Zusammenarbeit widerspiegelte. Aus meiner Erfahrung als externer Berater weiß ich, dass dort hingegen oftmals ein eher distanziertes Verhalten des Kunden vorherrscht, gepaart mit einer großen Portion Skepsis.

Die Tätigkeit eines klassischen Beraters kennenlernen – in der externen Beratung

Nach meiner Erfahrung im Inhouse Consulting wollte ich ergänzend unbedingt Erfahrungen in einer externen Unternehmensberatung sammeln. Daher habe ich ein Praktikum in der Strategieberatungsdivision einer Big-Four-Wirtschaftsprüfungsgesellschaft absolviert. In der Anfangsphase unterstützte ich meinen Vorgesetzten bei der Angebotserstellung für potenzielle Projekte. Hierbei lag der Fokus auf mittelständischen und großen Unternehmen in der chemischen Industrie, sodass ich wieder auf mein Wissen aus dem Wirtschaftschemie-Studium zurückgreifen konnte, zum Beispiel als – neben strategischen und operativen Fragestellungen – auch das Produktportfolio eines Chemieunternehmens durchleuchtet wurde. Nach der Anfangsphase bekam ich die Möglichkeit, an einem Projekt beim Kunden vor Ort mitzuarbeiten. Die langen Reisezeiten zum Kunden, lange Arbeitstage mit Nachtschichten und das Leben im Hotel haben sich auf jeden Fall gelohnt. Gemeinsam mit meinem Team, bestehend aus einer promovierten Historikerin und einem Psychologen, erarbeiteten wir erfolgreich eine Geschäftsbereichsstrategie für den Kunden. Diese Teamzusammensetzung mag exotisch erscheinen, ist in großen Beratungshäusern aber keine Seltenheit. Die fachliche Heterogenität war bei der Projektarbeit sehr bereichernd, weil ich unterschiedliche Herangehensweisen kennenlernen konnte. Und für den Fall, dass ich bei einer Fragestellung nicht weiterkam, konnte ich mich an einen Experten innerhalb des Unternehmens wenden. Die durch Mitarbeiter mit unterschiedlicher Expertise gewährleistete fachliche Vielfalt ist im Vergleich zur Boutique- und Inhouse-Beratung mit Sicherheit ein großer Vorteil.

Der „Nischengänger" unter den Beratungen – die Boutique-Beratung

Trotz der positiven Erfahrungen während meiner Praktika entschied ich mich letztlich für einen Einstieg bei einer Boutique-Beratung, die auf Geschäftsmodellinnovationen und Innovationsmanagement spezialisiert ist. Da ich mich in meiner Master-Arbeit mit Geschäftsmodellinnovationen in der chemischen Industrie auseinandergesetzt hatte, waren die Schnittstellen mit der Boutique-Beratung sehr groß. Zudem bearbeite ich seit meinem Einstieg vor allem Fragestellungen für Kunden aus der Chemie- und Pharmaindustrie. Die Projektteams in Boutique-Beratungen sind klein und die Hierarchien flach, sodass man sich optimal fachlich einbringen kann. Das heißt auch, dass der konkrete Beitrag des Einzelnen zum Projekterfolg besonders sichtbar wird. Ich bekam bald die Möglichkeit, direkt mit einem Partner zusammenzuarbeiten und von dessen Erfahrungsschatz zu profitieren. Schon früh wurden mir verantwortungsvolle Aufgaben übertragen. So durfte ich eigenständig eine Gruppenmoderation bei einem Kundenworkshop übernehmen, Kundenpräsentationen eigenständig vorbereiten, Abschlussberichte verfassen und Teilprojekte steuern.

Daneben habe ich die Möglichkeit, mich aktiv in die gestalterische und strategische Entwicklung der Boutique-Beratung einzubringen. Allerdings sollten Bewerber beachten, dass sie zuweilen auch Aufgaben zu erledigen haben, die nicht ihrem Kompetenzprofil entsprechen. Manchmal ist überdies Geduld nötig, da bestimmte Prozesse nicht standardisiert sind wie etwa in großen Beratungen.

Es gibt also durchaus Unterschiede zwischen Inhouse-, externer und Boutique-Beratung. Welche Beratung zu einem passt, muss daher jeder Absolvent für sich entscheiden. Fest steht aber, dass die Tätigkeit als Consultant fachlich sehr anspruchsvoll und arbeitsintensiv ist. Dadurch ist in jedem Fall eine steile Lernkurve garantiert.

Tobias Kaufhold

Jahrgang 1989

Consultant bei OC&C Strategy Consultants

Strategy & Innovation-Praktikum im Silicon Valley

Nach meinem dritten Master-Semester in Deutschland wollte ich internationale Erfahrungen in den USA sammeln und habe dafür lange nach passenden Möglichkeiten gesucht. Als Wirtschaftsingenieur habe ich mich dabei früh für Innovations- und Strategiethemen interessiert und erste Praktika bei Unternehmensberatungen absolviert. Viele Beratungen werben mit spannenden Projekten, aber nur wenige bieten auch die Möglichkeit, im größten Innovationshub der Welt arbeiten zu können. Umso erfreuter war ich, als ich mit Detecon auf eine Technologie- und Managementberatung gestoßen bin, die mit einem Büro in San Francisco vertreten ist.

Auf meine Bewerbung für den Bereich Strategy & Innovation folgten zwei Telefoninterviews, in denen ich von einem deutschen und einem amerikanischen Berater fachlich geprüft wurde. Nach inhaltlich herausfordernden zweieinhalb Stunden bekam ich eine Woche später die erhoffte Zusage und startete mein sechsmonatiges Praktikum in San Francisco.

„Let's get started"

Die Anfangszeit im Praktikum war sehr aufregend. Eine neue Umgebung, internationale Kollegen aus China, Indien und den USA sowie der Einsatz auf einem herausfordernden Projekt für ein internationales Telekommunikationsunternehmen forderten von mir direkten Einsatz. Als Praktikant wurde ich bei den Projekten voll eingebunden. Ich war beeindruckt, wie viel Verantwortung mir schon zu Beginn der Projekte übertragen wurde. Thematisch habe ich an verschiedenen Projekten gearbeitet: Von Trendreports zu neuen Technologien über die Entwicklung einer „Mobile Vision" für eine Supermarktkette bis hin zur Bewertung innovativer Unternehmen.

Zwei Highlights bleiben mir in besonders guter Erinnerung: Zum einen konnte ich an einer Silicon-Valley-Tour teilnehmen, bei der ich Einblick in die Zentralen von Airbnb, Facebook und Google bekam. Dort konnte ich mir mit eigenen Augen ein Bild davon machen, was ich zuvor nur in den gängigen Medien über die Arbeitskultur und die Bürokonzepte dieser Unternehmen gelesen hatte. Zum anderen durfte ich mein Projekt zum Redesign eines Innovation-Workshop-Konzepts vor einem Executive-Board-Mitglied von Detecon präsentieren, das mir im Anschluss wertvolles Feedback gab.

Innovationshub Silicon Valley

Im Silicon Valley herrscht eine klare Macher-Mentalität und viele Menschen haben mich mit ihrer Euphorie angesteckt, neue Dinge auszuprobieren. Was in Deutschland oft als Risiko eingestuft wird, gilt im Valley als große Möglichkeit. Diese Einstellung spürte ich im Umgang mit Gründern ununterbrochen. Die Freude am Austausch und der Zusammenarbeit ist sehr hoch, was an den vielen täglichen Meet-up-Gruppen zu sehen ist. Was ich auch nicht gedacht hätte, bevor ich im Silicon Valley angekommen bin: Dass ich bald 30 neue Apps auf dem Smartphone hätte, täglich Lyft oder Uber nutzen oder Leute treffen würde, die Snapchat als Spiegelbild ihrer selbst nutzen und enorm viel Aufwand in ihre „Stories" stecken.

San Francisco selbst ist sehr dynamisch, international, kulinarisch vielfältig und wartet mit vielen spannenden Events auf. Die Stadt ist einer der liberalsten Orte, an dem ich je gewesen bin, voller talentierter junger Menschen, die etwas bewegen wollen. In der Kombination ergab das für mich daher eine ausgesprochen inspirierende Zeit.

Fazit: Raus aus der Komfortzone

Ein gutes Auslandspraktikum zu finden ist deutlich aufwendiger als ein Inlandspraktikum, selbst wenn es kein Wunschland gibt, in dem man das Praktikum unbedingt absolvieren möchte. Ausländische Bewerber stehen im direkten Wettbewerb mit den Einheimischen, die nicht nur die Sprache besser sprechen, sondern auch mit der Kultur und den örtlichen Gegebenheiten bestens vertraut sind. Daher ist es wichtig, frühzeitig mit der Planung zu beginnen, Netzwerke aufzubauen, auf Unternehmensveranstaltungen zu gehen und Kommilitonen nach Erfahrungen und Kontaktpersonen zu fragen.

Wenn dann der Vertrag unterschrieben ist, sollte man offen sein, um das Maximum aus dem Praktikum herauszuholen: viele Fragen zu stellen, eigene Ideen einzubringen, sich für zusätzliche Aufgaben freiwillig zu melden oder einfach aus der eigenen Komfortzone herauszukommen und etwas Neues zu machen. Damit wird der Aufenthalt zu einer herausfordernden Lernerfahrung, die viel Freude bereitet und weit über das spätere Berufsleben hinaus relevant ist.

Mein Praktikum hat mir nicht nur viel Spaß bereitet und für eine steile Lernkurve gesorgt. Durch die Unterstützung meines Mentors konnte ich im Anschluss an das Praktikum auch meine Master-Arbeit in dem Unternehmen schreiben. Rückblickend waren es genau diese Erfahrungen, die mich dazu bewogen haben, den Einstieg in die Beratung zu wählen. Neben all den Herausforderungen und der hohen Arbeitsintensität waren für mich die Freude an den wechselnden und vielfältigen Aufgaben und der Zusammenhalt mit den Kollegen ausschlaggebend. Das ist mir in meiner Zeit in den USA erst so richtig bewusst geworden. Ich empfehle allen Studenten, Erfahrungen in einem anderen Land zu sammeln.

Forschung oder Wirtschaft? Als Physiker in die Beratung

Dr. Florian Lenz

Jahrgang 1979

Managing Consultant bei Basycon Unternehmensberatung GmbH

Physik ist kein Studiengang wie Medizin oder Jura, bei dem der spätere Beruf schon vorgezeichnet ist. Für mich kamen nach meiner Promotion in theoretischer Physik in Heidelberg folgende Möglichkeiten infrage: Verbleib in der Wissenschaft, eine Ausbildung zum Patentanwalt, oder die freie Wirtschaft.

Zunächst verfolgte ich Möglichkeit Nummer eins - Wissenschaft/Forschung - und begann als Postdoc in Hamburg zu arbeiten. Die Arbeit machte mir viel Spaß, insbesondere die intellektuellen Herausforderungen und das Führen von kleinen Teams, bestehend aus Diplomanden und Doktoranden. Leider ist das deutsche Wissenschaftssystem so gestrickt, dass es unbefristete Stellen fast nur in Verbindung mit einer Professur gibt. Eine Professur in theoretischer Physik zu erlangen war und ist mit vielen Unsicherheiten verbunden. Mein Wunsch, in Süddeutschland zu leben, stand der für die Wissenschaft erforderlichen räumlichen Flexibilität diametral entgegen.

Beratung: ja oder nein?

Wo gibt es intellektuelle Herausforderungen, die Möglichkeit, in Teams zu arbeiten, diese auch zu führen und flexible Entwicklungsmöglichkeiten? Zum Beispiel in der Beratung! Da ich zur kommunikativen Sorte von Physikern gehöre, die sich auch außerhalb des Elfenbeinturms wohlfühlen, fiel die Entscheidung relativ schnell, es mit der Beratung zu versuchen. Die Option Patentanwalt schwirrte mir auch noch durch den Kopf. Allerdings war die Aussicht auf jahrelanges Büffeln mit - zumindest in dieser Phase - schlechtem Gehalt in einer sehr formalisierten Umgebung dann doch nicht so attraktiv. Also doch Beratung.

Quo vadis? – Klein, aber fein soll es sein

Jetzt blieb nur noch die Frage, bei welcher Beratungsfirma ich mich bewerben sollte. McKinsey, Boston Consulting & Co. waren mir bereits ein Begriff. Zu McKinsey gab es über e-fellows.net einen ersten Kontakt. Ein paar meiner Kommilitonen aus dem Studium sind zu BCG gegangen. Es lag also nahe, sich dort zu bewerben. Nach ein bisschen Recherche war jedoch schnell klar, dass eine große Strategieberatung für mich gar nicht infrage kommt: Ich vermisste die Umsetzungskomponente, die langfristigen Entwicklungsmöglichkeiten sowie eine angemessene Work-Life-Balance. Also ab in eine kleine, aber feine Firma, sozusagen eine Boutique - und zwar am liebsten in eine, in der Naturwissenschaftler nicht nur Exoten sind.

Auf einer Physik-Tagung hörte ich einen Vortrag von Basycon - für mich ein glücklicher Zufall. Beratung mit IT-Bezug, aber keine reine IT-Beratung - check, langfristige Entwicklungsmöglichkeiten ohne Up-or-Out-Prinzip - check, mit 40 Mitarbeitern nicht zu klein, aber doch so überschaubar, dass jeder jeden kennt - check. Außerdem suchte das Unternehmen explizit Naturwissenschaftler, und das noch an meinem Wunschstandort München.

Nach der Bewerbung mit Anschreiben, Lebenslauf und Zeugnissen kam schnell die Einladung zu einem Bewerbungsgespräch. In rund vier Stunden bearbeitete ich die obligatorischen Business Cases und führte ein Gespräch über allgemeine IT-Themen. Eine Woche später hatte ich die Zusage.

Der Einstieg: Sprung ins kalte Wasser – aber mit Schwimmweste
Ich hatte einen Start wie aus dem Bilderbuch: Nachdem ich an meinem ersten Arbeitstag – einem Freitag – mein Notebook eingerichtet hatte, saß ich sofort in internen Projektmeetings mit meinen neuen Teamkollegen. Am Montag ging es dann mit dem Flugzeug von München ins Ruhrgebiet zum Kunden. In einem kleinen Team wirkten wir mit an einer Vorstudie zu einem großen Prozess- und Daten-Harmonisierungsprogramm bei einem DAX-30-Konzern.

Da wir als Beratung nicht spezialisiert sind, besteht immer wieder die Möglichkeit, neue Branchen und verschiedene Beratungsthemen kennenzulernen. Dadurch kann man sich Expertise in verschiedenen Bereichen aneignen. Viele unserer Projekte sind durch eine starke analytische Komponente geprägt. Das kommt mir sehr entgegen: Die Fähigkeit, Themen inhaltlich tief zu durchdringen und trotzdem das große Ganze zu sehen, ist es, was mich und meine Kollegen als Naturwissenschaftler von vielen anderen Beratern unterscheidet.

Partnerschaft als Consultant: Wie eine Fernbeziehung?
Oft werde ich gefragt: „Ist das nicht blöd, während der Woche unterwegs zu sein und nicht zu Hause? Ist das nicht wie eine Fernbeziehung?" Die Antwort ist gar nicht so leicht. Ja, die Bereitschaft, viel zu reisen, muss schon da sein. Und ja, manchmal wäre es sicher schöner, die Woche über in der Heimatstadt zu sein und ganz „normal" zu arbeiten. Aber: Reisen ist ja auch spannend. Außerdem ist der Office Day am Freitag heilig, wir sind also üblicherweise von montags bis donnerstags unterwegs. Auch wenn der Unterschied erst mal nicht so gravierend klingt, sind vier Nächte in der eigenen Wohnung und drei im Hotel subjektiv doch viel angenehmer als umgekehrt.

Der Berater-Reisealltag fühlt sich definitiv anders an als eine Wochenend-Fernbeziehung: Ich bin vier Nächte zu Hause und nicht nur zwei. Wir haben eine gemeinsame Wohnung und nicht zwei, das Ganze „Was muss ich wieder fürs Wochenende mitnehmen?" entfällt. Genauso wenig gibt es die Frage: „Am Wochenende zu mir oder zu dir?" Und anders als die Reisen in einer Fernbeziehung bezahlt die Reisen zum Klienten der Arbeitgeber.

„Aber ist es nicht auch bei nur drei Nächten auswärts langweilig, abends immer alleine im Hotel zu sein?" Auf jeden Fall, deswegen gehe ich fast jeden Abend zum Sport, oft gemeinsam mit Kollegen. Möglichkeiten gibt es viele: von Fußball und Klettern über Squash zu Laufen. Und wenn ich keine Lust auf Sport habe, findet sich immer jemand, um gemeinsam Essen zu gehen. Für mich ist es ein wichtiger Aspekt der Work-Life-Balance, auch unter der Woche nicht jeden Abend bis zum Umfallen zu arbeiten und danach nur noch ins Bett zu fallen.

Fazit: Beratung? Gerade als Naturwissenschaftler eine gute Wahl!
Beratung kommt sicher nicht für jeden infrage. Ich persönlich bereue meine Entscheidung nicht. Eine steile Lernkurve und Abwechslung sind garantiert. Neben den vielen spannenden Projekten sind es vor allem die Kollegen, die für mich den Unterschied ausmachen. Viele Freundschaften sind dabei entstanden und sorgen für ein echtes Miteinander in der Firma.

Alexander Rhode

Jahrgang 1989

Senior Consultant bei Roland Berger im Bereich Pharma & Healthcare

Promovieren in der Unternehmensberatung

Nach meinem Master-Abschluss in Betriebswirtschaftslehre an der Handelshochschule Leipzig spielte ich mit dem Gedanken, meine akademische Karriere noch nicht an den Nagel zu hängen, sondern in Form einer Promotion weiterzuführen. Bereits während meines Studiums hatte ich mich mit Verhaltensökonomie und Verhandlungsführung beschäftigt und dadurch die Themengebiete identifiziert, an deren Schnittstelle ich während meiner Dissertation forschen wollte.

Ein Problem existierte allerdings noch: Nach fünf Jahren Studium schlummerte in mir gleichzeitig der Wunsch, den Elfenbeinturm der Universität zu verlassen und meine erlernten Fähigkeiten und Kenntnisse in der Realwirtschaft zu erproben und anzuwenden. Daher bin ich im Anschluss an mein Studium bei Roland Berger als Junior Consultant im Bereich Pharma und Healthcare eingestiegen - jedoch mit dem Gedanken im Hinterkopf, irgendwann an die Universität zurückzukehren, um mit meiner angedachten Doktorarbeit zu beginnen. Dass viele große Unternehmensberatungen ihren Mitarbeitern die Möglichkeit geben, diesen Plan im Rahmen eines Promotionsprogramms in die Tat umzusetzen, hat mir damals die Entscheidung für einen Einstieg in die Unternehmensberatung erleichtert.

Im Sommer 2016 ist aus meinem Wunsch Wirklichkeit geworden: Ich wurde für zwei Jahre freigestellt, um meine Doktorarbeit innerhalb des Promotionsprogramms zu schreiben. Dabei fokussiere ich mich auf Einkaufsverhandlungen im öffentlichen Sektor, die mithilfe von europaweiten Ausschreibungen durchgeführt werden. Mich interessieren vor allem der damit einhergehende Informationsaustausch und die Fragestellung, ob bestimmte Angaben das Ergebnis der Ausschreibungen beeinflussen. Mit anderen Worten: Ich erforsche, wie die öffentliche Hand ihre Beschaffungsprozesse effizienter gestalten kann. Diese Frage ist nicht nur aus psychologischer Sicht spannend, sondern vor allem ökonomisch und gesellschaftlich relevant. In Europa liegt der Anteil des öffentlichen Beschaffungsvolumens an der Gesamtwirtschaftsleistung bei über zehn Prozent. Gleichzeitig müssen öffentliche Institutionen ob knapper Kassen allerorts versuchen, Geld einzusparen. Dies kann nur gelingen, wenn sich die öffentliche Beschaffung weiter professionalisiert und an bewährten Verfahren aus der Privatwirtschaft orientiert.

Zu Beginn meiner Promotion erhielt ich Unterstützung bei der Suche nach einem passenden Lehrstuhl. Grundsätzlich konnte ich das Promotionsthema und den betreuenden Lehrstuhl frei wählen. Roland Berger verfügt wie die meisten großen Beratungen über ein enges Kooperationsnetzwerk mit verschiedenen Universitäten aus ganz Europa, sodass ich mich bereits während der Themenfindung mit Ansprechpartnern aus der Forschung austauschen konnte.

Aufgrund meiner reichlich exotischen Themenwahl - Verhandlungsforschung fristet an deutschsprachigen Universitäten aktuell noch ein Nischendasein - begab ich mich selbstständig auf die Suche nach einem Doktorvater, oder in meinem Fall einer Doktormutter. Aktuell promoviere ich am Marketinglehrstuhl von Prof. Uta Herbst an der Universität Potsdam.

Während der Promotion erhalte ich neben einem Stipendium auch inhaltliche Unterstützung. Ich kann beispielsweise Rücksprache mit unseren Experten aus der Research-Abteilung halten, um nützliche Tipps und Tricks für die unvermeidliche Recherchearbeit zu bekommen. Auch mein Firmenhandy und -notebook stehen mir weiterhin zur Verfügung, genauso wie der Firmenwagen. Die komplette Büroinfrastruktur kann ich ebenfalls nutzen. Dass ich einen hellen und ruhigen Arbeitsplatz zur Verfügung habe, steigert meine Produktivität und ist für meinen Dissertationsfortschritt förderlich.

Im Rahmen des Promotionsprogramms nehme ich alle drei bis vier Monate an sogenannten Doktoranden-Camps teil. Hierbei treffen sich alle Doktoranden und diskutieren gemeinsam den aktuellen Stand ihrer Dissertation. Da die inhaltlichen Schwerpunkte stark voneinander abweichen – von Ingenieurwesen bis hin zur Psychologie ist alles dabei –, steht der Erfahrungsaustausch zum methodischen Herangehen im Vordergrund. Ich konnte sehr viel von bereits erfahreneren Doktoranden lernen und habe unzählige wertvolle Hinweise für meine Doktorarbeit erhalten. Auch der Spaß kommt selbstverständlich nicht zu kurz! Ob wir uns in München oder auf Mallorca zusammenfinden: Unsere gemeinsamen Veranstaltungen stellen sicherlich einen der Höhepunkte meiner Promotionszeit dar.

Im Gegenzug für die erhaltene Unterstützung habe ich mich dazu verpflichtet, nach meiner Auszeit mindestens zwei weitere Jahre im Unternehmen zu bleiben. Umso wichtiger ist es für mich, dass ich während meiner Promotion die Tuchfühlung zur Beratungstätigkeit nicht verliere. Durch die Teilnahme an regelmäßigen Telefonkonferenzen, internen Veranstaltungen und sporadischen Arbeitseinsätzen in Spezialprojekten stehe ich weiterhin im engen Kontakt mit meinen alten und neuen Kollegen. Nicht zuletzt freue ich mich jede Woche am Office-Freitag auf den persönlichen Austausch mit den Kollegen, die von der Projektarbeit zurückkehren. So habe ich das Gefühl, weiterhin ein fester Bestandteil des Unternehmens zu sein – auch wenn ich zurzeit im Vergleich zu den anderen Beratern regelmäßiger in meinen eigenen vier Wänden schlafe und deutlich weniger Flugmeilen sammle.

Liliana Thimm

Jahrgang 1987

Management Consultant bei Accenture

Ich und Unternehmensberatung? Niemals…

Zu Beginn meines Psychologiestudiums wusste ich zwar, dass ich mich beruflich im Bereich der Wirtschaft sehe, konnte mir aber keine rechte Vorstellung davon machen, wie ein konkretes Berufsbild aussehen könnte. In der Hoffnung, das Mysterium „Unternehmen" und die möglichen Aufgaben für eine Psychologin besser zu verstehen, fing ich an, als Werkstudentin bei einem internationalen Software-Unternehmen zu arbeiten. Mein Team bestand damals ausschließlich aus ehemaligen Unternehmensberatern der Big Four. Obwohl sich meine Kollegen überwiegend positiv zur Beratung äußerten, war für mich klar: Ich liebe mein Leben mit Leistungssport, Reisen, Freunden und Familie zu sehr, um nur noch zu arbeiten und keine Zeit für die wirklich wichtigen Dinge zu haben. Konkurrenzkampf, Machtgier, Einstellungen wie „Ich weiß es besser, denn ich trage einen maßgeschneiderten Anzug", waren Aspekte, mit denen ich mich einfach nicht identifizieren konnte.

Neue Perspektiven und eine Planänderung

Das Ende meines Bachelor-Studiums näherte sich, und ich entschied mich, erst einmal ein Jahr Berufserfahrung zu sammeln, um meinen Master-Schwerpunkt spezifisch zu wählen. Die Chance, als Werkstudentin bereits einen Fuß in der Tür zu haben, wollte ich nutzen und fragte meinen Chef um Rat. Er beschrieb mir drei Zukunftsszenarien:

- Ich bleibe im HR-Bereich des Software-Unternehmens und fange beispielsweise im Recruiting oder als HR Business Partner an. Hier könnte ich mein Netzwerk weiter ausbauen und einiges zu den Prozessen im Personalwesen lernen. Da ich nur in einem Bereich beschäftigt wäre, bliebe mein Erfahrungsschatz jedoch begrenzt.
- Eine weitere Möglichkeit wäre, ein Trainee-Programm zu absolvieren. Dies hätte den Vorteil, dass ich verschiedene Abteilungen im Unternehmen kennenlernen könnte. So könnte ich mich funktional und fachlich breiter aufstellen.
- Die Variante, mit der ich mich am besten positionieren könnte, wäre aber die Unternehmensberatung. In dieser Branche eigne man sich nicht nur aufgrund der vielfältigen Inhalte, sondern auch wegen der verschiedenen Industriegruppen und Kontexte über kurze Zeit enormes Wissen an und arbeite stets in neuen Team-Konstellationen.

Ich betrachtete die Beratung nach diesem Gespräch zum ersten Mal von einer anderen Perspektive aus. Zwar konnte ich mir immer noch nicht vorstellen, wie ich als Psychologin in die Beratung passen könnte, und auch der Bewerbungsprozess schreckte mich neben meinen bestehenden Vorurteilen ab, aber ich war neugierig geworden. Nun las ich aufmerksam die Angebote zu Business-Events, die ich von meinen Stipendiengebern, zum Beispiel e-fellows.net, erhielt. Schließlich nahm ich an einem Workshop zum Thema „Intercultural Awareness" teil, der von einer der Big-Four-Unternehmensberatungen durchgeführt wurde. Wieder ein Schlüsselerlebnis, denn zum einen waren die Kursleiterinnen zwei sehr sympathische, junge Frauen, von denen eine ebenfalls Psychologin war. Zum anderen waren das Thema und die Workshop-Gestaltung spannend und lehrreich. Ich war so positiv überrascht, dass ich mir gleich ein weiteres Event aussuchte, diesmal „Women in Business". Auch dieses wurde von einer der großen Strategie-Beratungen gehostet. Die Enttäuschung war dieses Mal leider gewaltig, und das traurige Bild des Beraters wurde wieder bestätigt. Von den sechs hochintelligenten und kompetenten Teilnehmerinnen hatten vier ihre Leidenschaft für Sport aufgegeben (sogar Olympionikinnen), und eine war Mutter eines dreijährigen Sohnes, der von einer Nanny großgezogen wurde. Nach vielen Überlegungen verwarf ich die Idee mit dem Software-Unternehmen trotzdem und fing als Junior Consultant bei einer kleinen Boutique-Beratung an, die auf Change-Management-Themen spezialisiert war, was mich sehr interessierte. Ich bekam immens viele Einblicke, wie Projekte angeboten, verkauft, gestaltet und durchgeführt werden. Meine Arbeitszeiten waren entspannt, sodass genug Zeit für Sport und Freunde blieb. Als erste Erfahrung in Bereich Consulting war diese Boutique-Beratung insofern Gold wert, und sogar meine Neugier auf Größeres war wieder geweckt.

„Wo sehen Sie sich in zehn Jahren?"

Mein einjähriger Master an der LSE in London verging wie im Fluge, und wieder stand ich vor der bekannten Frage: Und jetzt? Soll ich mich wirklich bei den großen Beratungen bewerben oder lieber in der Industrie? Wichtig ist doch die inhaltliche Herausforderung, Beratung hin oder her, oder? Trotz Teilnahmen an Bewerbertrainings und Case-Study-Kursen war die Bewerbungsphase frustrierend, denn auf Absagen folgten Absagen. Ich stieß auf eine interessante Stelle im Bereich „Talent and Organization" bei einer mir bereits bekannten Unternehmensberatung und erinnerte ich mich an meine damalige Kursleiterin aus „Intercultural Awareness". Ihre Visitenkarte hatte ich glücklicherweise aufbewahrt. Wir vereinbarten ein Telefonat, in dessen Rahmen sie mir ihre Erfahrungen schilderte. Überzeugt hat mich der Enthusiasmus, mit dem sie über ihren Arbeitgeber, über die Projekte und besonders über das kollegiale Miteinander sprach. Ich bewarb mich und wurde zum Interview eingeladen.

Es war ein Donnerstag, und ich fuhr zu Bewerbungsgesprächen bei zwei großen Unternehmensberatungen. Das erste Bewerbungsgespräch wurde von einem Partner durchgeführt, der mich mit Frage wie „Wo sehen Sie sich in zehn Jahren?" und mit Fachspezifika quälte. Ich erhielt leider wenig Einblick in die Arbeitsweisen, die Unternehmenskultur und den Typ Mensch, mit dem ich im Falle einer Zusage zusammenarbeiten würde. Der Bewerbertag des nächsten Unternehmens fing bereits abends mit einem gemeinsamen Dinner an, bei dem getestet wurde, inwiefern man menschlich zusammenpasst. Am Tag danach folgten dann die typischen Case Studies (Fachgebiet, analytisches Verständnis, HR-Interview und Gruppen-Case-Study). Dabei wurden keine Musterlösungen erwartet, sondern vor allem die Herangehensweise geprüft und wie man sich verkauft. Mein Tipp: Case-Study-Übungen schaden sicherlich nicht, ich glaube aber, dass Souveränität und authentisches Auftreten die letztendlich entscheidenden Faktoren sind.

Ich als Unternehmensberaterin

Ich erhielt von beiden Unternehmen ein Angebot, entschied mich aber trotz der geringeren Vergütung für die zweite Beratung. Seit zwei Jahren arbeite ich nun bei Accenture und habe meine Entscheidung bislang nicht bereut. Unsere Unternehmenskultur ist von kollegialem Miteinander geprägt. Qualitativ hochwertige Arbeit und ein soziales Netzwerk sind die Schlüssel zum Erfolg – nicht, wie lange man im Büro sitzt und schon gar nicht der Konkurrenzeifer. Wenn es mal zu Überstunden kommt, hilft der Überstundenvertrag, auch das positiv zu sehen – es gibt mehr Urlaub.

Hatte ich einfach Glück? Ich glaube, man darf sich nicht von den Dingen abbringen lassen, die einem wirklich wichtig sind. Gleichzeitig ist eine offene Haltung gegenüber Neuem wegweisend, denn am Ende ist alles eine Frage der Perspektive.

Dr. Igor Ullrich

Jahrgang 1983

Manager bei Deloitte

Prolls und Vorurteil

Alles Neue – sei es ein neuer Job, ein neuer Ort oder eine neue Bekanntschaft – ist zu einem gewissen Maß mit unseren Vorurteilen belastet. Das gilt auch für den Beruf des Unternehmensberaters: Profit steigern um jeden Preis, auch wenn dafür die eigene Mutter verkauft werden muss. Arbeitstage, die nur durch Sekundenschlaf unterbrochen werden – vorzugsweise im Büro. Und insgesamt eine Ansammlung hochnäsiger Prolls, von denen kaum einer länger als zwei Jahre durchhält, bis er ausgebrannt ist und ein Yoga-Café eröffnet.

Bei mir gab es allerdings eine Zeit, da hatte ich nicht einmal Vorurteile, denn ich wusste wirklich rein gar nichts über Unternehmensberatungen. Das änderte sich zu Beginn meines fünften Semesters an der Technischen Universität Berlin. Am Ende meines Vordiploms im Studiengang Wirtschaftsingenieurwesen. Eines schönen Morgens, auf dem Weg durch das Hauptgebäude zur Vorlesung, wurde ich von einem netten jungen Mann im Anzug angesprochen: „Hey, würdest du gerne mal an einem Fallstudienwettbewerb teilnehmen?" – „Ich bin kein Freund von Extremsportarten und habe etwas Höhenangst." – „Du hast mich falsch verstanden, ich werde dich mal aufschlauen: Ein Fallstudienwettbewerb ist vom Set-up her ein Workshop, bei dem du on-top proaktiv, dediziert einen Business Case top-down crackst. Zielsetzung ist es, Herausforderungen eines Clients zu handeln, Prozesse zu optimieren, Synergien zu leveragen, Opex zu shiften, Headcount zu streamlinen und ein Slide-deck darüber zu delivern – High-Level-Approach in Bullets reicht, der Rest auf der Tonspur. Presenten der Findings vor dem CEO, CFO, CIO und den Stakeholdern. Wir sind strategisch unterwegs. Wichtig ist, den Lead zu nehmen und Out-of-the-box-Denken. Aber keine Sorge, ihr werdet gemonitored und durch die Expertise von Managern gecoacht. Und denk dran: Low-hanging Fruits bringen die Quick Wins – Don't boil the ocean! Es gibt zum Ausklang natürlich ein Get-together mit der Consulting Company im netten Surrounding und Rückkopplung, ob man dich ins Boot holt – eigentlich ein No-Brainer. Aber wir werden euch beim Kick-off noch einmal mit Guidance aufgleisen. Das kann dein nächster Milestone auf der Roadmap zum C-Level sein, wenn der Fit passt. Am Ende des Tages ist es People Business. Der Ort ist tbd. Ich bin der SPOC für das Event. Sag mir asap Bescheid, ob wir dein Commitment haben und nimm dabei deine Team Member in den Loop. Ich hoffe, du bist fein damit. Ich muss jetzt zum Abstimmen eines Final-Draft in den nächsten Call, sonst gibt es wieder Irritationen und Cuttings bei den Capex, ein totales No-Go, da sind wir eh schon short." Ich wusste nicht genau, ob mein Gegenüber gerade Deutsch mit etwas Englisch oder andersherum sprach, aber dieses Vorurteil stimmt tatsächlich: Berater haben ihre eigene Sprache.

Ich trug meinen Namen in eine Teilnehmerliste ein und nahm ein paar Wochen später mit drei weiteren Studienkollegen am Fallstudienwettbewerb teil. Der Tag begann mit einer kurzen Vorstellung durch die Mitarbeiter der Unternehmensberatung. Anschließend erhielten wir unsere Fallstudienunterlagen: Die Aufgabenstellung, ergänzende Grafiken, vertiefende Tabellen, weiterführende Detailinformationen, einen erläuternden Appendix, ausführliche Analysen, Studien, die man kaum zu zweit hochheben konnte und vier Stunden Zeit, um eine vorstandstaugliche Präsentation zu erstellen. Das war genug Papier, um durch einen langen kalten Winter zu kommen. Auch das trifft also zu: Manchmal erhält man als Berater etwas mehr Informationen, als man aktuell benötigt, und muss Komplexität herausnehmen. Wir wühlten uns durch die Unterlagen, versuchten verzweifelt, eine Struktur zu finden, diskutierten sehr lange an unwichtigen Themen herum, fanden letztlich eine Aufteilung, sodass jeder einen Teil bearbeiten konnte und schusterten in den letzten Minuten irgendwie eine Präsentation zusammen. Wir präsentierten 20 Minuten lang unsere Lösungsvorschläge und erhielten als Dankeschön gelangweilte Blicke, provokante Fragen und die Rückmeldung, dass das alles so nicht funktionieren könne. Das bestätigte ein weiteres Vorurteil: Manchmal arbeitet man unter Zeitdruck und wird mit herausfordernden Rückfragen konfrontiert. Letztendlich konnten wir dann doch überzeugen, wurden Erster an diesem Tag und durften ein paar Wochen später am Halbfinale und danach sogar am Finale teilnehmen. An diesem Abend wurden alle Studenten für ihre Teilnahme mit einer Einladung in den VIP-Bereich einer berühmten Berliner Cocktailbar samt Flatrate auf alle Getränke belohnt. Wir haben den Beratern Löcher in den Bauch gefragt zu Reisezeiten, Karrierechancen, Standorten und Überstunden. Aber auch private Angelegenheiten wie Urlaube, Familienplanung, sportliche Aktivitäten und Freizeitgestaltung wurden ausführlich besprochen. Ein weiteres wahres Vorurteil: Berater arbeiten zum großen Teil nicht in ihrem Unternehmensbüro, sondern vor Ort bei den Kunden. Sie haben aber auch eine Familie und sind in der Freizeit ganz normale Menschen.

Ich habe mit diesem und anderen Teams an weiteren Fallstudienwettbewerben teilgenommen und insgesamt acht Mal den ersten Platz belegt. Auf diese Weise habe ich sehr viele Unternehmensberatungen kennengelernt und konnte mit der Zeit auch Unterschiede feststellen. Dies hat mir bei meiner späteren Wahl sehr geholfen. Der Eindruck von der Arbeit eines Beraters, den ich durch die Fallstudienwettbewerbe gewonnen habe, hat sich nach meinem Einstieg bewahrheitet, allerdings nicht in derselben Intensität – ein Glück! Ein Fallstudientag ist immer zuerst sehr informativ durch die Präsentation und Aufgabenstellung, anschließend angespannt beim Strukturieren, Lösen und Präsentieren und abschließend glückerfüllt und kommunikativ, wenn alles vorbei ist und man sich austauscht. All diese Zustände und Gefühle erlebt man ebenfalls in der Beratung, aber verteilt über einen längeren Zeitraum, denn man arbeitet stets auf bestimmte Projektziele hin. Daher erfordert die Arbeit ein hohes Maß an Engagement und Teamfähigkeit. Die Arbeitswoche umfasst in der Regel mehr als 40 Stunden, aber dafür arbeitet man meist mit viel Gestaltungsspielraum an sehr interessanten Themen. Ob die Arbeitszeit dauerhaft mehr als 60 Wochenstunden beträgt, hängt von der Beratung ab. Man wird wahrscheinlich zweimal in der Woche reisen – am Montag zum Kunden und am Ende der Woche zurück. Dafür ist die Reisezeit in Bahn, Flugzeug oder Taxi angenehm und lässt sich auch zum Ausruhen oder Lesen nutzen. Der Karriereweg ist in der Beratung relativ klar festgelegt: Man vereinbart Ziele und erhält regelmäßige Bewertungen. Wer gut ist, kommt schnell weiter. Ob es zwingend erforderlich ist, immer den nächsten Karriereschritt in einem bestimmten Zeitraum zu schaffen, hängt wiederum von der Beratung ab.

Ich kann einen Fallstudienwettbewerb aus den folgenden Gründen empfehlen:

a. Man knüpft fantastische neue Kontakte auf Firmen- und Studentenseite.
b. Man lernt eine sehr reale wirtschaftliche Problemstellung kennen und erfährt am Schluss die Herangehensweise der Profis.
c. Man verliert nach und nach die Angst zu präsentieren und lernt, mit unerwarteten Fragen umzugehen.
d. Man hat an einem schlechten Tag nichts zu verlieren und an einem guten Tag viel zu gewinnen, denn Fallstudienwettbewerbe sind natürlich auch Recruiting-Events.
e. Man hat auch an einem schlechten Tag sehr viel Spaß beim Abendevent.

Marco Vögele

Jahrgang 1987

Manager bei Alvarez & Marsal

Andere Länder, andere Sitten: Projekterfahrungen in Asien und im Mittleren Osten

Gestern war ich noch auf einem Projekt mit einem Privatsektor-Kunden in Bahrain, um über Kostensenkungen zu diskutieren, und heute sitze ich im Flieger nach Saudi-Arabien, wo ich ein Growth-Strategie-Projekt mit einer G-20-Bank durchführen werde. Das ist Unternehmensberatung: wechselnde Projekte, andere Länder und Sitten. Wie jedes Land hat auch jedes Projekt und Unternehmen seine Besonderheiten. Vor allem im internationalen Kontext gibt es viele Herausforderungen, denen ich mich als Unternehmensberater täglich stellen muss.

Was mich daran gereizt hat, in einer Unternehmensberatung einzusteigen, war die Möglichkeit, verschiedene Unternehmen, Funktionsbereiche, Probleme und Projekte kennenzulernen. Innerhalb von wenigen Tagen muss man ein gutes Verständnis vom Problem des Kunden entwickeln. Da jedes Projekt und jeder Arbeitstag einzigartig sind, wird von einem Berater erwartet, dass er flexibel ist und komplexe Probleme lösen kann. Generell steigt die Lernkurve in den ersten Jahren exponenziell an.

In der Unternehmensberatung jeden Tag etwas Neues lernen

Durch meine deutsch-ägyptische Herkunft habe ich von klein auf mitbekommen, was es heißt, in zwei unterschiedlichen Kulturen aufzuwachsen. In der Arbeitswelt sind kulturelle Unterschiede sehr deutlich spürbar: Während die Deutschen recht pünktlich zu Meetings erscheinen, ist es in der arabischen Welt üblich, 30 bis 45 Minuten auf den Kunden zu warten.

Fremde Kulturen faszinieren mich - diese Faszination wollte ich auch in meinem Beruf leben. Mein Abitur habe ich in Ägypten gemacht und anschließend in Deutschland und den USA studiert. In Asien und dem Mittleren Osten zu arbeiten war daher der nächste Schritt für mich. Dort habe ich bei meinen Projekteinsätzen unterschiedlichste Erfahrungen gesammelt. In Tokio musste ich beispielsweise mit dem Shinkansen fahren, einem der schnellsten Züge der Welt, in Kairo wegen überfluteter Straßen und einer Autopanne mit einem Esel zum Kunden reisen.

Derzeit lebe ich in Dubai in den Vereinigten Arabischen Emiraten (VAE) und habe schon in Ägypten, Saudi-Arabien, Bahrain, Katar und Oman gearbeitet. Ich habe die Erfahrung gemacht, dass jedes Land eine andere Arbeitskultur hat, der man sich als Unternehmensberater anpassen muss. Eines haben diese Länder gemeinsam: Die persönlichen Beziehungen zwischen Kunden und Berater sind von größerer Bedeutung als in Deutschland. Social Skills und Smalltalk spielen im Mittleren Osten eine viel wichtigere Rolle. Ein weiterer Unterschied zu Europa ist, dass die Arbeitswoche von Sonntag bis Donnerstag dauert, Wochenende ist am Freitag und Samstag.

Die VAE haben in 45 Jahren viel erreicht - das spiegelt sich auch in der Politik vieler Unternehmen wider: Die Unternehmen waren auf Wachstum getrimmt, Kosteneffizienz war im Unterschied zu Deutschland oder anderen westlichen Ländern kein großes Thema in Board Meetings. Seit die Ölpreise gesunken sind, steht Kostenoptimierung nun aber ganz groß auf der Agenda eines jeden Meetings.

Die Arbeitskultur in den VAE ist international: Zehn Prozent der Bevölkerung sind Einheimische, die restlichen 90 Prozent Ausländer. Es ist also nicht unüblich, in einem Meeting mit zehn Stakeholdern zu sitzen, die alle aus einem anderen Land kommen. Als Berater muss man natürlich wissen, wie man sich in einem solchen Umfeld verhält und welche Werte und Normen in den jeweiligen Kulturkreisen gelten. Eine weitverbreitete Besonderheit im Mittleren Osten ist zum Beispiel, dass Unternehmen „Tea Boys" beschäftigen, die während der Meetings Kaffee oder Tee servieren.

Wer hätte gedacht, dass Händeschütteln so komplex sein kann

Durch meine Arbeit in unterschiedlichen Ländern habe ich gelernt, wie Leute in anderen Kulturen ticken und wie sie arbeiten. Auch die Strategien, mit denen sie an Probleme herangehen und die Schwierigkeiten, mit denen Firmen im jeweiligen Land konfrontiert sind, fallen höchst unterschiedlich aus.

Natürlich laufen diese Kulturkontakte nicht immer reibungslos ab, man kann dadurch aber wertvolle Erfahrungen sammeln. In ein Fettnäpfchen bin ich zum Beispiel bei meinem ersten Projekt in Abu Dhabi getappt, als ich die Kundinnen begrüßen wollte und ihnen meine ausgestreckte Hand hinhielt. Keine der Damen hat meine Hand geschüttelt. Erst danach erfuhr ich, dass man einer Frau nur dann die Hand zur Begrüßung reichen darf, wenn sie es einem explizit anbietet. Seitdem bin ich sehr vorsichtig, wann und wem ich die Hand gebe.

Der feste Händedruck, der in Deutschland ein wichtiges Begrüßungsritual ist, wird in Japan ganz vermieden – das habe ich aus meinem Projekteinsatz dort mitgenommen. Man begrüßt sich mit einer Verbeugung und mit gestrecktem Rücken. Wichtig ist in der japanischen Kultur auch der Austausch von Visitenkarten bei der Begrüßung. Man sollte dabei beachten, dass man dem Kunden die Visitenkarte mit beiden Händen überreicht und im Gegenzug die Visitenkarte mit beiden Händen entgegennimmt, sie liest oder zumindest kurz betrachtet. Auf keinem Fall darf man die Visitenkarte wegstecken, das gilt als respektlos. In Japan ist es nicht unüblich, bei der Vorstellung den Namen des Unternehmens und seine Funktion voranzustellen, bevor man seinen eigenen Namen nennt, da die Japaner ihrem Unternehmen gegenüber sehr loyal sind und oft ihre ganze Karriere in einem Unternehmen verbringen.

Für mich steht fest: So unterschiedlich und herausfordernd die verschiedenen Projekte, Länder und Sitten auch sein mögen, so spannend und lehrreich sind sie gleichzeitig.

Digitale Transformationen aus Leidenschaft

Dr. Sebastian Walther

Jahrgang 1983

Engagement Manager bei McKinsey & Company

Warum ich Unternehmensberater geworden bin? Ganz einfach: Ich konnte mir keinen anderen Job vorstellen, in dem ich so viel Spaß haben könnte wie in der Unternehmensberatung. Spaß bedeutete für mich: An immer neuen Themen arbeiten, viele verschiedene Industrien und fachliche Themenschwerpunkte kennenlernen, viel reisen, in kleinen Teams Großes bewegen und vor allem mit motivierten Kollegen aus verschiedensten Fachrichtungen zusammenarbeiten.

Das erste Mal kam ich im dritten Semester meines Studiums mit der Unternehmensberatung in Berührung. Ich studierte Wirtschaftsingenieurwesen am Karlsruher Institut für Technologie. Dort nahm ich im Rahmen eines Seminars an einem Fallstudienwettbewerb teil. Es ging darum, die Nutzungsmöglichkeiten digitaler Stifte auszuarbeiten und sie einer hochkarätigen Jury vorzustellen. Besonders zwei Dinge haben mich dabei begeistert, die auch im wirklichen Arbeitsalltag eines Unternehmensberaters eine große Rolle spielen: Erstens, dass man in kurzer Zeit pragmatische und innovative Konzepte entwickeln muss und zweitens, mit motivierten Kollegen eine Präsentation vorzubereiten und diese überzeugend zu vermitteln. Fallstudienwettbewerbe bieten meiner Ansicht nach die beste Möglichkeit, um herauszufinden, ob einem die Arbeitsweise eines Beraters Spaß macht.

Vom Wirtschaftsingenieur zum Wirtschaftsinformatiker

Nach meinem Studium des Wirtschaftsingenieurwesens entschied ich mich dazu, im Bereich Wirtschaftsinformatik zu promovieren, da ich bereits während des Studiums gemerkt hatte, dass digitale Geschäftsmodelle und Transformationen meine Leidenschaft sind. In Bayreuth, St. Gallen und an der Queensland University of Technology forschte ich an der Frage, welche Faktoren die Weiternutzung von Cloud-Unternehmenssoftware wie Salesforce beeinflussen. Parallel machte ich Praktika bei Beratungen und in einem Technologiekonzern.

Sobald ich meine Dissertation abgegeben hatte, startete ich den Bewerbungsprozess. Für mich persönlich waren drei Dinge ausschlagend für den Erfolg beim Bewerbungsgespräch bei McKinsey:

- Interviews und Case Studies mit anderen Studenten trainieren (zum Beispiel über die Internetplattform Preplounge),
- Kopfrechnen üben,
- Ruhe bewahren, auch wenn eine Rechnung mal falsch sein sollte.

Gründliche Vorbereitung ist für die Fallstudie wichtig, um die wesentlichen Dinge sicher zu meistern, zum Beispiel bei Marktabschätzungen, und damit Raum und Nerven für komplexere Aufgaben zu bewahren.

Unterwegs im Sinne der Klienten

Ich entschied mich für McKinsey und habe es seitdem nicht bereut. Während meiner Zeit als Berater habe ich sehr viel für mich herausgefunden: Welche Art von Arbeit ich liebe, und welche Themen ich vorantreiben möchte. Ich habe von reinen Strategiestudien (zum Beispiel die Digitalisierung einer Bank) bis hin zum Portfoliomanagement bei einem Software-Unternehmen verschiedenste Themenfelder und Arbeitsweisen kennengelernt. Dabei habe ich große Transformationen als meine Leidenschaft entdeckt. Was mich besonders begeistert, ist die Möglichkeit, als Unternehmensberater Klienten auf unterschiedlichen Ebenen dabei zu unterstützen, Dinge möglich zu machen, die sie nicht für möglich gehalten hätten. Wir beginnen bei der Analyse und Aufbereitung von komplexen Sachverhalten, reduzieren sie auf die wesentlichen Aspekte und lösen Probleme oftmals ganz pragmatisch: So organisieren wir schon mal spontan einen Workshop, wenn es im Projekt nicht weitergeht. Das Motto ist immer: „Make things happen." Mein Studium und die Promotion waren ganz wesentlich für meine Karriere in der Unternehmemsberatung. Die fachlichen Grundlagen der Betriebswirtschaftslehre, des Ingenieurwesens und der Informatik wende ich auch heute noch an, um Themen schnell zu verstehen. Außerdem weiß ich, wo ich nachschlagen muss, wenn ich bestimmte Informationen benötige.

Die Tagesabläufe in der Beratung sind sicherlich in hohem Maß abhängig vom jeweiligen Team. In meinem jetzigen Team beginnen wir in der Regel mit einem gemeinsamen Check-in um 8.45 Uhr, um die Themen und Prioritäten des Tages zu besprechen. Die einzelnen Teammitglieder laufen dann los, um die Themen direkt mit den Klienten zu bearbeiten. Am Nachmittag machen wir einen gemeinsamen Check-out, um zu klären, was noch am selben Tag fertiggestellt werden muss und wer im Team Hilfe braucht. Da ich, wie auch viele meiner Kollegen, sehr sportbegeistert bin, versuchen wir zwei- bis dreimal die Woche zum Teamsport zu gehen, meistens in ein Fitnessstudio in der Nähe des Klienten.

Unternehmensberater zu sein ist ein sehr intensiver Beruf. Montags bis donnerstags ist man in der Regel vor Ort beim Klienten - darüber muss man sich schon im Klaren sein, wenn man als Berater anfängt. Und während eines Projekts arbeitet man mit dem Team an den besten Lösungen für den Kunden. Es herrscht allerdings ein großer Respekt vor dem Wochenende, und es gibt die Möglichkeit, zwischen zwei Projekten eine Auszeit zu nehmen. „Take Time" heißt das Programm, das es allen Beratern ganz unkompliziert möglich macht, zwei Monate im Jahr zusätzlich zum Urlaub freizunehmen.

Julian Weller

Jahrgang 1993

Consultant bei Pricewaterhouse-Coopers GmbH Wirtschaftsprüfungsgesellschaft

Zwei Jahre gespart, doppelt so viel gelernt!

Es ist Montagmorgen, 7.45 Uhr, und mein Wecker reißt mich aus dem Schlaf. Die Klausurenphase hat wieder begonnen. In einer Stunde werde ich mir den Kopf über verschachtelte Integrale und Zylinderkoordinaten der technischen Elektrophysik zermartern. Ab der Mittagspause sind dann zwei Kapitel einer Marketingvorlesung dran. Als ich gerade auf dem Weg in die Uni bin, klingelt der Wecker erneut. Dieses Mal reißt er mich zum Glück wirklich aus meinem Uni-Traum.

Zwar ist es Montagmorgen, jedoch zeigt mein Wecker 5.45 Uhr an. Ich bin erleichtert, trotz zwei Stunden weniger Schlaf als zu Uni-Zeiten. Ab unter die Dusche, der Koffer ist bereits gepackt, und um 6.15 Uhr breche ich für den ersten Flug nach Zürich zum Flughafen auf. Seit einem Jahr geht es für mich nicht mehr von einer Vorlesung in Raum 101.A zu einem Tutorium in Raum 201.B desselben Gebäudes, sondern von Mandanten in Zürich über Lissabon und Düsseldorf zu Mandanten in München.

„Screw it, let's do it" – Berufseinstieg mit dem Bachelor

2014 hatte ich meinen ersten Kontakt mit einer Unternehmensberatung, einer kleineren Strategieberatungs-Boutique in München. Da ich zu dieser Zeit gerade erst mein zweites Studienjahr begann, hatte ich mir zwar ein spannendes dreimonatiges Praktikum erhofft, konnte mir jedoch nicht vorstellen, wie sehr ich in den Projektalltag einbezogen werden würde. Während des Praktikums war ich von den jungen und dynamischen Teams, der steilen Lernkurve sowie den neuen Erfahrungen begeistert. Nach weiteren Praktika in größeren Beratungsunternehmen war ich mir dann schnell sicher: In einer solchen Arbeitsumgebung könnte ich mir einen Berufseinstieg vorstellen.

Vor einem Jahr habe ich dann, nach Abwägung eines Master-Studiums, mit dem Bachelor-Abschluss in der Tasche die Uni verlassen und mich für den Einstieg in der Unternehmensberatung entschieden. Zum Ende meines Studiums hatte sich bei mir immer mehr das Gefühl eingeschlichen, dass ich mich durch zwei weitere Jahre an der Uni nicht so stark weiter entwickeln könnte, wie ich das gern tun würde. Ich hatte zunehmend den Eindruck, dass meine Lernkurve an der Uni abflachte und ich mich in einer Komfortzone befand, in der ich nicht spürbar vorankam. Dem wollte ich entgegenwirken und eine neue Herausforderung annehmen. Da ich bereits die Lernmöglichkeiten in der Beratungsbranche kennengelernt hatte, war ich mir sicher, mich hier optimal weiterentwickeln zu können.

Karrierebremse Bachelor?

Was mich in meiner Entscheidung bestärkt hat, vorerst auf einen Master zu verzichten, war der Austausch mit Young Professionals, die ich auf verschiedenen Karriereveranstaltungen kennengelernt hatte. Dabei haben mich vor allem vier Aspekte zum Berufseinstieg mit dem Bachelor bewegt:

- Sowohl aufgaben- und verantwortungstechnisch als auch karriereperspektivisch ist es keine Hürde, nur den akademischen Grad „Bachelor" zu haben. Ausschließlich die eigene Leistung entscheidet darüber, wie man gefördert wird und welche Aufgaben man übernehmen darf.
- Themenvielfalt, interdisziplinäre und multikulturelle Projektteams sowie Reisetätigkeiten sind wichtige Faktoren des zyklischen Projektgeschäfts, die den Beraterjob so spannend und lehrreich machen.

- In Beratungsunternehmen arbeitet man mit überdurchschnittlich vielen jungen, kreativen, dynamischen und hoch motivierten Menschen zusammen.
- Der Direkteinstieg mit dem Bachelor bedeutet nicht, dauerhaft auf eine akademische Weiterbildung zu verzichten. Es ist durchaus sinnvoll, nach einigen Jahren Berufserfahrung einen zu den fachlichen Schwerpunkten passenden Master oder MBA draufzusatteln. Bevorzugt im Ausland und vielleicht mit finanzieller Unterstützung des Arbeitgebers. Das ist in der Beratungsbranche gar nicht so selten.

Diese Punkte kann ich nach einem Jahr im Beraterallltag voll und ganz bestätigen!

Was ich jedoch auch erwähnen möchte, ist, dass es für Bachelor-Absolventen die eine oder andere zusätzliche Hürde im Bewerbungsprozess um eine Festanstellung gibt: Werden nicht speziell auf Bachelor-Studenten zugeschnittene Programme ausgeschrieben, konkurriert man natürlich mit Master-Absolventen, die vertieftes Fachwissen, üblicherweise bereits zwei Jahre mehr Lebenserfahrung und damit oft auch mehr Praktika mitbringen. Schafft man es jedoch trotzdem zu überzeugen, muss man sich meiner Erfahrung nach keine Sorgen machen, dass eine Unterscheidung zwischen Berufseinsteigern mit unterschiedlichem akademischen Grad gemacht wird.

Fazit: „It's you that creates impact and value!"

Ich glaube, dass es sehr darauf ankommt, was man aus seinen Chancen macht. Im Beraterallltag zählen vor allem deine Leistung und dein Einsatz. Für den Einstieg kann ein Master hierbei zwar hilfreich sein, deine Entwicklung hängt jedoch am meisten von deinem persönlichen Drive, deinem Engagement und deinen Zielen ab. Ob man einen Master an seinen Bachelor anknüpfen oder ob man direkt in die Arbeitswelt eintauchen sollte, kann nicht pauschal beantwortet werden. Festzuhalten ist jedoch, dass sich Beratungsunternehmen für den Einstieg mit Bachelor grundsätzlich sehr anbieten, da man von Anfang an extrem viel lernt und stark gefördert wird. Auch sind die Eintrittshürden im Vergleich zu anderen Branchen nicht zu sehr am Alter oder am akademischen Grad festgemacht.

Nach meinem ersten Jahr in fachlich abwechslungsreichen Projekten in unterschiedlichen Ländern und mit verschiedenen Projektteams und Kunden wurden alle meine Erwartungen bezüglich der in der Beratung so oft hervorgehobenen „steilen Lernkurve" übertroffen. Ich bin davon überzeugt, dass ich in diesem einen Jahr mehr gelernt habe als in einem zweijährigen, konsekutiven Master-Programm.

6. Unternehmensporträts

A.T. Kearney

Standorte in Deutschland: Berlin, Düsseldorf, München

Standorte weltweit: Wir haben Niederlassungen in mehr als 40 Ländern weltweit. Hauptsitz des Unternehmens ist in Chicago, USA.

Tätigkeitsschwerpunkt: internationale Unternehmensberatung

Mitarbeiter weltweit: über 3.600

Geplante Neueinstellungen 2018: 100 Praktikanten und Berater

A.T. Kearney ist eine führende internationale Managementberatung mit Niederlassungen in mehr als 40 Ländern. Seit 1926 stehen wir als vertrauensvolle Berater weltweit den größten Unternehmen und Organisationen zur Seite. A.T. Kearney befindet sich im Partnerbesitz und bietet seinen Klienten engagierte Unterstützung bei der Lösung ihrer kritischsten Aufgaben, um unmittelbare Veränderungen und langfristige Vorteile zu erzielen.

ATKearney

Dreischeibenhaus 1
40211 Düsseldorf
www.atkearney.de/bewerbung

Iris Latzke
Recruiting
+49 211 1377 2282
Recruiting-dach@atkearney.com

Was zeichnet Ihre Unternehmenskultur aus? Die unverwechselbare und kollegiale Unternehmenskultur von A.T. Kearney überbrückt organisatorische und geografische Grenzen. Unsere Berater sind geradlinig, jederzeit ansprechbar und engagieren sich leidenschaftlich dafür, innovative Lösungen für unsere Klienten zu schaffen. Wir setzen uns ein, um unmittelbare Veränderungen und langfristige Vorteile für unsere Klienten und unsere Mitarbeiter zu erzielen.

Welche Möglichkeiten zur Weiterqualifizierung bieten Sie? A.T. Kearney bietet ein vielfältiges Fortbildungsprogramm. Dieses umfasst Trainings zu Consulting-Skills, sozialen Kompetenzen, Führungsqualitäten und fachlichen Themen. Außerdem erhalten alle Mitarbeiter Freiraum zur persönlichen Entfaltung – z. B. durch einen Wechsel in andere Länder, die Übernahme temporärer Aufgaben und den Einsatz in Klienten-Projekten.

Fördern Sie im Rahmen der Weiterbildung ein MBA-Studium oder eine Promotion? A.T. Kearney unterstützt Mitarbeiter, die promovieren oder einen MBA machen möchten. Vor allem Senior Business Analysts und Associates profitieren vom Doctorate-Programm. Wer seit mindestens zwei Jahren als Berater bei A.T. Kearney tätig ist, kann dafür ein bis zwei Jahre lang freigestellt werden. Bei reduziertem Gehalt stehen den Promovenden Firmenwagen, Mobiltelefon und Notebook ebenso zur Verfügung wie die firmeninternen Ressourcen, z. B. das Information Research Center. Außerdem unterstützt A.T. Kearney die Aufnahme eines MBA-Studiums für Naturwissenschaftler und Absolventen technischer Studiengänge, die sich BWL-Kenntnisse erarbeiten möchten.

Welche Studienhintergründe haben Ihre Mitarbeiter? Aus welchen Fachbereichen kommen sie? Wir suchen Menschen, die Herausforderungen lieben und mit Leidenschaft etwas bewirken wollen. Dabei spielt die Studienfachrichtung eine untergeordnete Rolle.

Wie läuft das Auswahlverfahren in Ihrem Unternehmen ab? Der Prozess für Festanstellungen (Juniors) besteht aus zwei Interviewrunden mit Beratern unterschiedlicher Karrierestufen. Die Herkunft der Interviewer umfasst alle Branchen und Funktionsbereiche. Entsprechend weit gestreut sind auch die Projektbeispiele.

In der ersten Interviewrunde führen die Bewerber drei Einzelgespräche à 60 Minuten mit A.T. Kearney-Beratern. Inhalte dieser Gespräche sind neben Fragen zur Person, zum Werdegang und zur Motivation insbesondere kurze Fallstudien. Anhand realer Projektbeispiele versuchen wir, einen Eindruck von den Problemlösungskompetenzen, den analytischen Fähigkeiten und der Kreativität der Bewerber zu gewinnen. Im Anschluss an diese Erstrunde setzen sich alle Interviewer zusammen und tauschen ihre Eindrücke von den Bewerbern aus. Feedback erhalten die Bewerber unmittelbar im Anschluss.

Sind alle Berater überzeugt, führen die Bewerber ein finales Interview mit einem Partner. Ablauf und Bewertungskriterien entsprechen denen der Erstrunde. Sind die Bewerber auch hier überzeugend, so erhalten sie ein Angebot. Bei einer Bewerbung für ein Praktikum entfällt das finale Partnerinterview. Die Bewerber erfahren im Anschluss an die ersten drei Einzelgespräche, ob sie ein Angebot erhalten.

Wie international ist die Projektarbeit bei A.T. Kearney? Unsere weltweit 62 Büros in über 40 Ländern bieten vielfältige Chancen, internationale Erfahrung zu sammeln. Im deutschsprachigen Raum (Deutschland, Österreich, Schweiz) sind Berater aus 14 unterschiedlichen Nationen tätig. Der Umgang mit anderen Kulturen gehört daher für uns zum Alltag.

Selbstverständlich wirkt sich dies auch auf die Projektarbeit aus. Projektteams werden durch unser europäisch verankertes Staffing in der Regel nicht nur mit deutschen Beratern, sondern - entsprechend der fachlichen Eignung und Verfügbarkeit - auch mit Beratern internationaler Büros besetzt. Hinzu kommen standortübergreifende Projekte für weltweit agierende Konzerne. Bei globalen Märkten gehören rein deutsche Projekte inzwischen schon zur Seltenheit.

Sind Beruf und Familie bei A.T. Kearney vereinbar? Das Ziel unseres Programms Life@A.T. Kearney ist es, genau dies zu erreichen: Wir wollen unseren Mitarbeitern eine erfolgreiche Karriere bei A.T. Kearney ermöglichen und ihnen gleichzeitig Freiraum, Flexibilität und Unterstützung für ihr Privat- und Familienleben sowie ehrenamtliches Engagement geben. Life@A.T. Kearney umfasst dabei eine Vielfalt von unterschiedlichen Programmen, die individuell und flexibel von unseren Mitarbeitern genutzt werden können: Von flexiblen Arbeitszeitmodellen über einen Familienservice bis hin zu Leave-of-Absence-Programmen.

Welche Modelle zur Flexibilisierung der Arbeitszeit gibt es bei A.T. Kearney? Projektarbeit in der Beratung ermöglicht und erfordert im Vergleich zu anderen Berufen ein ausgesprochen hohes Maß an Flexibilität. Sollten unsere Mitarbeiter aus privaten Gründen oder für ihre persönliche Weiterbildung eine Auszeit benötigen, unterstützt A.T. Kearney sie mit dem Leave-of-Absence-Programm oder einem Teilzeit-Beschäftigungsverhältnis. Voraussetzung hierfür ist die Zustimmung des Mentors sowie des Unit Head.

Die angebotenen Flexibilisierungsmöglichkeiten erlauben auch Beratern mit Kindern eine Karriere in der Beratung.

Allianz Inhouse Consulting
Allianz Deutschland AG

Standorte in Deutschland: Berlin, Bremen, Frankfurt am Main, Hamburg, Hannover, Karlsruhe, Köln, Leipzig, München (Hauptverwaltung), Nürnberg, Stuttgart (Hauptverwaltung)

Standort Allianz Inhouse Consulting:
München

Tätigkeitsschwerpunkt:
integrierter Finanzdienstleister

Umsatz: 32,4 Mrd. Euro

Mitarbeiter in Deutschland:
ca. 29.000 (Allianz Gruppe)
über 20 (Allianz Inhouse Consulting)

Geplante Neueinstellungen 2018:
ca. 15 Praktikanten
ca. 10 Consultants

Digitalisierung, demographischer Wandel und Big Data: Eine unserer wichtigsten Aufgaben ist es, aus diesen und weiteren Megatrends die richtigen Schlüsse für unsere Auftraggeber, den Vorstand und das Topmanagement der Allianz Deutschland, zu ziehen. Allianz Inhouse Consulting ist dabei Ideengeber, Treiber und Enabler zugleich. Als Teil unseres Teams begleiten Sie mit Ihrer interdisziplinären Expertise strategische Projekte in unterschiedlichen Unternehmensbereichen – von der Strategie bis zur Umsetzung.

Inhouse Consulting
Allianz

Königinstraße 28
80802 München
karriere.allianz.de/absolventen/inhouse-consulting

Antje Fiegler-Franz
Allianz Inhouse Consulting
+49 89 3800-16344
inhouse-consulting@allianz.de

Wofür stehen Sie als interne Unternehmensberatung innerhalb eines DAX-Konzerns? Das Allianz Inhouse Consulting agiert als Strategie- und Managementberatung in zahlreichen Projekten, um die Marktführerschaft der Allianz Deutschland weiter auszubauen. Als Dienstleister für anspruchsvolle Problemstellungen orientiert sich das Allianz Inhouse Consulting in Leistung und Qualität am externen Wettbewerb. Wir setzen unsere analytischen und methodischen Kompetenzen in optimaler Weise ein und übernehmen inhaltliche Vordenkerschaft zum Wohl des Kunden und des Unternehmens. Nachwuchsführungskräfte werden von uns gefördert und ideal auf ihre künftige Verantwortung vorbereitet. Wenn Sie sich für einen Einstieg als Berater bei der Allianz entscheiden, gestalten Sie daher nicht nur die Zukunft des Unternehmens mit, sondern haben neben engem Kontakt zu Top-Entscheidern auch exzellente Karrierechancen bei Deutschlands Versicherer Nummer eins.

Worin unterscheiden Sie sich von externen Strategieberatungen? Wer sich für das Allianz Inhouse Consulting entscheidet, möchte die herausfordernden Tätigkeiten einer Beratung mit einer gegenüber externen Beratungen ausgewogeneren Work-Life-Balance verbinden – so sind unsere Consultants zum Beispiel deutlich weniger auf Reisen. Als interne Unternehmensberatung ist es für uns selbstverständlich, Projekte von der Konzeption bis zur Umsetzung aktiv mitzugestalten. Der nachhaltige Erfolg unserer Projekte steht für uns im Fokus. Stetiger Kontakt zu Kollegen und Entscheidern ermöglicht es uns, schnell ein unternehmensweites Netzwerk aufzubauen und den Konzern in seiner ganzen Vielfalt kennenzulernen.

Wie entwickeln Sie Talente auf ihrem Karriereweg? Wir bieten Ihnen eine steile Lernkurve und gezielte persönliche Förderung – durch die Arbeit an komplexen strategischen Projekten, kombiniert mit verschiedenen internen und externen Schulungen sowie einem Entwicklungsprogramm für Nachwuchsführungskräfte. Zudem ermöglichen wir Ihnen die frühe Übernahme von Verantwortung und von Beginn an engen Kontakt zu Top-Entscheidern. Durch den umfassenden Einblick in die verschiedenen Unternehmensbereiche werden Sie zu einem attraktiven Kandidaten für einen späteren Wechsel ins Management der Allianz.

Wen suchen Sie? Wir suchen Studierende mit sehr guten Studienleistungen, insbesondere aus den Gebieten der Wirtschafts- und Naturwissenschaften. Analytisches Denken, Problemlösungskompetenz und kommunikative Fähigkeiten sind für Ihre tägliche Arbeit als Berater unabdingbar. Eigeninitiative, Kundenorientierung, ausgeprägte Teamfähigkeit sowie relevante Praktika runden Ihr Profil ab.

Wie läuft das Bewerbungsverfahren bei Ihnen ab? Interessenten, die uns mit ihrer Bewerbung überzeugt haben, laden wir zu einem unserer ganzjährig stattfindenden Bewerbertage ein. Dort erwarten Sie Einzelinterviews mit unseren Beratern, in denen Sie Ihren bisherigen Werdegang erläutern und Fallstudien lösen. Sofern Sie uns in den ersten Gesprächen überzeugen konnten, folgt am Nachmittag ein weiteres Gespräch mit der Leitung des Allianz Inhouse Consulting. Im Idealfall bekommen Sie noch am selben Tag ein Angebot ausgesprochen. Für Praktikanten haben wir einen verkürzten Bewerbungsprozess – wenn uns Ihre Unterlagen überzeugen, laden wir Sie zu einem persönlichen Gespräch ein und teilen Ihnen innerhalb der nächsten zwei Arbeitstage unsere Entscheidung mit. Auch hier ist eine Bewerbung ganzjährig möglich.

Dr. Tanja Peter

Consultant

Von der Wissenschaft in die Beratung

Mein Hintergrund und Einstieg – alles andere als klassisch

Nach meinem Psychologiestudium habe ich mich entschieden, mein dort erworbenes Wissen im Rahmen einer Promotion an der LMU München weiter zu vertiefen. Neben meiner wissenschaftlichen Arbeit war ich als Trainerin und Beraterin zu den Themen Führung, Zusammenarbeit und Innovation tätig. Auf die Position im Allianz Inhouse Consulting (AIC) wurde ich bei meiner Recherche nach Möglichkeiten zum Quereinstieg in die Beratung aufmerksam. Bei mir punktete das AIC insbesondere mit seinem individuellen Entwicklungsmodell. Die sehr abwechslungsreiche Projektarbeit erlaubt es, über mehrere Jahre Einblick in unterschiedlichste Bereiche der Allianz zu gewinnen, und bereitet dadurch optimal auf eine spätere Führungsposition innerhalb des Unternehmens vor. Nach interessanten Case Studies mit den erfahrenen Beratern und dem Mittagessen mit den jüngeren Kollegen im Rahmen des Bewerbertages wusste ich: Das passt einfach!

Mein typischer Arbeitsalltag – unmöglich zu beschreiben

Einen typischen Arbeitsalltag gibt es nicht – und genau das macht die Arbeit im AIC so spannend. Weil man von Anfang an Verantwortung für eigene Projekte übernimmt und diese gezielt vorantreibt, setzt sich der Arbeitsalltag aus der Erstellung von Analysen und Präsentationen, Durchführung von Workshops und Abstimmungen mit Kunden zusammen. Derzeit arbeite ich im Digitalisierungsprojekt, das ein weitreichendes Themenspektrum beinhaltet. In meinen Projektsträngen verantworte ich eigene Teilprojekte und lerne gerade als Quereinsteigerin viel Neues. Die einzige Routine sind die wöchentlichen Jours Fixes, das Teamessen am Freitag und spontane Stand-ups, in denen wir uns gegenseitig über unsere Projekte auf dem Laufenden halten.

Mein Team – jung, interdisziplinär und „fun to work with"

Kollegialität und Teamwork werden bei uns großgeschrieben. Im AIC trifft man Personen mit unterschiedlichsten Werdegängen an: ehemalige externe Berater, Nachwuchswissenschaftler, die gerade ihre Promotion abgeschlossen haben, Quereinsteiger aus anderen Abteilungen der Allianz sowie Universitätsabsolventen aus dem Bereich der Wirtschaftswissenschaften, die erst kürzlich ihren Master abgeschlossen haben. Wir setzen auf Diversität und Interdisziplinarität. Als promovierte Sozialpsychologin bin ich dafür nur ein Beispiel unter vielen.

Andersch AG Wirtschaftsprüfungsgesellschaft

Standorte in Deutschland: Düsseldorf, Frankfurt am Main, Hamburg

Tätigkeitsschwerpunkte: Restrukturierung

Mitarbeiter in Deutschland: ca. 70

Geplante Neueinstellungen 2018:
ca. 10-15 Consultants
ca. 15 Praktikanten und Werkstudenten

Andersch ist die führende Restrukturierungsberatung in Deutschland. Wir bieten Mitarbeitern eine persönliche Arbeitsatmosphäre, flexible Arbeitszeitmodelle sowie ein individuelles Ausbildungs- und Fortbildungsprogramm. Zudem wachsen wir stetig und sind fortlaufend auf der Suche nach hervorragenden Mitarbeitern, die unser Leistungsversprechen Tag für Tag bei unseren Mandanten einlösen. Durch die Arbeit in wechselnden Projektteams in unterschiedlichen Branchen lernt man bei Andersch jeden Tag dazu!

Andersch
IHR ERFOLG. UNSERE QUALITÄT.

Neue Mainzer Straße 80
60311 Frankfurt am Main
www.andersch-ag.de

Simone Deubl
Recruiting
+49 211 876360-21
karriere@andersch-ag.de

Worin unterscheiden Sie sich von Ihren Wettbewerbern? Andersch ist spezialisiert auf die Restrukturierungsberatung – in diesem Bereich sind wir Qualitäts- und Marktführer. Die Basis dafür bildet die fachliche Exzellenz und Motivation unserer Mitarbeiter. Dafür investieren wir weit mehr als das Doppelte des branchenüblichen in Aus- und Fortbildung.

Warum sollten Studenten/Absolventen gerade bei Ihnen einsteigen? Andersch bietet ein Arbeitsumfeld, in dem sich Berufseinsteiger durch unmittelbares Training-on-the-Job fachlich schnell weiterentwickeln. Durch Trainings und die dreimal jährlich stattfindende Andersch Academy an attraktiven Standorten im In- und Ausland fördern wir unsere Mitarbeiter auf individuelle Art und Weise.

Welchen Menschentyp suchen Sie? Wer passt nicht zu Ihnen? Wir suchen Studenten und Absolventen mit einem hohen Anspruch an sich selbst. Mitarbeiter, die zu uns passen, arbeiten gerne analytisch sowie im Team, sind hoch motiviert und belastbar. Egozentriker sind bei uns fehl am Platz.

Wie sieht die Work-Life-Balance bei Ihnen aus? Unsere Mitarbeiter beraten den Mandanten in der Regel vier Tage vor Ort. Am Freitag ist grundsätzlich Office-Tag. Dieser ist eine gute Gelegenheit, sich mit Kollegen über das fachliche Projektgeschäft hinaus auszutauschen. Außerdem unterstützen wir unsere Mitarbeiter durch individuelle Arbeitszeitmodelle wie z. B. Freistellung während einer Weiterbildung.

Kann man bei Ihnen auch schon während des Studiums Erfahrungen sammeln? Ein Praktikum oder eine Werkstudententätigkeit ist jederzeit möglich. Praktikanten werden bei uns voll in die Projektarbeit einbezogen und sind mit den Projektteams bei den Mandanten vor Ort. Wer durch Leistung und Persönlichkeit überzeugt, wird in das Talent-Programm „Inside@Andersch" aufgenommen. Mit den Teilnehmern des Programms bleiben wir während des Studiums in Kontakt. Deshalb sind Netzwerktreffen und Mentoring feste Bestandteile des Programms.

Was sind Ihre Einstellungskriterien? Wir suchen Teamplayer mit Freude an der täglichen Projektarbeit bei unseren Mandanten vor Ort. Sie sollten erste beratungsrelevante Praktika absolviert haben, gerne analytisch arbeiten und über sehr gute kommunikative Fähigkeiten verfügen. Exzellente Studienleistungen und sehr gute Englischkenntnisse setzen wir voraus.

Welche Möglichkeiten zur Weiterqualifizierung bieten Sie? Nur fachlich bestens ausgebildete Mitarbeiter können Höchstleistung für unsere Mandanten erbringen. Dementsprechend erwartet die Mitarbeiter bei Andersch eine Vielzahl von internen Schulungen mit fachlichen und persönlichen Themen sowie die Andersch Academy. Weiterhin unterstützen wir unsere Mitarbeiter auf ihrem Karriereweg mit der Förderungen von Zusatzqualifikationen (z. B. LL.M., CFA, MBA).

Dr. Nils Gimpel-Henning

Jahrgang 1987

Senior Consultant

Von der Theorie in die Praxis

Raus aus der Uni – rein ins Beraterleben bei Andersch

Das theoretische Rüstzeug für meinen Einstieg bei Andersch habe ich an der WWU Münster erworben. Nach meinem Bachelor- und Master-Studium mit den Schwerpunkten Accounting und Finance begann ich dort zunächst eine Tätigkeit als wissenschaftlicher Assistent am Institut für Rechnungslegung und Wirtschaftsprüfung. Auch wenn ich mit der Restrukturierung bis dahin nur wenig konkrete Berührungspunkte hatte, erschien mir dies als ideale Einstiegsmöglichkeit – einerseits um an das in meiner Promotionszeit gesammelte Wissen sinnvoll anzuknüpfen, andererseits um dieses angesichts der abwechslungsreichen Themenbandbreite um viele neue Aspekte zu erweitern, wie beispielsweise um strategische Fragestellungen.

Warum Restrukturierungsberatung?

Den besonderen Reiz der Restrukturierungsberatung macht für mich aus, dass bei einem typischen Projekt, beispielsweise der Erstellung eines Sanierungsgutachtens, alle Kernbereiche eines Unternehmens analysiert werden. Die anschließende Umsetzung von Maßnahmen auf Basis der vorher erstellten Analysen stellt für mich einen besonders reizvollen Aspekt meiner Arbeit dar. Hier habe ich die Möglichkeit, die Umsetzung mitzuverfolgen und mitzugestalten. Ich bekomme einen direkten Einblick, welche Herausforderungen bei der Umsetzung bestehen und kann hierdurch Erfahrungen für weitere Projekte sammeln.

Wie war Ihr Einstieg bei Andersch?

Der Bewerbertag in Frankfurt lief sehr professionell ab, ich habe viele verschiedene Mitarbeiter (vom Partner bis zum Einsteiger) kennengelernt und mich sehr gefreut, als ich noch am selben Tag ein Angebot bekomme habe. Da ich bereits vor meinem Einstieg zur Andersch Academy nach Budapest eingeladen wurde, hatte ich dort bereits Gelegenheit, alle Kollegen in einer lockeren Atmosphäre kennenzulernen. Schon vom ersten Tag an nach meinem offiziellen Start in 2016 war ich Teil der Projektteams, und bekam eigene Arbeitsbereiche zugeteilt. Mein Projektleiter kümmert sich seitdem um meine fachliche Entwicklung und gibt mir regelmäßig Feedback.

Was zeichnet Andersch als Arbeitgeber aus?

Das Besondere bei Andersch ist für mich ganz eindeutig der über alle Hierarchieebenen hinweg gelebte Teamgedanke. Es sind nicht nur die zahlreichen Teamveranstaltungen wie beispielsweise die Andersch Academy auf Mallorca im Mai 2017, sondern insbesondere auch das alltägliche Miteinander in den Projektteams, das mich vom ersten Tag an begeistert hat. Da sich in der Restrukturierungsberatung längere Arbeitszeiten nicht immer vermeiden lassen, ist es aus meiner Sicht umso wichtiger, mit Kollegen zu arbeiten, mit denen auch an anstrengenden Tagen der Spaß nicht verloren geht. Neben dem Teamgedanken zeichnet sich die Andersch AG außerdem durch die hohe Motivation und Begeisterung der Mitarbeiter aus. Die sogenannte „intrinsische Motivation“ genießt einen hohen Stellenwert, was sich nicht nur auf die Teamatmosphäre, sondern auch auf die Qualität der Arbeitsergebnisse positiv auswirkt.

Arthur D. Little GmbH

Standorte in Deutschland: Frankfurt am Main, München

Standorte weltweit: über 30 Büros in Europa, Nord- und Südamerika und Asien

Tätigkeitsschwerpunkte:
Beratungsgebiete: Automotive, Chemical Industry, Consumer Goods & Retail, Energy & Utilities, Engineering & Manufacturing, Financial Services, Healthcare, Telecommunication Information, Media & Electronics (TIME), Travel & Transportation
Services: Information Management, Operations Management, Strategy & Organization, Sustainability & Risk, Technology & Innovation Management

Mitarbeiter weltweit: ca. 1.000

Geplante Neueinstellungen 2018:
Arthur D. Little plant gemäß der positiven Geschäftsentwicklung monatlich Neueinstellungen – insbesondere von Hochschulabsolventen und Mitarbeitern mit ein bis drei Jahren Berufserfahrung.

Arthur D. Little zählt seit 1886 zu den Innovationsführern in der Consultingbranche und ist ein global aufgestelltes Unternehmen. Diese Internationalität ist im täglichen Projektgeschäft deutlich spürbar und ermöglicht unseren Beratern den Einsatz an unseren weltweiten Standorten. Durch unser internationales Trainingsprogramm, On-the-case-Coachings und regelmäßige Assessments haben unsere Berater die Möglichkeit, sich sowohl fachlich als auch persönlich rasant weiterzuentwickeln.

Arthur D Little

The Squaire 13
60600 Frankfurt am Main
www.adlittle.de

Christiane Heib & Carina Häuser
Human Resources Central Europe
+49 69 450098-0
careers.ce@adlittle.com

Was zeichnet Ihre Unternehmenskultur aus? Die Unternehmenskultur von Arthur D. Little zeichnet sich seit über 130 Jahren durch die flachen Hierarchien, den partnerschaftlichen Beratungsansatz und die familiäre Atmosphäre aus. Jede einzelne Persönlichkeit bekommt die Möglichkeit, sich frei zu entfalten. Unsere Berater bringen Mut, Verantwortungsbereitschaft, Teamspirit, Innovationsfähigkeit und einen hohen Drive mit. Wir sind stolz darauf, für viele der Fortune-1.000-Unternehmen weltweit sowie für andere Marktführer und Organisationen des öffentlichen Sektors tätig zu sein.

Welchen Abschluss sollten Bewerber haben (Bachelor, Master, MBA, Promotion)? Sie sollten über einen erstklassigen Diplom- oder Master-Abschluss an einer renommierten Universität verfügen. Besonders interessiert sind wir an Absolventen der Studiengänge Wirtschaftsingenieurwesen, Wirtschaftsinformatik, Betriebswirtschaft oder technischer Studienrichtungen mit betriebswirtschaftlicher Zusatzqualifikation (MBA, Zweitstudium).

Kann man bei Ihnen auch schon während des Studiums Erfahrungen sammeln? Studenten, die mindestens das fünfte Fachsemester mit überdurchschnittlichem Erfolg abgeschlossen haben, können sich bei uns für ein Praktikum bewerben. Sie sind ein vollwertiges Mitglied eines international arbeitenden Teams und lernen das Beraterleben hautnah kennen. Während des Praktikums steht Ihnen für alle Anliegen ein Mentor zur Seite.

Wie läuft das Bewerbungsverfahren in Ihrem Unternehmen ab? Unser Auswahlprozess umfasst neben Einzelgesprächen, Fallstudien und einer Kurzpräsentation eine Selbsteinschätzung zur Persönlichkeit sowie einen Logik-Test. Uns ist sehr wichtig, dass nicht nur Ihre fachliche Kompetenz stimmig ist, sondern auch Ihre Persönlichkeit zu uns passt.

Was erwarten Sie in fachlicher/persönlicher Hinsicht? Wir erwarten überdurchschnittliche analytische und konzeptionelle Fähigkeiten, Durchsetzungsvermögen, Innovationsfähigkeit sowie eine hohe Eigenmotivation. Sie sollten unter Beweis stellen können, dass ein guter Teamplayer gerade durch seine Individualität in der Zusammenarbeit mit anderen zum Erfolg kommt. Wir suchen offene, authentische Persönlichkeiten, die Spaß am Kontakt mit anderen Menschen haben. Unsere Mitarbeiter verfügen über tiefgreifende Industrieerfahrung und kennen die Trends von morgen und ihre Auswirkungen auf einzelne Branchen.

Sind Beruf und Familie in Ihrem Unternehmen wirklich vereinbar? Das klassische Rollenverständnis gehört zusehends der Vergangenheit an – Elternzeit zu nehmen bedeutet bei Arthur D. Little nicht das Karriere-Aus. Das ist auch für unsere männlichen Berater inzwischen selbstverständlich. Unsere Berater nutzen darüber hinaus das Leave-Programm, welches den Beratern Auszeiten außerhalb der Projektphasen ermöglicht, um z. B. Zeit mit ihren Kindern zu verbringen, einer Zusatzausbildung nachzugehen oder eine Weltreise zu machen. Wir arbeiten als Managementberatung projektorientiert und bewegen uns in einem Arbeitsumfeld, das prädestiniert ist, traditionelle Karriereverläufe aufzubrechen. Denn die Phasen zwischen Projekten können für längere Pausen flexibel genutzt werden.

Evgeni Kochman

Jahrgang 1987

Manager, Technology & Innovation Management Practice

Unternehmertum von Tag eins an

Als Berufseinsteiger habe ich vor allem nach einem Unternehmen mit einer optimalen Balance zwischen Entfaltungsfreiheit und Lernstruktur gesucht, das spannende Projekte in einem kreativen Umfeld bietet. Rückblickend kann ich mir kein anderes Unternehmen vorstellen, das diese Anforderungen besser erfüllt hätte als Arthur D. Little (ADL). ADL sticht für mich durch drei wesentliche Punkte aus der Menge anderer Beratungen heraus:

1. Arbeiten auf Augenhöhe: Bereits als Business Analyst wird man Experte für seine Themen und berät sowohl den Kunden als auch sein Team. Backoffice-Tätigkeiten oder stumpfes Abarbeiten gibt es bei uns nicht. Vielmehr ist jeder dafür verantwortlich, die Herausforderungen des Kunden zu lösen. Ich sehe oft Kollegen, die mit über 15 Jahren Berufserfahrung mit Berufseinsteigern zusammensitzen und über Themen debattieren. Wir fördern das explizit, um neue Perspektiven einzubringen - alte Ideen zu recyceln, hilft dem Kunden und uns nur begrenzt.

2. Leadership auf allen Levels: Bei ADL sind Karrierestufen keine Rollenbeschreibungen. Man kann bereits früh viel Verantwortung übernehmen. Business Analysts leiten Projektmodule, Consultants leiten ganze Projekte - das sind keine Ausnahmen, sondern ist ein wichtiger Bestandteil unserer Kultur. Einsteiger profitieren von extrem steilen Lernkurven. Wichtig ist hierbei, dass man nicht einfach ins kalte Wasser geworfen wird; möglich wird das erst durch das frühe Arbeiten auf Augenhöhe.

3. Jeder ein Intrapreneur: Die frühe Verantwortung gilt nicht nur für Projektarbeit. Auch ADL-interne Strukturen werden kontinuierlich durch die Mitarbeiter mitgestaltet. Sie haben einen Verbesserungsvorschlag für einen Schulungsprozess? Sie möchten mit einer guten Idee auf einen neuen Kunden zugehen? Lassen Sie uns gemeinsam überlegen, wie man das angehen kann! Jeder kann sich einbringen und so als Unternehmer agieren.

ADL bietet für die oben genannten Punkte optimale Rahmenbedingungen: flache Hierarchien, eine offene Feedback- und Kommunikationskultur und ein innovationsförderndes Management. Die Partner leben diese Kultur vor. Da zieht man natürlich begeistert mit!

Beispiel aus dem Alltag: Konzerne in Start-ups verwandeln

Nahezu jedes Unternehmen hat sich ein ambitioniertes Ziel gesetzt: Digitalisierung im Stile der Vorreiter aus dem Silicon Valley. Bei der Breite an möglichen Themen, fällt es Unternehmen jedoch häufig schwer, ein richtiges Fokusfeld abzustecken. Den richtigen Ansatz zu finden erfordert Erfahrung und unvoreingenommenen Mut. Digitalisierung kundenspezifisch zu durchdenken schafft ein Projektleiter nicht allein. Frameworks helfen hier auch nur bedingt. Vielmehr brauchen wir clevere und kreative Ansätze, um unseren Kunden einen für sie optimalen Weg aufzuzeigen. Durch unsere ADL-Kultur sind wir sozusagen „von Haus aus" auf innovative Konzepte getrimmt. Das macht es allen Kollegen leicht, sich maximal einzubringen und gemeinsam das Projekt ins Ziel zu tragen - das spüren auch unsere Kunden und schätzen uns dafür!

Audi Consulting
AUDI AG

Standorte in Deutschland: Ingolstadt

Mitarbeiter in Deutschland: 30

Tätigkeitsschwerpunkte: interne Topmanagement-Beratung der AUDI AG

Audi Consulting ist Impulsgeber und neutraler Partner für das Topmanagement, um die AUDI AG in ihrem Wachstumskurs zu gestalten und die Performance ständig zu steigern. Gemeinsam mit Vorstand und obersten Führungskräften identifizieren wir Zukunftsthemen rund um Digitalisierung, Nachhaltigkeit und Urbanisierung und bringen diese mit den Verantwortlichen gemeinsam „auf die Straße".

Audi Consulting

85045 Ingolstadt
www.audi-consulting.de

Recruiting AUDI AG
+49 841 89-31364
karriere@audi.de

Was zeichnet Ihre Arbeit aus? Audi Consulting bietet fundiertes Wissen über die gesamte Wertschöpfungskette hinweg – von der Produktentwicklung über die Produktion und Qualitätssicherung bis zum Vertrieb. Dabei handeln wir umsetzungsorientiert und entwickeln pragmatische Lösungen für eine nachhaltige Verbesserung in den Fachbereichen. Mit über 150 abgeschlossenen Beratungsprojekten ist Audi Consulting erfolgreich bei Audi etabliert und gehört heute zu den renommiertesten deutschen Inhouse-Beratungen. Als Treiber und Gestalter für die Entwicklung der AUDI AG zum weltweit führenden Hersteller für nachhaltige, individuelle Premium-Mobilität handeln wir nach dem Audi-Consulting-Prinzip:

- **Wahrnehmen:** Wir nehmen die Entwicklung von Gesellschaft, Denken und Technologie intensiv wahr und hören auf die Bedürfnisse unserer Kunden.
- **Vorausdenken:** Wir haben das Wissen und den Überblick, um vorausdenken zu können und entwickeln zukunftsweisende, agile Lösungen für morgen.
- **Zusammenführen:** Wir erkennen, was wichtig ist und führen die entscheidenden Faktoren zusammen, indem wir die besten Köpfe und Technologien vereinen.
- **Verändern:** Wir haben die Kompetenz zu erfolgreichen Veränderungen und den festen Willen, unsere Vision der Kundenbegeisterung durch nachhaltige, individuelle Premium-Mobilität umzusetzen.

Wer passt zu Ihnen? Der Schlüssel zum dauerhaften Beratungserfolg liegt in unseren Mitarbeitern begründet: Wir suchen Menschen mit ausgeprägter sozialer Kompetenz, hoher Kreativität sowie analytischem und strukturiertem Denkvermögen. Sie sollten jederzeit offen für neue Lösungswege sein, kundenorientiertes Handeln in den Vordergrund stellen und bereits profundes Fachwissen aus dem Automobilbereich mitbringen. Teamfähigkeit und der unbedingte Wille, Verantwortung zu übernehmen, sind weitere entscheidende Punkte, um bei Audi Consulting erfolgreich zu sein.

Welchen fachlichen Hintergrund sollten Bewerber mitbringen? Der Großteil unserer Mitarbeiter hat ein Studium des (Wirtschafts-)Ingenieurwesens oder der Wirtschaftswissenschaften absolviert. Ein weiterer Abschluss wie MBA oder Promotion und/oder erste Erfahrungen in der Unternehmensberatung oder Automobilindustrie sind hilfreich. Außerdem sind Begeisterung und Herzblut für das Thema Automobil und speziell für die Produkte von Audi die Grundlage, sich langfristig bei uns zu etablieren und wohlzufühlen.

Welche Einstiegs- und Karrieremöglichkeiten bieten Sie?

- **Praktikant:** Nach abgeschlossenem dritten Fachsemester steigen Sie als Berater auf Zeit bei uns ein. Der Praktikumszeitraum beträgt drei bis sechs Monate und bietet Ihnen als festes Teammitglied einen ersten Einblick in die Projektarbeit.
- **Bachelor- und Master-Absolventen:** Im Anschluss an Ihre Abschlussarbeit starten Sie bei uns als Business Analyst. Sie sind vollwertiger Teil des operativen Projektteams und arbeiten eng mit dem Team auf Kundenseite zusammen. Sie erstellen Analysen, entwickeln Lösungen und unterstützen bei der Umsetzung des Konzeptes. Nach und nach übernehmen Sie Verantwortung für eigene Module und entwickeln sich zum Consultant.
- **Professionals mit Berufserfahrung:** Je nach Hintergrund und Berufserfahrung steigen Sie bei uns als Consultant, Senior Consultant oder Projektleiter ein. Die Verantwortung reicht dabei von Modul- über Teilprojekt- bis hin zur Projektleitung für eines oder mehrere Themen. Über die Stufen Consultant und Senior Consultant entwickeln Sie sich zum Projektmanager, was gleichzusetzen ist mit einer

Managementposition in der AUDI AG. Uns ist wichtig, dass Sie sich auf diesem Weg kontinuierlich fachlich und persönlich weiterentwickeln. Dazu bietet Audi Consulting die ideale Plattform: Bereichsübergreifende Projekte sorgen für eine enge Vernetzung im Unternehmen. Die Zusammenarbeit mit den Entscheidungsträgern aus unterschiedlichen Geschäftsbereichen bietet Ihnen die Bühne, sich in einem möglichen zukünftigen Zielbereich zu präsentieren und Ihren Wechsel in eine Linienfunktion vorzubereiten.

Welche Trainings und Weiterbildungsmöglichkeiten bieten Sie? Audi Consulting bietet ein umfangreiches Trainings- und Weiterbildungsprogramm an: Für jeden neuen Mitarbeiter steht ein einwöchiges Basistraining am Beginn seiner Beratertätigkeit bei Audi. Hier werden Audi-Consulting-spezifische Inhalte vermittelt und Kontakte zum neuen Team aufgebaut. Darüber hinaus gibt es regelmäßige Trainings zu Fach- und Methodenwissen sowie Vorträge zu aktuellen Projektinhalten und Trends im Automotive-Bereich. Ergänzend kann jeder Berater an individuellen Trainings teilnehmen.

Wie läuft das Bewerbungsverfahren bei Ihnen ab?

- **Praktikanten:** Nach einer positiven Beurteilung der Bewerbungsunterlagen wird der Kandidat zum persönlichen Auswahlgespräch eingeladen. Dieses umfasst ein Gespräch zur Motivation für Audi Consulting sowie die Bearbeitung von zwei Case Studies zu aktuellen Automobilthemen.
- **Absolventen/Professionals:** Hier wird ein dreistufiger Bewerbungsprozess durchlaufen: Zunächst findet ein erstes Gespräch mit einem Manager und dem zuständigen Personalbereich statt. Verläuft dieses positiv, steht als nächster Schritt ein Assessment-Center an: Der Bewerber wird in Case Studies, Präsentationen und fiktiven Beratungssituationen auf seinen „Fit" zur Audi Consulting getestet. Abschließend findet ein persönliches Gespräch mit dem Leiter der Audi Consulting statt.

Welche Tipps geben Sie Bewerbern mit auf den Weg? Jeder Bewerber sollte ein fundiertes Verständnis der Automobilindustrie mitbringen und mit aktuellen Entwicklungen und Trends in der Branche vertraut sein. Darüber hinaus ist es hilfreich, sich auf die Bearbeitung von Case Studies vorzubereiten: Wichtig sind hierbei eine strukturierte Herangehensweise, der Fokus auf die relevanten Aspekte der Frage, eine logische Argumentationskette sowie das Abwägen der Plausibilität Ihrer Antwort.

BearingPoint GmbH

Standorte in Deutschland: Berlin, Düsseldorf, Frankfurt am Main, Hamburg, Leipzig, München, Stuttgart, Walldorf

Standorte weltweit:
37 Standorte in 22 Ländern

Tätigkeitsschwerpunkte: Management- und Technologieberatung

Mitarbeiter in Deutschland: 1.560

Mitarbeiter weltweit: 3.900

Geplante Neueinstellungen 2018: 250

BearingPoint ist eine der führenden Management- und Technologieberatungen Europas. Wir unterstützen unsere Kunden aus Industrie, Finanz- und Versicherungsbranche sowie der öffentlichen Verwaltung bei der Entwicklung neuer Geschäftsstrategien, der Optimierung bestehender Verfahren und Prozesse sowie der Auswahl passender Technologiekonzepte.

BearingPoint®

Speicherstraße 1
60327 Frankfurt am Main
www.bearingpoint.com

Tim Verhoeven
Leiter Recruiting
+49 69 13022-8482
tim.verhoeven@bearingpoint.com

Was bieten Sie Ihren Talenten? Mit BearingPoint entscheiden Sie sich für abwechslungsreiche Aufgaben bei namhaften Kunden, kontinuierliches Lernen und stetige Entwicklungsmöglichkeiten. Neben einer individuellen Karriereplanung finden Sie mit unserem Work-Life-Balance-System zudem das optimale Gleichgewicht zwischen Arbeitsleben und Freizeit und dazu attraktive Vergütungsmodelle und Benefits. Berufseinsteiger mit Bachelor-Abschluss unterstützen wir auf ihrem Weg zum Master.

Wer passt gut zu Ihnen? Zu unseren Teams gehören Kollegen mit unterschiedlichen Fachhintergründen, die Branchenkenntnisse mit fachlicher und technischer Expertise vereinen. Zu uns passen daher ausgeprägte Teamplayer mit hoher Motivation, Flexibilität und Kreativität. Neben überdurchschnittlichen Leistungen in Schule und Studium sollten Sie dabei anspruchsvolle Praktika, Auslandserfahrung, sehr gute Deutsch- und Englischkenntnisse sowie uneingeschränkte Mobilität mitbringen. Zudem sind analytische und konzeptionelle Fähigkeiten sowie Kommunikationsstärke gefragt.

Wie verläuft der Bewerbungsprozess in Ihrem Unternehmen? Wir stellen das ganze Jahr über neue Mitarbeiter ein, sodass keine bestimmten Fristen zu beachten sind. Gerne können Sie sich jederzeit online über unser Karriereportal bewerben. Wenn uns Ihre Bewerbungsunterlagen überzeugen, laden wir Sie im ersten Schritt zu unserem Online-Test ein. Fällt das Ergebnis positiv aus, folgt die Teilnahme an unserem Auswahltag. In Gruppen durchlaufen Sie verschiedene Übungen und stellen Ihre analytischen und sozialen Kompetenzen unter Beweis. Dabei wollen nicht nur wir Sie persönlich und fachlich besser kennenlernen, sondern auch Sie selbst haben die Gelegenheit, sich ein Bild von uns und unserem Unternehmen zu machen. Bei erfolgreichem Bestehen erwartet Sie dann ein persönliches Interview, in dem Sie Ihren potenziellen Vorgesetzten und weitere Berater kennlernen.

Wie sieht der Berufseinstieg bei BearingPoint aus? An unseren monatlich zentral in Frankfurt stattfindenden „New Member Days" erhalten alle Neueinsteiger einen Überblick über unser Geschäftsmodell, unsere Arbeitsweisen, Methoden und Tools. Anschließend werden Sie in Ihrer jeweiligen Niederlassung vom dortigen „Onboarder" und von Ihrem persönlichen Tutor empfangen. Außerdem steht Ihnen ein Karrierementor zur Seite, der Ihnen wertvolle Ratschläge zu Ihrer Laufbahnplanung gibt und in regelmäßigen Abständen Ihre Entwicklung mit Ihnen bespricht. Einen tieferen Einblick in unsere interdisziplinäre Arbeitsweise bekommen Sie im Rahmen unserer einwöchigen Be.School. Hier erleben Sie die BearingPoint-Kultur, erfahren mehr über unser internationales Netzwerk und bearbeiten mit Neueinsteigern aus aller Welt verschiedene Case Studies. Nach diesem Einstieg wartet schon Ihr erster Projekteinsatz auf Sie.

Was zeichnet Ihre Personalentwicklung aus? Internationale und nationale Trainings qualifizieren Sie systematisch für den Beraterallltag und die nächste Karrierestufe und ergänzen das On-the-Job-Lernen. Das Angebot reicht von der Be.School-Einführungswoche bis hin zum Training für erfahrene Manager an der Yale-Universität. Die Aus- und Weiterbildung ist dabei fokussiert auf fachliche und technische Kompetenzen, methodische Kenntnisse sowie Soft Skills. Ihre Karriereentwicklung ist uns sehr wichtig. Unser innovatives Personalbeurteilungs- und Entwicklungssystem bietet daher die Möglichkeit zur stringenten Abstimmung zwischen Unternehmenszielen und Ihrer persönlichen Entwicklung.

Miralem Sukilovic

Jahrgang 1988

Manager im Bereich Digital & Strategy Financial Services

Veränderung – die einzige Konstante im Alltag

Mein Weg in die Beratung

Nach dem Abitur habe ich ein duales Studium in Kooperation mit der Deutschen Bank mit dem Schwerpunkt Banking & Finance absolviert. Zum Ende meines Studiums, in dem ich viele verschiedene Bereiche durchlaufen hatte, habe ich mir Gedanken darüber gemacht, wie es weitergehen soll. Da ich erlebt hatte, wie viel Spaß es mir macht, immer wieder in verschiedenen Abteilungen zu arbeiten, neue Kollegen kennenzulernen und mich in unbekannte Themen einzuarbeiten, fing ich an, Beratungsunternehmen als mögliche Arbeitgeber in Betracht zu ziehen. Im Rahmen meiner Recherche bin ich auf BearingPoint gestoßen. Sowohl die Unternehmensbeschreibung als auch die Stellen klangen sehr interessant und haben gut zu meinem Profil gepasst.

Mein erstes Projekt und was ich heute mache

Ich muss ehrlich gestehen, dass ich vor dem Beginn bei BearingPoint keine wirkliche Idee davon hatte, wie der Arbeitsalltag und das Aufgabenspektrum eines Berufseinsteigers konkret aussehen würden. Bei meinem ersten Projekteinsatz als Analyst ging es darum, die Effizienz eines Unternehmensbereiches zu analysieren und eine Antwort auf die Make-or-Buy-Frage zu finden. War es in den ersten Tagen noch meine Aufgabe, die Konsistenz des Datenmaterials und die Rechtschreibung zu überprüfen, so habe ich bereits zwei Wochen später die Verantwortung für den Business Case übernommen und durfte diesen kurze Zeit später schon dem zuständigen Vorstand präsentieren. Danach habe ich verschiedene Projekte in den Bereichen IT-Implementierung, Vertriebsoptimierung, Organisationsumbau und Prozessoptimierung begleitet. In meinem aktuellen Projekt kommen mir alle bisher gemachten Erfahrungen zugute. Zusammen mit meinem Team begleite ich die Umsetzung eines großen Programms, welches die IT, Prozesse, Zuständigkeiten, Trainings und Regelwerke im Zusammenhang mit Anti-Financial-Crime verbessert und stärkt.

Warum Beratung?

In der Beratung erlebt man eine unglaublich steile Lernkurve, die nie abflacht. Jedes Projekt erfordert es, sich in neue Probleme hineinzudenken und Lösungen zu finden. Auch nach mittlerweile fünf Jahren gibt es keinen Tag, an dem ich denke, ich hätte jetzt in der Beratung alles gesehen. Des Weiteren steckt man als Berater nicht in den üblichen Hierarchiegeflechten der Unternehmen fest. Man arbeitet in der Regel direkt für die Entscheidungsträger, was es einem ermöglicht, bereits sehr früh im Berufsleben mit erfahrenen Spezialisten und Vorständen zu arbeiten. Da die Veränderung unser tägliches Geschäft ist, ist man stets am Zahn der Zeit und diskutiert permanent mit, wie die Zukunft von Unternehmen und Branchen aussehen kann und wird. Genau diese Dynamik und der Mix aus verschiedenen Themen, Persönlichkeiten und immer wieder neuen Herausforderungen machen für mich den Reiz aus.

Was begeistert mich an BearingPoint?

Es sind viele Aspekte, die mir an BearingPoint gefallen und die die geschilderten Erfahrungen ermöglichen: Fachlichkeit, Unternehmenskultur, Kollegen, Größe, Flexibilität und Weiterentwicklungsmöglichkeiten. Dabei kommt der Spaß nie zu kurz, und dieser liegt dem Unternehmen genauso sehr am Herzen wie der Erfolg seiner Kunden. Das ist vor dem Hintergrund der beständigen Herausforderungen und Veränderungen enorm viel wert.

BwConsulting
Die Inhouse-Beratung der Bundeswehr

Standorte in Deutschland: Berlin, Köln (Hauptstandort)

Tätigkeitsschwerpunkte: methodische Beratung in den Themenfeldern Strategie & Steuerung, Prozesse & Organisation sowie Projektmanagementunterstützung

Mitarbeiter in Deutschland: 120

Geplante Neueinstellungen 2018: 15

Nicht nur anspruchsvoll, sondern auch sinnvoll – das zeichnet unsere Arbeit aus. Denn als Inhouse-Beratung der Bundeswehr unterstützen wir die strategischen, leitungsrelevanten Projekte des Verteidigungsministeriums. Unsere Berater bringen ihre methodische und fachliche Expertise unmittelbar in wichtige gesellschafts- und sicherheitspolitische Themenfelder ein. So treiben wir Veränderungen im Verteidigungsressort voran, fördern dessen nachhaltige Weiterentwicklung und tragen zum erfolgreichen Management von Rüstungsprojekten bei.

bwconsulting

Ferdinand-Porsche-Straße 1a
51149 Köln
www.bwconsulting.de

Anna Becker, Carsten Schuster
Personalabteilung
+49 2203 9054-249/284
bewerbung@bwconsulting.de

Was zeichnet Ihre Unternehmenskultur aus? Wir bringen die beste Expertise aus allen Welten zusammen: Dieser Satz ist nicht nur Teil unseres Wertversprechens, sondern steht auch für unsere Kultur. An der Nahtstelle zwischen Staat, Wissenschaft und Wirtschaft bewegen wir uns in dem Bestreben, stets über den Tellerrand zu blicken und für unsere Kunden neue Lösungsräume zu erschließen. Neugier ist dafür unbedingt erwünscht, Ideen dürfen ausprobiert und Bestehendes infrage gestellt werden.

Wie sieht das Projektportfolio konkret aus? Unser Projektportfolio wird unmittelbar durch die Leitung des Verteidigungsministeriums festgelegt. Es erstreckt sich über eine Vielzahl von Gestaltungsfeldern – von Planungs- und Human-Ressources-Fragen über die Prozess- und Organisationsentwicklung bis hin zu fachlichen Herausforderungen beispielsweise im Logistik- oder IT-Management. Aktuelle Schwerpunkte bilden die Optimierung des Rüstungsmanagements, der Aufbau eines eigenständigen Cyber- und IT-Bereichs in den Streitkräften sowie die Steigerung der Attraktivität des Arbeitsgebers Bundeswehr.

Was erwarten Sie in fachlicher/persönlicher Hinsicht? Wir suchen Menschen, die aus Überzeugung an einer gesellschaftspolitischen Aufgabe mitarbeiten möchten. Sie sollen ein Interesse an sicherheitspolitischen Fragestellungen haben und uns mit methodischer und fachlicher Expertise unterstützen wollen. Für die Arbeit in unseren Beratungsteams suchen wir ständig Berufseinsteiger und Young Professionals. Als Bewerber verfügen Sie idealerweise über einen exzellenten Hochschulabschluss mit wirtschaftswissenschaftlicher Ausrichtung, vielleicht auch über (erste) Berufserfahrungen. Wir erwarten von Ihnen Lösungsorientierung, Wissensdrang und die Fähigkeit, sich schnell in unbekannte Themen einzuarbeiten. Dazu bringen Sie Teamfähigkeit und Belastbarkeit sowie ausgeprägte analytische Fähigkeiten, Kommunikationsstärke und Überzeugungskraft mit.

Welche Karrieremöglichkeiten bieten Sie? Wir sind ein Unternehmen mit sehr flachen und durchlässigen Hierarchien. Als Absolvent steigen Sie auf Beraterebene ein und beginnen sofort mit der Projektunterstützung unmittelbar bei unseren Kunden. Auf der Ebene des Senior Beraters übernehmen Sie erste Verantwortung für Teilprojekte. Als Manager sind Sie für die Leitung von Projekten und die Entwicklung von Themen verantwortlich. Unsere Senior Manager leiten komplexe Projekte und umfangreiche Programme, sie übernehmen außerdem Aufgaben in der Weiterentwicklung des Unternehmens. Ihre persönliche Karriere fördern wir durch ein passgenaues Trainingskonzept, das sowohl fachliche und methodische Themen als auch Soft Skills ausgewogen berücksichtigt. Durch einen Mentor werden Sie in Ihrer Entwicklung bei uns begleitet.

Wie läuft das Bewerbungsverfahren in Ihrem Unternehmen ab? Nach positiver Bewertung Ihrer online übermittelten Unterlagen erhalten Sie eine Einladung zu einem unserer „Recruiting Days". Hier möchten wir Sie in mehreren Einzelgesprächen besser kennenlernen, mit Ihnen über klassische Beratungsthemen sprechen und Sie mit unserem Unternehmen näher vertraut machen. Bei einem Mittagessen mit unseren jungen Beratern können Sie zudem in ungezwungener Atmosphäre Ihre offenen Fragen klären – und im Idealfall endet der Tag mit einem Vertragsangebot für Sie.

Henning Seehusen

Jahrgang 1986

Berater

Beratung. Mit Sinn.

Wie und warum ich zur Inhouse-Beratung der Bundeswehr gekommen bin
Während meines Studiums der Wirtschaftswissenschaften konnte ich bereits erste Kontakte zu externen Beratungsfirmen und klassischen Strategieberatungen knüpfen. Dabei hat mich der Beruf des Beraters mit all seinen Facetten und Möglichkeiten schnell fasziniert. Allerdings hat diese anfängliche Begeisterung zum Ende des Studiums mehr und mehr nachgelassen - nicht aufgrund der Inhalte, sondern wegen der branchentypischen Begleitumstände: Up-or-Out-Denken, geringe Verweildauer im Unternehmen, ein Akquise-Druck, der dem eigenen Anspruch an gute Beratung bisweilen widerspricht oder auch die Reduzierung von Freundschaften auf Skype-Kontakte. Ich musste mir selbst die Frage stellen: Was erwarte ich wirklich von meinem Wunschberuf?

In der Inhouse-Beratung und speziell bei der BwConsulting, auf die ich über verschiedene Online-Dienste aufmerksam geworden bin, habe ich eine perfekte Kombination von dem vorgefunden, was ich gesucht habe: Die Möglichkeit, in einem professionellen Beratungsumfeld zu arbeiten, ohne Ellenbogen- oder Up-or-Out-Mentalität, dafür aber mit hilfsbereiten Kollegen sowie einem guten Arbeitsklima und Duz-Kultur - kurzum, ein Unternehmen, das zu meiner Person und zu meinem Charakter passt.

Was ich bei der BwConsulting erlebt habe – und nicht erwartet hätte
Meine ersten Gedanken damals waren: Ich war doch gar nicht bei der Bundeswehr, bin ich für die dann überhaupt interessant? Und wie gestaltet sich die Zusammenarbeit mit Kunden in Uniform, insbesondere im Verteidigungsministerium? Wird von den Beratern eine straff militärische Haltung erwartet? Meine anfängliche Skepsis verflog schon nach den ersten Gesprächen. Dass ich nicht gedient hatte, spielte keine Rolle, vielmehr konnte ich dadurch den unvoreingenommenen Blick von außen betonen - und das ist etwas, woran das Unternehmen sehr interessiert ist. Zudem spürte ich sehr schnell, dass viel Wert auf Diversität gelegt wird. Der Frauenanteil in der BwConsulting beträgt etwa 40 Prozent, was ich im Umfeld von Militär und Verteidigungspolitik nicht erwartet hätte.

Mit Blick auf unsere Beratungstätigkeit nutzen wir zwar die gleichen Methoden und Techniken wie andere Beratungsgesellschaften - allerdings grenzt sich unser Beratungsansatz durch zwei wesentliche Aspekte ab, die ich persönlich sehr schätze: Wir verfolgen einen ganzheitlichen Ansatz von der Konzeption bis zur Umsetzung. Hierbei sind wir an einem nachhaltigen Projekterfolg interessiert und bauen langfristige Kundenbeziehungen auf. Zudem arbeiten wir nicht umsatzgetrieben und beraten sinnstiftende Projekte mit gesamtgesellschaftlicher Relevanz. In meinem letzten Projekt habe ich beispielsweise die Optimierung und Weiterentwicklung der Krisenfrüherkennung aktiv mitgestalten können. So konnte ich einen Beitrag dazu leisten, dass weltweite Krisen und Konflikte in Zukunft früher erkannt und vorbeugende Maßnahmen schneller initiiert werden. Nach knapp über einem Jahr bei der BwConsulting verantworte ich aktuell im Themenfeld Digitalisierung bereits ein eigenes Teilprojekt.

Für Menschen,
die mehr bewegen wollen
als ihren Bürodrehstuhl.
BwConsulting. Die Inhouse-Beratung der Bundeswehr.
Die BwConsulting ist ein Beratungsunternehmen mit einem sehr speziellen Fokus: Als Inhouse-Gesellschaft beraten wir die strategischen Projekte des Verteidigungsministeriums und der Bundeswehr. Im Auftrag der ministeriellen Leitung sind wir damit treibende Kraft für die kontinuierliche Weiterentwicklung des gesamten Ressorts. Eine exzellente Beratungsqualität ist dabei unser Anspruch.

Capgemini Consulting

Standorte in Deutschland: Berlin, Frankfurt am Main, Köln, München, weitere auf Anfrage

Standorte weltweit: in über 40 Ländern (Capgemini Gruppe)

Tätigkeitsschwerpunkte: Strategie- und Managementberatung

Mitarbeiter in Deutschland: 500

Mitarbeiter weltweit: 10.000

Geplante Neueinstellungen 2018: 250

Als Leader in Digital Transformation beraten wir mit mehr als 10.000 Consultants weltweit unsere Kunden – von der Entwicklung innovativer Strategien bis hin zur erlebbaren Veränderung bei der Umsetzung. Nachhaltigkeit des Erfolges ist für unsere Arbeit oberstes Ziel. Führende Konzerne und Unternehmen vertrauen unserer Expertise und unserem partnerschaftlichen Projektansatz. Sieben Werte – von Vertrauen, über Teamgeist bis Spaß – bilden die Grundsäulen unserer erfolgreichen Arbeit.

Capgemini Consulting

Olof-Palme-Straße 14
81829 München
www.de.capgemini-consulting.com

Kira Bukin
Human Resources
+49 89 38338-2663
recruiting.de@capgemini.com

Bewerbungen bitte ausschließlich über unser Online-Bewerbungsformular

Was bietet Capgemini Consulting (CC) Absolventen? Der erfolgreiche Start in Ihre Karriere liegt uns besonders am Herzen. Seit mehr als zwei Jahrzehnten pflegen wir die Tradition unseres „The Institute". Im Kreis von Neueinsteigern arbeiten Sie unter persönlich ausgerichtetem Coaching an Projekten und liefern bereits in den ersten Wochen Inhalte und Einsichten für unsere Kunden. In unserem Berliner Büro am Potsdamer Platz lernen Sie im Team unsere Arbeitsweisen kennen, meistern enge Termine und leisten „Thought Leadership". Im Institute lernen Sie Beratung von Beratern: „People matter, results count." Danach starten Sie auf Kundenprojekten vor Ort durch.

Kann man bei Capgemini Consulting schon während des Studiums Erfahrungen sammeln? Ein Praktikum ist in jedem Bereich möglich, sowohl in den Zentralbereichen als auch auf Kundenprojekten. Aktuelle Angebote sind in unserer Jobbörse ausgeschrieben, jedoch können sich auch kurzfristig z. B. durch neue Projekte weitere Einsatzmöglichkeiten ergeben. Das Schreiben einer Abschlussarbeit ist nach einem erfolgreich absolvierten Praktikum jederzeit in Abstimmung mit dem Fachbereich möglich.

Wie läuft das Bewerbungsverfahren bei Capgemini Consulting? Schnelligkeit und Transparenz haben höchste Priorität für uns. In unserem Bewerbungsprozess lernen Sie bis zu drei Berater mit mehrjähriger Projekterfahrung kennen. Dies bietet Ihnen neben der Möglichkeit, sich durch die Interaktionen mit unseren Teammitgliedern begeistern zu lassen, auch die Chance, unsere spannenden Projekte kennenzulernen. Im Vordergrund stehen hierbei Ihre analytischen Fähigkeiten, die Sie im Rahmen von praxisnahen Fallstudien beweisen können. Überzeugen Sie uns mit Ihrer Persönlichkeit und Ihrer strukturierten Vorgehensweise, bieten wir Ihnen einmalige Zukunftsperspektiven in einer weltweit erfolgreichen Beratung.

Wen genau sucht Capgemini Consulting? Wir suchen die Besten – Sie suchen eine persönliche Herausforderung und wollen gemeinsam mit unseren Kunden digitale Lösungen konzipieren und umsetzen. Wir erwarten sehr gute Studienleistungen bei einer kurzen Studiendauer sowie erste praktische Erfahrung im Beratungs- und Industrieumfeld. Durch unsere breite Beratungsexpertise qualifizieren sich Wirtschaftswissenschaftler, Ingenieure und Naturwissenschaftler, Geisteswissenschaftler sowie Informatiker mit wirtschaftlicher Ausrichtung für eine Tätigkeit bei uns. Weiterhin sollten Sie Begeisterungs-, Kommunikations- und Teamfähigkeit mitbringen. Außerordentliches Engagement haben Sie durch Auslandserfahrungen und außeruniversitäre Aktivitäten unter Beweis gestellt. Digitale Affinität, exzellentes Englisch, sehr gute analytische Fähigkeiten und unternehmerisches Denken runden Ihr Profil ab.

Wodurch zeichnet sich die Arbeitsatmosphäre bei Capgemini Consulting aus? Unser Erfolg basiert auf unserer kooperativen Arbeitsweise. Wir binden unsere Kunden von Anfang an in die Arbeit ein und verbinden so unsere Stärken mit ihren. Diese Zusammenarbeit bringt besonders nachhaltige Erfolge für unsere Kunden. Gleichzeitig sorgt sie dafür, dass die Ergebnisse von allen getragen und kommuniziert werden können. Unsere Unternehmenskultur ist durch sieben Werte definiert: Ehrlichkeit, Mut, Vertrauen – verbunden damit, dass Ihnen früh Verantwortung übertragen wird –, Freiheit, Teamgeist, Bescheidenheit und Spaß. Am wichtigsten ist unsere gemeinsame Leidenschaft für erfolgreiche Beratungsarbeit. Wir bieten Projektthemen, die begeistern, und Teams, in denen es Spaß macht, gemeinsam für den Erfolg zu arbeiten. Profitieren Sie vom Wissen unserer Teammitglieder auch für Ihre Karriere!

Was unterscheidet Capgemini Consulting von anderen Unternehmensberatungen? Capgemini Consulting unterscheidet sich in vielen Punkten von seinen Mitbewerbern. Eines unserer Differenzierungsmerkmale stellt unsere partnerschaftliche Zusammenarbeit mit den Kunden dar. Eine weitere Besonderheit ist unser ganzheitlicher Beratungsansatz. Als global agierende Beratung innerhalb eines leistungsstarken Unternehmensverbundes ergänzt Capgemini Consulting konzeptionelle und realisierende Stärke mit überlegener Expertise in Methoden und Branchen. Bei Bedarf wird auf die Fähigkeiten des Unternehmensverbundes zurückgegriffen. Capgemini Consulting steht für die komplette Transformation – vom Design bis zur erlebbaren, nachvollziehbaren Veränderung.

Welche Karrieremöglichkeiten gibt es bei Capgemini Consulting? Als Hochschulabsolvent starten Sie Ihre Laufbahn bei uns mit einem Training-on-the-Job und sammeln Erfahrung als Projektmitarbeiter. Später befördern wir Sie entsprechend Ihrer Leistung. Je nach Projekt übernehmen Sie die (Teil-)Projektleitung, Verantwortung für bestimmte Themen sowie die fachliche Führung von Mitarbeitern. Weitere Möglichkeiten für Ihre Entwicklung sind der Einstieg in die Akquise von Projekten, der Aufbau von Beziehungen zu strategischen Kunden sowie die Steuerung internationaler Projektteams.

Welche Weiterbildungsmöglichkeiten bietet Capgemini Consulting? Capgemini Consulting bietet ein weltweit vorbildliches und führendes Trainingsprogramm, das alle Berater ihre gesamte Karriere über begleitet. Zentrum der internationalen Ausbildung bildet unser Capgemini University Campus in Les Fontaines bei Paris. In unseren Consulting-Skills-Trainings eignen sich Einsteiger in den ersten zwei Jahren die methodische Ausrüstung des Unternehmensberaters an. Zudem profitieren Sie von unserem einzigartigen globalen Netzwerk aus führenden Experten mit langjähriger Beratungserfahrung.

Wie sieht es bei Ihnen mit der Work-Life-Balance aus? Im März 2017 haben wir das Zertifikat zum „audit berufundfamilie" erhalten: Damit sind wir ausgezeichnet als ein Unternehmen, das die Vereinbarkeit von Beruf und Familie fest im Blick hat. Die Individualität der Mitarbeiter steht bei uns im Vordergrund. Sie sind Eltern, Partner, Sportler, Künstler, Entrepreneure und Ehrenamtliche mit den spannendsten Biographien. Diese für unser Unternehmen bereichernde Diversität spiegelt sich in unterschiedlichen Herausforderungen in den verschiedenen Lebensphasen unserer Mitarbeiter wider. Vielfalt ist tief in unserer Unternehmenskultur verankert und ist für uns eine Quelle der Inspiration und Innovation. Wir wollen unser Arbeitsumfeld bei Capgemini Consulting noch bewusster so gestalten, dass die Bedürfnisse unserer Beschäftigten in den verschiedenen Lebensphasen bestmöglich berücksichtigt werden können. Mit der Auditierung „berufundfamilie" stärken wir unser Commitment zur Diversity und wollen unseren Mitarbeitern mit guten Ideen und Maßnahmen ein gesundes Gleichgewicht zwischen Beruf und Privatem ermöglichen, z. B. mit individuellen Arbeitszeiten und Vertrauensarbeitszeit, speziellen Sabbatical-Modellen, flexiblen Home-Office-Regelungen, betrieblicher Altersvorsorge u. v. m. Des Weiteren versuchen wir nach der 5-4-3-Regel zu arbeiten. Das bedeutet: Unsere Mitarbeiter beraten den Kunden fünf Tage die Woche, davon vier Tage vor Ort. Drei Nächte übernachten Sie außer Haus im Hotel. Der Freitag ist in der Regel ein Tag im Heimat-Büro – genutzt zur Pflege unseres CC-Experten-Netzwerks und für den internen Know-how-Austausch.

Commerz Business Consulting GmbH

Standort in Deutschland:
Frankfurt am Main

Tätigkeitsschwerpunkt:
interne Unternehmensberatung für den Commerzbank-Konzern

Mitarbeiter in Deutschland: 120

Geplante Neueinstellungen 2018:
ca. 30 Praktikanten
ca. 30 Absolventen
ca. 10 Young Professionals

Die Commerz Business Consulting (CBC) ist die interne Unternehmensberatung des Commerzbank-Konzerns. Als Teil des Konzerns liegt unsere besondere Verantwortung darin, nachhaltige und messbare Ergebnisse zu erarbeiten. Unsere Kunden erhalten von uns eine ganzheitliche Beratung von der strategischen Ausrichtung bis zur Umsetzung. Wir ergänzen unsere generalistische Expertise um spezialisierte Fachkompetenz in den Bereichen E2E-Prozessoptimierung, Transformation & Sourcing sowie Digitalisierung. Unsere rund 110 Berater gestalten die Zukunft des Commerzbank-Konzerns.

COMMERZ BUSINESS CONSULTING
Commerzbank Gruppe

Neue Börsenstraße 1
60487 Frankfurt am Main
www.commerz-business-consulting.de

Nadine Müller
Specialist Marketing/Recruiting
+49 69 136-49907
bewerbung@commerz-business-consulting.de

Warum sollten Absolventen gerade bei CBC einsteigen? Als interne Unternehmensberatung sind wir einem einzigen Unternehmen verpflichtet. Das ist in unserem Fall kein geringeres als die zweitgrößte Bank Deutschlands. Unsere Teams beraten somit nicht einfach irgendeinen Kunden, zu dem sie entsandt werden. Und sie liefern auch nicht irgendein Ergebnis ab, während sie sich in Gedanken schon auf den nächsten Einsatz an einem anderen Ort vorbereiten. Unsere Teams erarbeiten gemeinsam mit unseren Kunden nachhaltige Lösungen, auf die sie zu Recht stolz sein können und sind bei der tatsächlichen Implementierung mit dabei - und das immer bei einem DAX-30-Konzern.

Wie sieht das Projektportfolio aus? In unseren Projekten beschäftigen wir uns mit Themen, die unsere Bank bewegen. Mit anderen Worten: Unsere Projekte stehen auf der strategischen Agenda der Commerzbank - von der Begleitung des Wandels zur modernen Multikanalbank und dem Ausbau der Marktposition als Mittelstandsbank im In- und Ausland über konkrete Produktentwicklungen bis hin zum konzernweiten Exzellenz-Programm, bei dem wir durch eine ganzheitliche und bereichsübergreifende Betrachtung Prozesse verbessern.

Welche Karrieremöglichkeiten bietet CBC? Wir bieten Ihnen bei CBC Aufstiegschancen vom Consultant bis zum Partner. Je besser Sie sind, desto mehr Verantwortung übertragen wir Ihnen. Als Commerzbank-Talentpool haben wir außerdem den Vorstandsauftrag, Nachwuchskräfte für den Konzern zu entdecken und zu entwickeln. Rund 150 Führungskräfte und Fachexperten mit CBC-Vergangenheit bilden unser Alumni-Netzwerk im gesamten Konzern.

Kann man bei Ihnen schon während des Studiums Erfahrungen sammeln? Wir möchten Topstudenten möglichst früh kennenlernen. Deshalb bieten wir jährlich rund 30 Praktikumsplätze an. Als Praktikant bei CBC verstecken wir Sie nicht im Analysekeller, sondern Sie sind nach einem individuellen Einführungsprogramm Mitglied eines unserer Teams beim Kunden vor Ort.

Wen suchen Sie? Wir suchen engagierte Absolventen und Studenten mit unterschiedlichsten Hintergründen. Natürlich achten wir auf sehr gute Studienergebnisse, Praktika und Auslandsaufenthalte. Wichtig sind uns aber ebenso intellektuelle Neugier, eine ausgeprägte analytische Denkfähigkeit und kreative Problemlösungskompetenz. Wir suchen kritische Köpfe mit dem notwendigen Maß an Pragmatismus.

Wie können sich Ihre Talente weiterentwickeln? Wir sind stolz auf unsere Mitarbeiter, daher investieren wir viel in ihre Weiterentwicklung. Neben unseren Projekteinsätzen im gesamten Konzern vermitteln ihnen unsere Trainings das Know-how, das sie in der Praxis brauchen. Jede Maßnahme ist auf unsere Berater und unsere individuellen Bedürfnisse als Inhouse Consulting der Commerzbank zugeschnitten. Intensives Coaching in regelmäßigen Feedback-Gesprächen fördert gezielt ihre persönliche Entwicklung.

Wie sieht es mit der Flexibilität bei CBC aus? Der Beraterjob ist kein gewöhnlicher Beruf. Deswegen bieten wir den notwendigen Raum für individuelle Lebenspläne - beruflich wie privat. Wir unterstützen Master-, MBA- oder Promotionsvorhaben mit passenden Arbeitszeitmodellen. Uns ist auch bewusst, dass das Leben nicht nur aus der Arbeit bei CBC besteht. Nach zwei bis drei Jahren besteht die Möglichkeit, ein Sabbatical einzulegen. Unsere Eltern- und Teilzeitmodelle bieten darüber hinaus flexible Lösungen, um Karriere, Kind und Familie optimal aufeinander abzustimmen.

Welche Menschen stecken hinter dem CBC-Team? Zunächst ein paar Fakten: 53 Prozent unseres 120-köpfigen Teams sind Männer, 47 Prozent Frauen. Im Durchschnitt ist ein CBC-Berater 32 Jahre alt, und mit insgesamt 51 Kindern nehmen wir die Vereinbarkeit von Beruf und Familie sehr ernst. Die persönlichen Erfahrungen und Hintergründe sind dabei höchst unterschiedlich: Überzeugte Banker und Berater mit langjähriger Erfahrung aus externen Unternehmensberatungen treffen auf Topabsolventen unterschiedlichster Fachrichtungen – momentan reichen die Studienhintergründe von Betriebswirten über Juristen, Wirtschaftsinformatiker und Psychologen bis hin zu Soziologen, Germanisten und Historikern.

Was ist das Besondere an CBC? In unseren Projekten tragen wir Tag für Tag ein besonderes Maß an Verantwortung. Um das erfolgreich meistern zu können, braucht es natürlich ein Team von Menschen, auf die man sich verlassen kann. Wir alle haben einen sehr hohen Anspruch an die Qualität unserer Arbeit. Da passiert es, dass es fachlich auch mal hart zur Sache geht. Aber natürlich arbeiten wir nicht nur zusammen. Neben unserer jährlichen CBC-Skifahrt, an der auch unsere Alumni teilnehmen, tragen wir den CBC-Kickerweltmeister aus, prüfen in sogenannten „Tastings" alles von Gin bis Dosenbier u. v. m. Doch natürlich können wir hier viel behaupten, erleben muss man das selbst.

Wie läuft das Bewerbungsverfahren bei CBC ab? Wenn uns Ihre Unterlagen überzeugen, laden wir Sie zu einem unserer Recruiting-Tage zu uns nach Frankfurt ein. Dort führen Sie zwei Gespräche mit unseren Seniors, lösen Fallstudien und lernen uns natürlich näher kennen. Sie erhalten noch am gleichen Tag Feedback, ob wir Sie zu einem weiteren Interview mit unserem Geschäftsführer einladen werden. Nach einem erfolgreichen Gespräch erhalten Sie ein Vertragsangebot.

Beratung. Bank. Verantwortung.
Ich bin ein Insider!
Sie können das auch werden.
Die Commerz Business Consulting ist die interne Unternehmensberatung für die Commerzbank Gruppe. Als Teil des Konzerns sind wir „dichter dran“ an den Entscheidungsträgern und gestalten gemeinsam mit unseren Auftraggebern die Zukunft des Commerzbank Konzerns.
Wir suchen Persönlichkeiten, die mit Kreativität und intellektueller Neugier passgenaue Lösungen erarbeiten. Sie finden bei uns eine spannende Projektwelt, den Raum für Ihre individuelle Lebensplanung, einzigartige Karrierewege und jede Menge Spaß bei der Arbeit.
Erfahren Sie mehr über Ihre Karriere im Inhouse Consulting der Commerzbank:
www.commerz-business-consulting.de
COMMERZ BUSINESS CONSULTING
Commerzbank Gruppe

AHA!

Effekt, der entsteht, wenn man als Top-Absolvent in einer kleinen, aber feinen Unternehmensberatung anfängt und gleich DAX-30-Projekte betreut.

CTcon GmbH

Standorte in Deutschland: Bonn, Düsseldorf, Frankfurt am Main, München, Vallendar

Tätigkeitsschwerpunkte: Managementberatung, Managementtraining

CTcon ist die Topmanagement-Beratung für Unternehmenssteuerung und Controlling und als kompetenter Partner großer Industrie- und Dienstleistungsunternehmen sowie bedeutender öffentlicher Institutionen etabliert. Zu unseren Klienten zählen mehr als die Hälfte der im DAX 30 notierten Konzerne. Der Wille zum Erfolg, Partnerschaftlichkeit, Teamgeist und Spaß sind Fundamente unserer Kultur.

ctcon
MANAGEMENT CONSULTANTS

Burggrafenstraße 5a
40545 Düsseldorf
www.ctcon.de

Julia Cedrati
Recruiting/Personalmarketing
+49 211 577903-61
recruiting@ctcon.de

Was sind Ihre Kerngeschäftsfelder? CTcon bietet langjährige Expertise in den Geschäftsfeldern Managementberatung und -training. In der Beratung entwickeln wir in enger Zusammenarbeit mit unseren Kunden strategiekonforme Ansätze zur Unternehmenssteuerung und begleiten sie bei der maßgeschneiderten Umsetzung in Prozesse, Instrumente, Systeme und Anreizmodelle. Unser Beratungsspektrum reicht von der Analyse und Konzeption bis zur Implementierung. Im Geschäftsfeld Managementtraining bietet CTcon zusätzlich die Entwicklung und Durchführung von unternehmensspezifischen Qualifizierungsmaßnahmen, die Führungskräfte nachhaltig zu substanziellen Veränderungen bewegen und befähigen.

Was zeichnet Ihre Unternehmenskultur aus? Arbeitszeit ist Lebenszeit. Eine positive Unternehmenskultur ist für uns mehr als nur „nice to have". Wir sehen sie als Erfolgsfaktor für die Entwicklung von CTcon. Im Rahmen der folgenden sieben Kulturdimensionen haben wir die CTcon-Kultur konkretisiert und erlebbar gemacht: Unternehmertum und Verantwortung, Spaß und Gemeinschaft, Wertschätzung und Toleranz, Transparenz und Offenheit, Vertrauen und Berechenbarkeit, Veränderung und Flexibilität, Führung und Perspektive.

Regelmäßig bewerten alle Mitarbeiter, wie sie die Kultur bei CTcon erleben. Die Ergebnisse werden systematisch ausgewertet, um den Wachstumspfad von CTcon kulturverträglich zu steuern. Die Bewahrung und Lebendigkeit der CTcon-Kultur ist eine ständige Herausforderung für alle – vom jungen Berater bis zum Partner.

Wie verläuft der Einstieg? Bei CTcon starten Sie on-the-Job an der Seite eines erfahrenen Projektleiters. Von Anfang an haben Sie einen persönlichen Coach, der Ihre Entwicklung während der ersten Jahre bei CTcon begleitet und unterstützt. Zusätzlich nehmen Sie an internen und externen Qualifizierungsprogrammen teil, die sowohl fachliche als auch methodische und soziale Kompetenzen vermitteln. Ihre individuellen Potenziale werden darüber hinaus über zusätzliche Fördermaßnahmen entwickelt. Je nach Klientenauftrag erfolgen die Einsätze auch im Ausland. Bei Promotions- und MBA-Vorhaben unterstützen wir Sie gerne im Rahmen unseres Fellow-Programms. Über unseren wissenschaftlichen Beirat verfügen wir über hervorragende Kontakte zu renommierten Lehrstühlen.

Wen suchen Sie genau? Zur Verstärkung unseres Beratungsteams suchen wir ausgezeichnete Universitätsabsolventen und Young Professionals mit ökonomischem Hintergrund. Ebenso wichtig sind für uns die „klassischen" Berater-Skills: sehr gute analytische Fähigkeiten, unternehmerisches Denken, hohe Kommunikationsfähigkeit sowie Überzeugungskraft. Hinzukommen sollten eine Portion Pragmatismus, Teamgeist und gute Laune.

Matthias Henzgen

Jahrgang 1991

Senior Consultant

Beratung kennt kein Tagesgeschäft

Warum haben Sie sich für den Einsrieg bei CTcon entschieden?
Dass ich in der Beratung gestartet bin, ist durchaus eine Überraschung: An der Arbeit an sich hatte ich großes Interesse. Die Work-Life-Balance hat mich jedoch nicht gerade überzeugt – bis zu meinem Bewerbertag bei CTcon. Wir haben offen über das Thema gesprochen, und ich bekam ein anderes Bild: Beratung heißt selbstverständlich Reisen und ist kein Nine-to-Five-Job, aber alle Anstrengung muss dem Kriterium der Notwendigkeit genügen! Zusammen mit unseren Klienten möchten wir gute Lösungen entwickeln. Zugleich wollen wir unser Privatleben aktiv gestalten, Zeit für Freunde und Familie haben. Verbunden mit der Offenheit, mit der wir uns von Anfang an begegnet sind, hat mich das überzeugt, zu CTcon zu gehen.

Welche Aspekte des Beraterlebens werden in der Öffentlichkeit oft falsch dargestellt, was kommt zu kurz?
Nach meiner Ansicht existiert in der Öffentlichkeit zum allergrößten Teil die gleiche Meinung zum Beraterleben, wie ich sie bereits skizziert habe. Immer unterwegs, „nur noch kurz die Welt retten", Privatleben und Hobbys quasi nicht existent. Und die Aufgaben beschränken sich auf High-Level Strategieentwicklung und Restrukturierungsprojekte und enden dann mit Mitarbeiterentlassungen. Das geht an der Bandbreite der Angebote im Beratungsmarkt vorbei – sowohl was die Aufgaben, als auch was das Privatleben betrifft.

Was haben Sie in Ihrer Studienzeit gelernt, das Ihnen in den ersten Monaten als Berater besonders geholfen hat?
In einem Satz gesagt: Ich habe denken gelernt und die Fähigkeit erworben, Themen schnell zu überblicken und das Wesentliche zu erfassen. Das ist mit Abstand das Wichtigste! Für unser Themenfeld Unternehmenssteuerung hat es mir den Einstieg sehr vereinfacht, dass ich die grundlegende Denkweise betriebswirtschaftlicher Entscheidungen und die Zusammenhänge zwischen Bilanz, GuV und Cash Flow kannte. Allen Einsteigern kann ich mit auf den Weg geben: Stellen Sie die richtigen Fragen!

Wie sind Ihre Erfahrungen bei einer Unternehmensberatung? Welche drei Dinge reizen Sie an Ihrem Job?
Beratung kennt kein Tagesgeschäft! Jeder Tag startet neu und hält etwas Unerwartetes bereit. Ich habe mit ständig wechselnden Themen zu tun, auch innerhalb eines Projektes. Und es geht unmittelbar nach dem Einstieg los. Es gibt keine langen Probeläufe, und ich lerne wirklich on-the-Job. Wenn Sie sich beweisen, bekommen Sie unmittelbar Verantwortung. Und es liegt vor allem an Ihnen selbst! Für mich persönlich ist wichtig, dass ich professionell wie menschlich überzeugende Kollegen habe, mit denen ich gerne zusammenarbeite! Dieser Wert ist nicht zu unterschätzen.

Welchen Karriere-Tipp haben Sie für angehende Berater?
Seien Sie wach, neugierig, gespannt. In fachliche Themen müssen Sie sich immer neu einarbeiten. Hier hilft es Ihnen, über die nötigen Werkzeuge zu verfügen, um dies schnell zu schaffen. Aber bringen Sie vor allem etwas von sich selbst mit ein: Ihre eigene Überzeugung, Ihren Antrieb, Ihre Persönlichkeit. Sie sollen letztlich Menschen mitnehmen. Und das geht nur, wenn sie Sie anfassen können!

DB Management Consulting

Standorte in Deutschland: Berlin, Frankfurt am Main (Hauptsitz)

Mitarbeiter in Deutschland: ca. 90 (DB Management Consulting)

Mitarbeiter weltweit: ca. 300.000 (DB-Konzern)

Geplante Neueinstellungen 2018:
ganzjährig Praktikanten
ca. 20 Berater

Strategie zum Leben erwecken und die Zukunft der Deutschen Bahn gestalten – das ist die tägliche Herausforderung als Inhouse Consultant bei DB Management Consulting (DB MC). Wir entwickeln konzernweit wegweisende und tragfähige Lösungen für die Herausforderungen des Topmanagements und setzen sie wirksam um. Sie denken gerne strategisch voraus, sind ein echter Teamplayer und wollen Verantwortung in einem weltweit agierenden Konzern übernehmen? Dann sind Sie bei uns genau richtig.

Gallusanlage 8
60326 Frankfurt am Main
www.deutschebahn.com/management-consulting

Katja Hiesinger
Recruiting & Praktikantenmanagement
managementconsulting@deutschebahn.com

Warum sollten Studenten/Absolventen gerade bei Ihnen einsteigen? Als interne Managementberatung der Deutschen Bahn bieten wir wie keine andere Unternehmensberatung Einblicke in die Welt eines internationalen Mobilitäts- und Logistikdienstleisters. Bei DB MC gestalten Sie ein Unternehmen mit, das eine gesellschaftlich hoch relevante Aufgabe erfüllt und sich in einem Zukunftsmarkt bewegt. Sie erleben das komplexe System Bahn hautnah, entwickeln wegweisende Antworten auf globale Trends wie Digitalisierung, Liberalisierung und Ressourcenverknappung und setzen sie wirksam um. Bei DB MC arbeiten Sie in nächster Nähe zum Konzernvorstand, erhalten früh Verantwortung und knüpfen ein weitreichendes Netzwerk für Ihre weitere Entwicklung im Unternehmen.

Wie setzt sich Ihr Projektportfolio zusammen? Wir konzentrieren uns in erster Linie auf Projekte, die für die erfolgreiche Umsetzung der Konzernstrategie besonders wichtig sind. Die DB hat sich zum Ziel gesetzt, profitabler Qualitätsführer, Top-Arbeitgeber und Umweltvorreiter zu werden. Wir unterstützen Vorstände und Geschäftsfeldleitungen in den Bereichen Personenverkehr, Logistik, Infrastruktur und Konzernleitung dabei, diese Ziele zu erreichen. Mit unseren sieben funktionalen und branchenspezifischen Beratungsfeldern decken wir eine breite Themenvielfalt ab, beispielsweise digitale Transformation, die Entwicklung neuer Geschäftsmodelle, die Steigerung der Wettbewerbsfähigkeit im Schienenverkehr und die konzernweite Umsetzung operativer Exzellenz. Wir beraten von der Zielbild-Entwicklung aus Vorstandsperspektive bis hin zur wirksamen Umsetzung.

Welche Entwicklungsmöglichkeiten bieten Sie? Als Pool für Führungskräftenachwuchs unterstützen wir Sie von Anfang an zielgerichtet in Ihrer fachlichen und persönlichen Entwicklung. Sie erhalten von uns regelmäßig Feedback – sowohl direkt und informell als auch in Form von strukturierten Leistungsbeurteilungen. Mit Ihrem Practice-Leiter besprechen Sie regelmäßig Ihre individuellen Stärken, Entwicklungsfelder und -wünsche. Für Trainings zu Tools, Soft Skills und Fachthemen steht Ihnen ein umfangreiches Schulungsangebot zur Verfügung. Nach einem erfolgreichen Karriereverlauf bei DB MC stehen Ihnen viele Türen offen. Die meisten DB-MC-Alumni bleiben der Bahn in verantwortungsvollen Positionen langfristig verbunden.

Steffen Sondermann, Analyst DB Management Consulting: „Die frühe Verantwortung für spannende Arbeitspakete macht für mich den Reiz meiner Arbeit bei DB MC aus. Die Unterstützung und das konstruktive Feedback meiner Kollegen helfen mir enorm bei meiner persönlichen Entwicklung."

Wie sieht der Berufsalltag konkret aus? Montags reisen Sie mit der Bahn zum Standort Ihres aktuellen Projektes. Meist ist dies ein Büro in unmittelbarer Kundenumgebung. Dort arbeiten Sie im Projektteam zum Beispiel an Analysen, holen die Sichtweise von Mitarbeitern und Kunden ein oder bereiten Workshops und Abstimmungstermine vor. Freitags arbeiten Sie in der Regel von Zuhause aus. Ausnahmen bilden Meetings und Events mit Ihren Practice-Kollegen oder mit dem gesamten DB-C-Team.

Wird in Ihrem Unternehmen auf Work-Life-Balance geachtet? Unser Arbeitspensum ist branchenüblich hoch, die Arbeitszeit variiert je nach Projekt und Phase. Bei allem Einsatz nehmen wir uns aber genug Zeit für gemeinsame Events, Familie und Freizeit. Ausgeglichene Arbeitszeiten sind uns wichtig, und wir steuern sie so, dass wir im grünen Bereich bleiben. Freiraum für ehrenamtliches Engagement, flexible Arbeitsmodelle und gelebte Elternzeiten gehören ebenso zu unserem Alltag wie Auszeiten für Reisen, die Master-Arbeit oder andere private Projekte.

Wer passt nicht zu Ihnen? Ellenbogen-Mentalität ist bei uns fehl am Platz. Wir suchen leidenschaftliche und leistungsbereite Teamplayer, die Spaß an immer wieder neuen Herausforderungen, Themen und Menschen haben, Individualität mitbringen, mit uns vorausdenken und die DB voranbringen wollen.

Sae-Yun Song, Teamleader Recruiting DB Management Consulting: „DB Management Consulting ist wie eine große Familie. Man kennt sich, Spaß und Humor werden großgeschrieben. Der Wille, die DB voranzutreiben, verbindet uns. Unser Team ist so vielfältig wie unser Kunde. Die Projekte werden deshalb nie langweilig."

Was sind Ihre Einstellungskriterien? Ob Praktikum oder Direkteinstieg – Sie sollten überdurchschnittliche akademische Leistungen und wirtschaftswissenschaftliche Grundkenntnisse mitbringen, für den Direkteinstieg idealerweise auch erste Beratungserfahrung. Mit einem Bachelor-Abschluss können Sie sich bei uns bis zum Consultant entwickeln. Für den Schritt zum Senior Consultant benötigen Sie einen Master, den Sie im Rahmen einer Auszeit nachholen können. Neben einer hohen persönlichen Übereinstimmung ist uns vor allem wichtig, dass Sie analytisch und konzeptionell denken, ergebnisorientiert arbeiten und vor Auftraggebern überzeugend auftreten.

Wie läuft das Bewerbungsverfahren in Ihrem Unternehmen ab? Idealerweise bewerben Sie sich mindestens drei Monate vor dem gewünschten Einstiegstermin. Wenn uns Ihre Bewerbung überzeugt, laden wir Sie zu einem persönlichen Gespräch ein, das einen DB-spezifischen Case beinhaltet. Bewerben Sie sich für ein Praktikum, teilen wir Ihnen anschließend unsere Entscheidung mit. Bewerben Sie sich für den Festeinstieg, folgt ein Zweitgespräch, in dem Ihre Erwartungen und Ihre Persönlichkeit im Fokus stehen. Haben Sie auch diese Hürde erfolgreich gemeistert, machen wir Ihnen ein Angebot. Ihre Gesprächspartner sind Practice-Leiter, Berater und ein Vertreter der Personalabteilung (Zweitgespräch).

Welches Einstiegsgehalt erwartet erfolgreiche Bewerber? Sie erwartet ein branchenübliches Einstiegsgehalt mit leistungsbezogenen Entwicklungsperspektiven. Zusätzlich zum Fixgehalt bieten wir Ihnen verschiedene Zusatzleistungen an. Je nach Karrierestufe und Eingruppierung zählen dazu unter anderem variable Vergütungsbestandteile, Freizeitausgleichstage, Unterstützung bei der Altersvorsorge, Freifahrten für Familienangehörige und die NetzCard erster Klasse zur privaten Verwendung.

Haben Sie Insider-Tipps für die Bewerbung? Achten Sie darauf, dass aus Ihrem Anschreiben klar hervorgeht, warum Sie sich bei uns bewerben. Kommentieren Sie fehlende Arbeitszeugnisse, damit nicht der Eindruck entsteht, Sie haben etwas zu verbergen. Im Bewerbungsgespräch sollten Sie Ihren Lebenslauf authentisch und mit klarem Bezug zum Job vorstellen. Setzen Sie Akzente, die für Ihre Gesprächspartner relevant sind. So zeigen Sie Consulting-Kompetenz.

Detecon International GmbH

Standorte in Deutschland: Berlin, Dresden, Frankfurt am Main, Köln, München

Standorte weltweit: Abu Dhabi, Ankara, Bangkok, Bratislava, Budapest, Dubai, Johannesburg, Moskau, Peking, San Francisco, Warschau, Wien, Zürich

Tätigkeitsschwerpunkt: ICT-Management-Beratung

Mitarbeiter weltweit: 1.225

Sie suchen den optimalen Einstieg in die Beratung? Sie möchten bestens betreut werden, aber dennoch selbstständig und eigenverantwortlich arbeiten? Dann sind Sie bei uns genau richtig! Unsere Mitarbeiter aus über 40 Nationen arbeiten für Kunden in 165 Ländern. Die Aufgaben sind herausfordernd und abwechslungsreich, der Stil ist kollegial. Wir beschäftigen verantwortungsvolle Experten, die mit Mut, Fachkenntnis und Kreativität hervorragende Lösungen für die Probleme unserer Kunden finden.

DETECON
CONSULTING

Sternengasse 14–16
50676 Köln
www.detecon.com

Felix Bäsecke
Human Resources
felix.baesecke@detecon.com

Was macht das Arbeiten bei Ihnen so attraktiv? Detecon International ist eine weltweit führende Unternehmensberatung, die ausgezeichnete Technologieexpertise mit klassischem Management Consulting vereint. Die digitale Transformation, IoT, Virtualization, Big & Smart Data, Connected Car, EAM, Cloud, Cyber Security und Robotics sind unsere „Digital Fields of Play". Dabei unterstützen wir unsere Klienten über alle Branchen hinweg, in allen Feldern der klassischen Unternehmensberatung: Strategie, Organisation und Prozesse. Gemeinsam mit ihnen schärfen wir Unternehmensziele und wählen die richtigen Mittel, um diese effizient zu erreichen. Wir gestalten die Welt von morgen und zeigen unseren Kunden, wie sie ihr Geschäft mit Kreativität und Mut zur Innovation auf die nächste Stufe heben. Unser Erfolg beruht zum einen auf der Art, wie wir miteinander arbeiten - kollegial, teamorientiert, konstruktiv und hochgradig leistungsorientiert. Zum anderen haben wir den Anspruch, partnerschaftlich mit unseren Klienten zusammenzuarbeiten. Karriere bei Detecon ist darum nicht allein eine Frage fachlicher Qualifikation und Leistungsbereitschaft, sondern auch eine Typfrage!

Was zeichnet Ihre Unternehmenskultur aus? Wir stehen für Vielfalt: in den Entwicklungsmöglichkeiten, in den Projekten, in unseren Nationalitäten, in den Karrierechancen, und vor allem in unsere Kultur. Wir legen Wert auf das Miteinander und den Wissenstransfer innerhalb der Detecon. Anstelle eines Up-or-Out-Systems statten wir unsere Young Consultants durch individuelle Trainings- und Weiterbildungsmöglichkeiten sowie unsere Knowledge Communities mit den passgenauen Skill-Sets und dem Fachwissen aus, das sie für ihren weiteren Karriereweg benötigen. Jedem Neueinsteiger stehen ein Buddy, Mentoren, ein Personal Development Leader sowie unser Young Consultant Network zur Seite.

Welche Karrieremöglichkeiten bieten Sie? Sie entscheiden, ob Sie als Generalist oder als Experte bei uns starten. Als Experte arbeiten Sie von Beginn an branchenübergreifend an einem funktionalen Themenschwerpunkt (IoT, EAM, Cloud, BigData etc.). Oder aber Sie entscheiden sich für einen Einstieg als Generalist und fokussieren eine oder mehrere Branchen (Automotive, ICT, High Tech, Energy, Telco etc.). Als T-shaped Consultant entwickeln Sie sich in jeder Ihrer Karrierestationen entweder in die Breite oder in die Tiefe. Denn Ihr individuelles „T" bildet das Rückgrat Ihrer Karriere. Das Detecon Career Concept bildet somit die Grundlage für eine unternehmensweit einheitliche Karriereentwicklung und beschreibt die Anforderungen, die für jeden Berater in seiner Rolle und Funktion relevant sind. Gleichzeitig dient es allen Beratern als Basis für ein attraktives Entwicklungsmodell, das die persönlichen Karrierewege und -anforderungen individuell und transparent aufzeigt. Bei entsprechender Performance hat jeder Business Analyst die Möglichkeit, sich über den Consultant und Senior Consultant bis hin zum Managing Consultant, Partner und Managing Partner zu entwickeln.

Wen genau suchen Sie? Wir suchen vor allem Absolventen, die (Wirtschafts-) Informatik, (Wirtschafts-)Ingenieurwesen oder Elektro-/Nachrichtentechnik studiert haben. Sie sollten Ihr Theoriewissen bereits in der Praxis angewandt haben. Besonderen Wert legen wir auf hervorragende analytische Fähigkeiten, Kreativität, hohe Lernbereitschaft und Kommunikationsstärke. Zu unserem Unternehmen passen Menschen, die offen und mobil sind, über ein sehr ausgeprägtes interkulturelles Fingerspitzengefühl verfügen und Verantwortung übernehmen wollen.

Laura von Lekow

Jahrgang 1989

Consultant

Meine ersten 100 Tage bei Detecon

Das Kennenlernen

Für meinen ersten Arbeitstag bei Detecon, den „Check-In Day", flog ich zum Hauptstandort nach Köln. An diesem Tag bekommt man alle wichtigen Informationen, die man für den erfolgreichen Einstieg bei Detecon braucht. Zusätzlich lernt man in ersten Workshops auch die anderen neuen Mitarbeiter, seinen People Development Leader und seinen Buddy persönlich kennen. Mit meinem zukünftigen People Development Leader hatte ich ein paar Tage vorher bereits telefoniert, sodass ich in etwa wusste, wer und auch was mich erwartet. Der Buddy ist ein junger Kollege, der auch noch nicht allzu lange im Unternehmen arbeitet und einem in den ersten Wochen mit Rat und Tat zur Seite steht. Zwei Monate später trafen sich die Neulinge noch einmal bei einem Workshop zum Erfahrungsaustausch.

Das erste Projekt

Mein erstes Projekt fand in München statt. Die IT-Abteilung des Referates für Bildung und Sport brauchte Unterstützung bei der Einführung einer neuen Software. Obwohl wir ein recht großes Team beim Kunden waren, arbeitete dort jeder eigenverantwortlich an einem Teilprojekt. Diese Herausforderung war einerseits sehr arbeitsintensiv, da ich plötzlich Verantwortung für ein mir bis dahin fremdes Thema bekam. Man möchte die hohen Anforderungen natürlich erfüllen, was mir mit der Unterstützung erfahrener Kollegen auch gut gelungen ist. Das Kunden-Feedback am Ende des Projektes war: „Anfängliche Zweifel wegen geringerer Projekterfahrung waren vollkommen unbegründet."

Spannende Herausforderungen neben dem Projektalltag

Neben der Projektarbeit werden Themen wie Wissensgenerierung und interne sowie externe Vernetzung bei Detecon großgeschrieben. Ich besuche immer wieder Trainings zu fachlichen und methodischen Themen wie Industrie 4.0, Cloud Computing oder Consulting Instruments und übernehme Aufgaben im Bereich Recruiting und Hochschulmarketing. Im Bereich der Wissensgenerierung gibt es viele verschiedene branchenübergreifende Communities zu Themen rund um Digitalisierung, ICT und Management-Skills. In einigen Sektoren liegt der Fokus auf einer bestimmten Branche. Es ist für jeden etwas dabei! Anfangs benötigt man etwas Zeit, um herauszufinden, wo man den eigenen Schwerpunkt setzen möchte. Aber mittlerweile habe ich meinen Platz in den Bereichen Transport & Logistik und agile Methoden gefunden.

KUNDENPROJEKTE
BEGLEITEN WIR
VON A BIS Z.
KOMMST DU MIT?
JA!
Kundenprojekte sind bei uns so vielfältig wie unsere Klienten selbst: von unserem Mutterkonzern Deutsche Telekom bis zu Autoherstellern und Energiedienstleistern. Gemeinsam profitieren sie von der Detecon-Verbindung aus Beratung und Technologie-Expertise bis zum nachhaltigen Abschluss des Projektes. Das nützt nicht nur unseren Klienten, sondern auch allen, die für sie arbeiten. Denn Dein Erfahrungsschatz wird immer größer. Wer Freude daran hat, nicht nur einen Rat zu erteilen, sondern Dinge bis zum Erfolg zu bringen, bewirbt sich bei uns.
www.detecon.com
Wanted:
Digital Minds
DETECON
CONSULTING

Ebner Stolz Management Consultants

Standorte in Deutschland: Frankfurt am Main, Hamburg, Köln, München, Stuttgart

Tätigkeitsschwerpunkt: Topmanagement-Beratung für den gehobenen Mittelstand und Konzerne mit einer hohen Umsetzungskompetenz in Corporate Development, Performance Management, Restrukturierung, Corporate Finance, Unternehmenssteuerung und Digitalisierung

Mitarbeiter in Deutschland: 100

Geplante Neueinstellungen 2018:
5–10 Hochschulabsolventen
5–10 Young Professionals

Ebner Stolz Management Consultants verbindet exzellente Analyse und maßgeschneiderte Kundenlösungen mit großer Umsetzungskompetenz. Unsere qualitative Spitzenstellung führt zu einer außerordentlich hohen Kundenzufriedenheit und kontinuierlichem, überdurchschnittlichem Wachstum. Und auch unsere Mitarbeiter sind sehr zufrieden: Wir haben eine äußerst niedrige Fluktuation.

EBNER
STOLZ

Holzmarkt 1
50676 Köln
www.ebnerstolz.de

Dr. Jens Petersen
+49 221 20643-965
jens.petersen@ebnerstolz.de

Was sind Ihre Beratungsschwerpunkte? Unsere Geschäftsfelder sind sehr vielfältig. Dazu zählen Restrukturierung und Sanierung, Strategie und Organisation, Prozessoptimierung und Kostensenkung, Unternehmensführung und Controlling sowie Corporate Finance und M&A-Beratung wie auch das übergeordnete Thema Digitalisierung. Bewerber sind immer wieder überrascht von der thematischen Bandbreite. Wir arbeiten branchenübergreifend in zahlreichen Sektoren der Industrie, in Groß- und Einzelhandel und in Dienstleistungsbereichen.

Was unterscheidet Sie von anderen Beratungen? Wir kombinieren eine sehr gute Analyse und Konzeption mit starker Umsetzungsorientierung. Unsere Kunden erwarten, dass wir gemeinsam belastbare Ansätze entwickeln, die auch „fliegen". Eine Reihe anderer Topmanagement-Beratungen brechen hier ab und behaupten, Umsetzung sei Aufgabe des Kundenmanagements. Unsere Beratung hat hingegen einen nachweisbaren Impact – bis hinein in GuV und Bilanz oder Cash Flow.

Warum ist Ihre Mitarbeiterfluktuation so gering? Wir sind ein qualitativ exzellentes Team. Warum sollten wir durch Up-or-Out hieran etwas ändern wollen? Unser Wachstum gibt jedem Kollegen eine Perspektive zur Entwicklung und große Freiheitsgrade. Außerdem sind wir sehr teamorientiert und fahren unsere Teammitglieder nicht „sauer". Wir sind zwar eine Hochleistungsorganisation, aber Nachtschichten und Wochenendarbeit sind bei uns die Ausnahme. Und wenn wir ein wirtschaftlich gutes Jahr haben, wird über den eigentlichen Bonus hinaus ein zusätzlicher Topbonus an das Team ausgeschüttet. Dies alles führt zu einer hohen Zufriedenheit, dadurch bleibt die Fluktuation sehr gering.

Welche Entwicklungsperspektiven hat man bei Ihnen? Nach dem Start als Consulting Analyst wird man nach rund einem Jahr Consultant. Vom ersten Tag an wartet ein anspruchsvoller Mix aus interner und externer Projektarbeit, zudem unterstützt man bei Akquisitionen, Markt- und Unternehmensrecherchen. Als Consultant steht die Projektarbeit im Mittelpunkt, man verantwortet eigenständige Projektmodule. Nächster Schritt ist der Manager, der projektleitende Funktionen übernimmt und den Kunden operativ führt. Die letzten Karrierestufen sind dann der Senior Manager und Partner, die vornehmlich Akquisition, Geschäftsentwicklung und Kundensteuerung verantworten.

Wie wird man in seiner Entwicklung unterstützt? Jeder Kollege hat bei uns einen Mentor, der sowohl seine persönliche Entwicklung fördert als ihn auch fachlich begleitet. Mit ihm werden Trainings, individuelle Coachings und gegebenenfalls auch MBA- oder Promotionsprogramme besprochen und festgelegt. Wir fördern hier sehr intensiv, weil dies ein gutes Investment in unsere Kollegen und damit in unsere Leistungsfähigkeit ist.

Warum kennt man Ihre Beratung so wenig? In der heutigen Form und Größe gibt es unsere Beratung erst seit rund sechs Jahren, auch wenn kleinere Vorläufer schon seit über 20 Jahren existieren. Insofern können wir noch gar nicht so bekannt sein. Wir arbeiten zudem für eine Reihe von Unternehmen, die nicht jeden Tag in der Zeitung stehen. Darum sind wir eher ein klassischer Hidden Champion: extrem erfolgreich, aber nicht in der Breite bekannt.

Wie wirtschaftsprüfungslastig ist Ihre Beratung? Wir entwickeln unser Geschäft mit hoher Eigenständigkeit, profitieren aber von den Vorteilen unserer Ebner-Stolz-Partnerschaft. Der ganz überwiegende Teil unserer Projekte hat keine oder nur punktuelle Berührungspunkte mit Wirtschaftsprüfern, Steuerberatern oder Anwälten – wir beraten in allen klassischen General-Management-Themen. Es ist aber für uns ein Riesenvorteil, im Bedarfsfall auf dem „kleinen Dienstweg" Kollegen in M&A- oder Restrukturierungsprojekten zurate ziehen zu können. Schließlich geht es dort immer um steuerliche Themen, Bewertungsfragen, arbeitsrechtliche Dinge etc. Das ist ein echter Wettbewerbsvorteil für uns.

Bezahlen Sie wettbewerbsgerecht? Oh ja! Offen gestanden hat noch nie ein Bewerber, dem wir ein Angebot gemacht haben, wegen des Gehaltspakets abgelehnt. Zuletzt war eine Bewerberin sogar überrascht, dass unser Package oberhalb dessen lag, was eine große Strategieberatung geboten hatte. Mit einer Bonuschance von bis zu 50 Prozent auf allen Ebenen, d. h. auch für Einsteiger, bieten wir gerade Absolventen eine Chance, die in anderen Beratungen hart gedeckelt ist.

Was spricht sonst noch für Ebner Stolz? Neben der schon angesprochenen guten Perspektive und der hervorragenden Teamatmosphäre sind es auch andere Themen. Neueinsteiger können ihren fachlichen Schwerpunkt nach Interesse und Neigung frei wählen, werden aber auf Wunsch in verschiedenen Branchen und Themen eingesetzt. Aus privater Sicht ist wichtig, dass sie ihren Wohnort bundesweit frei wählen können, gleiches gilt nach dem Einstiegsjahr auch für ihren Bürostandort.

Wie läuft bei Ihnen das Bewerbungsverfahren ab? Wir benötigen das übliche Bewerbungspaket aus Anschreiben, CV und Zeugnissen. Innerhalb weniger Tage geben wir Feedback und laden im positiven Falle zum Erstinterview mit drei Gesprächspartnern ein. Bei positivem Ausgang folgt eine zweite Interviewrunde ebenfalls mit drei Interviewpartnern verschiedener Karrierelevels. Die Gespräche umfassen Persönlichkeitsinterviews sowie Cases, aber keine theoretischen Dinge, sondern konkrete Projektsituationen aus unserem Alltag. Unser Prozess ist sehr schnell, terminlich individuell und auf den Bewerber fokussiert.

Wie bereitet man sich auf die Interviews am besten vor? Sicherlich sollte man vorher schon einmal Interviews geführt und Cases bearbeitet haben. Übung macht auch hier den Meister. Aber eigentlich sollte man „nur" wach sein und clever, gute Fragen stellen, sein fachliches Wissen einbringen und Lösungsansätze entwickeln. Das lernt man nicht extra für Bewerbungsgespräche, sondern hat es sich über die Jahre seiner Ausbildung angeeignet.

EY (Ernst & Young GmbH) Wirtschaftsprüfungsgesellschaft

Standorte in Deutschland: 21

Standorte weltweit: in 150 Ländern

Tätigkeitsschwerpunkte: Wirtschaftsprüfung, Steuerberatung, Transaktionsberatung sowie Managementberatung

Mitarbeiter in Deutschland: 9.400

Mitarbeiter weltweit: 231.000

Geplante Neueinstellungen 2018:
ca. 1.200 Berufseinsteiger
ca. 900 Praktikanten

Das Ziel von EY ist es, Dinge voranzubringen und entscheidend besser zu machen – für unsere Mitarbeiter, Kunden und die Gesellschaft. Dafür steht unser Anspruch Building a better working world. EY bietet seinen Mitarbeitern ein Umfeld, in dem sie ihre Fähigkeiten entfalten können und sich gegenseitig inspirieren. Wann immer Mitarbeiter zu EY kommen, und egal, wie lange sie bei uns bleiben: von den Erfahrungen, die sie bei EY machen, profitieren sie ein Leben lang.

EY
Building a better working world

Flughafenstraße 61
70629 Stuttgart
www.de.ey.com/karriere

HR Services
Employer Branding & Recruitment/
Human Resources GSA
(Germany, Switzerland, Austria)
+49 6196 996-10005
karriere@de.ey.com

Was zeichnet Ihr Unternehmen aus? Sehr viel lässt sich unter dem Begriff der Vielfalt zusammenfassen. Sie ist in unserer Organisation fest verankert - in unserem Handeln durch fachübergreifende Beratung und in unserem Denken durch Individualität und Eigenverantwortung. Vielfalt ist es, die uns erfolgreich macht - die Mitarbeiter, die sich für unsere Kunden einsetzen, ihre unterschiedlichen Ansichten und Lebensentwürfe und die Zusammenarbeit in einem Team. Dabei verbinden uns unsere gemeinsamen Werte: Integrität, Respekt, Teamarbeit, Leistung, Engagement und die Fähigkeit, die richtigen Entscheidungen zu treffen.

Was sind Ihre Einstiegskriterien? Wir suchen Bewerber mit sehr guten akademischen Leistungen, analytischen Fähigkeiten und idealerweise ersten Praxiserfahrungen. Daneben setzen wir vor allem auf soziale Kompetenz, Teamfähigkeit und Flexibilität. Aufgrund unseres internationalen Netzwerks sind gute Englischkenntnisse ebenso Voraussetzung. Bezüglich der Fachrichtungen decken wir ein breites Spektrum ab. Absolventen der Fachrichtungen BWL, VWL, Jura, Wirtschaftsinformatik und Informatik sind bei uns willkommen, aber auch Wirtschaftsingenieure, Wirtschaftsmathematiker und Mathematiker. Praktika sind bei uns jederzeit in sämtlichen Fachbereichen für eine Dauer von mindestens sechs Wochen möglich. Außerdem besteht die Möglichkeit, im Rahmen des „Set Sail"-Programms ein Praktikum im Ausland für die Dauer von zwei bis sechs Monaten zu absolvieren.

Welche Karrieremöglichkeiten bieten Sie? Unsere Einstiegsmöglichkeiten bieten für jeden das Passende. Absolventen und Berufseinsteiger können bei EY mit einem Praktikum oder als Trainee beginnen. Sie können aber auch Ihre Ausbildung, Ihr Studium oder Ihren Master mit uns machen. Mit einem Hochschulabschluss steht Ihnen auch ein Direkteinstieg als Assistant oder Consultant offen. Berufserfahrene finden bei EY ein breites Spektrum an Karrieremöglichkeiten. Wir fördern Ihre Karriereentwicklung mit kontinuierlichem Coaching und einer individuellen Aus- und Weiterbildung. Gleich zu Beginn Ihrer Karriere werden Sie mit renommierten Unternehmen zusammenarbeiten und interessante und motivierte Kollegen kennenlernen. Mit Ihren herausfordernden Projekten werden Sie aber nicht alleingelassen, denn wir machen Sie fit für Ihre Aufgaben. Sie lernen on-the-Job von erfahrenen Kollegen und vertiefen Ihre Kenntnisse durch Trainings und systematisches Coaching. Von Ihrer Zeit bei EY und dem Netzwerk profitieren Sie ein Leben lang!

Wie läuft das Bewerbungsverfahren in Ihrem Unternehmen ab? Die Bewerbung erfolgt online über das Jobportal. Nach Prüfung der Bewerbung erhalten Sie bei grundsätzlicher Eignung eine Einladung zu unserem Online-Test. Dieser gibt uns und Ihnen die Möglichkeit, mehr über Ihre Stärken herauszufinden. Fällt das Ergebnis positiv aus, laden wir Sie zu einem persönlichen Gespräch oder zum EY Talent Day ein.

Christin Vogel

Jahrgang 1990

Consultant Advisory Services bei EY (Ernst & Young)

Einsteiger in die IT Advisory von EY profitieren von der Vielfalt

In Zeiten der Digitalisierung benötigen Unternehmen zukunftsfähige Geschäftsmodelle. Um diese umzusetzen, braucht es die richtige Technologieplattform. Genau hier unterstützt die IT Advisory von EY: Gemeinsam mit unseren Kunden erarbeiten und implementieren wir tragfähige Konzepte für die Zukunft, sowohl business- als auch IT-seitig. Auch die Integration des Neuen in bestehende Anwendungslandschaften ist ein wichtiger Teil unserer Arbeit.

Ich arbeite als Consultant in der IT Advisory, einem der Schwerpunkte unserer Managementberatung. Hier unterstütze ich Unternehmen mit unseren Agile-Business-Service-Angeboten darin, sich in einer digitalen Welt neu auszurichten, und das ganz unabhängig von technologischen Grenzen. Schwerpunktmäßig beraten wir Unternehmen aus den Branchen Automotive, Chemical/Lifescience, Consumer Products & Retail sowie im öffentlichen Dienst. Dies sorgt für Vielfalt am Arbeitsplatz und stellt eine exzellente Möglichkeit dar, neue Erfahrungen zu sammeln und mir wichtiges Branchen-Know-how anzueignen.

Bei EY eingestiegen bin ich im Januar 2016. Auf einem eher außergewöhnlichen Karriereevent, der WFI Summer Challenge, hatte ich die Möglichkeit, einige Mitarbeiter von EY in lockerer Atmosphäre kennenzulernen. In den zwei sportlichen Tagen hatte ich ausgiebig Zeit, mir ein authentisches Bild von den zukünftigen Kollegen und EY als Arbeitgeber zu machen. Die tollen Gespräche und Eindrücke waren letzten Endes ausschlaggebend für meine Entscheidung, meine berufliche Karriere bei EY zu beginnen. Hier habe ich die Möglichkeit, in internationalen Projekten mit EY-Kollegen aus verschiedenen Ländern und Unternehmensbereichen zusammenzuarbeiten. Dies kann zwischenmenschlich schon mal herausfordernd sein – sei es wegen verschiedener Kulturen, Sprachen oder Denkansätze. Aber eins ist immer garantiert: Wir stehen als Team zusammen und führen das Projekt gemeinsam zum Erfolg. Und das zeichnet EY aus!

When is it safe to push ideas outside the box?
Bold ideas are born from many points of view.
EY Transaction Advisory Services – lerne eine andere Perspektive kennen.
ey.com/careers #BetterQuestions
The better the question. The better the answer. The better the world works.
EY
Building a better working world
„EY" und „wir" beziehen sich auf alle deutschen Mitgliedsunternehmen von Ernst & Young Global Limited, einer Gesellschaft mit beschränkter Haftung nach englischem Recht. ED None.

goetzpartners

Standorte in Deutschland: München, Düsseldorf, Frankfurt am Main

Standorte weltweit: Dubai, London, Madrid, Mailand, Moskau, New York, Paris, Prag, Peking, Schanghai, Zürich

Tätigkeitsschwerpunkte: Strategie, M&A, Transformation

Mitarbeiter weltweit: 350

Geplante Neueinstellungen 2018:
55–60 Praktikanten
40–45 Absolventen und Professionals

goetzpartners steht für unabhängige Beratung entlang der Kernfragen unternehmerischen Handelns: Strategie, M&A und Transformation. Mit mehr als 350 Beratern in 14 Büros und elf Ländern beraten wir Kunden weltweit in allen Schlüsselindustrien.

Das Unternehmen zählt zu den zehn umsatzstärksten deutschen Beratungen. Im Wettbewerb „Best of Consulting" der *WirtschaftsWoche* wurde goetzpartners dreimal in Folge prämiert, zuletzt in der Kategorie „Project Excellence" (2016). Darüber hinaus wurde goetzpartners vom *Great Place to Work® Institut* 2017 als einer der besten Arbeitgeber Deutschlands ausgezeichnet.

goetzpartners
STRATEGY I M&A I TRANSFORMATION

Prinzregentenstraße 56
80538 München
www.goetzpartners.de/karriere

Kathrin Armbrust
Human Resources
+49 89 290725-307
kathrin.armbrust@goetzpartners.com

Was zeichnet Sie gegenüber anderen Strategieberatungen aus? Wir beraten entlang der Kernfragen unternehmerischen Handelns: Strategie, M&A und Transformation. In einer zunehmend digitalen Welt ermöglicht dieser 360°-Ansatz, Veränderungen strategisch vorzudenken und schnell und pragmatisch umzusetzen – je nach Zielsetzung durch Transformation und/oder Transaktion. Dass sie alles aus einer Hand bekommen, bedeutet einen klaren Mehrwert für unsere Kunden.

Was zeichnet Ihre Unternehmenskultur aus? Der Mensch steht bei uns im Mittelpunkt. Wir denken unternehmerisch, sind eigeninitiativ und wollen etwas bewegen. Jeder hier, ganz unabhängig vom Level, hat eine Stimme, die Gehör findet. Wir mögen das, was wir tun, und die Kollegen, mit denen wir im Team arbeiten. Unser Miteinander ist offen, fair und außergewöhnlich freundschaftlich.

Unseren Kunden begegnen wir auf Augenhöhe, wir arbeiten partnerschaftlich mit ihnen zusammen und verstehen uns als Teil ihres Teams. Erklärtes Ziel ist es, gemeinsam echte Veränderung zu bewirken, nachhaltig Mehrwert zu schaffen und dabei die Menschen in der Organisation mitzunehmen – nur so wird ein Ergebnis zum langfristigen Erfolg.

Wie schafft es goetzpartners, diese Kultur bei so vielen Mitarbeitern umzusetzen? Wir wählen von Anfang an die richtigen Mitarbeiter aus – nur wer fachlich und menschlich zu uns passt, wird Teil von goetzpartners. Später schaffen wir Anlässe, bei denen sich die Mitarbeiter über das Fachliche hinaus austauschen und kennenlernen können. Highlight ist sicher unser jährliches, internationales Company Event – drei Tage Sonne, Berge oder Meer, Workshops, Team-Building und jede Menge Spaß.

Was bieten Sie Talenten? Wir bieten spannende Einblicke und Projekte in Management Consulting und Corporate Finance im In- und Ausland, eine exzellente fachliche und persönliche Ausbildung durch die goetzpartners Academy und konsequente Unterstützung bei der akademischen Weiterentwicklung (Master-, MBA- und PhD-Programme). Wir bieten viel Entwicklungsraum und einen hohen Grad an Flexibilität in einer sehr freundschaftlich geprägten Unternehmenskultur.

Wie läuft der Bewerbertag ab? An klassischen Bewerbertagen präsentieren Sie Ihren Lebenslauf und diskutieren in fünf Gesprächen Business Cases mit unseren Beratern. Darüber hinaus halten Sie vor dem Interviewer-Team eine Kurzpräsentation und lösen einen Multiple-Choice-Test.

Unser Gipfelstürmer-Recruiting-Event steht unter dem Motto „Karrierestart mit Alpenblick". Hier haben Sie an zwei Tagen die Gelegenheit, goetzpartners besser kennenzulernen und sich mit Kollegen aller Hierarchiestufen hoch oben in den Bergen auszutauschen. Ein Gruppencase, eine Outdoor-Challenge, Teambuilding und ein gemütlicher Hüttenabend ergänzen klassische Einzelinterviews. Wenn Sie den Berg besiegt und den Case geknackt haben, fahren Sie mit einem Arbeitsvertrag in der Tasche nach Hause.

Wie sieht der konkrete Berufseinstieg aus? Ob als Student, Hochschulabsolvent, Young Professional oder Senior Hire – auf allen Ebenen ist der Einstieg bei goetzpartners möglich. Informieren Sie sich hierzu auf unserer Website unter www.goetzpartners.com. Wir freuen uns auf Ihre Bewerbung!

Esra Karaca

Jahrgang 1987

Manager

Meine ersten 100 Tage bei goetzpartners

Mein Weg zu goetzpartners

In meinem Postfach finde ich die Einladung zum Gipfelstürmer-Recruiting-Event: goetzpartners in lockerer Atmosphäre kennenlernen und gleichzeitig sein Können unter Beweis stellen – das ist das Ziel des Events. Nach zwei tollen Tagen im Garmischer Bergland mit Gruppencase, Einzelinterviews, Outdoor-Teambuilding und nettem Abendprogramm kam das Jobangebot.

Woche 1

Flug vom Office Standort Frankfurt zum Headquarter nach München, Empfang durch meine New-Hire-Mentorin und erstes Kennenlernen der Kollegen. Direkt im Anschluss: Fahrt zum Kunden, einem globalen Player in der Telekommunikations-Industrie; Vorstellung beim Projekt- und Kundenteam, ein ausführliches Briefing, unmittelbar gefolgt von der Übernahme erster Aufgaben. Zum Abschluss der ereignisreichen Woche mein erster Office Friday in Frankfurt: Austausch mit den Kollegen, viele Fragen, noch mehr hilfreiche Antworten und ein gemütlicher Ausklang mit „Beck's um sechs".

Woche 3

Ich übernehme eigenverantwortlich den Teilbereich eines anderen Kollegen, der sich in ein dreimonatiges Sabbatical verabschiedet. Die Woche endet mit dem zweitägigen Introduction Training, in dem u.a. Excel, PowerPoint, Compliance und Administratives aufgegriffen werden.

Woche 4–5

Vorbereitung des Project Steering Committees – knappe Deadlines und wenig Schlaf, trotzdem starker Teamzusammenhalt und gemeinsame Abendessen. Wir bekommen sehr gutes Feedback vom Kunden, der CRO schaut sogar persönlich vorbei.

Woche 6

„O'zapft is!" – Zeit für die goetzpartners-Wiesn. Das lässt sich kaum einer entgehen, fast die gesamte Firma ist hier anzutreffen.

Woche 8–10

Erfolgreicher Abschluss eines Teilprojektes. Meine New-Hire-Mentorin erkundigt sich im Rahmen des Mentoren-Dinners nach meinen ersten Erfahrungen und bietet ihre Unterstützung an, falls etwas nicht meinen Vorstellungen entsprechen sollte.

Woche 13

Das internationale Bootcamp für alle Neueinsteiger steht auf dem Programm. Die Woche beinhaltet neben der Erarbeitung und Präsentation einer Case Study Trainings zu Präsentationsfähigkeiten, Financials und Selbstführung. Drachenboot-Teambuilding, Geschäftsführungsdinner und Abschiedsparty runden das Camp ab.

Woche 14

Neuigkeiten vom Staffing: Der nächste Projekteinsatz steht fest; Kick-off in zwei Wochen. Es heißt Flüge buchen nach Tokio.

Helbling Business Advisors GmbH

Standorte in Deutschland: Düsseldorf, München, Stuttgart

Standorte Helbling Gruppe weltweit: Deutschland, Schweiz, USA, China

Tätigkeitsschwerpunkte: Restructuring, Corporate Finance, Strategy, Operational Excellence, Mergers & Acquisitions

Mitarbeiter in Deutschland: ca. 50

Mitarbeiter Helbling Gruppe weltweit: ca. 500

Geplante Neueinstellungen 2018: grundsätzlich jederzeit – auch Initiativbewerbungen sind willkommen

Helbling Business Advisors ist eine international tätige, qualitativ führende Unternehmensberatung, die mit einem Team von etwa 70 hoch qualifizierten Mitarbeitenden Lösungen in den Bereichen Restrukturierung & Turnaround Management, Mergers & Acquisitions, Strategie sowie Operational Excellence erarbeitet. Wir unterstützen unsere Kunden von der Konkretisierung der Aufgabenstellung über die Analyse und der Konzeption bis zur Umsetzung.

helbling

Neuer Zollhof 3
40221 Düsseldorf
www.helbling.de/hba/karriere-jobs

Claudia Spitzer
Human Resources
+49 211 13707-0
recruiting-hba@helbling.de

Was unterscheidet Sie von anderen Beratungen? Zum einen die einzigartige Kombination von Kompetenzen in technologischer Innovation und Business Consulting, die uns als eines von wenigen Beratungsunternehmen in die Lage versetzt, die Aufgabenstellungen unserer Kunden nicht nur fachspezifisch und projektorientiert zu bearbeiten, sondern auch aus gesamtunternehmerischer Perspektive zu betrachten. Zum anderen ist es die Möglichkeit, schon sehr früh eng mit unseren Kunden zusammenzuarbeiten und Aufgaben mit dem notwendigen Handlungsspielraum anzugehen. Dabei werden unsere Mitarbeiter aber nicht alleingelassen, sondern stehen in engem Austausch mit einem erfahrenen Projektleiter.

Wie sieht der Einstieg bei Ihnen aus? Einstieg und Praktika sind bei uns jederzeit möglich, für eine Festanstellung grundsätzlich auf jeder Stufe. Neben der Möglichkeit, vielfältige Aufgaben anzubieten, ist uns eine positive Atmosphäre wichtig. Schließlich darf die Arbeit auch Spaß machen! Teamfähigkeit und kollegiale Zusammenarbeit sind wichtige Säulen unserer Erfolgsgeschichte. Neuen Kollegen steht ein erfahrener Mentor zur Seite, der sie in persönlichen und fachlichen Fragen unterstützt und ihnen die Integration erleichtert.

Wie muss man sich den Arbeitsalltag vorstellen? Einen typischen Arbeitstag gibt es nicht, denn jeder Kunde ist anders und bringt ganz eigene Problemstellungen mit sich. Der größte Teil der Arbeit wird vor Ort beim Kunden erledigt, meist im deutschsprachigen europäischen Raum oder an den jeweiligen Produktionsstandorten, die weltweit verankert sein können.

Was bieten Sie, und wie kann ich mich entwickeln? Als mittelständisch geprägte Beratung sind die Wege bei Helbling kurz und flexibel. Bei uns kann man frühzeitig Teams führen, Verantwortung übernehmen und sich mit anspruchsvollen Gesprächspartnern auseinandersetzen. Eine steile Lernkurve und eigenverantwortliche Gestaltungsmöglichkeiten sind nur einige der Aspekte, die unsere Mitarbeiter motivieren und begeistern. Durch interne und externe Fortbildungsmaßnahmen sorgen wir dafür, dass Sie sich auch sonst persönlich und fachlich weiterentwickeln können. Wettbewerbsgerechte Vergütungssysteme, Sozialleistungen und weitere Benefits runden unser Gesamtpaket ab.

Wie läuft das Bewerbungsverfahren bei Ihnen ab? Initiativbewerbungen für Festanstellungen und Praktika sind jederzeit willkommen. Das gegenseitige Kennenlernen erfolgt in bis zu drei Interviewrunden. Dabei wollen nicht nur wir Sie persönlich und fachlich besser kennenlernen, sondern auch Sie selbst sollen die Gelegenheit erhalten, sich ein Bild von uns und unserem Unternehmen zu machen – denn neben dem fachlichen Matching ist letztlich auch die Chemie mitentscheidend. Kleiner Tipp: Sie sollten auf jeden Fall sattelfest sein in allen Themen, die Sie selbst zur Sprache bringen. Seien Sie immer Sie selbst, und zeigen Sie uns Ihre Stärken – das tun wir auch!

Stephan Schmitz

Jahrgang 1988

Manager

Unternehmerisches Denken und Handeln bei Helbling

Am Standort Düsseldorf wird unser Team seit einigen Jahren von Stephan verstärkt. Seine bereits vorhandenen beruflichen Erfahrungen aus dem Consulting konnte er bei uns hervorragend einsetzen und weiter ausbauen.

Der stark durch Reisetätigkeit geprägte berufliche Alltag hält Stephan nicht davon ab, in seiner freien Zeit immer neue Reiseziele für sich zu entdecken.

„Für mich war die Lösung unternehmerischer Herausforderungen bei unterschiedlichen Kundengruppen und in verschiedenen Industrien ein entscheidendes Kriterium bei der Wahl meines Arbeitgebers. Ich wollte nach meinem Master wieder in die Beratung zurückkehren, optimalerweise zu einem Hidden Champion mit dynamischen Strukturen, wo ich meine Lernkurve noch steigern und als Einzelner zum Aufbau und zur Entwicklung des Unternehmens beitragen kann.

Gleich zu Beginn meiner Tätigkeit kam ich zu einem Projekt bei einem international aufgestellten Unternehmen aus der Automobilzulieferindustrie. Die Branche war Neuland für mich, aber meine Teamkollegen haben schnell dafür gesorgt, dass ich mich in dem Projekt zurechtfand und bald selbstständig eigene Arbeitspakete bearbeiten konnte. Die Erfahrung der älteren Kollegen hat es mir ermöglicht, fachliche Themen wie Liquiditäts- und Finanzplanungen zu vertiefen und rasch hinzuzulernen. Humor und Flexibilität halfen außerdem über das Kantinenessen des Kunden hinweg, ebenso wie manch lokale Restaurant-Größe.

Die Kunden, bei denen ich später zum Einsatz kam, waren alle aus verschiedenen Branchen und hatten jeweils unterschiedliche Herausforderungen zu bieten. Ob Operational Excellence, Mergers & Acquisitions, Sanierungsgutachten oder Umsetzungsbegleitung – der Aufgabenvielfalt sind keine Grenzen gesetzt, sodass die Arbeit immer spannend bleibt.

Der gute Teamgeist und die Leidenschaft dafür, etwas gemeinsam zu bewegen, runden das Paket auch heute noch für mich ab. Regelmäßige Teamevents in Deutschland, der Schweiz oder dem sonnigen Süden sorgen dafür, dass man sich auch standortübergreifend austauschen und – nicht zuletzt – miteinander feiern kann!“

Horváth & Partners Management Consultants

Standorte in Deutschland: Berlin, Düsseldorf, Frankfurt am Main, Hamburg, München, Stuttgart

Standorte weltweit: Abu Dhabi, Budapest, Bukarest, Jeddah, Riad, Wien, Zürich

Tätigkeitsschwerpunkt: Managementberatung mit Schwerpunkt Unternehmenssteuerung und Performanceoptimierung

Mitarbeiter in Deutschland: über 500

Mitarbeiter weltweit: über 750

Bei Horváth & Partners finden Sie das passende Umfeld für Ihre außergewöhnliche Leistung. Als führende international tätige Managementberatung mit über 750 Mitarbeitern bieten wir Ihnen die Möglichkeit, mit uns über sich hinauszuwachsen. Unternehmenssteuerung und Performanceoptimierung sind unsere Schwerpunkte, in denen wir als Unternehmensberatung ausgewiesene Experten sind und Mehrwert für unsere Kunden schaffen – in allen Branchen, funktionsübergreifend, weltweit.

HORVÁTH & PARTNERS
MANAGEMENT CONSULTANTS

Phoenixbau, Königstraße 5
70173 Stuttgart
www.horvath-partners.com
www.horvath-partners.com/karriere

Recruiting Team
+49 711 66919-0
career@horvath-partners.com

Worin unterscheiden Sie sich von Ihren Wettbewerbern? Die klare Ausrichtung und konsequente Positionierung über unsere Kernkompetenzen Unternehmenssteuerung und Performanceoptimierung zeichnet uns aus und unterscheidet uns von unseren Marktbegleitern. Unsere Lösungen entstehen in der partnerschaftlichen, offenen und praxisorientierten Zusammenarbeit mit unseren Kunden. Unsere Mitarbeiter überzeugen durch Kompetenz und Umsetzungsstärke. Es sind nicht die Ellbogen, durch die man bei uns auf sich aufmerksam macht, sondern die Beiträge zur Lösung der Herausforderungen unserer Kunden. Bei Horváth & Partners ist es Prinzip, Wissen zu teilen, sich gegenseitig zu unterstützen und auf diese Weise voneinander zu lernen. Wenn Sie auf motivierende Teams, großen unternehmerischen Freiraum und einen übergreifenden Wissensaustausch genauso viel Wert legen wie auf Ihre persönlichen Entwicklungsmöglichkeiten, sind Sie bei uns genau richtig. Zudem handeln wir nicht nach der Devise „up or out" bzw. „grow or go". Ob Sie schnell in die Projektverantwortung einsteigen, ob Sie mit uns Beratungsleistungen in der jeweiligen Branche platzieren oder neue Beratungsthemen erarbeiten – wir entwickeln Sie leistungsorientiert an Ihren Stärken ausgerichtet weiter.

Was zeichnet Ihre Unternehmenskultur aus? Schnelle Entscheidungen, kurze Wege und ein vertrauensvoller, partnerschaftlicher Umgang untereinander und mit den Kunden kennzeichnen Horváth & Partners. Es ist eine ganz besondere Kultur, basierend auf Vertrauen, Innovationskraft, Kompetenz, Offenheit und Unternehmertum, die unsere Mitarbeiter vereint und uns als Unternehmen groß gemacht hat. Wir legen Wert auf einen sehr offenen und kollegialen Umgang miteinander. Argumente zählen mehr als Hierarchien – das ist einer unser Unternehmensgrundsätze, an dem wir unser Handeln ausrichten. Eine gelebte Team-Orientierung sowie die Bereitschaft aller Mitarbeiter, Wissen auszutauschen und sich gegenseitig zu unterstützen, zeichnet unsere tägliche Arbeitsweise aus.

Welche Karrieremöglichkeiten kann man bei Ihnen erwarten? Der Direkteinstieg als Absolvent ist bei uns mit einem Bachelor- oder Master-Studium möglich. Bachelor-Absolventen beginnen ihre Karriere als Junior Consultant, Absolventen eines Master-Studiengangs bieten wir den Direkteinstieg auf Consultant-Level. Darüber hinaus ist der Einstieg als Young Professional mit Berufserfahrung ebenso möglich. Ganz gleich, ob Sie mit beruflicher Erfahrung, als Absolvent oder Student den Weg zu uns einschlagen möchten: Wir bieten Ihnen vielfältige Gestaltungs- und Entwicklungsmöglichkeiten. Abwechslungsreiche und verantwortungsvolle Aufgaben, offene und kollegiale Teamarbeit, ein gemeinsames Werteverständnis, ein hohes Maß an Gestaltungsfreiheit sowie konsequente Weiterentwicklung sind dabei nur einige Aspekte, die Sie bei uns finden werden.

Kann man bei Ihnen auch schon während des Studiums Erfahrungen sammeln? Für Studierende bieten wir laufend Praktika an, sowohl während des Semesters als auch in der Orientierungszeit zwischen Bachelor- und Master-Studium. Unsere Praktika bieten einen sehr guten Einblick in den Beratungsalltag und das Projektgeschäft beim Kunden. Studierende, die im Rahmen ihres Praktikums herausragende Leistungen erbracht haben, fördern wir mit der Aufnahme in den Horváth Student Club. Ab diesem Zeitpunkt begleiten wir Sie bis zum Ende Ihres Studiums und bieten Ihnen in diesem Rahmen exklusive Veranstaltungen, Erfahrungsaustausch sowie die Möglichkeit, weitere studentische Tätigkeiten bei uns aufzunehmen und Ihre Studienabschlussarbeit bei uns zu schreiben.

Welche Möglichkeiten zur Weiterqualifizierung bieten Sie? Die stetige Weiterentwicklung unserer Mitarbeiter durch ein umfassendes Weiterbildungsprogramm ist uns sehr wichtig. Daher bieten wir ein breites Spektrum an professionellen und zielgerichteten Weiterbildungsmaßnahmen, um alle Mitarbeiter in ihrem persönlichen und beruflichen Entwicklungsprozess optimal zu unterstützen. Von Beginn an steht Ihnen ein erfahrener Mentor zur Seite, um Ihre individuelle Entwicklung zu begleiten und Sie zu fördern. Ganz gleich, wie Sie bei uns einsteigen und welche Karriere Sie vor Augen haben, der Einstieg erfolgt bei uns nach dem Training-on-the-Job-Prinzip, wobei Sie zunächst spezifische Onboarding-Schulungen durchlaufen. Neben diesen Trainings legen Sie im Mentor-Mentee-Gespräch Ihre ersten möglichen Projektaufgaben fest und klären Ihren konkreten Entwicklungsbedarf. Unsere ausgeprägte Feedback-Kultur ist dabei der Garant für Ihre persönliche Weiterentwicklung sowohl auf den Projekten als auch bei internen Aufgaben. Bei uns zeigt jeder die ständige Bereitschaft, zu lernen und sein Wissen an andere weiterzugeben – wir unterstützen diesen Transfer tatkräftig durch exklusive Veranstaltungen, wie z. B. das Horváth & Partners Camp. Mit dem Camp bieten wir allen Mitarbeitern einmal jährlich im Rahmen eines gemeinsamen und mehrtägigen Auslandsaufenthalts die Gelegenheit, ihr Wissen sowie ihre Projekterfahrungen auszutauschen, sich untereinander zu vernetzen sowie zusätzlich von externen Experten zu lernen. Darüber hinaus sorgen unsere anspruchsvollen Inhouse-Trainings und individuelle Schulungen im Rahmen unseres maßgeschneiderten Trainingscurriculums für Ihre kontinuierliche Weiterentwicklung und systematische Qualifizierung neben dem Projektgeschäft.

Fördern Sie im Rahmen der Weiterbildung ein MBA-Studium oder eine Promotion? Da wir Ihre individuellen Fähigkeiten und Ihre langfristige Entwicklung im Fokus haben, unterstützen wir Sie über die klassischen Trainingsmaßnahmen hinaus auch bei weiteren akademischen Qualifikationen. Mit unserem Scholarship Program fördern wir Master- und (Executive) MBA-Programme ebenso wie Promotionsvorhaben an renommierten Universitäten, sowohl finanziell als auch durch entsprechende Freistellungen.

Wie läuft der Recruiting-Prozess in Ihrem Unternehmen ab? Welche Tipps können Sie Bewerbern mitgeben? Für die meisten Positionen im Consulting sehen wir keinen festen Einstellungszeitpunkt vor, Sie können sich daher gerne ganzjährig online über unsere Karriereseite bewerben. Ihre Einsatzmöglichkeiten prüfen wir dabei immer bereichsübergreifend für unterschiedliche Positionen. Ihre Bewerbung ist für uns eine erste Arbeitsprobe. Dementsprechend sollten Ihre Unterlagen vollständig, klar strukturiert, fehlerfrei und übersichtlich gestaltet sein. Haben Sie uns mit Ihrer Bewerbung überzeugt, laden wir Sie zu persönlichen Gesprächen ein. Sind Sie an einem Praktikum oder an einer studentischen Mitarbeit interessiert, führen wir ein persönliches Gespräch mit Ihnen, in welchem wir Sie persönlich und fachlich kennenlernen möchten. Für den Festeinstieg als Absolvent oder mit beruflicher Erfahrung absolvieren Sie zwei Interviewrunden mit Fallstudien und Präsentationen. Verfügen Sie über sehr umfangreiche Berufserfahrung, so gestaltet sich der Auswahlprozess je nach Position und Funktion individuell. Bereiten Sie sich gründlich auf die Gespräche vor – insbesondere fachliche und methodische Themen können geübt werden. Darüber hinaus legen wir sehr großen Wert auf ein authentisches Auftreten sowie einen Schuss Humor.

HORVÁTH & PARTNERS
MANAGEMENT CONSULTANTS
Sie lieben die
Herausforderung?
Schön, denn bei uns wachsen Sie mit Ihren Aufgaben.
Ob Praktikum, studentische Mitarbeit oder Berufseinstieg in die Managementberatung: Finden Sie bei uns das passende Umfeld für außergewöhnliche Leistung.
www.horvath-partners.com/karriere

Inhouse Consulting Postbank
Deutsche Postbank AG

Standort in Deutschland: Bonn

Tätigkeitsschwerpunkte:
Topmanagement Consulting,
Fokus: Banking

Mitarbeiter in Deutschland: ca. 18.000

Mitarbeiter im Inhouse Consulting:
ca. 25

Geplante Neueinstellungen 2018:
5–10 Praktikanten
>5 Festeinstellungen

Wir sind das Inhouse Consulting der Postbank AG und unterstützen das Topmanagement der Bank in der Konzeption und Umsetzung von bankenweiten strategischen Projekten. Unser Ziel ist es, die Leistungs- und Konkurrenzfähigkeit der Bank weiter zu steigern und sie somit zukunftssicher zu gestalten. Regelmäßig wechselnde Einsatzgebiete, ein weit gefächertes Trainingsangebot und die Zusammenarbeit mit erfahrenen Kollegen versprechen optimale Entwicklungsmöglichkeiten. Hervorzuheben ist zudem das hohe Maß an Gestaltungsspielraum in unseren Projekten.

Postbank

Friedrich-Ebert-Allee 114–126
53113 Bonn
www.postbank.de/karriere

David Loschelder
Inhouse Consulting
+49 228 920 71514
david.loschelder@postbank.de

Worin unterscheiden Sie sich von externen Management-Beratungen? Wir verstehen uns als vertrauensvoller Partner des Topmanagements der Postbank AG zur Lösung strategischer Fragestellungen. Wir arbeiten an der Schnittstelle zwischen Konzeption und Umsetzung. Zudem ermöglichen wir es, spannende Herausforderungen der Managementberatung unter Berücksichtigung der Work-Life-Balance anzugehen. Als Teil der Postbank-Organisation verfügen wir über ein tiefes Verständnis der Strukturen und Prozesse des Konzerns und begegnen unseren Kunden auf einer kollegialen Ebene. Darüber hinaus können wir den nachhaltigen Erfolg unserer Projekte miterleben.

Warum sollten Studenten/Absolventen gerade bei Ihnen einsteigen? Unsere Berater haben die Chance, eine der größten Privatkundenbank Deutschlands von der Gesamtbank-Transformation über die Optimierung von Prozessen im Digitalisierungsumfeld bis hin zu der Entwicklung und Umsetzung von Strategien für die verschiedenen Geschäftsbereiche aktiv mitzugestalten. Als Mitglied eines dynamischen Teams entwickeln sie sich stetig weiter und werden für einen späteren Wechsel in eine Management-Position vorbereitet. Die steile Lernkurve wird durch regelmäßig wechselnde Projekte und Teams, ein breites Spektrum an Trainings und die frühzeitige Übertragung von Verantwortung unterstützt.

Welche Möglichkeiten zur Weiterqualifizierung bieten Sie? Als Talentpool für den Postbank-Konzern steht die Weiterbildung und Entwicklung unserer Kollegen an erster Stelle. Wir erkennen die Potenziale unserer Berater und fördern Sie durch Seminare und Coachings on-the-Job. Mit dem Postbank-Stipendium wird auch eine Zusatzqualifikation neben der Arbeit gefördert. Unsere Karrierestufen erstrecken sich vom (Junior) Consultant bis hin zum Partner. Darüber hinaus sind wir daran interessiert, das Wissen unseres Teams durch aktives Knowledge Management inklusive interessanter Guest Speaker stetig zu fundieren bzw. auszubauen.

Welche sind Ihre Einstellungskriterien? Wir suchen Absolventen mit sehr guten Studienleistungen und Interesse an der Managementberatung im Bankenumfeld. Idealerweise verfügen Interessenten über erste Erfahrungen in der Beratung oder im Bereich Financial Services. In unseren abwechslungsreichen Projekten werden analytische Fähigkeiten sowie Problemlösungskompetenzen unter Beweis gestellt. In der Beratung ist unternehmerisches Denken und ein ausgeprägter Team-Gedanke für den Projekterfolg unabdingbar.

Wie läuft das Bewerbungsverfahren in Ihrem Unternehmen ab? Unser Bewerbungsprozess startet mit einem Telefoninterview, an das sich persönliche Gespräche bei uns in Bonn anschließen. Dort haben Bewerber die Gelegenheit, potenzielle Kollegen kennenzulernen und anschließend ihre Analytik sowie konzeptionellen Fähigkeiten in Fallstudien unter Beweis zu stellen. Nach dem Interview vor Ort melden wir uns kurzfristig mit einem persönlichen Feedback. Abschließend erfolgt ein finales Gespräch mit unserem Senior Management und einem Verantwortlichen aus dem Personalbereich.

Wir sind ganzjährig auf der Suche nach neuen Top-Talenten.

Mein Job als Inhouse Consultant

Martin Gieca

Jahrgang 1989

Consultant

Die Arbeit als Berater im Inhouse Consulting der Postbank habe ich im September 2016 im direkten Anschluss an mein Master-Studium aufgenommen, nachdem ich das Team bereits im Rahmen eines Praktikums ein Jahr zuvor kennenlernen konnte. Begleiten darf ich seitdem bankweit relevante Projekte aus dem Bereich Operations & IT, in denen wir insbesondere die Strategieentwicklung unterstützen und für das zugrundeliegende Zahlenwerk verantwortlich sind. Neben der eigentlichen Projektarbeit habe ich die Möglichkeit, die noch junge Abteilung durch Mitarbeit an internen Themen, beispielsweise im Bereich „People Development", mitzugestalten.

Meine täglichen Herausforderungen

Als Inhouse Consulting unterstützen wir das Topmanagement des Unternehmens bei der Entwicklung und Umsetzung strategischer Themen, beispielsweise im Kontext der Optimierung von Geschäftsprozessen. Ressortübergreifende Projekte bringen dabei die Herausforderung mit sich, die Interessen verschiedenster Stakeholder zu antizipieren und zu managen. Eine enge Einbindung und Kommunikation ist für die Erarbeitung von Lösungsvorschlägen, die alle Beteiligten und insbesondere den Auftraggeber bestmöglich zufriedenstellen, besonders wichtig. Als interne Beratung haben wir den Vorteil, durch unsere Projektarbeit in den verschiedensten Bereichen umfassend vernetzt zu sein und dadurch schnell die entscheidenden Ansprechpartner zu identifizieren.

Was mir an der Arbeit im Inhouse Consulting besonders gefällt

Am meisten reizt mich an der Arbeit als Inhouse Consultant die Abwechslung, wobei ich am Morgen trotz aller Planung selten voraussagen kann, wie ein Arbeitstag sich entwickeln wird und mit welchen Herausforderungen wir als Team konfrontiert werden. Dadurch bleibt die Lernkurve steil und man hat schnell die Möglichkeit, Verantwortung zu übernehmen. Dass wir mit den Kollegen gemeinsam den Tag ausklingen lassen oder zusammen Sport treiben, zeigt mir zudem, dass die Chemie stimmt und wir ein eingespieltes Team sind.

Mein Leben vor dem Einstieg in die Inhouse Beratung

Nach meinem Bachelor in Volkswirtschaftslehre habe ich das Master-Studium in Management mit dem Schwerpunkt Banking & Finance an der Universität Mannheim aufgenommen. Dabei bin ich besonders stolz, meine Abschlussarbeit in Kooperation mit einer Strategieberatung geschrieben zu haben, die meine Ergebnisse für ihre jährlich erscheinende Bankenstudie nutzen konnte. Abseits des Studiums hatte ich Gelegenheit, erste Projekterfahrung im Rahmen von Praktika bei in-/externen Beratungen zu sammeln.

Was ich in meiner Freizeit mache

Vor einigen Monaten habe ich CrossFit für mich entdeckt, bei dem ich mich nach intensiven Arbeitstagen auch körperlich auspowern kann. Entspannen kann ich mich hingegen am besten bei einem Serienabend oder mit einem guten Buch.

innogy Consulting GmbH

Standorte in Deutschland: Berlin, Essen, Frankfurt am Main, München

Standorte weltweit: Boston, Den Bosch, Dubai, London, Prag

Tätigkeitsschwerpunkte:
Inhouse-Beratung für das Topmanagement von innogy und RWE

Mitarbeiter in Deutschland: 110

Mitarbeiter weltweit: 140

Geplante Neueinstellungen 2018:
25 Consultants
15 Praktikanten

Als Berater bei innogy Consulting erhalten Sie die besondere Chance, die Transformation des Energiemarktes aktiv mitzugestalten. Wenn Sie Interesse an einem Job bei innogy Consulting haben und sich der großen Herausforderung Energiewende stellen möchten, dann bewerben Sie sich unter: consulting.innogy.com

innogy

Lysegang 11
45139 Essen
consulting.innogy.com

Nina Korte
Recruiting
+49 201 8133-327
ni.korte@innogy.com

Warum sollten Studenten/Absolventen gerade bei Ihnen einsteigen? Bei uns erhalten Sie die Chance, die Transformation des Energiemarktes aktiv mitzugestalten und eine Herausforderung anzunehmen, bei der Sie methodisch, analytisch, operativ und intellektuell alles geben können. Sie arbeiten nicht bei einer externen Beratung, die von Kunden und Projekterfolgen weitestgehend unabhängig ist. Stattdessen sind Sie mit Ihrer Arbeit mitverantwortlich für den Erfolg von innogy und RWE und beraten dabei die verschiedenen Gesellschaften entlang der gesamten Wertschöpfungskette. Ihre Kunden sind gleichzeitig Ihre Kollegen und verfolgen das gleiche Ziel wie Sie. Dadurch entwickeln Sie mit dem Einstieg bei innogy Consulting ein vielschichtiges, fundiertes Expertenwissen in einem der wichtigsten Zukunftsmärkte.

Was zeichnet Ihre Unternehmenskultur aus? Feedback gehört zu unseren Grundprinzipien. Offene und konstruktive Kritik steht bei innogy Consulting auf der Tagesordnung, denn nur sie fördert die persönliche Entwicklung und bringt gleichzeitig das Unternehmen voran.

Welche Karrieremöglichkeiten bieten Sie? Sie können bei innogy Consulting in verschiedenen Hierarchieebenen einsteigen. Der Startpunkt für Hochschulabsolventen und Young Professionals ist die Position des Consultants. Danach haben Sie die Möglichkeit, sich über die verschiedenen Karrierestufen (Senior Consultant, Managing Consultant) zu entwickeln oder sich inhaltlich als Experte zu positionieren. Zudem besteht auch ständig die Option, die eigene Karriere in einer Führungsrolle im Konzern fortzusetzen.

Was sind Ihre Einstellungskriterien? Echtes Interesse an strategischen und energiewirtschaftlichen Themen, Teamfähigkeit und Internationalität sind einige der wichtigsten Einstellungskriterien. Sie sollten Ihr Theoriewissen bereits in der Praxis angewendet und idealerweise Praktika in einer Beratung oder im Konzernumfeld absolviert haben. Sehr gute Englischkenntnisse sind Grundvoraussetzung. Sie müssen aber auch ehrgeizig sein und Spaß an intellektuellen Herausforderungen mitbringen.

Kann man bei Ihnen auch schon während des Studiums Erfahrungen sammeln? Wenn Sie während Ihres Studiums Praxisluft schnuppern möchten, können Sie sich jederzeit als Praktikant bewerben. innogy Consulting bietet Ihnen vom ersten Tag an ein vielseitiges und spannendes Umfeld. Als Praktikant erhalten Sie Einblicke in die verschiedenen Unternehmensbereiche, unterstützen als vollwertiges Mitglied eines unserer Projektteams und übernehmen dort Verantwortung für ein eigenes Aufgabengebiet.

Angelo Csuti

Jahrgang 1990

Consultant

Energie wird innogy

Mein Name ist Angelo Csuti, und ich bin vor fünf Monaten bei innogy Consulting als Consultant eingestiegen. Ich habe Economics mit Schwerpunkt Finance in Maastricht und Rotterdam studiert.

Während unserer Hochschultage war innogy Consulting sehr präsent an meiner Hochschule. Ich habe dann an einem von innogy Consulting organisierten Workshop teilgenommen. Neben der kollegialen Atmosphäre unter den Mitarbeitern hat mich insbesondere die breite Themenkompetenz überzeugt.

Beratung in allen Kompetenzfeldern

Brauche ich einen energiewirtschaftlichen Hintergrund? Das war die erste Frage, die mir in den Sinn kam, als ich im Bewerbungsgespräch mit meinen zukünftigen Kollegen saß. Auch wenn dieser klar von Vorteil ist, so findet man bei innogy Consulting eine Vielzahl an Quereinsteigern aus allen möglichen Bereichen. Das breite Projektspektrum der Beratung profitiert von der Diversität der Mitarbeiter. So arbeitete ich nach nur wenigen Monaten bereits an Themen aus den Bereichen Digital, Finance, Energie und Operations. Meine Lernkurve war so steil wie nie zuvor. In kürzester Zeit übernahm ich Eigenverantwortung in Projekten und konnte von direktem Kundenkontakt profitieren.

Persönlicher Werdegang und Weiterbildungsmöglichkeiten

innogy Consulting legt sehr viel Wert auf die persönliche Weiterentwicklung der eigenen Mitarbeiter. Bereits nach Abschluss des Assessment-Centers erhielten alle Teilnehmer ein ausführliches Feedback über Stärken sowie Entwicklungsfelder. Diese stark ausgeprägte Feedback-Kultur wird auch während der Projektarbeit gelebt: Es gibt es eine Vielzahl bilateraler Meetings mit Kollegen und Vorgesetzten, bei denen man Rückmeldungen erhält und sich selbst reflektiert. Am Ende eines Projektes werden die Stärken und Lernfelder strukturiert erfasst, und man berät mit seinem Vorgesetzten, welche internen oder externen Trainings absolviert werden können, um die eigene Entwicklung weiter voranzubringen. Grundsätzlich gibt es eine Vielzahl an internen und externen Trainings, deren Themengebiete ein weites Spektrum umfassen: Von Industriethematiken über Diskussions- und Verhaltensmethodiken bis hin zum Umgang mit technischen Tools, wird hier alles vermittelt.

Internationale Erfahrungen und familiäre Atmosphäre

Nach meinem Einstiegstraining durfte ich direkt auf einem Projekt in einem Gaskraftwerk in Wales hospitieren. Danach arbeitete ich auf einem Vorstandsprojekt zum Börsengang der innogy, und im Anschluss verbrachte ich zwei Monate in Dubai, wo ich an einem Digitalisierungsprojekt arbeitete. Neben den internationalen Erfahrungen, die ich in kürzester Zeit sammeln konnte, schätze ich vor allem die persönliche Atmosphäre. Im Gegensatz zu anderen Beratungen, die oft ein sehr konservatives Auftreten an den Tag legen, gibt es bei der innogy Consulting so gut wie keine Hierarchien. Man duzt den Geschäftsführer, redet von der ersten Minute an in Meetings mit und trifft sich nach Feierabend beim Sport oder in Bars. Ich fühle mich bei der innogy Consulting rundum gut aufgehoben.

MAN Consulting
MAN Truck & Bus AG

Standort in Deutschland: München

Mitarbeiter in Deutschland: 13

Tätigkeitsschwerpunkte:
interne Topmanagement-Beratung der MAN Truck & Bus AG

Die MAN Consulting ist die interne Topmanagement-Beratung der MAN Truck & Bus AG. Gemeinsam mit unseren Kunden arbeiten wir an der Zukunft unseres Konzerns – von der Konzeption bis zur Umsetzung. Dabei richten wir unser Projektportfolio an den strategischen Topthemen der MAN Truck & Bus AG aus, um nachhaltige und zukunftssichere Lösungen zu erzielen.

MAN Consulting

Dachauer Straße 667
80995 München
www.man-consulting.de

Kathleen Friedrich
+49 89 1580-95368
MAN.Consulting@man.eu

Was zeichnet Ihr Umfeld aus? Als Teammitglied bei der MAN Consulting haben Sie vom ersten Tag an die Chance, die spannende und dynamische Zukunft eines weltweit führenden Nutzfahrzeugherstellers mitzugestalten. Das Projektportfolio der MAN Consulting reicht dabei von Strategie- bis hin zu Performanceprojekten sowie Themen der Digitalisierung. Wichtig ist uns bei allen Projekten der partnerschaftliche Umgang mit unseren internen Kunden, um pragmatische und nachhaltige Lösungen zu erzielen. Unsere tägliche Arbeit ist nicht nur durch höchste Qualitätsansprüche und unternehmerisches Handeln gekennzeichnet, sondern auch durch gegenseitige Unterstützung und permanenten Wissenstransfer. Wir pflegen einen offenen und konstruktiven Austausch. Nur so werden wir unserem Anspruch gerecht, sowohl eine professionale Topmanagement-Beratung zu bieten als auch unsere Mitarbeiter individuell zu fördern.

Was unterscheidet Sie von anderen, externen Beratungen? Unsere Kunden sind unsere Kollegen – wir haben somit ein gemeinsames Interesse an der Erarbeitung nachhaltiger Lösungen. Dementsprechend ist die Zusammenarbeit sehr partnerschaftlich und durch eine starke Vertrauenskultur geprägt. Wir decken mit unseren Projekten das komplette Spektrum von der konzeptionellen Vorarbeit bis hin zur Begleitung der Umsetzung ab. Darüber hinaus ist Work-Life-Balance für uns nicht nur ein Schlagwort, sondern gelebte Realität. Und für die „Karriere nach der Beratung" ist der Weg nicht weit …

Wen suchen Sie? Wir suchen Absolventen und Professionals mit hervorragenden akademischen Leistungen im Bereich (Wirtschafts-)Ingenieurwesen, Betriebswirtschaftslehre oder (Wirtschafts-)Informatik, idealerweise ergänzt durch eine Promotion oder einen MBA. Darüber hinaus bringen Sie relevante Praktika oder Berufserfahrung in der Automobilindustrie und/oder der Unternehmensberatung mit. Ausgeprägte analytische Fähigkeiten, unternehmerischer Gestaltungswille, internationale Erfahrungen, verhandlungssichere Englischkenntnisse, Teamplayer-Mentalität und Kommunikationsstärke runden Ihr Profil ab.

Welche Entwicklungsmöglichkeiten gibt es? Wir unterstützen unsere Mitarbeiter bei ihrer Weiterentwicklung – on-the-Job und off-the-Job. Dazu gehören eine offene Feedback-Kultur in unseren Projekten sowie die Teilnahme an internen und externen Trainings. Auch als Einsteiger übernehmen Sie bei uns vom ersten Tag an, je nach Level, Teil- bzw. Gesamtprojektverantwortung und können sich – eine entsprechende Performance vorausgesetzt – bis zum Programmleiter entwickeln. Bei der MAN Consulting erwerben Sie wichtige Fähigkeiten und Kompetenzen für Ihre weitere Entwicklung bei der MAN Truck & Bus AG, sei es als Führungskraft oder als Experte.

Wie sieht das Bewerbungsverfahren aus? Unser Bewerbungsprozess umfasst drei Stufen: Haben Ihre Bewerbungsunterlagen unser Interesse geweckt, findet im ersten Schritt ein telefonisches Vorgespräch mit einem Manager statt. War das Ergebnis dieses Gesprächs positiv, laden wir Sie zu einem Auswahltag nach München ein. Dabei erwarten Sie spannende Fallstudien, Präsentationen und persönliche Gespräche. Den abschließenden Schritt bildet ein weiteres Gespräch mit dem Leiter der MAN Consulting und einem Vertreter aus dem Personalbereich.

Caroline Ruhe

Jahrgang 1987

Senior Consultant

Die Zukunft gestalten bei MAN

So kam ich zur MAN Consulting

Ich habe nach internen Beratungen bei großen Industrieunternehmen gesucht und bin so auf MAN Consulting, die Inhouse-Beratung der MAN Truck & Bus AG, gestoßen. Hier habe ich mich direkt beworben und eine Einladung zum Interview sowie bald nach dem Auswahltag die Zusage für den Einstieg bekommen.

Abwechslungsreiche und herausfordernde Projekte

Seit gut dreieinhalb Jahren arbeite ich als Senior Consultant bei MAN Consulting. Meine bisherigen Projekte decken ein breites und spannendes Themenfeld ab – von der Gemeinkostenreduzierung und Vertriebsprozessoptimierung bei den Bussen über die Restrukturierung unseres Lkw-Produktionsnetzwerks bis hin zu meinem derzeitigen Projekt im Bereich digitaler Innovationen. Ich bin ständig gefordert, mich in neue, komplexe Themen und Zusammenhänge einzuarbeiten – auch nach über drei Jahren.

An diesem spannenden Projekt arbeite ich momentan

Zurzeit unterstütze ich das Projekt „MAN Digital Innovation". Unser Ziel ist es, digitale Innovationen für das Kerngeschäft der MAN und darüber hinaus voranzutreiben. Hierbei arbeiten wir mit agilen Arbeitsmethoden und in einem interdisziplinären Team. Nach 100 Tagen Innovationssprint stellen wir dem Vorstand unsere neu generierten Geschäftsideen und weitere Optimierungspotenziale vor, die wir mithilfe zahlreicher Kundeninterviews in ganz Europa aufgedeckt haben. Ich finde es spannend zu sehen, wie in diesem Projekt alle an einem Strang ziehen und die MAN zusammen auf die Zukunft vorbereiten. Außerdem war es eine ganz besondere Erfahrung, gemeinsam mit dem Vorstand in die USA zu fliegen und sich von der Start-up-Szene im Silicon Valley inspirieren zu lassen.

Darum arbeite ich gerne im Inhouse Consulting bei MAN

Ich arbeite sehr gerne bei der MAN Consulting, da wir uns mit Themen beschäftigen, die die MAN mitgestalten und tatsächlich voranbringen. Ein Kernunterschied zu den externen Beratungen ist, dass wir nicht nur Konzepte erarbeiten, sondern auch die Umsetzung mitbegleiten. Es macht mich stolz zu sehen, wie die Dinge, die man selbst miterarbeitet hat, auch wirklich umgesetzt und gelebt werden. Außerdem baut man ein gesamtunternehmerisches Verständnis und ein großes Netzwerk auf, da man in den verschiedensten Unternehmensbereichen aktiv ist.

McKinsey & Company

Standorte in Deutschland: Berlin, Düsseldorf, Frankfurt am Main, Hamburg, Köln, München, Stuttgart

Standorte weltweit: über 100 Büros in mehr als 60 Ländern

Tätigkeitsschwerpunkte: Strategie, Organisation, operative Verbesserung, Aufbau neuer Geschäfte

Mitarbeiter in Deutschland: 2.500 Mitarbeiter, 1.500 Berater

Mitarbeiter weltweit: 26.000 Mitarbeiter, 14.000 Berater

Geplante Neueinstellungen 2018: 340 Berater, 120 Praktikanten

McKinsey & Company ist die in Deutschland und weltweit führende Topmanagement-Beratung. Ziel unserer interdisziplinären Teams ist es, die Leistungsfähigkeit unserer Klienten nachhaltig zu verbessern – von der Strategie bis zur Umsetzung. Unser Wertversprechen für unsere Mitarbeiter lautet: Building Global Leaders. Durch wechselnde Einsatzgebiete, ein breites Trainingsangebot und das tägliche Zusammenspiel mit Kollegen und Klienten können Sie Ihre Fähigkeiten optimal entwickeln.

McKinsey&Company

Christophstraße 17
50670 Köln
www.karriere.mckinsey.de

Carolin Weber
Recruiting
+49 221 208-7510
karriere@mckinsey.com

Was zeichnet Ihre Unternehmenskultur aus? Die Unternehmenskultur von McKinsey ist stark von Werten geprägt: Wir möchten die Leistungsfähigkeit unserer Klienten substanziell und dauerhaft verbessern. Gleichzeitig möchten wir außergewöhnliche Persönlichkeiten für uns gewinnen, sie weiterentwickeln und nachhaltig begeistern. Aus- und Weiterbildung sind somit ein fester Bestandteil der Unternehmenskultur von McKinsey. Der wichtigste Grundsatz unserer Beratung ist „Client first“: McKinsey nimmt einen Auftrag nur an, wenn wir überzeugt sind, wesentlich zur Lösung eines wichtigen Problems beitragen zu können. Absolute Integrität, strengste Geheimhaltung aller vertraulichen Klienteninformationen und professionelle Unabhängigkeit sind weitere wichtige Voraussetzungen für unsere Beratungsarbeit. McKinsey vertritt stets eine unabhängige, auf Analysen basierende Sichtweise gegenüber dem Topmanagement – auch wenn sie eine abweichende ist. Diese Werte bestimmen die tägliche Arbeit und das Miteinander in unserem Unternehmen.

Welche Möglichkeiten zur Weiterqualifizierung bieten Sie? Persönliche Betreuung, individuelles Coaching und vielfältige Trainings sorgen dafür, dass Consultants bei McKinsey ihre Fähigkeiten optimal entwickeln können. Insgesamt absolvieren Berater bei uns fünf bis neun Wochen Training schon allein in den ersten zwei Jahren. Vom ersten Tag an steht ihnen ein erfahrener Mentor zur Seite, der ihre Entwicklung in regelmäßigen Abständen mit ihnen bespricht. Zudem bereitet sie ein Basistraining auf die speziellen Anforderungen der Beratung vor und vermittelt die bei McKinsey genutzten Methoden und Instrumente. Die Grundbegriffe des Wirtschaftslebens erlernen unsere Kollegen ohne wirtschaftswissenschaftliches Studium in Trainings. Beispielsweise wird diesen Kollegen der sogenannte Mini-MBA angeboten. In diesem zweiwöchigen internationalen Training vermitteln ihnen McKinsey-Berater und Professoren führender Business Schools das notwendige Wirtschaftswissen.

Welche internationalen Einsatzmöglichkeiten bieten Sie? Zu unseren Klienten gehören nicht nur mehr als 60 Prozent der Global-500-Unternehmen, sondern auch der wachstumsstarke Mittelstand sowie Regierungsstellen, private und öffentliche Institutionen. Wer seine Karriere bei McKinsey startet, überschreitet Grenzen – im wahrsten Sinne des Wortes. Der freie Austausch von Beratern und Know-how zwischen unseren mehr als 100 Büros in über 60 Ländern kommt unseren Klienten ebenso zugute wie unseren Consultants. Mehr als 50 Prozent unserer Berater arbeiten im Laufe eines Jahres im Ausland.

Welche Karrieremöglichkeiten bieten Sie? Einsteiger gehören vom ersten Tag an bei McKinsey einem Projektteam an, das im direkten Kontakt zum Topmanagement unserer Klienten an der Lösung strategischer und operativer Fragen arbeitet. Die enge Zusammenarbeit mit zahlreichen führenden nationalen und internationalen Unternehmen eröffnet den Beratern dabei nahezu unbegrenzte Entwicklungs- und Karrieremöglichkeiten.

Wie sieht ein typischer Arbeitstag bei Ihnen aus? In der Beratung gibt es keinen typischen Arbeitstag: Bei jedem neuen Klienten warten neue Themen und ungewohnte Perspektiven auf die Beraterteams. Berater arbeiten in der Regel von Montag bis Donnerstag beim Klienten vor Ort. Freitags haben sie ihren Office Day im McKinsey-Büro.

Welche Fachrichtungen suchen Sie? McKinsey sucht herausragende Hochschulabsolventen aller Fachrichtungen, Akademiker mit einem zweiten Abschluss (Promotion oder MBA) und Young Professionals. Naturwissenschaftler und Ingenieure arbeiten ebenso bei uns wie Wirtschaftswissenschaftler, Geisteswissenschaftler, Mediziner und Juristen.

Kann man bei Ihnen auch schon während des Studiums Erfahrungen sammeln? Als Praktikant für acht bis zwölf Wochen haben Interessierte schon vor Ende ihrer akademischen Ausbildung die Möglichkeit, als Fellow Intern bzw. Associate Intern McKinsey und die Beratungstätigkeit kennenzulernen. Fellow Interns studieren meist im Hauptstudium und stehen vor ihrem ersten akademischen Abschluss. Associate Interns haben ihren ersten Abschluss bereits hinter sich und befinden sich gerade auf dem Weg zum zweiten. Gegebenenfalls sind auch Praktika im Ausland möglich. Die Länderpräferenzen der Bewerber werden von McKinsey berücksichtigt.

Was sind Ihre Einstellungskriterien? Wir suchen Akademiker, die Verantwortung übernehmen und etwas bewegen möchten. Außerdem achten wir auf exzellente Noten, sehr gute analytische und kommunikative Fähigkeiten sowie Englischkenntnisse. Ebenso sind Kreativität und Teamfähigkeit gefragt.

Wie läuft das Bewerbungsverfahren in Ihrem Unternehmen ab? Wenn uns die schriftlichen Unterlagen überzeugt haben, laden wir Bewerber zu einem sogenannten Auswahltag ein. Dort haben sie Interviews mit McKinsey-Beratern und bearbeiten Fallstudien. Beispiele für Fallstudien sowie Tipps zur Vorbereitung auf den Auswahltag finden sich auf unserer Homepage. Der Kandidat verbringt den Tag zwar zusammen mit anderen Bewerbern, ein Assessment-Center führen wir jedoch nicht durch. Auch bringen wir die Kandidaten nicht in kompetitive Situationen mit anderen Teilnehmern. Vielmehr bitten wir unsere potenziellen neuen Kollegen zu Gesprächen mit jeweils einem unserer Consultants.

Welche Deadlines gibt es für Bewerbungen? Bewerbungsfristen gibt es bei uns weder für den Direkteinstieg noch für ein Praktikum. Wir empfehlen, sich über unsere Karrierewebsite www.karriere.mckinsey.de etwa drei Monate vor dem geplanten Einstieg online bei uns zu bewerben. So können wir einen reibungslosen Prozess gewährleisten und bestmöglich auf individuelle Wünsche eingehen.

McKinsey&Company
Jedes Praktikum ein Unikum.
Profitieren Sie von der Themenvielfalt bei McKinsey und probieren Sie sich aus!
Vom ersten Tag an sind Sie mittendrin. Für acht bis zwölf Wochen arbeiten Sie als vollwertiges Teammitglied direkt vor Ort beim Klienten an den großen Themen unserer Zeit. Kein Projekt gleicht dem anderen. Ihre Meinung und Ihr Einsatz sind von Anfang an gefragt. Und Sie werden sich beruflich und persönlich weiterentwickeln. Dabei begleiten wir Sie bis zum letzten Tag Ihres Praktikums – und darüber hinaus.
Erfahren Sie jetzt mehr auf mckinsey.de/praktikum
Building Global Leaders

OSCAR GmbH

Standorte in Deutschland: Köln, Stuttgart

Tätigkeitsschwerpunkt: Organisation, Marketing und Sales, Personal, Produktion und Logistik, Finanzen und Controlling

Mitarbeiter in Deutschland: 55

Geplante Neueinstellungen 2018: Wir suchen über 50 neue projektbezogene Berater sowie mehr als 20 neue Abteilungsmitarbeiter.

Die OSCAR GmbH bietet umfangreiche Praxiserfahrungen in der Unternehmensberatung, eigenverantwortliches Arbeiten vom ersten Tag an, ein junges motiviertes Team und die Chance, frühzeitig wertvolle Kontakte zu führenden Unternehmen zu knüpfen. Wer eine steile Lernkurve und flache Hierarchien für die persönliche Entwicklung nach dem Studium sucht, ist im OSCAR.team genau richtig. Regelmäßige Mitarbeiter-Events sowie Workshops mit unseren namenhaften Kooperationspartnern sind nur ausgewählte Beispiele der zahlreichen Benefits.

OSCAR
Young Management Consultants

Salierring 48
50677 Köln
www.oscar.de

Rebecca Nannen
Personalabteilung
+49 221 921567-32
personal@oscar.de

Worin unterscheiden Sie sich von Ihren Wettbewerbern? Seit 25 Jahren ist die OSCAR GmbH bestrebt, möglichst vielen Jungabsolventen und Studierenden die Chance zu geben, temporär Praxiserfahrungen zu sammeln und dient ihnen als Karrieresprungbrett in die freie Wirtschaft. Unser Team, vom Berater über die Abteilungsmitarbeiter bis hin zur Geschäftsführung, wechselt in regelmäßigen Abständen.

Was zeichnet Ihre Unternehmenskultur aus? Ein starker Teamgedanke sowie eine offene und direkte Kommunikation sind bei OSCAR zentrale Elemente der Unternehmenskultur. Aufgrund flacher Hierarchien leben wir eine 360°-Feedback-Kultur, in der jeder Einzelne dazu animiert wird, sowohl Feedback zu geben als auch aktiv Feedback einzuholen. Wir verfolgen die Kaizen-Philosophie und entwickeln dadurch nicht nur OSCAR als Unternehmen, sondern auch unsere Persönlichkeiten stetig weiter.

Wodurch zeichnet sich die Arbeitsatmosphäre bei Ihnen aus? Der Umgang untereinander ist sehr freundschaftlich geprägt. Obwohl das professionelle Arbeiten im Vordergrund steht und jeder Einzelne einen hohen Selbst- und Leistungsanspruch hegt, legen wir großen Wert auf ein kollegiales Miteinander. Oft wird in der Mittagspause zusammen gekocht oder der Feierabend am Kicker oder an der Playstation eingeleitet.

Welchen Menschentyp suchen Sie? Wir suchen Jungabsolventen oder Studierende ab dem vierten Semester aus den verschiedensten Fachdisziplinen, sowohl von Universitäten als auch von FHs. Bei uns ist jeder richtig, der gut und gerne im Team arbeitet und heiß darauf ist, ein Projekt eigenverantwortlich durchzuführen, um für den Kunden das bestmögliche Ergebnis zu erzielen. Drive und Selbstständigkeit setzen wir dafür voraus

Wie sieht ein typischer Arbeitstag bei Ihnen aus? Aufgrund der Vielseitigkeit der Projekte und der vielfältigen internen Aufgaben gestalten sich die Tage sehr unterschiedlich. Termine beim Kunden vor Ort, die Durchführung von Workshops, Interviews und Expertenbefragungen gehören ebenso zu unserem Arbeitsalltag wie Recherchetätigkeiten und Konzeptentwicklungen im Büro. Freitagmorgens findet ein standortübergreifendes Teammeeting statt, das fester Bestandteil einer jeden OSCAR.woche ist.

Welche Karrieremöglichkeiten bieten Sie? Nach einem erfolgreich abgeschlossenen Projekt oder einer überzeugenden Abteilungsmitarbeit hat jeder Mitarbeiter die Möglichkeit, weitere Projekte durchzuführen oder in einer (anderen) Abteilung mitzuarbeiten. Zudem besteht bereits nach sechs Monaten die Chance, zum Projektleiter sowie nach einem Jahr zum Geschäftsführer aufzusteigen.

Wie läuft das Bewerbungsverfahren in Ihrem Unternehmen ab? Online können Bewerbungen jederzeit eingereicht werden. Entsprechen die Bewerbungsunterlagen unseren Anforderungen, folgt die Einladung zu unserem wöchentlich stattfindenden Assessment-Center. Wer uns im AC überzeugt, wird in den Beraterpool aufgenommen, aus welchem die Kundenprojekte und Abteilungspositionen besetzt werden.

Mia Gorin

Jahrgang 1990

M. Sc. Wirtschaftspsychologin

Beraterin und Personalmanagerin

Sprung ins kalte Wasser? Aber mit Schwimmflügeln!

Als Master-Absolventin wollte ich nach dem Studium die erlernte Theorie endlich in der Praxis umsetzen und praktische Erfahrungen in der Wirtschaft sammeln. OSCAR gab mir die Chance dazu und hat meine Erwartungen weit übertroffen: „Eigenverantwortliches Arbeiten vom ersten Tag an" stellte sich nicht nur als wirksamer Marketingslogan heraus, sondern entspricht in vollem Maße der Realität! Ich war von Beginn an ein vollwertiges Mitglied eines Beraterteams, das sich mit der Analyse verschiedener internationaler Märkte befasste und stets mit dem Kunden in engem Kontakt stand. In der Gestaltung unserer Projektarbeit waren wir sehr frei, sodass wir unseren Ideen freien Lauf lassen konnten. Die Möglichkeit, innovative Ansätze zu entwickeln, das nette Team und die einzigartige Kultur von OSCAR hatten mich in ihren Bann gezogen, sodass ich mich nach meinem erfolgreich abgeschlossenen Beratungsprojekt dazu entschloss, noch eine Weile bei OSCAR zu bleiben und daraufhin in die Personalabteilung wechselte. Rückblickend auf die vergangenen zehn Monate habe ich eine extrem steile Lernkurve durchlebt.

Nachhaltig Mitgestalten und etwas bewegen

Nach meinem Abschluss war es mir besonders wichtig, etwas vorantreiben zu können. Sowohl während meiner Beratungstätigkeit als auch in meiner derzeitigen Position als Personalmanagerin habe ich bei OSCAR immer die Möglichkeit, meine eigenen Ideen einzubringen und in spannenden internen sowie externen Projekten kreativ zu werden. Trotz großer Verantwortung fühlte ich mich während der Beratungsprojekte bei OSCAR nie allein: Mit einem einzigartigen Teamgeist, einer enormen Hilfsbereitschaft und einem fundierten Wissensmanagement gelang es mir, die ersten Schritte in der Beratungsbranche zu gehen und wertvolle Erfahrungen zu sammeln, die mich mit Sicherheit für meine weitere Karriere geprägt haben.

Unternehmenskultur: Interdisziplinarität trifft Innovation

Was mir an OSCAR besonders gut gefällt, ist die einzigartige Unternehmenskultur. Ich fühle mich wie in einem jungen Start-up-Unternehmen, in dem alle an einem Strang ziehen und sich gegenseitig unterstützen, um ihren persönlichen sowie den unternehmerischen Leistungsansprüchen gerecht zu werden. Der Zusammenhalt und der Spaß an der Arbeit sind einfach spürbar.

Zudem profitiere ich von der Interdisziplinarität der Mitarbeiter, denn diese ermöglicht es mir, über den „Tellerrand" meines eigenen Wissens hinauszuschauen, verschiedene Problemlösestrategien kennenzulernen und durch den regelmäßigen Austausch mit anderen auf neue Ideen zu kommen. In so einem motivierten und leistungsstarken Team zu arbeiten und sich dabei zu fühlen wie unter Freunden macht die Zeit bei OSCAR für mich zu etwas ganz Besonderem. Einen besseren Einstieg hätte ich mir nicht wünschen können!

PwC

Standorte in Deutschland: 21 Standorte in ganz Deutschland

Standorte weltweit: 757 in 157 Ländern

Tätigkeitsschwerpunkte: Transactions, Finance & Regulation, Consulting und Digital für die Branchen Real Estate, Automobilindustrie, den öffentlichen Sektor, Private Equity, Handel und Konsumgüter, Technologie, Medien und Telekommunikation, Energiewirtschaft, Gesundheitswesen und Pharma, Financial Services, industrielle Produktion, Transport und Logistik

Mitarbeiter in Deutschland: 10.300

Mitarbeiter weltweit: 223.000

Geplante Neueinstellungen 2018:
ca. 300 Consultants
ca. 700 Praktikanten

Ein wichtiger Erfolgsfaktor des PwC-Beratungsgeschäfts sind unsere exzellenten Industrie- bzw. Branchenkenntnisse. Denn sie ermöglichen es uns, Trends in den jeweiligen Märkten zu identifizieren und ihre Chancen und Risiken für das Unternehmen zu bewerten und darauf zu reagieren. Mit unseren Branchenteams liefern wir maßgeschneiderte und flexible Lösungen – und das unter Beachtung höchster professioneller Standards. Von der Strategie bis zur Umsetzung. In Deutschland und in aller Welt. Denn als Teil von PwC Deutschland bildet Advisory eine globale Workforce von rund 40.000 Experten in 157 Ländern.

pwc

Friedrich-Ebert-Anlage 35–37
60327 Frankfurt am Main
pwc.de/karriere

Jan Stromberg
Personalmarketing & Recruiting
+49 69 9585-5226
personalmarketing@de.pwc.com

Warum sollten Studierende und Absolventen gerade bei Ihnen einsteigen? Wir bieten neben exzellenten Karrieremöglichkeiten und spannenden Projekten ein Umfeld, in dem Sie sich wohlfühlen. Gemeinsam mit Ihrem Team werden Sie tagtäglich herausgefordert und lernen so jeden Tag etwas Neues. Verschiedene Modelle ermöglichen Ihnen dabei die flexible Gestaltung Ihrer Arbeitszeit und stellen sicher, dass Ihr Privatleben und Ihre Hobbys nicht zu kurz kommen.

Welche Karrieremöglichkeiten bieten Sie? Mit einem Einstieg bei PwC bieten wir Ihnen die besten Karrieremöglichkeiten. Wir fördern und fordern Sie, um Ihnen eine beständige Weiterentwicklung zu ermöglichen. So haben Sie die Möglichkeit, immer mehr Verantwortung zu übernehmen und Ihr Wissen kontinuierlich auszubauen. Wenn Sie Interesse an einer internationalen Station haben, so ist dies in einem unserer Offices in über 150 Ländern weltweit ebenfalls möglich.

Wie unterstützt PwC die Entwicklung seiner Mitarbeiter? Unsere Mitarbeiter entwickeln sich kontinuierlich weiter - on-the-Job wie off-the-Job. Ein People Manager ist für die persönliche Weiterentwicklung der Mitarbeiter verantwortlich. Gemeinsam werden Ziele festgelegt, Entwicklungspotenziale erkannt und an diesen gearbeitet. Darüber hinaus geben erfahrene Kollegen ihr Wissen und ihre Erfahrung durch Feedback auf den Projekten weiter und unterstützen so die Weiterentwicklung. Das breite Weiterbildungsangebot der Academy@PwC unterstützt Sie durch Fach- und Soft Skill Trainings.

Wie läuft das Bewerbungsverfahren in Ihrem Unternehmen ab? Unser Auswahlprozess ist schnell und unkompliziert. Nach Ihrer Online-Bewerbung erhalten Sie zeitnah ein Feedback und im besten Fall direkt eine Einladung zum Bewerbertag oder Einzelinterview - dies ist abhängig vom Bereich, in dem Sie einsteigen möchten. Am Bewerbertag erwarten Sie sowohl fachliche als auch persönliche Interviews. Sie und wir haben so die Möglichkeit herauszufinden, ob wir zueinander passen.

Welche Studienhintergründe haben Ihre Mitarbeiter? Aus welchen Fachbereichen kommen sie? Es ist die Vielfalt der Studienhintergründe, die PwC auszeichnet. Da wir mit einem breit gefächerten Portfolio an Dienstleistungen sowie in nahezu allen Branchen agieren, beschäftigen wir Experten unterschiedlichster Fachrichtungen. Zwar bringt ein Großteil unserer New Joiner einen Abschluss in Wirtschaftswissenschaften oder Wirtschaftsinformatik mit, jedoch bieten wir auch Einstiegsmöglichkeiten für Naturwissenschaftler, Ingenieure, Mathematiker und viele weitere Studiengänge.

Wie sieht Diversity bei Ihnen konkret aus? Bei PwC verfolgen wir einen einfachen Grundsatz: Wir möchten, dass unsere Teams so bunt und vielfältig sind wie die Talente, die wir für unseren Erfolg benötigen. Aus diesem Grund pflegen wir eine Unternehmenskultur, in der jeder mit seinen individuellen Fähigkeiten und Facetten wertgeschätzt wird. Als Unternehmen wirken wir konsequent jeder Art von Vorbehalt entgegen und streben jeden Tag danach, offener zu werden und Leistung für sich sprechen zu lassen. PwC bietet in den Diversity-Feldern „Wo(man) Power", „Ethnische Herkunft", „Sexuelle Identität" und „Meinungsvielfalt" verschiedene Veranstaltungen, Workshops und Programme an, um das Potenzial der Vielfalt ideal auszuschöpfen.

Simon Stegert

Jahrgang 1989

Consultant im Bereich Technology Consulting Financial Services – Standort Frankfurt

Eine spannende Reise in die facettenreiche Welt der Beratung

Als Student der Wirtschaftswissenschaften mit dem Nebenfach Maschinenbau an der TU München habe ich während meines Studiums als Praktikant bei PwC in die Arbeitswelt der Unternehmensberatung hineinschauen können. In meinem viermonatigen Praktikum konnte ich direkt mit Mandanten arbeiten und zahlreiche Projekte unterstützen. Mich hat damals schon sehr begeistert, mit welcher Professionalität PwC an Projekte herangeht, die eine hohe Komplexität aufweisen. Dies wollte ich selbst lernen und bin daher nach meinem Studium bei PwC als Consultant eingestiegen.

Mein Team, in dem ich nun seit gut einem Jahr arbeite, berät Banken und Finanzdienstleister bei Fragestellungen rund um die Themen Digitalisierung und Business Transformation. Gerade bei Banken sind aktuell große Veränderungen im Markt zu spüren – z. B. durch kleine Start-ups im Finanzsektor (FinTechs), die mit innovativen und alltagstauglichen Finanzlösungen bei jungen Kunden punkten und die großen, etablierten Banken herausfordern. Banken müssen viele Teile ihres aktuellen Geschäftsmodells überdenken. So wird sich beispielsweise der Zahlungsverkehr in den nächsten Jahren stark verändern. Und genau dies macht die Arbeit in dieser Branche so spannend! Wir beziehen bei unseren Projekten auch den Einsatz von neuen Technologien wie Blockchain und Data Analytics ein. Das Arbeiten im digitalen Umfeld macht außerordentlich große Freude.

Meiner Entscheidung für PwC folgte eine spannende Reise in die facettenreiche Welt der Beratung. Gleich auf dem ersten Projekt habe ich mit einem europäischen PwC-Team einen Mandanten beraten. Die Kollegen kamen dabei aus der Technologieberatung und Wirtschaftsprüfung – eine spannende Mischung. Die Projektsprache war natürlich Englisch. Dabei war unser Projektteam interdisziplinär aufgestellt, was wesentlich zum Projekterfolg beigetragen hat, aber auch für mich persönlich gleich zum Berufsstart eine tolle Erfahrung war.

Recht schnell habe ich festgestellt, dass bei PwC eine Kultur herrscht, in der man sich selbst einbringen kann und die Türen für Innovationen und eigene Ideen immer offen stehen. Was mich sehr an PwC begeistert – von Beginn meines Praktikums bis heute – ist das Zusammenarbeiten mit den Kollegen im Team. Wir ziehen alle am selben Strang, unterstützen uns gegenseitig, sitzen auch mal bis in die Abendstunden gemeinsam am Projekt und lachen viel gemeinsam – ein tolles Teamgefüge.

Roland Berger

Standorte in Deutschland: Berlin, Düsseldorf, Frankfurt am Main, Hamburg, München, Stuttgart

Standorte weltweit:
50 Offices in 36 Ländern

Tätigkeitsschwerpunkte: Wir beraten international führende Industrie- und Dienstleistungsunternehmen sowie öffentliche Institutionen in allen Branchen und Funktionsbereichen – von der Strategieberatung bis zur erfolgreichen Umsetzung.

Mitarbeiter weltweit: 2.400

Geplante Neueinstellungen 2018:
über 150 neue Kollegen für verschiedene Karrierestufen und Kompetenzzentren, 120 Praktikanten als „Berater auf Zeit" für unsere Projektteams

Roland Berger, 1967 gegründet, ist die einzige weltweit führende Unternehmensberatung mit europäischen Wurzeln. Von Beginn an haben wir in unterschiedlichen Sprachen und Kulturen gearbeitet. Wir schätzen unterschiedliche Sicht- und Herangehensweisen und setzen auf die Vielfalt unserer Mitarbeiter. Wir suchen und fördern authentische Persönlichkeiten mit Unternehmergeist. Wenn Sie gern die Initiative ergreifen und im Team etwas bewegen wollen, sind Sie bei uns richtig.

Roland Berger

Sederanger 1
80538 München
www.join.rolandberger.com
facebook.com/JoinRolandBerger

Patricia Ott
Human Resources
+49 89 9230-8334
patricia.ott@rolandberger.com

Was zeichnet Roland Berger aus? Als globale Unternehmensberatung europäischen Ursprungs bilden interdisziplinäre Teams und die individuelle Persönlichkeit unserer Berater die Basis unseres Erfolgs. Excellence, Empathy und Entrepreneurship prägen als Kernwerte unsere Unternehmenskultur. Wir suchen herausragende Talente, die mit uns innovative, maßgeschneiderte und nachhaltige Lösungen für unsere Kunden entwickeln und umsetzen. Wir sind verantwortungsvolle Berater, die in Projekten eng mit dem Kunden zusammenarbeiten und diesen als Partner verstehen. Unternehmergeist ist seit unserer Gründung fest in unserer Kultur verankert. Das bedeutet für Sie, dass Sie vom ersten Tag an Ihre eigenen Ideen einbringen können und schnell Verantwortung übernehmen. Unser Beratungsspektrum bauen wir kontinuierlich aus: Neben Strategie- und großen Infrastrukturprojekten, die unsere Zukunft prägen, unterstützen wir unsere Kunden z. B. auch bei den Herausforderungen im Zeitalter der digitalen Transformation. Erst vor Kurzem haben wir in Berlin einen „Digital Hub" gegründet, in dem Kunden mit Beratern und Entrepreneuren aus der Start-up-Szene zusammenarbeiten.

Wie international ist Roland Berger? Unsere 2.400 Mitarbeiter stammen aus über 60 Nationen. Mindestens 75 Prozent unserer Projekte schließen internationale Fragestellungen ein. Es ist bei uns an der Tagesordnung, dass Sie in internationalen Projektteams arbeiten. Neben Projekteinsätzen im Ausland haben Sie auch die Chance, im Rahmen unserer Austauschprogramme in eines unserer weltweiten Offices zu wechseln.

Welchen Studienhintergrund haben Ihre Mitarbeiter? Um für unsere Klienten die bestmöglichen Lösungen zu entwickeln, setzen wir unsere Projektteams interdisziplinär zusammen. Wir glauben, dass nur durch Vielfalt kreative und innovative Lösungen entstehen. Andersdenken ist bei uns gefragt! Deshalb legen wir Wert darauf, Kollegen mit unterschiedlichen Persönlichkeiten und verschiedenen Studienhintergründen und Know-how einzustellen.

Was bieten Sie Ihren Talenten? Als Neueinsteiger lernen Sie durch ein internationales 14-tägiges Kick-off-Seminar unsere Unternehmenskultur, unsere Arbeitsweise und Ihre Kollegen kennen. Seminare zu Managementthemen und -techniken sowie zu Personal und Leadership Skills qualifizieren Sie systematisch für den Beraterallag und die nächsten Karrierestufen. Als erste Strategieberatung haben wir auch Bachelor-Absolventen den Festeinstieg ermöglicht und begleiten Sie später bei Ihrem Master. Durch unsere Doktoranden- und MBA-Programme unterstützen wir Sie bei Ihrer Promotion und öffnen Ihnen die Türen renommierter Universitäten und Business Schools. Mit einem Sabbatical ermöglichen wir Ihnen eine Auszeit vom Berateralltag. Ein bis sechs Monate haben Sie Zeit für Ihre persönlichen Projekte – sei es eine Weltreise, von der Sie schon immer träumten, soziales Engagement oder mehr Zeit mit der Familie. Dank verschiedener Teilzeitmodelle können Sie Familie und Beruf vereinbaren. Wir sind stolz darauf, bereits 2005 mit dem Zertifikat „beruf und familie" ausgezeichnet und regelmäßig erfolgreich rezertifiziert worden zu sein.

Susanna Berger

Jahrgang 1991

Praktikantin im Rahmen des Roland Berger Gap Year Programms

Im Roland Berger Gap Year internationale Erfahrungen in Beratung und Start-up sammeln

Im Sommer habe ich mein Bachelor-Studium in International Management abgeschlossen und bin dann ins Roland Berger Gap Year Programm eingestiegen. In den drei Stationen absolviere ich neben einem klassischen Beratungspraktikum in Deutschland auch ein Praktikum in einem kooperierenden Start-up und arbeite mit den Beratern in Schweden im Stockholmer Office zusammen. Besonders gut gefällt mir neben der großartigen Zusammenarbeit mit den Kunden und mit Kollegen aus verschiedenen Ländern, dass das Programm so dynamisch und abwechslungsreich ist.

Qualität und individuelle Lösungen

Excellence, Empathy und Entrepreneurship - bei Roland Berger werden die Unternehmenswerte wirklich gelebt. Die Arbeit bei Roland Berger zeichnet sich durch einen hohen Qualitätsanspruch aus, und es macht Spaß, in einem Team zu arbeiten, in dem jeder diesen Anspruch mitträgt. Der enge Austausch mit Kunden und Kollegen und gegenseitiges Verständnis sind die Basis für herausragende Ergebnisse. In meinem ersten Projekt haben meine Kollegen und ich die globale Organisation eines deutschen Unternehmens im Sektor erneuerbare Energien erarbeitet und anschließend die Implementierung vorbereitet. Für jeden Bereich gab es dabei ein Tandem aus zwei Personen von Berater- und Kundenseite. Das Ergebnis ist ein gemeinsam entwickeltes, individuell auf den Kunden zugeschnittenes Konzept, das nun implementiert wird.

Gemeinsam an Herausforderungen wachsen

In den neun Monaten meines Gap Years begleitet mich eine persönliche Mentorin von Roland Berger, und ich werde zusätzlich durch Trainings unterstützt. Das ist klasse, denn im Gap Year erlebe ich viele neue Situationen, löse neue Aufgaben und arbeite mich in die unterschiedlichsten Themen ein - in jeder Station warten eigene Aufgaben und eigene Verantwortung. Der Rahmen dafür ist ein tolles Lernumfeld: Ein Team, in dem wir uns gegenseitig fordern, fördern und wertschätzen. Ich erweitere nicht nur mein fachliches und methodisches Wissen, sondern lerne auch viel über andere Menschen und mich selbst. Von den vielseitigen Erfahrungen aus dem Gap Year werde ich auch in Zukunft profitieren, egal, ob in einer möglichen Tätigkeit als Beraterin, oder in anderen Bereichen.

Meine Tipps für den Berufseinstieg

Durch ein Praktikum kann man herausfinden, ob Roland Berger der richtige Arbeitgeber für einen ist. Die besten Praktikanten erhalten ohne neues Auswahlverfahren ein Angebot für den Festeinstieg.

Senacor Technologies AG

Standorte in Deutschland: Berlin, Bonn, Frankfurt am Main, Hamburg, München, Nürnberg, Stuttgart

Standorte weltweit: Wien (Österreich) und Košice (Slowakei)

Tätigkeitsschwerpunkt: IT-Beratung

Mitarbeiter in Deutschland: 410

Mitarbeiter weltweit: 450

Geplante Neueinstellungen 2018: 120

Durch ein stabiles Wachstum, agile interne Strukturen und die konsequente Ausrichtung auf unser Kernleistungsspektrum schaffen wir für unsere Mitarbeiter maximale Freiheitsgrade für eine eigengesteuerte Entwicklung und Karriere. Bereits im Einstiegslevel bewirken unsere Mitarbeiter greifbare Veränderungen durch Integration in interdisziplinäre Expertenteams. Dabei beraten sie unsere Kunden nicht nur, sondern stellen sicher, dass deren IT strategischen Mehrwert fürs Business schafft.

SENACOR

Äußere Cramer-Klett-Straße 21
90489 Nürnberg
www.senacor.com

Katharina Landes
Human Resources
+49 911 4244-424
human-resources@senacor.com

Worin unterscheiden Sie sich von Ihren Wettbewerbern? Senacor zeichnet sich durch ein einzigartiges Leistungsportfolio auf dem Beratermarkt aus, das eine nahtlose Verbindung zwischen Strategieberatung und Umsetzung darstellt. Wir schaffen und transformieren digitale Plattformen und sichern unseren Kunden – darunter Daimler, BMW, Deutsche Bank etc. – auf diese Weise in ihrem Kernbusiness entscheidende Wettbewerbsvorteile. Wir beraten unsere Kunden zumeist in einer sehr frühen und damit strategischen Projektphase mit dem Ziel, greifbare Ergebnisse zu erzeugen, die Nutzen stiften. Wir übernehmen in allen Phasen erfolgskritische Funktionen und somit die Ergebnisverantwortung. Dabei werden Absolventen in gemischten Expertenteams von Anbeginn mit eingebunden und intensiv gecoacht, wodurch eine schnelle Entwicklung vorprogrammiert ist. Flankierend sichert unser Wachstum von 20 bis 30 Prozent p. a. eine Mitarbeiterentwicklung losgelöst von Planstellenrestriktionen – Karrierestau Fehlanzeige.

Warum sollten Studenten/Absolventen gerade bei Ihnen einsteigen? Nach dem Studium fehlt oftmals noch das Verständnis dafür, welche Rolle langfristig zu einem passt. Wir haben Interesse daran, zu verstehen, wohin sich unsere Mitarbeiter entwickeln wollen und können. Zudem sind wir durch unser Projektportfolio und unser Karrieresystem fähig, individuell darauf einzugehen. Unsere Mitarbeiter können so den Weg von einer strategischen Management- über eine Architekten- bis hin zur Lead-Developer-Karriere gehen.

Welchen Abschluss sollten Bewerber haben (Bachelor, Master, MBA, Promotion)? Einen überdurchschnittlichen akademischen Abschluss setzen wir voraus. Der Fokus liegt dabei auf Wirtschaftsinformatik, Informatik, Mathematik, Physik bzw. ähnlichen naturwissenschaftlichen/quantitativen Ausrichtungen. Ob Bachelor, Master oder Promotion ist weniger ausschlaggebend, entscheidend ist das Potenzial, das ein Kandidat mitbringt, sowie die persönliche Passung zu Senacor. Bachelor-Absolventen steigen mit entsprechender Erfahrung und persönlicher Reife bei Senacor analog zu Master-Absolventen ein. Promovierte mit relevanter Vorerfahrung starten auf der Senior-Ebene. Wir nehmen uns für die Beurteilung ausreichend Zeit und treffen individuelle Entscheidungen, die allen Beteiligten gerecht werden und nachvollziehbar sind. Spätere Master- oder Promotionsvorhaben – auch berufsbegleitend – planen wir mit unseren Mitarbeitern individuell und unterstützen sie bei der Umsetzung.

Wie läuft das Bewerbungsverfahren in Ihrem Unternehmen ab? Innerhalb eines Tages lernen Bewerber in drei Einzelgesprächen potenzielle Kollegen kennen, die bereits eine Entwicklung in der angestrebten Rolle hinter sich haben. Ziel ist, dass der Bewerber durch die Bearbeitung idealtypischer Fragestellungen aus dem Projekt herausfindet, ob Senacor ihn menschlich und inhaltlich das richtige Umfeld bietet. Dabei können wir zugleich einschätzen, ob ein Kandidat eine langfristige Zukunft bei uns hat.

Martin Küster

Jahrgang 1981

Managing Consultant

Mit IT-Begeisterung überzeugen

Martin Küster ist vor zweieinhalb Jahren bei Senacor eingestiegen. Derzeit ist er Projektleiter für Migration und Test bei einer Bank. Mit der Einführung einer neuen Software werden Produkte aus dem Financial-Markets-Bereich aus verschiedenen Altsystemen übertragen.

Warum haben Sie sich für Senacor entschieden?
Senacor ist ein mittelgroßes IT-Beratungshaus mit flachen Hierarchien und gutem Kontakt zu den Partnern. Mich haben die Kollegen überzeugt, persönlich und fachlich. Es gibt niemanden, mit dem ich nicht abends noch etwas trinken gehen oder Sport machen würde. Zudem begeistern mich IT-Transformationen, wie sie Senacor begleitet. Einen Kunden von der IT-Strategie bis zur Software-Entwicklung zu begleiten ist großartig.

Welche Aspekte des Beraterlebens werden in der Öffentlichkeit oft falsch dargestellt, was kommt zu kurz?
Fehlende Nachhaltigkeit – oft wird der Eindruck erweckt, dass Berater eine Menge PowerPoint-Folien erstellen, die mit der Realität nichts zu tun haben und auf operativer Ebene wenig Wirkung erzielen. Das ist aus meiner Sicht – insbesondere im IT-Delivery – in der Realität anders. Wir sind keine Besserwisser, sondern unterstützen den Kunden dabei, eine Transformation zu planen und zu bewältigen, die er alleine nicht stemmen könnte.

Was haben Sie in Ihrer Studienzeit gelernt, das Ihnen in den ersten Monaten als Berater besonders geholfen hat?
Als Software-Ingenieur habe ich im Studium viel über Datenbanken, Integrationstechnologien, Entwicklungsprozesse etc. gelernt. Für das schnelle Verständnis, wie eine IT-Anwendungslandschaft beim Kunden funktioniert, ist dieses Wissen unerlässlich. Ohne ein hohes Maß an Abstraktionsvermögen und Strukturierungsfähigkeiten lassen sich die komplexen Fragestellungen nicht in den Griff kriegen.

Welche Dinge reizen Sie an Ihrem Job?
Ständig begegne ich neuen, anspruchsvollen Situationen, in die ich mich schnell eindenken muss. Das erfordert eine sehr flexible Denkweise. Mein Team ist unglaublich leistungsbereit und besteht aus jungen, kreativen, hochintelligenten und dabei sehr sympathischen Menschen. Beim Kunden muss ich oft organisatorische Gräben zuschütten, weil die Projekte üblicherweise nicht in die organisatorische Struktur passen. Das bedeutet: überzeugen, darstellen, vermitteln. All diese Voraussetzungen sind keine Selbstverständlichkeiten im Job!

Welchen Karriere-Tipp haben Sie für angehende Berater?
Als Praktikant bekommt man den besten Eindruck von einem „echten" Projekt, daher würde ich jedem Studenten empfehlen, ein Praktikum zu machen. Als Berufseinsteiger finde ich es wichtig, Mentorenprogramme zu nutzen und sich an erfahrenen Kollegen zu orientieren. Die Lernkurve wird in jedem Fall sehr steil sein. Die ersten Jahre sind enorm intensiv und wegweisend. Die Wahl des geeigneten Arbeitgebers ist wichtig, u. a. in Bezug auf Inhalte und die Work-Life-Balance.

Siemens Management Consulting (SMC)
Siemens AG

Standort in Deutschland: München

Standorte weltweit: Mumbai, Peking

Tätigkeit: Topmanagement-Strategieberatung

Mitarbeiter in Deutschland: >100

Mitarbeiter weltweit: >160

Geplante Neueinstellungen 2018: 50 Praktikanten und Consultants

Siemens Management Consulting (SMC) ist die Topmanagement-Strategieberatung des Siemens-Konzerns. Wir verstehen uns als Vorausdenker und entwickeln gemeinsam mit unseren Kunden Lösungen, um die Herausforderungen des 21. Jahrhunderts zu meistern. Das Spektrum unserer Beratungsleistungen reicht dabei von der Strategieentwicklung über Benchmarking bis hin zu Wachstums- und Innovationsprojekten.

Siemens
Management
Consulting

Otto-Hahn-Ring 6
81739 München
www.siemens.com/smc

Bettina Glomb
Recruiting
+49 173 7075083

Wen genau suchen Sie? Siemens Management Consulting sucht Absolventen/Young Professionals der Wirtschafts- und Naturwissenschaften sowie des Ingenieurwesens. Für eine Karriere als Consultant ist ein exzellenter Hochschulabschluss erforderlich, gerne ergänzt durch eine Doppelqualifikation (Promotion/MBA). Fließende Deutsch- und Englischkenntnisse sowie Praktika und Auslandsaufenthalte setzen wir voraus. Sehr gute Noten und interessante Stationen im Lebenslauf alleine reichen nicht aus. Bei uns sind Persönlichkeiten mit Teamfähigkeit, Führungstalent und herausragenden kommunikativen Fähigkeiten gefragt, die auch in stressigen Situationen ihren Humor nicht verlieren!

Wie läuft das Bewerbungsverfahren bei Ihnen ab? Hat uns Ihr Profil überzeugt, laden wir Sie zu Erst- und erfolgsabhängig zu Zweitrundengesprächen ein. Der unmittelbare Kontakt im Einzelgespräch bietet die beste Gelegenheit zum gegenseitigen Austausch. In informativen Gesprächen mit unseren Kollegen treffen Sie auf verschiedenste Beraterpersönlichkeiten von SMC und haben die Möglichkeit, sich einen Eindruck von den potenziellen zukünftigen Kollegen zu verschaffen.

Neben dem persönlichen Austausch können Sie auch Ihre analytischen und unternehmerischen Fähigkeiten anhand von Fallstudien unter Beweis stellen. Die Case Studies orientieren sich an unserer Projektarbeit, sodass Sie einen guten Einblick in unsere Projektthemen gewinnen. Sie erhalten nach jeder Gesprächsrunde ein ausführliches Feedback.

Wenn nach dem intensiven Kennenlernen feststeht, dass wir zueinander passen, erhalten Sie zeitnah ein Angebot. Doch damit nicht genug: Um Ihnen die Entscheidung zu erleichtern, laden wir Sie gerne zu weiteren, informellen Gesprächen ein, z. B. zu einem Schnuppertag.

Wodurch zeichnet sich die Arbeitsatmosphäre bei Ihnen aus? „Nobody is perfect, but a team can be!“ Wir legen Wert auf Menschen mit Kontur und Charakter, die unser Team voranbringen können: Qualifikation, Persönlichkeit und Teamfähigkeit machen den SMC-Berater aus. Wir vertreten selbstbewusst, aber ohne Arroganz unsere Ansicht und verantworten gemeinsam unsere Ergebnisse. Dabei pflegen wir eine offene Kommunikation und suchen konstruktive Lösungen für Probleme. Wir teilen Informationen lieber miteinander, als sie zu horten, und wir ziehen direktes Feedback der indirekten Kommunikation vor. Gerade unsere starke Feedback-Kultur hilft uns dabei, uns sowohl individuell als auch als Team kontinuierlich weiterzuentwickeln und erfolgreich zu sein. Die intensive Zusammenarbeit bei SMC erfordert absolute Teamfähigkeit. Nicht selten entstehen dabei Freundschaften, die weit über die Arbeit hinausgehen.

Welche Karrieremöglichkeiten gibt es bei Ihnen? People Development ist eine unserer wichtigsten Führungsaufgaben bei SMC. Deshalb liegt uns die individuelle Entwicklung unserer Consultants besonders am Herzen. SMC ist in einer flachen Hierarchie mit drei Senioritätsstufen organisiert: Consultant, Project Manager und Vice President. Projektteams werden bei SMC von Projekt zu Projekt neu besetzt. Auf der Ebene von Consultants und Project Managern gibt es keine Zuordnung zu Geschäftseinheiten und Ländern, um Wissensaufbau in der Breite sicherzustellen. Ebenso verfolgen wir keine fachliche Spezialisierung auf diesen Ebenen. Unterstützt wird die Entwicklung unserer Berater durch intensive, speziell auf sie zugeschnittene

Trainings, z. B. zu Kommunikation, Interpersonal Skills, Moderation und Projektmanagement. Ergänzt werden die Trainings durch individuelles Coaching durch die SMC-Führungskräfte und externe Experten.

Heute Berater – morgen ins Management: Die Beraterkarriere bei SMC ist nicht als Lebensaufgabe gedacht. Im Durchschnitt wechseln die SMC-Berater nach ca. vier Jahren in eine der operativen Siemens-Geschäftseinheiten bzw. in eine Stabsfunktion des Konzerns. Damit ist der Transfer aus der SMC in den Siemens-Konzern ein wichtiger Karrierebaustein.

Sind bei Ihnen Auslandseinsätze möglich? Als Strategieberatung des Siemens-Konzerns, der in rund 190 Ländern der Welt vertreten ist, sind wir zuständig für alle Siemens-Geschäfte weltweit. Bei rund einem Drittel unserer Projekte liegt der Standort im Ausland.

Simon-Kucher & Partners
Strategy & Marketing Consultants

Standorte in Deutschland: Bonn, Frankfurt am Main, Hamburg, Köln, München

Standorte weltweit:
34 Büros in 23 Ländern

Tätigkeitsschwerpunkte:
weltweite Beratung von Unternehmen zur Ertragssteigerung auf der Umsatzseite in den Bereichen Marketing, Pricing, Vertrieb und Strategie

Mitarbeiter in Deutschland: ca. 380 (Q4 2017)

Mitarbeiter weltweit: ca. 1.100 (Q4 2017)

Geplante Neueinstellungen 2018:
80–90 Berater
150–170 Praktikanten

Simon-Kucher & Partners ist eine globale Unternehmensberatung mit Fokus auf Marketing, Pricing, Vertrieb und Strategie. Unsere Beratungsarbeit ist ganz auf TopLine Power® ausgerichtet. Wir erzielen für unsere Kunden mithilfe von faktenbasierten, praktischen Strategien Wachstums- und Ertragssteigerungen auf der Umsatzseite. Simon-Kucher & Partners gilt als die weltweit führende Preisberatung.

SIMON • KUCHER & PARTNERS
Strategy & Marketing Consultants

Willy-Brandt-Allee 13
53113 Bonn
+49 228 9843-0
www.simon-kucher.com

Dorothea Hayer
HR/Bewerbungen Consultants
dorothea.hayer@simon-kucher.com

Sara Ivers-Tiffée
HR/Bewerbungen Praktikanten
sara.ivers-tiffee@simon-kucher.com

Was zeichnet Ihre Unternehmenskultur aus? Die Unternehmenskultur von Simon-Kucher ist geprägt durch sechs Säulen: Integrity, Impact, Respect, Team, Entrepreneurship, Meritocracy. Diese gelten sowohl für unser Verhalten untereinander als auch gegenüber unseren Kunden. Wir leben eine Kultur der offenen Kommunikation, Zusammenarbeit und Transparenz, in der unser unternehmerisches Denken offen zutage tritt. Die Firma gehört den Partnern, d. h., wir bestimmen selbst unsere Strategie und die zukünftige Entwicklung von Simon-Kucher.

Was heißt „unternehmerisches Denken" genau? Wir sehen uns als ein globales Team von eigenverantwortlichen und unabhängigen Individuen. Wir haben keine Beschränkungen einer typischen „Pyramidenstruktur". Daher haben Sie bei uns die Chance, Ihre Karriere selbst in die Hand zu nehmen und sie sowohl inhaltlich als auch vom Tempo her zu beeinflussen. Ein Beispiel: Sechs der letzten neun Büros, die wir eröffneten, wurden nicht von Partnern, sondern von Directors (der Karrierestufe vor Partner) gestartet.

Wie schafft es Simon-Kucher, diese Kultur bei so vielen Mitarbeitern umzusetzen? Highlight des Jahres für viele ist das World Meeting. Im Dezember kommen alle Mitarbeiter für einige Tage zusammen, um durch Trainings, Knowledge Sharing Workshops, Präsentationen und die große Holiday Party den intellektuellen und kulturellen Gemeinschaftssinn zu stärken. Namen werden zu Gesichtern, E-Mail-Kontakte zu Freunden. Darüber hinaus sind die meisten unserer Projektteams international besetzt, sodass auch hier die Umsetzung einer gemeinsamen Kultur unterstützt wird.

Werden Ihre Mitarbeiter regelmäßig bewertet, und wie beeinflusst das ihre Karriere? Jeder Berater wird zweimal pro Jahr im Rahmen einer 360°-Runde bewertet. 360° bedeutet, dass Sie nicht nur top-down von einem Partner oder Projektleiter bewertet werden, sondern auch von anderen Projektmitarbeitern. 360° heißt auch, dass Sie diese Kollegen und sich selbst beurteilen, sodass für jeden Mitarbeiter eine breite und damit solide Grundlage für die Gespräche besteht, deren Fokus auch auf Ihrer Entwicklung liegt. Ob und wie schnell Sie befördert werden, hängt nur von Ihrer persönlichen Leistung ab. Sie haben es in der Hand. Dazu passt auch unser Motto: „Wachsen Sie schneller. Mit uns."

Wie sieht die Förderung jenseits der Projektarbeit aus? Die Simon-Kucher Academy umfasst ein breites Angebot an Trainings- und Weiterbildungsmöglichkeiten, die das On-the-Job-Lernen ergänzen. Unsere Einführungsveranstaltung – STEPS – bringt Sie mit anderen Neuen bei Simon-Kucher zusammen. Viele Mitglieder dieser Gruppe werden Sie im Laufe der Jahre auf anderen Trainings wiedertreffen. Diese Trainings sind zum Teil methodenorientiert, vor allem aber decken sie Soft Skills wie Leadership, Projektmanagement, Workshop-Moderation, Negotiation Excellence etc. ab. Wir investieren zudem in ein umfassendes E-Learning-Programm, um die zahlreichen Methoden und Tools, die bei Simon-Kucher entwickelt werden, allen Mitarbeitern leicht zugänglich zu machen.

Wie sehen die typischen Arbeitsinhalte eines Beraters aus? Zuerst muss erwähnt werden, dass alle Berater in einem Projekt von A bis Z involviert sind, d.h. nicht dieselbe spezielle Teilaufgabe für ein Projekt nach dem anderen übernehmen. Sie sind an allen Projektschritten beteiligt, sei es bei der Vorbereitung und Durchführung von Workshops, beim Führen von Expertengesprächen, bei der Datenbeschaffung,

-analyse und -interpretation, beim Entwickeln von Lösungen, beim Erstellen oder beim Halten von Präsentationen etc. Sie bekommen bei Simon-Kucher sehr früh sehr viel Verantwortung und Gestaltungsmöglichkeiten. Ob die Arbeit beim Kunden vor Ort oder im Büro überwiegt, hängt sehr stark vom Projekt ab.

Welche internationalen Einsatzmöglichkeiten bieten Sie? Zum einen ist die große Mehrheit unserer Projekte international, sodass Sie im Rahmen der normalen Projektarbeit bereits internationale Erfahrungen sammeln werden. Darüber hinaus steht jedem Berater die Möglichkeit offen, für einen kürzeren Zeitraum oder für einige Jahre in ein anderes Büro zu rotieren. Dies unterstützen wir ausdrücklich.

Kann man bei Ihnen auch schon während des Studiums Erfahrungen sammeln? Wir suchen ganzjährig Praktikanten, die bei uns als Associate Consultants vollständig in die Projektarbeit integriert werden und so Simon-Kucher und die Beratungstätigkeit kennenlernen. Bewerber für ein Praktikum befinden sich in einem fortgeschrittenen Stadium ihres Studiums.

Wen genau suchen Sie als Berater? Diversity wird bei uns großgeschrieben, weshalb es kein Standard-Bewerberprofil gibt. Wir suchen Absolventen oder Young Professionals der Wirtschafts- und Naturwissenschaften sowie des Ingenieurwesens und der Wirtschaftspsychologie, gerne auch mit einer Doppelqualifikation (z.B. Promotion). Ein exzellenter Hochschulabschluss, verhandlungssichere Englischkenntnisse, relevante Praktika und Auslandsaufenthalte sind ebenso Pflicht wie hervorragende analytische und kommunikative Fähigkeiten. Wichtig ist uns zudem der kulturelle Fit, der bei den Bewerbungsgesprächen stark im Fokus steht.

Was unterscheidet Simon-Kucher von anderen Beratungen? Am besten lässt sich diese Frage durch unser Kundenfeedback beantworten. Was wir von unseren Kunden in großer Regelmäßigkeit hören, ist, dass wir mit ihnen arbeiten, nicht nur für sie. Wir denken uns schnell in das Unternehmen ein, verstehen die individuelle Situation und entwickeln eine komplett maßgeschneiderte Lösung, die wir dann auch in der Umsetzung begleiten. Dabei arbeiten unsere Berater eng mit allen Ebenen im Kundenunternehmen zusammen, nicht nur mit dem Vorstand, denn die Implementierung findet „on the ground" statt. Auch dies wird von unseren Kunden oft positiv kommentiert.

Stern Stewart & Co.

Standort in Deutschland: München

Tätigkeitsschwerpunkt:
Topmanagement-Beratung

Mitarbeiter in Deutschland: 80

Geplante Neueinstellungen 2018: 20

Stern Stewart & Co. ist eine unabhängige Strategieberatungsboutique. Unser Beratungsfokus sind die Kernfragen des Managements. Dazu gehören Strategy und Transaction sowie Performance Management und Transformation. Dabei geht uns unabhängiges Denken und unternehmerisches Handeln über alles. Wir laufen keinen Trends hinterher, sondern beraten unsere Kunden stets so, als wäre es unser eigenes Unternehmen. Auch außerhalb der Projektarbeit ist uns Unternehmertum wichtig: Jeder Einzelne bringt sich bei uns in die Kernprozesse ein und gestaltet so unser Unternehmen aktiv mit.

Stern Stewart & Co.

Salvatorplatz 4
80333 München
www.sternstewart.com

Anja Deucker
Recruiting
+49 89 242071-421
career@sternstewart.com

Wen genau suchen Sie? Wir suchen hervorragende Uni-Absolventen, die den Mut haben, unabhängig zu denken und für unsere Kunden Lösungen jenseits von Trends zu finden. Dafür bringen Sie nicht nur ein überdurchschnittlich abgeschlossenes wirtschaftswissenschaftliches Studium (oder zumindest tiefergehende betriebswirtschaftliche Kenntnisse) mit. Wichtig ist uns, dass Sie etwas bewegen wollen – und zwar im Team.

Was unterscheidet Sie von anderen Unternehmensberatungen? Unsere Hauptwettbewerber sind Beratungskonzerne – wir sind eine Boutique. Für Sie bedeutet das, dass Sie sehr früh mit den Topentscheidern der Wirtschaft auf Augenhöhe reden und schnell unternehmerische Verantwortung übernehmen. Sie gestalten unser Unternehmen von Anfang an mit, der Weg von einer Idee zu einer Veränderung ist kurz. Unser Boutique-Charakter spiegelt sich aber auch im Miteinander wider: Bei uns gibt es keine Ellenbogen-Mentalität; Fairness und Vertrauen sind für uns das Wichtigste. Wir sind als Team erfolgreich, sind jung, schwimmen manchmal gegen den Strom, bleiben aber immer hoch professionell.

Wodurch zeichnet sich die Arbeitsatmosphäre bei Ihnen aus? Bei Stern Stewart & Co. steht der Teamgedanke im Vordergrund. Wir pflegen einen kollegialen, partnerschaftlichen Umgang und behandeln unsere Kunden und Kollegen jederzeit mit höchstem Respekt. Hilfsbereitschaft ist für uns eine Selbstverständlichkeit – denn nur im Team können wir langfristig erfolgreich sein. Auch unter größter Belastung verlieren wir nicht den Humor und die Freude an der Arbeit.

Wie kann man sich bei Ihnen weiterentwickeln? Die fachliche wie auch persönliche Weiterentwicklung unserer Mitarbeiter ist für uns von größter Bedeutung. Deshalb investieren wir in Ihre Weiterentwicklung: Selbstverständlich bieten wir Ihnen Trainings und Coaching und fördern diverse Formen der Weiterbildung (MBA, Dissertation, Executive-Programme etc.). Doch wir geben Ihnen auch die Möglichkeit, darüber hinaus einen Blick über den Tellerrand zu wagen. Im Rahmen unseres Stern Stewart Institutes haben Sie die Chance, Projekte in Ghana und Burkina Faso zu koordinieren und auch die Umsetzung für einen gewissen Zeitraum vor Ort zu begleiten. So können Sie bei uns spannende fachliche und persönliche Erfahrungen sammeln.

Wie läuft das Bewerbungsverfahren bei Ihnen ab? Wenn uns Ihre schriftlichen Bewerbungsunterlagen überzeugen, laden wir Sie nach München ein. Der Auswahltag beginnt mit einer kurzen Vorstellung unseres Unternehmens und mehreren Einzelgesprächen, die unter anderem Case Studies beinhalten. Haben Sie unsere Berater überzeugt, schließt sich eine Präsentation sowie ein Gespräch mit einem unserer Partner an. Sind alle Beteiligten der Meinung, dass Sie zu Stern Stewart & Co. passen, erhalten Sie von uns ein Angebot. Einstellungen finden bei uns ganzjährig und nach Absprache mit den Bewerbern statt.

Vom Workshop zum Einstieg als Associate in nur zwei Monaten

Jennifer Klautzsch

Jahrgang 1990

Associate

Ich habe Stern Stewart bereits während meines Studiums auf der Career Fair in Mannheim kennenglernt und mich dann im Frühjahr 2016 für den Workshop „CEO for 2 days" beworben. Mit elf weiteren Teilnehmern durfte ich zwei spannende Tage in unserem Büro in München verbringen. Dank der Teilnahme habe ich einen echten Einblick in den Arbeitsalltag bei Stern Stewart bekommen und bereits viele Kollegen kennengelernt – Gründe genug, um mich direkt im Anschluss an den Workshop als Associate zu bewerben. So hatte ich nur zwei Monaten nach meiner Workshop-Teilnahme meinen ersten Arbeitstag bei Stern Stewart.

Boutique vs. Konzern

Vor meinem Einstieg bei Stern Stewart habe ich einige Praktika in großen Konzernen absolviert. Warum ich mich dennoch für eine Beratungsboutique entschieden habe? Ganz einfach! Für mich gibt es drei wesentliche Vorteile: Die Schwerpunkte der Projekte wechseln häufig, dadurch gewinnt man Einblicke in verschiedenste Branchen und Themenbereiche. Ob fachlich oder im Kundenkontakt – durch kleinere Teams übernimmt jeder Einzelne von Anfang an echte Verantwortung. Und nicht zu vergessen natürlich das Miteinander: Man lernt seine Kollegen sehr schnell kennen und hat einen persönlichen Draht zueinander.

Unternehmer im Unternehmen

Als Strategieboutique gibt mir unsere Firma nicht nur auf den Kundenprojekten, sondern auch intern die Möglichkeit, wirklich etwas zu bewegen. Ob im Marketing, im Knowledge Management oder im Recruiting – überall sind unsere Ideen willkommen, und gemeinsam sorgen wir auch für deren Umsetzung.

Über den Tellerrand hinausschauen

Auch das ist bei Stern Stewart möglich – mit unserem Stern Stewart Institute und verschiedenen unternehmerischen Projekten in Afrika. Für alle Kollegen gibt es die Möglichkeit, nach Ghana oder Burkina Faso zu gehen, um an einem unserer sozialen Projekte vor Ort mitzuarbeiten. Ich selbst unterstütze z. B. gerade zwei Gründerinnen aus Madina in Ghana dabei, ihre Geschäftsidee in die Tat umzusetzen. Die beiden arbeiten aktuell als Expat-Koordinatoren und wollen sich mit diesem Service selbstständig machen.

Ich bin mir sicher: Ich habe ein Umfeld gefunden, in dem ich auf verschiedenste Arten wachsen und mich weiterentwickeln kann – und das Beste daran sind der Raum für kreative Ideen, den ich hier bekomme, und die Menschen, mit denen ich ihn teile.

KONTAKT: Anja Deucker
career@sternstewart.com
+49.89.242071.421
CAREER.STERNSTEWART.COM

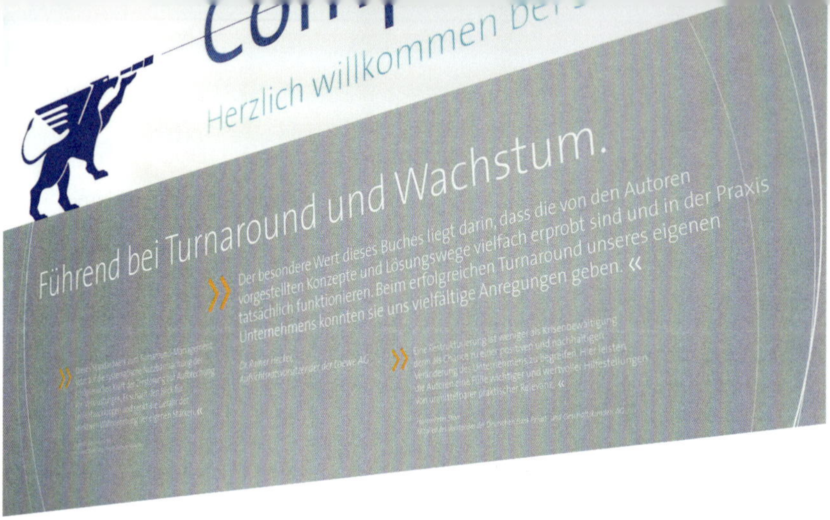

Struktur Management Partner GmbH

Standort in Deutschland: Köln, München

Tätigkeitsschwerpunkte: Restrukturierungs- und Wachstumsmanagement sowie in den Branchen Anlagen-/Maschinenbau, Automotive, Konsumgüter und Handel, erneuerbare Energien

Mitarbeiter in Deutschland: 100

Geplante Neueinstellungen 2018:
20 Consultants
10 Praktikanten

Ganzheitlich denken und handeln, das Wesentliche im Blick haben, entscheiden und umsetzen: diese Tugenden einer guten Unternehmensführung sind zugleich die Fähigkeiten eines guten Turnaround-Beraters. Wir haben den Anspruch, Sie zu Geschäftsführern im deutschen Mittelstand auszubilden. Unser Alumni-Netzwerk ist der Beweis. Ehemalige SMPler machen Karriere – und bleiben mit uns durch den „Spirit of SMP" verbunden. Was das ist? Lernen Sie uns kennen, dann spüren Sie ihn!

Struktur
Management
Partner

Führend bei Turnaround und Wachstum.

Gereonstraße 18–30
50670 Köln
www.struktur-management-du.com

Markus Isermann
HR
+49 221 91273040
m.isermann@struktur-management-partner.com

Was zeichnet Ihre Unternehmenskultur aus? „Wer heftig arbeiten kann, kann auch kräftig feiern." Bei aller Heterogenität der SMP-Persönlichkeiten zeichnen wir uns durch Homogenität im Teamgedanken aus. Wir kennen keine Ellenbogenmentalität, sondern unterstützen uns kollegial gegenseitig. Wir wollen unseren Auftraggebern helfen, respektieren aber deren Leistungen und Entscheidungen. Wir wollen überzeugen, nicht überreden, geschweige denn, uns machtvoll und arrogant durchsetzen. Schließlich sind Konzepte nur etwas wert, wenn sie gewinnbringend umgesetzt werden.

Welche Karrieremöglichkeiten bieten Sie? Neun von elf Partnern bei SMP haben ihre Karriere als Praktikant oder Hochschulabsolvent bei uns gestartet. Und das wird auch so bleiben. Die Karriereleiter steht allen offen – es gilt das Leistungsprinzip.

Wie sind die Verdienstmöglichkeiten in Ihrem Unternehmen? Entscheidend ist auch hier das Leistungsprinzip. Es gibt klare und transparente Gehaltsbänder je Karrierestufe, mit fixen und variablen Anteilen. Schon im Consultant-Vertrag werden diese bis zur Stufe Senior Manager offengelegt.

Wie sieht ein typischer Arbeitstag bei Ihnen aus? Unsere Berater wohnen bundesweit und reisen montags zum Projekt und freitags wieder nach Hause. Wir unterscheiden Analyseprojekte und Realisierungsprojekte. Bei Ersteren herrscht immer Zeitdruck, weil der klassische Turnaround-Fall um „fünf vor zwölf" startet, und sie dauern typischerweise vier bis acht Wochen. Wachstumsprojekte und Realisierungsprojekte haben eher einen mittelfristigen Charakter und laufen sechs bis zwölf Monate, manchmal auch länger. Wir arbeiten beim und mit dem Kunden. Die Themen und Methoden sind entsprechend vielseitig. Unsere Berater arbeiten immer im Team, übernehmen aber schnell Verantwortung für einzelne Aufgaben und Lösungen.

Welchen Abschluss sollten Bewerber haben (Bachelor, Master, MBA, Promotion)? Einstiegsvoraussetzung ist grundsätzlich ein Master- oder MBA-Abschluss, jedenfalls bei Hochschulabsolventen. Je mehr einschlägige Berufserfahrungen vorhanden sind, desto offener sind wir aber. Dann allerdings erwarten und unterstützen wir entsprechende Fortbildungen.

Was erwarten Sie in fachlicher und persönlicher Hinsicht? Da wir sowohl finanzwirtschaftlich wie leistungswirtschaftlich arbeiten, haben unsere Mitarbeiter hier ihre Kernkompetenzen. Darüber hinaus ist eine sehr hohe Sozialkompetenz unerlässlich. Denn wir können nur in dem Maß erfolgreich sein, in dem es uns gelingt, unsere Auftraggeber und deren Stakeholder zu überzeugen.

Jessica Hirsch

Jahrgang 1980

Principal

Aus der Industrie in die Industrie – ein Perspektivenwechsel

Nach einer technischen Ausbildung und dem berufsbegleitenden BWL-Studium suchte ich 2008 – nach insgesamt zehn Jahren Berufserfahrung in der Industrie – eine gänzlich neue Herausforderung. Ich wollte in möglichst kurzer Zeit verschiedene Unternehmen in unterschiedlichen Branchen kennenlernen und Konzepte nicht nur theoretisch erarbeiten, sondern auch praktisch umsetzen. Wichtig war mir zudem, dass die analytisch-konzeptionellen Arbeiten ebenso wie die Umsetzung vor Ort beim Kunden und im direkten Austausch mit den handelnden Personen stattfinden. All diese Möglichkeiten boten sich mir mit meinen Einstieg als Consultant bei SMP.

Als Mindestziel hatte ich mir ein Jahr „durchhalten" vorgenommen – man hatte ja schon so einiges über Unternehmensberatungen gehört. Dieses erste Jahr verging unglaublich schnell – ebenso alle weiteren, und genauso schnell konnte ich mich fachlich und persönlich weiterentwickeln. Hatte ich schon im Rahmen meiner vorherigen beruflichen Tätigkeiten gelernt, ein Unternehmen ganzheitlich zu sehen und zu verstehen, so kann ich es inzwischen tiefgehend durchdringen und beurteilen, Chancen und Risiken abwägen und daraus Handlungsempfehlungen ableiten. Aber nicht nur diese General-Management-Fähigkeiten wachsen mit jedem Projekt und jeder damit verbundenen neuen Fragestellung – es wird auch immer spannender, je tiefer man in die Themen und vor allem auch in die Kommunikation mit den verschiedenen Stakeholdern eines Kunden einsteigen kann.

Seit 2011 leite ich eigenverantwortlich Projekte, und es bereitet mir nach wie vor große Freude, dabei zum einen immer wieder mit und von meinen Kollegen zu lernen und zum anderen junge Kollegen bei ihrer Weiterentwicklung zu unterstützen. Genauso erfüllend sind das Kennenlernen der und der Vertrauensaufbau zu den Führungskräften und Mitarbeitern des jeweiligen Kundenunternehmens, wenn innerhalb weniger Wochen gemeinsam ein tragfähiges Konzept erarbeitet, erfolgreich präsentiert und dann auch gemeinsam umgesetzt wird.

Neben all diesen beruflichen Assets möchte ich vor allem auch den Team-Spirit bei Struktur Management Partner – ob bei der täglichen Arbeit auf den Projekten oder bei gemeinsamen Feiern und Events – nicht mehr missen. Ich kann für mich festhalten, dass Struktur Management Partner in vielerlei Hinsicht die richtige Entscheidung war und noch immer ist.

Struktur Management Partner
Führend bei Turnaround und Wachstum.
Unternehmensberater gibt es wie Sand am Meer. Wir sind Unternehmensveränderer.
Das ist anstrengender, aber auch befriedigender.
Wenn Sie mit Ihrer Arbeit etwas wirklich Sinnvolles bewirken wollen, schlagen Sie zu: struktur-management-partner.com/karriere
office@ueoe.de

thyssenkrupp Management Consulting

Standort in Deutschland: Essen (thyssenkrupp Konzernzentrale)

Standorte weltweit: in ca. 80 Ländern (thyssenkrupp Konzern)

Tätigkeitsschwerpunkt: weltweit tätige, interne Managementberatung

Mitarbeiter in Deutschland: ca. 65

Geplante Neueinstellungen 2018:
15–20 Absolventen, Young Professionals und erfahrene Berater
5–10 Praktikanten

Als interne Managementberatung haben wir das Ziel thyssenkrupp gemeinsam mit unseren Kunden im Konzern weiter nach vorne zu bringen. Wir richten unser vielseitiges Beratungsportfolio an den strategischen Themen des Konzerns aus und fokussieren uns auf die Beratungsschwerpunkte Strategie, Performance und Transformation. Somit ermöglichen wir unseren Teams die aktive Mitgestaltung der Neuausrichtung eines weltweit aufgestellten Technologiekonzerns mit rund 155.000 Mitarbeitern.

thyssenkrupp

thyssenkrupp Allee 1
45143 Essen
www.thyssenkrupp-management-consulting.com

Isa Mackenberg
Head of Talent Acquisition
+49 201 844-534915
isa.mackenberg@thyssenkrupp.com

Wie genau sieht Ihr Projektportfolio aus? thyssenkrupp befindet sich in einem grundlegenden Wandel, und gemeinsam mit unseren Kunden wollen wir unseren Konzern noch besser machen und die Neuausrichtung unterstützen. Dabei verfolgen wir einen klassischen Strategieberatungsansatz. Unser vielseitiges Beratungsportfolio, das von Geschäftsfeldstrategien über Performance-Programme bis zu Organisationsthemen und der Begleitung und Umsetzung konzernweiter Veränderungsprogramme reicht, richten wir an der strategischen Agenda von thyssenkrupp aus. Durch unsere weltweiten Einsätze in allen Business Areas des Konzerns sowie auf Corporate-Ebene lernen wir thyssenkrupp „live und in Farbe" aus immer neuen Blickwinkeln kennen.

Welche Möglichkeiten zur Weiterentwicklung bietet TKMC? Die Arbeit als Berater bei TKMC bietet Ihnen durch ein anspruchsvolles, internationales Projektumfeld hervorragende Möglichkeiten, um Ihr Talent und Potenzial voll zu entfalten. Neben unserem Learning-on-the-Job-Ansatz ist es selbstverständlich, dass wir Ihnen in maßgeschneiderten Trainings das notwendige Know-how und entsprechende Tools zur Weiterentwicklung Ihrer Fähigkeiten mit an die Hand geben. Darüber hinaus werden Sie im Rahmen unseres professionellen Career Developments von einem erfahrenen Mentor auf Ihrem Weg begleitet und bei Ihrer Weiterentwicklung unterstützt.

Ihre Karriere-Perspektive nach TKMC: Gestalten Sie aktiv den Wandel unseres Weltkonzerns mit: erst als Berater bei TKMC, danach als Führungskraft oder Experte im Konzern. Bei TKMC erlernen Sie wichtige Fähigkeiten für Ihre weitere Karriere bei thyssenkrupp und entwickeln sich zu einem erfahrenen und exzellent vernetzten Topmanagement-Berater mit fundierter Konzernkenntnis.

Wen genau sucht TKMC? Wir suchen Top-Talente, die sich durch ihre Leistungen und ihre überzeugende Persönlichkeit von der Masse abheben. Neben exzellenten Schul- und Studienleistungen (Master/Diplom in Ingenieurs-, Natur- oder Wirtschaftswissenschaften – gerne ergänzt durch Promotion/MBA) haben Sie sich bereits in Praktika bewiesen und bringen Auslandserfahrung sowie Kommunikationsstärke mit. Als TKMC-Berater benötigen Sie zudem ein hohes Maß an Gestaltungswillen, ausgeprägte analytische Fähigkeiten, eine hohe Leistungsmotivation und Interesse an den Herausforderungen sich permanent verändernder, globaler Industrien. Wenn Sie darüber hinaus auch in stressigen Situationen einen kühlen Kopf bewahren und Ihren Humor behalten, dann sind Sie bei uns genau richtig!

Was zeichnet die TKMC-Unternehmenskultur aus? Unser schlagkräftiges Team aus engagierten Top-Absolventen, Young Professionals sowie erfahrenen Beratern externer Top-Strategieberatungen ermöglicht uns, unsere hohen Ansprüche jeden Tag aufs Neue in unseren Projekten umzusetzen. Neben der kollegialen und vertrauensvollen Zusammenarbeit mit unseren Kunden bildet natürlich auch das Miteinander im TKMC-Team eine besonders wichtige Grundlage. Ebenso wie die hohe Leistungsorientierung jedes Einzelnen ist die enge Zusammenarbeit im Team ein bedeutendes Erfolgselement für uns. Bei TKMC setzen wir daher auf Offenheit, Ehrlichkeit und gegenseitige Wertschätzung für ein konstruktives Miteinander. Jeder von uns trägt mit Persönlichkeit, Können und Engagement nicht nur zu erfolgreichen Beratungsprojekten, sondern auch zur stetigen Weiterentwicklung und zum weiteren Ausbau der TKMC und einem ganz besonderen Team-Spirit bei.

Internationalität und Vielfalt mit herausragenden Kollegen

David Knobel

Jahrgang 1989

Consultant

Bereits während meines betriebswirtschaftlichen Master-Studiums mit dem Schwerpunkt auf Finance an der Universität zu Köln war mir klar, dass ich meine Karriere in einer Unternehmensberatung starten möchte. Nach unterschiedlichen Praktika in externen Beratungen habe ich mich dazu entschieden, mir für den Berufseinstieg auch interne Beratungen anzuschauen: Mit internationalen Projekten und einem jungen, dynamischen Team hat es TKMC geschafft, mich zu überzeugen.

Mein erstes Projekt: Strategieentwicklung in der Türkei und Südafrika

Mein Wunsch, international zu arbeiten, wurde bereits beim ersten Projekt erfüllt. Für das in Istanbul neu gegründete Regional Headquarter für die Region Middle East/ Africa galt es eine umfassende Strategie zu entwickeln. Um ein Verständnis für die Herausforderung der Region zu bekommen, führten wir neben unseren regelmäßigen Aufenthalten in Istanbul auch Experteninterviews in Johannesburg in Südafrika durch. Das Projekt ermöglichte mir eine unglaublich steile Lernkurve und einen guten Überblick darüber, wie viele unterschiedliche Produkte thyssenkrupp weltweit anbietet und wie viele Industrien damit bedient werden. Ich lernte mehrere Geschäftsbereiche kennen und analysierte einen sehr spannenden, volatilen Markt. Wie bei TKMC üblich, hatte ich von Beginn an ein hohes Maß an Eigenverantwortung und durfte Teilmodule des Projekts selbstständig leiten.

Projektvielfalt und Arbeitsstil bei TKMC

Die Arbeit bei TKMC zeichnet sich neben der großen eigenen Verantwortung durch enge und kollegiale Zusammenarbeit aus, um gemeinsam mit dem Kunden die besten Ergebnisse für den Konzern zu erzielen. Dies unterscheidet uns definitiv von externen Beratungen. Da thyssenkrupp sich derzeit in einem grundlegenden Wandel befindet, ergibt sich für jeden Einzelnen die Möglichkeit, Ideen zu präsentieren, Dinge zu verändern und einen Beitrag zu leisten, um den Konzern nach vorne zu bringen. TKMC unterstützt den Konzern weltweit bei Projekten in all unseren Geschäftsfeldern; dazu gehören die Entwicklung von Wachstumsstrategien, Wettbewerbsanalysen und die organisatorische Neuaufstellung ebenso wie die nachhaltige Verankerung von Strategien und Programmen zur Performance-Steigerung. Durch diesen breitgefächerten, generalistischen Ansatz ergibt sich für TKMC eine unglaubliche Vielfalt in den Projektthemen, und wir spezialisieren uns nicht direkt auf einzelne Bereiche. Auf diese Weise haben wir die Möglichkeit, alle Geschäftsfelder kennenzulernen und uns ein Netzwerk aufzubauen. Dies erleichtert uns später den Wechsel in den Konzern.

Unschlagbar: Das Team von TKMC

Mit ca. 70 Mitarbeitern sind wir ein vergleichsweise kleines Team – das hat aber den eindeutigen Vorteil, dass wir uns sehr gut kennen und optimal unterstützen können. Ebenso kommen Spaß und Humor bei den Projekten niemals zu kurz; insbesondere in äußerst anspruchsvollen und herausfordernden Projektzeiten motiviert mich dieser professionelle und gleichzeitig bodenständige Umgang miteinander. Der durchweg positive Teamspirit wird durch unseren monatlichen Stammtisch, sei es bei einem gemeinsamen Abendessen oder beim Gokart-Fahren immens gestärkt. So finden auch unsere neuen Kollegen schnell Anschluss.

thyssenkrupp Management Consulting

Volkswagen Consulting

Standort in Deutschland: Wolfsburg

Standorte weltweit: Peking

Spezialisierungen: interne Managementberatung des Volkswagen-Konzerns

Mitarbeiter in Deutschland: 110

Mitarbeiter weltweit: 120

Geplante Neueinstellungen 2018:
15 Absolventen
40 Praktikanten

Die Volkswagen Consulting ist die Inhouse-Beratung von Europas größtem Automobilhersteller. Wir sind seit dem Gründungsjahr 1999 zu einer der größten strategischen Unternehmensberatungen im Automotive-Bereich mit jährlich 150 bis 200 erfolgreich abgeschlossenen Projekten gewachsen. Als Teil des Volkswagen-Konzerns beraten wir unsere internen Kunden bei zukunftsweisenden Schlüsselthemen rund um das Auto und die Mobilität. Dieses breite Projektportfolio garantiert Abwechslung und einzigartige Karrieremöglichkeiten – und das in einem partnerschaftlichen und vertrauensvollen Umfeld.

VOLKSWAGEN CONSULTING

DIE MANAGEMENTBERATUNG DES VOLKSWAGEN KONZERNS

Brieffach 011/1937
38436 Wolfsburg
www.volkswagen-consulting.de

+49 5361 897-3500
volkswagen-consulting@volkswagen.de

Worin unterscheiden Sie sich von Ihren Wettbewerbern? Als Teil des Volkswagen-Konzerns bearbeiten wir Projekte für das eigene Unternehmen. Das bedeutet: Wir sind persönlich verantwortlich für die Qualität und den Erfolg unserer Projekte und damit unseres Konzerns. Unsere Kenntnisse über Prozesse und Kultur sowie über die Entscheidungsträger im Volkswagen-Konzern versetzen uns in die Lage, schnell eine belastbare Vertrauensbasis zu unseren Kunden zu schaffen. Die Volkswagen Consulting wächst stetig und zählt zu den größten Managementberatungen im Automotive-Bereich.

Was zeichnet Ihre Unternehmenskultur aus? Die Volkswagen Consulting hat den Anspruch, erstklassige Managementberatung mit individuellen Entwicklungsmöglichkeiten für jeden Mitarbeiter, kollegialem Miteinander sowie hoher Arbeits- und Lebensqualität zu verbinden. Dieses Selbstverständnis bildet die Basis unseres täglichen Handelns.

Welche Karrieremöglichkeiten bieten Sie? Der Einstieg bei der Volkswagen Consulting ist ein einzigartiges Karrieresprungbrett bei Europas größtem Automobilhersteller. Neben anspruchsvollen Projekten bereiten wir Sie durch kontinuierliche Weiterbildung systematisch auf eine Funktion mit Managementverantwortung im Konzern vor. Wir bieten unseren Beratern einen klar definierten Karrierepfad. Jedem Karriereschritt liegt ein klares Anforderungsprofil zugrunde. Beförderungen erfolgen nach dem Leistungsprinzip und honorieren die persönliche Weiterentwicklung. Besonders herausragende Mitarbeiter haben die Chance, sich für das Volkswagen-Promotionsprogramm zu empfehlen.

Was sind Ihre Einstellungskriterien? Voraussetzungen für einen Einstieg sind ein sehr guter Diplom- oder Master-Abschluss einer Universität, perfekte Deutsch- und Englischkenntnisse sowie Praktika oder Berufserfahrung in der Beratung und in der Automobilindustrie. Wir erwarten weiterhin ausgeprägte analytische Fähigkeiten, eine schnelle Auffassungsgabe, ein hohes Maß an Belastbarkeit und Eigeninitiative sowie Leidenschaft für das Auto und die Mobilität.

Kann man bei Ihnen auch schon während des Studiums Erfahrungen sammeln? In der fortgeschrittenen Phase Ihres Studiums bieten wir Ihnen die Chance, aktiv Einblick in die interne Beratungswelt zu nehmen. Auf Projektbasis lernen Sie die vielfältigen Facetten des Beratungsalltags bei Europas größtem Automobilhersteller kennen.

Wie läuft das Bewerbungsverfahren in Ihrem Unternehmen ab? Bei der Volkswagen Consulting können Sie sich zu jedem Zeitpunkt als Praktikant oder Direkteinsteiger bewerben, mindestens jedoch drei Monate vor Ihrem geplanten Start. Bitte bewerben Sie sich mit Ihren vollständigen Unterlagen. Haben Ihre Qualifikationen unser Interesse geweckt, laden wir Sie zu einem Vorstellungsgespräch nach Wolfsburg ein. Bei Hochschulabsolventen ist ein eintägiges Assessment-Center vorgesehen.

Am Vormittag finden eine Gruppenübung und drei Einzelübungen statt, die aus einem qualitativen und einem quantitativen Case sowie aus einer Präsentation bestehen. Für die Teilnehmer, die es in die Nachmittagsrunde schaffen, geht es mit der Interviewphase weiter. In diesen Gesprächen lernen Sie Mitglieder des Leitungskreises der Volkswagen Consulting kennen. Direkt nach dem Vorstellungstag teilen wir Ihnen mit, wie es weitergeht.

Welche Möglichkeiten zur Weiterqualifizierung bieten Sie? Wir fördern unsere Mitarbeiter durch individuelle Schulungen, um ihre Persönlichkeit und Führungskompetenz weiterzuentwickeln. Unsere umfangreichen und umfassenden Trainingskonzepte auf Basis der Anforderungen der Beraterstufe – beispielsweise die Grundlagen-Schulungen für Neueinsteiger (Automobilindustrie und -technik, Excel, PowerPoint, Präsentationstechnik) oder die Projektmanagement-Schulung für Projektleiter – sind feste Bestandteile Ihres individuellen Schulungsplans. Dabei werden Sie von einem der Principale als Mentor und Ratgeber bei Ihrer beruflichen Entwicklung unterstützt.

On-the-Job erwerben Sie neue Fachkenntnisse und bauen Ihr Know-how aus. Sie erhalten ein individualisiertes Coaching sowie ein regelmäßiges Feedback durch einen Project Manager, inklusive einer halbjährlichen Evaluierung Ihrer Leistungen und Perspektiven. Auf Basis Ihrer persönlichen Entwicklung erfolgt die Beförderung. Zur objektiven Entscheidungsfindung legen wir für jede Beraterstufe ein klares Anforderungsprofil zugrunde.

Wie sieht die Work-Life-Balance bei Ihnen aus? Die Volkswagen Consulting bietet den Beratern nach Absprache individuelle Möglichkeiten, die Projektarbeit und ihre jeweilige private Lebenssituation miteinander zu vereinbaren. So können Sie je nach Projektsituation entscheiden, ob Sie beim Kunden, im Office oder im Homeoffice arbeiten. Viele unserer Berater nutzen regelmäßig freitags das Homeoffice.

Welche spezifischen Angebote bieten Sie für Beraterinnen? Die Volkswagen Consulting fördert die persönliche Karriereentwicklung und konzernweite Vernetzung durch spezifische Angebote. Unabhängig von Entwicklungsstufe und Fachgebiet sind unsere Beraterinnen in einem eigenen Netzwerk aktiv. Innerhalb dieses Netzwerks bieten wir beispielsweise Kaminabende mit weiblichen und männlichen Führungskräften und führen speziell auf die Interessen und Bedürfnisse der Beraterinnen abgestimmte Seminare durch. Der Jour Fixe ist der Diskussion individueller Themen und dem informellen Austausch gewidmet.

Wodurch zeichnet sich die Arbeitsatmosphäre bei Ihnen aus? Die beste Idee ist wertlos, wenn sie nicht umgesetzt werden kann. Wir wollen keine Standardkonzepte und -strategien entwickeln, sondern passgenaue Lösungen, die individuell sind. Daher arbeiten wir nach dem Prinzip der Realisierbarkeit: Wir handeln pragmatisch und behalten die Umsetzungsplanung jedes einzelnen Projektes stets im Blick. Wir pflegen dabei ein partnerschaftliches und vertrauensvolles Miteinander. Gleichzeitig nehmen wir unsere soziale Verantwortung nach innen und nach außen wahr.

Wie sieht das Projektportfolio konkret aus? Unsere Projekte mit den Schwerpunkten Strategieentwicklung, Reorganisation von Kernprozessen und operative Exzellenz decken die gesamte automobile Wertschöpfungskette ab. In der Regel finden die Einsätze direkt vor Ort beim Kunden statt. Unsere Auftraggeber kommen aus den Konzernmarken und -gesellschaften – und wir begleiten sie von der Konzeptentwicklung bis zur Implementierung.